잊혀진 비평

잊혀진 비평

신들리기에서 유령을 보는 주체까지

유재 지음

서문

이 책은 내게서 '더 큰 나'를 보아주신 한 선생님으로 인하여 빛을 보았다. 혹 누가 될까, 그 함자를 차마 밝히지 못한다. 이 책은 9년 전, 그러니까 2016년, 학위논문으로 썼던 것을 약간 수정하고 내용을 추가하여 확장한 것이다. 나는 이 책에서 동시대 평론이 몰려가고 있는 작가/작품/의미론 외에 다른 길이 있었던 것은 아니었는지 묻고자 했다. 내가 읽은 플라톤이 공인된 비평사 속의 그와는 너무도 다르다는 사실이 출발점이 되어주었다. 나는 플라톤에 (귀)신들렸다: 그는 하나의 형상이 아니라 이중 접합지였다. 그로 인하여 그리고 그와 더불어 나는 비평사에서 잊혀진 하나의 성좌(星座)가 있었음을 알게 되었다. 너무도 명백하게, 그러나 연약하게 이어져 온 별들의 자리였다. 나는 그것에 응답하지 않고는 어찌할 수 없었다.

우리 시대에 광기니 유령이니 귀신이니 하는 것들은 소위 은 유의 포화상태에 이르렀다. 모든 것을 의미하기 때문에 아무것도 의미하지 않게 되어버린 것이다. 마찬가지로, 그것들의 실제 존재 여부도 아무 의미가 없게 되었다. 사람들은 아예 논쟁하지 않는다. 이와 같은 상황에서 이러한 말들을 다시금 제안하고 쓴다는 것은 어쩌면 매우 무모하고 어리석은 일일 수 있을 것이다. 그럼에도 내가 문학(literature)과의 관계에서 겪었던 것들은 낡은 말들을 통과하고, 탈환하는 것일 수밖에 없었다. 나는 포화상태를 넘어 새로운 용법을 마련해 보고자 했다. 내가 그렇게 하는 것은 오직 나를 통해서만 가능했다. 이로써 나는 내가 본 유령들에 충실(忠實)하고자 했으니 잊혀진 길이 작은 관심이나마 받을 수 있으면 좋겠다. 마지막으로, 나를 앞질러 이 책의 가치를 살펴주고, 용기를 주었던 편집자 숙비(이은실 씨)에게 깊은 감사를 전한다.

***일러두기**
- 단행본은 모두 『』로 표기했고, 단편 및 그림은 「」로 표기했다.
- 주요 저자들의 이름은 한글로 표기하되, 괄호 안에 그들의 모국어 이름을 병기했다.
- 인용은 큰 따옴표(" ")로, 강조/돋을새김은 작은 따옴표(' ')로 표시했으나 작은 따옴표를 사용하기 어색하거나 애매한 경우 스타카토(·)를 사용했다.
- 인용자에 의한 중략은 [. . .] 으로 표시했다.

목차

서론 13

I. 플라톤의 시인 추방과 채용 39

   1. 신들림으로서 시의 흔적들 40

   2. 플라톤의 예술 패러다임: '시 짓는 기술'을 가진 자로서의 시인 45

   3. 기술에서 '불의(不義)하지 않는 광기'로 50

   4. 다른 길의 흔적: 비평가 소크라테스의 곤경 57

   5. 『국가』의 시인 추방 66

   6. 『법률』의 쌍둥이 이름, 시가(詩歌) 78

   7. 아름다운 것의 발견: 감각 단위 83

   8. 『파이돈』, 『향연』, 『파이드로스』: 아름다움을 사랑하기 87

   9. 우주의 찬동, 『티마이오스』 95

   10. 삶의 찬동, 『필레보스』 100

II. 아리스토텔레스의 플롯 107

   1. 아름다움은 인간적인 것 108

   2. 인간으로부터 시(詩)가, 시로부터 인간이 111

   3. 카타르시스: 인간되기에의 찬동 116

III. 아이스킬로스의 고통   123

    1. '인간의 운명'이 아니라 '역사적 도달점'일 뿐   124

    2. 클뤼타이메스트라의 복수: 행위의 책임   128

    3. 오레스테스의 복수: 행위의 의미   137

    4. 비평가 프로메테우스: 자기의 고통을 살기   145

IV. 칸트 인간학과 그 현대과학적 귀결점의 탐색: 159
자기조직화

    1. 『실용적 관점에서의 인간학』: 광기란 무엇인가   160

    2. '어떤 사적 인간'   164

    3. 크릭과 코흐: 뇌 속의 자기조직화   170

    4. 라마찬드란의 거울뉴런과 근원적 형태   175

    5. 다마지오의 신체 지도: 몸은 생존을 향해   182

    6. 자기조직화의 토대   186

    7. 에델만의 위상생물학적 발생학: 이미 배(胚)에서부터   188

    8. 마뚜라나와 바렐라의 경우: 사랑과 자비의 세포   193

V. 데카르트의 주체론과 시뮬라크르 199

1. 악령이 출몰하는 세계 200

2. 연장실체의 실체 204

3. 데카르트의 신: 본질을 존재로 207

4. 신을 경유하여 다시 만나는 악령 214

5. 시뮬라크르라는 흔적 219

6. 시뮬라크르: 편위하는 원자들과 추상적 가능성 224

7. 에피쿠로스의 '거짓된 의견들로부터 탈출하는 감각' 232

8. 루크레티우스의 아타락시아 거절 240

9. 보드리야르의 경우: 시뮬라크르의 형이상상학(pataphysics) 247

VI. 도핑사회 255

1. 환각체험과 약물체험 256

2. 환각체험의 분석불가능성 262

3. 환각체험의 상수를 찾으려는 시도: 식민지(성)라는 진실 272

4. 분석 불가능한 것을 바라보기: 샬롯 퍼킨즈 길먼의 「누런 벽지」 277

5. '내적 상태'가 된 외부 280

6. 도핑사회: 고뇌하지 않는 성과사회 285

7. 위험사회, 혹은 도핑사회의 변명 294

8. 필요한 일을 할 뿐: 책임 없는 삶 306

VII. 유령을 보는 주체들   315

    1. 『햄릿』: 주체의 운명이 유령을 부른다.   316

    2. '의도의 죽음'으로 유령을 완수하는 주체   321

    3. 「크리스마스 캐럴」: 유령의 뜻대로, 시간의 사슬 속으로   327

    4. 햄릿과 스크루지 사이에서: 데리다의 식별하는 환대   338

    5. 「캔터빌의 유령」의 조언: 현존과 부재의 '사이'에 머무를 것   347

    6. 「사과나무 탁자 혹은 진기한 유령 출몰 현상」:   357

       사물이 유령이 되는 한 가지 방법에 관하여

VIII. 헤겔과 예수   363

    1. 사자(死者) 매장의 법칙: 몰수되지 않는 죽음   364

    2. 두개골을 던지는 망령들   371

    3. 보관하는 몸   380

    4. 라블레의 주체적 수동성: 말하고 먹고 배설하는 몸   391

    5. 교단의 표상을 넘어서 예수를 만나기 위하여   401

    6. 한 조각의 예수, 『백치』의 경우   409

IX. 결론   421

서론

서론

1.

비평은 하나의 부차형식이다. 비평은 여러 가지 방식-예술, 작가, 작품, 복합체 등-을 통해 하나의 품목(品目)으로 취급하는 대상을 통해서 시작할 수밖에 없는 것이다. 하지만 동시에 비평은 자신의 대상인 그 무엇이 있다는 것조차 확신할 수 없는, 하나의 곤경 상태이기도 하다. 문학의 최초형상이 (귀)신들린 자와 광인의 말로 등재되어 있다는 것이 바로 비평의 이와 같은 불가능한 시작을 나타내준다.

(귀)신들림과 광기는 문학의 기원이 아니다. 비평 역시 그것 자체를 분석하면서 출발하지는 않았다. (귀)신들림 혹은 광기라고밖에는 달리 부를 수 없었던 사건의 흔적, 무엇이라고 명명할 수조차 없었으나 이미 무언가에 의해 형성되고 말았던 사건의 흔적, 그것을 우리는 간신히 (귀)신들림 혹은 광기라고 부른다. 그것은 비평이 이

1.

미 그것에 대해 말하기 시작할 수밖에 없었지만, 도무지 무엇에 대해 말하고 있는지 알지 못하는 당혹의 표지였던 것이다.

누구도 제로지점에서 출발하지 못한다는 것, 그러나 동시에 누구도 자신의 대상과 세계를 소유하고 출발할 수도 없다는 것은 창조와 학문의 허위의식에 빠진 자가 아니라면 누구든 인정할 만한 사실이다. 그렇지만 과학이 수(數)를 통해 작동하며 철학이 범주를 통해 행위하고 종교가 대상의 견고성을 수행적으로 성립시키는 데 반해 비평은 유령들을 통해서 살아간다. 과학이 모든 대상들의 끔찍한 깊이를 대상성(對象性) −질량, 밀도, 속도, 에너지, 양자 등−을 통해 배제하면서도 포함할 때, 철학이 무한한 대상들의 관계를 통해 언어학적으로 자신의 곤경을 헤쳐 나갈 때, 종교가 그토록 주물적으로 대상의 주위를 맴돌면서 절대적 대상을 조형시켜 나갈 때, 비평은 유령을 보고도 미치지 않음으로써, 광기로부터 자신을 지탱함으로써, 자신의 대상인 유령을 목격할 수 있게 된다. 실로 비평은 있지도, 있지 않지도 않은 무엇을, 자신이 '보았다'고 말할 수는 있지만 '존재한다'고 말할 수는 없는, 그래서 무언가에 '관하여' 말하는 것은 분명하지만 '이것임'의 성립은 불가능한 무언가를 말하면서 탄생한 것이다.

예술품이 애초부터 (귀)신들린자와 광인의 것이라는 말이 뜻하는 바는, 우리가 예술품이라고 불리우는 것의 시초적 형상에 대해서 결코 알지 못한다는 사실과 관련되어 있다. 더 정확히 말하면 비평은, 단지 시초적으로만이 아니라 영원히, 그 자신의 대상을 '윤곽잡지' 못한다. 비평은 늘 자기 자신이 불가능한 시작점에서 미쳐서 시작할 수밖에 없었는데, 그것이 바로 비평이 (귀)신들림 혹은 광기로서밖에는 달리 응답할 수 없었던 이유다. 비평은 '없는 대상'이었던 예술품에 관하여 (귀)신들림으로써 혹은 광기를 등록해냄으로써 '무엇이지만 무엇이 아닌' 이상한 사물을 발견해냈던 것이다.

최초의 예술품에 대한 인류학적 탐사는 '예술이란 무엇인가'와 같은 고전적 질문이나 아방가르드 이후 제기된 '이것이 예술인가'와 같은 포스트모던적 질문과는 아주 다르게 '이미 예술인 무엇'을 발견하는 것으로 이루어져 있다. 반드시 그러한 것을 발견해야만 한다. 왜냐하면 '이미 예술인 무엇'이 바로 우리-인간이 시작되었다는 증거품이기 때문이다. 특히 최근의 인류학은 타분과학문들과 반복적으로 접촉하면서 도구도, 언어도, 불도, 직립보행도 아닌, 예술의 시작을 통해서만 반론의 여지 없이 인간을 증명해낼 수 있다는 사실을 발견했다. 그것만이 인간을 다른 무엇으로부터 완벽히 구분해낼 수 있을 것이다. 인류학은 인간이 되는 어느 결정적 순간을 위한 담론틀로서, 그 자신의 의미원천인 '인간인 무엇'을 설명해내기 위하여 '이미 예술인 무엇'에 의존한다.

그러나 가령 독일 빌징슬레벤에서 출토된 "평행선이 새겨진 뼈"를 둘러싸고 벌어졌던 논쟁이나 도르도뉴 지방 동굴에서 발견된 석회암 덩어리의 V자 모양 형상과 관련해서 벌어졌던 논쟁 같은 것은[1] 최초의 예술품이 등장했던 순간을 발굴이나 출토를 통해 표시하

1.

는 인류학의 능력 자체를 문제 삼는다: 평행선들과 낙서들과 덩어리들은 과연 인류 최초의 예술품인가, 아닌가? 인류학으로는 이 질문에 답할 수 없다. 왜냐하면 우리는 우리가 지니고 있는 예술에 대한 관념을 통해 소급적으로 '이미 예술인 그것'을 발견했기 때문이다. 나는 발견된 예술품들의 계열이 허구적이라는 말을 하는 것이 아니다. 우리가 어떠한 예술의 관념을 지니고 있든, 예술의 관념을 지니고 있다는 사실 자체에 주목해야 한다는 것이다.

인류학의 발견은, '예술이란 무엇인가'에 답하는 과정을 통해 우리가 지니고 있는 관념들의 역사를 통해 진정으로 예술적인 것을 지목해내거나 '이것이 예술인가'를 물음으로써 역사적 시간의 한가운데서 예술적인 것을 식별해내는 길과는 다르게, 폐쇄적 순환성을 통해서만 작동한다. 인류학은 인간과 예술을 순환적으로 존재하게 하는 규정적 수행을 하고 있는 것이다.

한편 고고학은 최초의 예술품이란 우리에게 '예술품이 존재해야만 한다'는 사실만을 알려준다는, 바로 그 사실에서 출발함으로써 인류학을 해산시키며 나타난다. 예술적인 것이 '있다', 아니, '있어야만 한다'는 관념이란 무엇인가? 이에 대해 대답하는 두 가지 방식이 있다. 하나는 자연물과의 차이내기를 통해 예술품을 규정하는 것이며 다른 하나는 물건이나 도구들과의 차이내기를 통해 예술품을 규정하는 것이다.

그러나 우리는 자연을 재현하면서 예술을 시작하지도 않았고

서론

사물을 점진적으로 발진시키며 예술에 도달하지도 않았다. 자연물이란 예술적인 것의 관념 자체의 순환 혹은 토대 없음을 해소하기 위한 원관념에 불과하다. 사물들의 뒤에 앉아 있는 기술자의 손 또한 마찬가지다. 예술품은 자연물 뒤에 오지 않았고 사물들 앞에 있지도 않다. 다시 말해 자연물보다 더 '문화적'이거나 사물들보다 더 '우월'하지도 않다. 오히려 예술품이야말로 자연물과 사물들을 성립시킨 장본인이다. 예술의 수수께끼와 그것을 향한 인간의 질문이 자연물과 사물들을 규정하는 공연한 토대다. 고고학은 이 폐쇄적 순환성을 알아차린다. 우리는 갑자기 난입한 품목 자체의 폐쇄적 순환성을 알아차린다. 예술품을 있게 함으로써 자연물과 사물들과 도구들을 있게 한 바로 그 실천에 고고학은 개입한다. 고고학은 오직 형태의 윤곽을 찾으려 하는 것이다.

비평이 최초의 문학을 맞닥뜨렸을 때 그는 인류학과 고고학의 사이에 있었다. 비평은 춤, 시, 중얼거림, 혹은 이야기 장소 한 가운데서 타오르던 불과 같은 것을 바라보고 있었다. 그리고 그것을 올바르게 신들림, 혹은 광기라고 부르거나, 들렸다. 나는 비평이 바로 이러한 것을 어떻게 다루었느냐에 따라 비평의 역사가 다시 쓰여야 한다고 생각한다. 잊혀진 비평의 길을 계보학적으로 탐색해나가는 작업은 필연적으로 기존의 비평 개념이 가용되던 맥락의 연속성 자체를 의문시하도록 만들 것이다. 내가 새로 쓸 비평의 계보학에 따르면 신들림과 광기에 직면한 비평가들은 그 사실을 해소하거나 지

1.

탱했다. 해소하는 것이 훨씬 쉬웠고 또한 유용했다. 그러나 지탱의 길이 사라진 것은 아니다.

다시 말해, 비평은 의미 있는 것이거나 아니면 유령 보기였다. 지금까지의 비평은 예술작품인 것 전체의 의미체계(관계구조)를 매개적·평행적으로 이동시키는 데 온 힘을 써 왔다. 이때 비평이란 예술작품으로부터 의미를 발견하는 무엇이다. 비평은 의미의 심연으로부터 의미단위들을 발견하고 그것들 간의 관계를 세워 예술을 소용(所用)이 있게 만든다. 예술은 공간을 얻는다. 그것이 오랫동안 사람들이 예술작품을 추방하지 않고 아리스토텔레스(Ἀριστοτέλης,)의 말을 따르면서 수용해 온 모습이었다. 예술작품은 즐겁게 하거나 교훈을 주는 것이었고 어떤 식으로든 의미 있는 것이었다.

그러나 다른 비평의 길도 있었다. 이때 비평이란 그가 발견해 낸 바로 그 예술작품에 (귀)신들리는 것이었다. 정확히 말하면 비평은 '붙들림으로써만' 그것이 예술작품이었음을 알았던 것이다. 이러한 비평이란 완결된 작품에 대해 성립하는 것도, 텍스트를 재배치하는 의미화작업도 아니다. 이때 비평은 의미 없이/공연히 유령을 보게 되며 자신에게 찾아온 유령적인 단위들에 응답하는 주체의 행위에 붙여진 이름일 뿐이다. 주체는 유령들에 대하여 수동적이다.

그래서 하나의 비평에서의 문제가 '어떻게 의미단위들의 관계를 제대로 파악하고 그 결합들의 배치를 구조화할 것인가'인 한편 또 하나의 비평에서의 문제는 '어떻게 미치지 않고 유령을 볼 것인

서론

가'이다.

두 비평은 모두 단순히 예술작품에 대해서만 성립하는 그런 평론적인 것(commentary)은 아니다. 더 넓은 범위의 문제가 걸려 있는데, 왜냐하면 비평은 '형성(plattein)'[2]에 관련된 문제들을 선결(先決)하는 것이기 때문이다. '의미의 비평'은 '다수들의 세계'에 대한 신념을 갖고 있다. 어쨌든 세계란 형성된 것들의 세계일 수밖에 없다는 의식 속에 비평은 성립하는 것이다. 감각, 인식단위(개념), 언어문화를 지닌 인간의 정치사회가 바로 이러한 비평이 만든 세계다. 이 세계는 가치 있는 세계다. 한편 '유령의 비평'은 '형성의 형성'에 답하려고 한다. 이러한 비평의 입장에서 볼 때 의미의 단위들 자체는 성립된 그대로 있을 수 없다. 비평은 윤곽 잡혀져 있지 않는 것, 풀어 헤쳐져 있는 것을 지탱하려 한다. 그래서 비평은 의미단위들을 가지고 유희·배치·구조화하는 일을 할 수 없다. 의미 단위가 신비평이 그랬던 것처럼 근원적인 수준으로까지 내려갈 수 있는 '상/하, 안/밖, 좌/우'라 해도 그것들을 구사할 수가 없으며 마르크스주의 비평이 비판적인 유용성 속에서 선택하는 용어들이라 해도 그것들을 사용할 수 없다. 유령을 보는 주체는 그것들이 '해체된 채 존재하는 모습'을 지탱하는 일밖에 할 수 없다: 그의 세계는 주어져 있지 않다.

나는 흔적들을 그러모아 내가 편의상 '의미의 비평'과 변별한 '유령의 비평'의 계보를 밝혀내려 했다. 하지만 하나를 비판함으로써 다른 하나를 옹호하려 하지는 않았다. 그저 나 자신이 유령을 보

1.

는 비평가로서 다른 길에 대한 이야기를 하지 않을 수 없었다. 잊혀진 것은 회귀한 것이 아니며, 성찰적 반영물로서의 유령도, 죽어버린 의미의 초혼/축귀되는 유령도 아니다. 잊혀진 비평은 원본 없는 시뮬라크르들의 출몰하는 유령체로, 그것은 언제나 떠돌고 있었다. 마치 하나의 비평이 제 길을 갔던 것처럼 또 하나의 비평 역시 제 길을 간 것이다. 나는 잊혀진 비평을 위하여 쓰기 시작했으나 그 비평의 역사논리적 입장을 제시함으로써 선택이 일어나는 기원적 순간을 다시 마련하려 했다. 우리 각자가 잊혀진 길을 일별함으로써 '다시 선택할 기회'를 붙잡기를 바랐던 것이다.

2.

플라톤(Πλάτων)은 선택의 자리를 마련하고, 자신이 선택을 했음을 보여주는 최초의 사람이었다. 그래서 그의 전체 저작의 여정으로부터 나는 두 개의 비평이 탄생하는 순간을 포착하고 어떻게 그 순간이 광기를 해소하는 비평을 선택하는 것으로 귀착하게 되었는지 그 도정을 분석하는 것으로 시작해야 했다. 플라톤은 최초의 비평가인데, 단순히 시에 대해 말하기를 시작했다는 점에서 그런 것이 아니다. 그는 그가 거기에 대해 말하고자 하는 '이와 같은 것들' 전체가 도대체 '시'일 수 있는지 하는 의문에서부터 출발했다. 자신이 비평

하는 무엇에 대하여 그 실체(실재성)도, 권리도, 가능성도 없다는 자각이 비평의 토대를 '해체하며 정립하는' 비평의 탄생이었다. 플라톤은 처음부터 시를 '비평 가능한 것'으로 변환해야 한다고 느꼈던 사람이었다. 플라톤은 시가 비평 불가능한, 신들림인, 모양 잡히지 않은, 시라고 부를 수 없는 무엇이면서도 동시에 비평 가능하고 배울 수도 있는 '시'인 그러한 지점을 등재한다. 시란 처음부터 시로서 등장하지 않았다. 그래서 플라톤은 시를 추방하기 전에, 그리고 다시 채용하기 전에, 반드시 시를 '시'로서 붙잡아야만 했다.

 플라톤은 또한 여기에 많은 것이 걸려 있다는 것을 알았다. 단지 시가(詩歌)라고 하는 특수한 품목이 문제가 아니다. 문제는 예술작품이라고 뭉뚱그려 부를 수 있는 예술작품을 닮은 것들, 예술작품을 상기시키는 것들, 예술작품이라고밖에는 달리 부를 수 없는 이름 없는 것들/이름 미정의 것들, 혹은 예술작품에 의하여 어떻게 되어버린 것들 전체가 하나의 윤곽으로 모양 잡히는 형성이었다. 시에 대해 말할 수 있는 토대를 정초하면서 플라톤은 이 작업이 사물인 것들 전체에 대해 말할 수 있는 토대를 정초하는 것이기도 하다는 것을 알았다. 비평은 형성이란 무엇인가 하는 수수께끼에 답하고자 하면서 태어났던 것이다.

 '형성'이란 시원적으로는 신들림으로 여겨졌다. 시란 본래 '형성보다 더한 형성'인 신들림이었다. 신들림이란 실로, 빠져나올 수도, 이유를 찾을 수도 없는 광기 자체가 '되어버리는 것'일 터다. 플

2.

라톤의 시에 대한 전체 기획은 '신들림이었던 시'로부터 형성의 힘을 빌려 내어 그것을 '방향 잡힌 신들림'인 '교육'으로 변환시켜내고자 하는 것이었다.

그래서 비평은 두 가지로 나타날 수밖에 없었다: 한편으로, '형성의 수수께끼'를 막 말하기 시작했으나 방향 잡히지 못한 것은 (정치체를 위하여) 방향 잡혀야 한다고 답하는 것으로는 끝낼 수 없었던 비평가들의 무리가 있었다. 그리고 다른 한편으로, 형성에 대하여 다시 형성을, 신들리기에 대해 신들리는 것을 반복하는 것을 멈추고 형성의 문제를 '단위들의 모음 형식', 즉 근본적인 의미에서 정치체(politeia)와 대지(nomos)에서 해소하려 했던 비평가들의 무리가 있었다. 플라톤은 두 가지를 모두 다루었지만 『국가』(Politeia)에서의 시인 추방을 통해 광기에 직면하는 비평을 폐기하고, 『법률』(Nomoi)에서 시를 다시 정치체에 포함되게 하면서 비평가가 된다.

사실 비평이란 진실로 난처(難處)한 것이다. 실제로 자신의 앞에 '시가 있는지 없는지'도 말할 수 없고 시에 '대해 말할 수 있는지 말할 수 없는지'도 말할 수 없는 상황에서, 일단(一旦) 시를 말하기 시작했기 때문이다. 비평은 책임지기가 불가능한, 그러나 탈출하기도 불가능한 행위를 시작한 것이다. 대상은 없는데, 주체는 있는 이 상황을 어떻게 타개할 것인가? 세계는 없는데, 삶은 있는, 이 상황을 어떻게 할 것인가? 그에게 이미 무언가가 찾아왔는데 그는 그것이 무엇인지를 말할 수가 없는 이 이상한 시간을 어떻게 다룰 것인가? 도

서론

대체 시에 붙들려 함께 신들리는 것 외에 다른 길이 없지 않겠는가?

비평가는 곤경에 머물거나, 아니면 어떻게든 시를 통해 스스로를 형성해야 한다. 곤경에 머물기를 선택한 비평가는 시와 상호순환적으로 형성되지 못하고 형성의 형성에 대해 묻기 시작한다. 비평과 시는 '함께' 형성의 규정할 수 없는 상태에 붙잡혀 해체된 단위들의 언어에로 휩몰려 간다. 시가 불가능한 형성의 광기라면, 비평의 광기란, 자신이 가능해진 순간, 그 불가능을 보는 것이다.

플라톤은 아름다움을 위하여 여기서 빠져나온다. 따라서 그의 비평은 미학과의 분업을 통하여, 미학적 사태의 선결을 통해서만 성립한다. 여기서는 '감각적인 것들'의 특정 배치 형식이 미학이며, '아름다움을 사랑하기'를 설득하는 것이 비평이다. 감각이란 우리가 아름다움을 위하여 근원적 단계/초기 단계로 활용할 수 있는/있게 된 모든 것들이 미끄러져 들어가는 가치론/단위론이다. 아름다움을 사랑했기에, 아름다움을 위해 탄생한 것이 바로 감각지각이다. 보다 원초적인 단위인 '감각'이라고 하는 단위의 선결을 인정하게 되자, 문제는 더 이상 단위인 것 자체가 어떻게 형성되고 성립될 수 있었는지에 대한 것이 아닐 수 있게 된다. 이제부터 문제는 감각적인 것들, 즉 '이것들'이 모여 어떻게 아름다움을 형성할 수 있는지 하는 '이것들의 다수성(polyness)', 구조의 문제가 된다. 구조를 사랑하는 과정에서 나타난 배치와 즐거움과 교육과 놀이와 정치체와 대지의 온갖 방식들, 그것들이 비평이며, 그것들이 아름다움에로 상승해갈 것임을 아는 한 모든 방식들은 허용된다. 아름다움이란 '단위들의 결합' 형식을 '형성'의 문제의식으로 받아들일 수 있게 한 '무가정의 것'이다.

플라톤은 투쟁지점으로서, '서사시에 신들린 자'로서 비극을 창시했던 아이스킬로스(Αἰσχύλος)가 희미해져가는 시점과 다수성의 세계가 모든 곳에서 '단위들의 결합'을 막 피워내기 시작하는 아리스토텔레스의 역사적 도달점을 절합(絶合)해놓았다. 나는 플라톤으로부터 염출할 수 있는 두 비평의 길의 한쪽에는 아리스토텔레스가, 그리고 나머지 한쪽에는 아이스킬로스가 있다는 것을 보여주려 했다. 아리스토텔레스에게 시는 인간이 형성해내는 '요소들의 구성물(plot)'이자 인간을 형성해내는 '정화(catharsis)'로 나타난다. 인간은 시가 나타나게 된 본성인 잠재태 자체이며, 단위들의 세계에서 조건과 한계를 붙안고 행위하는 가능성의 필연성의 한 예시(개별작품)다. 모든 가능성의 필연성에도 불구하고 행위할 수 있는, 잠재적 존재로서의 힘을 지닌 한 인간은 형성된 존재이며 형성하는 존재이다. 아리스토텔레스의 세계에서 비평은 더 이상 아름다움을 사랑하도록 설득할 이유가 없다. 비평은 이제 정치체와 마찬가지로 하나의 복수들의 세계인 시를 통해서 인간이란 무엇인가를 답하는 의미화 작업이 된다. 나는 이 전체과정을 『시학』 분석을 통해 그려냈다. 그리고 이를 다시 아이스킬로스를 통해 그려내면서 왜 이것이 아리스토텔레스에게서 나타난 것처럼 매끄럽지 않은지를 보여주려 했다.

서론

　아이스킬로스는 아리스토텔레스의 생각처럼 시, 인간, 그리고 그 외 모든 것이 그토록 안정적으로 '단위들의 세계'로 플롯 안에서 정화되며 존재할 수 있으리라고 여기지 않았다. 아이스킬로스가 보기에 시는 단순히 플롯이 될 수 없고 인간은 단순히 사회 속에서 살게 될 수 없으며, 그 사이에서 인간은 단순히 감각적인 것들이 수용되어 배치되는 반응 형태로서 행위를 지닐 수 없고 사회적인 요소들이 결정하는 동시에 자유를 허락하는 방식으로 행위를 지닐 수도 없다. 아이스킬로스는 단위들의 세계들, 그러니까 복수들의 삶들과 행위주체가 결코 조화될 수 없다는 것을 보여준다. 그는 정치사회에서 살아가기 위해 어떻게 행위자가 행위주체이기를 포기하고 의미단위가 되기를 선택했는지 여실히 보여준다. 아이스킬로스에 따르면 의미단위에 붙여진 이름이 인간이다. 따라서 시학적 세계에 있는 것은 의미단위로서의 인간이지, 행위주체는 아닌 것이다. 아이스킬로스가 폭로한 것은, 우리가 결국 인간일 수밖에 없는 지점에 도달하긴 했지만, 그것은 행위주체이기를 포기하고 의미단위이기를 선택한 하나의 돌출지점으로부터만 탄생한 것이라는 점이다.

　따라서 아이스킬로스의 비평은 해체되고 파열되고 흩어져 있는 단위의 불안정성 위에 성립한다. 그리고 불안정성 자체를 지탱하는 자리로서 프로메테우스라는 흔적을 남긴다. 아이스킬로스가 보여주는 가능성을 통해서 나는 신들림도 아니지만 교육도 아니며, 아름다움이 아니지만 인간도 아닌, 광기를 지탱하고 있는 비평가의 흔

2.

적들을 결집해내고자 했다. 프로메테우스를 통해 한데 묶인 것은 바로 고통의 정치성이었다. 이들은 스스로의 고통을 통해서, 그리고 끊임없이 곤경에 머무는 몸짓으로 인하여, 유령을 보면서도 미치지 않고 광기를 지탱하는 주체로 나타날 수 있었다.

아이스킬로스와 아리스토텔레스의 선택은 근대성의 두 초상의 작인(作因)인 르네 데카르트(René Descartes)와 임마누엘 칸트(Immanuel Kant)를 통하여 주체론과 인간학으로 귀결될 수 있게 된다. 아리스토텔레스는 가장 근원적이며 운명적인 존재단위인 인간이 되어 더 나은 정치사회를 위하여 행위하는 세계를 '위해' 비평했다. 아이스킬로스는 시에 신들린 자로 나타나 실로 의미 없이 고통스러워함으로써 곤경에 처하나 미치지는 않는 주체가 '되어' 비평을 시작했다. 비평의 계보학을 이렇게 그려내는 가운데 나는 데카르트의 성찰을 악령이 출몰하는 세계에서 출발하여 신을 경유하여 만나는 악령으로까지 이어지는 6개의 도정으로 다시 읽을 수 있었다. 데카르트는 끊임없이 '감각대상으로 존재하는 감각대상'에 대해 의문을 품고 책감(責感)을 느낌으로써 주체가 되었고 '감각되지 않는 형식으로 존재하는 것'을 '본질=존재'인 신을 통해 확증함으로써 새로운 신에 (귀)신들리는 주체가 되었다. 주체가 되기를 선택함으로써 그는 영원히 보류할 수밖에 없으며, 영원히 주체에 찬동하지 않는 신체-송과선으로 간신히 연결된 몸-를 지닐 수밖에 없다는 것 또한 받아들였다.

칸트는 인간학을 통해 비판(비평)을 완성시켰는데, 그 과정에서

서론

인간학은 진정한 보편성을 획득했다. 인간학의 최후의 말은 도대체 인간이 아니고서야 무엇을 알 수 있으며, 행하겠으며, 희망하겠느냐는 찬동으로 이루어져 있다. 우리가 이렇게 도달하게 된 역사적 의미들이 아니고서야 무엇일 수 있겠는가. 그것은 칸트에게서 타협도 폭력도 아닌 그 사이의 윤리적 선택이었다. 나는 인간학이 스스로 도달한 자리의 가치를 폄하하고 싶지 않다: 그건 아마 누구든 마찬가지일 것이다. 시에 (귀)신들려 고통과 곤경 속에서 훼파(毁破)되는 것보다는 세계의 의미를 향하여 나아가는 것이 훨씬 낫지 않겠는가?

칸트는 형성의 신들림 상태였던 광기가 '사적 감각'으로 인간의 인식능력의 일부라는 것을 증명함으로써, 미친 것조차도 의미일 수 있는 길을 열어 놓았다. 나는 어떻게 광기가 인간 인식능력의 일부로 나타나는지를, 칸트 텍스트 내에서 광기는 칸트가 차이내기를 시도했던 여러 인식능력의 상태들과 근본적으로 구분되지 않는다는 것을 분석함으로써 보여주려 했다. 그러나 사실 광기는 여전히 형성의 수수께끼를 유발하는 것이어서 광기가 포함되자마자 또다시 '인간 형성의 수수께끼'가 등장하게 된다는 것을 시사하고자 했다. 칸트라는 이중적 순간으로 인하여 인간학은 인간을 완성시키면서도 다시금 인간의 형성을 문제시하게 되는 것이다.

현대 과학은 데카르트를 비판하고 칸트를 계승하면서 인간학적 문제를 '자기조직화(self organization)'를 통해 대답하려 한다. 자기

2.

조직화란 단위와 구조가 '함께-스스로' 형성해나가는 그러한 사태를 나타내기 위하여 과학이 선택한 개념이다. 이 개념은 형성의 자체 완성적 역학을 통해 해체되고 파열된 채로 있는 단위들이 복수성(複數性)으로 인하여 늘 어떤 식이든 구조적인 형태와 상호순환적으로, 가소성/유연성을 함유한 채 형성되어 있을 수 있다고 주장한다. 자기조직화는 플라톤이 아름다움을 사랑하는 것 외엔 달리 해결할 수 없었던, 언제나 설득이 동반되어야만 했던, 단위 자체의 해체된 얼굴의 문제를 '구조' 문제로 옮겨 제시하는 것이다. 실로 '구조'가 구원할 것이라는 신념이 자기조직화의 핵심에 있다. 생명의 카오스적 코스모스(즉 해체적 구조)의 역능(力能)이란 모든 것을 해결할 수 있는 것처럼 보인다.

지탱하기보다는 통합하려 하는 것, 그것은 우리 시대의 징후다. 외부에 있는 것은 더 이상 없다. '주체'는 폐기되어야 마땅하며 '힘'은 구조/원리와 상호적으로만 존재한다. '인간'은 더 이상 주체가 되기를 겨냥하지 않는다. 이제는 자기파열적 형상이 더 이상 의문시되지 않기 때문이다. 뉴런, 세포, 자극수용단위들의 자기조직화인 인간과 정치사회, 그 옆에 의미단위의 자기조직화인 인간과 정치사회가 나타난다: 여기서 문제는 자기의 파열된 모습, 단위의 성립 불가능성, 불확실성이 아니다. 복잡성 속에서 문제는 구조지, 사물, 주체, 단위가 아닌 것이다.

그러나 실제 분석을 통해 드러나는 것은, (인간적)의미에 의해 뒷받침되어야 한다는 사실이다. 나는 이것을 보여주려 했다. 이들이 말하는 자체성은 결코 달성될 수 없으며, 반드시 보충되어야 했다. 다시 말해 '자기조직화'라는 개념은 결국 자신이 토대로 삼고 있는 '의미'를 통해 결국 왜 여전히 세계는 감각의 연합을 '선택'해야 했는지, 왜 계속해서 행위주체가 될 수 없는 자신의 자리를 정화해야 했는지, 그리고 왜 무언가 외부에서 계속 도사리고 있는지 하는 문제를 제기하게 된다. 데카르트는, 자기조직화의 몸 한가운데에 매우 외상적으로 '영원히' 정신과는 다른 것으로 파악할 수밖에 없는 신체의 '괴물적 기계성'을 도입함으로써, 중요한 차이내기가 일어나는 장소를 마련해준다. 데카르트를 통해서야 비로소 우리는 자기조직화의 바탕에서는 왜 '유령'이 '기괴한 구조'가 될 수 없는지를 식별할 수 있다. 그 차이는 무엇보다도 유령을 보는 주체로부터 성립한다. 인간학이 항상 근거 혼란의 광기에로 휩쓸리는 것을 불안해한다면, 주체론은 언제나 진정한 책임지기란 무엇인가를 묻는 행위의 문제로 답해 왔다.

나는 유령이 해체된 단위들의 결합체라는 가능성을 밝히기 위해 루크레티우스(Titus Lucretius Carus)의 번역어 시뮬라크르(simulacre)의 개념사를 통과했다. 시뮬라크르란 원자론자들에 의하여 제기된 개념이지만, '자기조직화'를 하지 않는 원자들의 결합체다. 편위(偏位)하는 원자들의 모여듦이 시뮬라크르다. 여기서 편위란 '비스듬하다'는 것이지만 편위에서의 본질과 실존의 어긋남은 주체의 개입에 의

2.

해 지탱됨으로써 진정으로 '비스듬해진다.' 나는 칼 마르크스(Karl Marx)의 해석을 통해 어떻게 시뮬라크르가 필연성-가능성, 보편성-개별성의 짝패 범주를 해체하고 추상적 가능성에로 나아가는지를 보여주고자 하였다.

그리고 시뮬라크르의 추상적 가능성을 전유하는 두 주체에게서 나타나는 길의 방향을 일별하는 것으로 5장을 마쳤는데, 에피쿠로스는 의견의 개입을 배제한 원시감각 판타스마/판타지아로 되돌아가 '아타락시아(ataraxia)', 즉 어떤 평화의 상태를 통해 시뮬라크르를 재전유하려는 주체의 길을 보여주는 한편, 루크레티우스는 아타락시아를 거절하고 원시사와 전염병의 문제 가운데 머무는 주체의 길을 보여준다.

3.

우리 시대의 시뮬라크르는 어떤 가능성으로 현전하고 있는가? 우리 시대는 시뮬라크르를 '환각체험=약물체험'의 계선(系線) 아래 전유한다. 나는 환각체험의 분석불가능성이 어떻게 체험주의로 미끄러져 들어가는지를 보여주는 동시에 분석 불가능한 것을 분석하는 일을 해내는 주체의 흔적 또한 남겨두려 했다. 우리 시대의 환각체험은 과거 환각체험이 가지고 있던 외부를 향한 통로로서의 구실을

서론

완전히 상실하고 '내적 상태에 불과한 외부'를 성취했다. 약물체험이 환각체험을 도핑주의적으로 주도하면서 외부를 '안전하게' 내부로 활용하는, 몹시 능동적이며 긍정적인 자아상태의 극한이 추구된다.

나의 테제는 우리 사회는 도핑사회라는 것이다: 도핑사회는 비용과 노고를 삭제한 채 단지 '필요한 약물적 상태'를 승인할 수 있는 담론 체계를 말한다. 도핑사회는 면역학적 사회가 성과사회로 전화(轉化)한 이후에 오며, 위험사회를 긍정적으로 함입시키는 변명으로 온다. 그래서 도핑사회는 외부가 활용되는 사회, 혹은 실천주의적 결단의 급박함만을 제공하는 담론에 의해 외부가 내화(內化)한 사회다. 나는 도핑사회는 외부가 없게 된 사회이며 신체를 공간화함으로써 몸-없는-자기와 관계하는 사회라는 것을 보여주려고 했다. 그리고 이처럼 외부가 없고 몸이 없는 사람들의 사회란 '필요한 일들'을 결정·판단하고 '~하므로 ~해야 한다'는 문형으로 모든 것이 휩쓸리는 사회라는 것을 말하고자 했다.

다르게 환각을 만날 수는 없는가? 나름의 책임성 속에서 유령을 만나고 시뮬라크르를 감각하는 길은 구체적으로 어떤 모습을 하고 있을까? 나는 윌리엄 셰익스피어(William Shakespeare)의 『햄릿』을 통해서 모든 주체는 자신의 사회적 좌표, 역할, 지위 및 인물성을 매개로 유령을 다르게 가시화·재현한다는 점을 보여줌으로써 논의의 장을 열고자 했다. 그리고 유령과의 관계 속에서 관계있음과 관계없음의 중간 상태에 처하여 난처함을 유지하다 죽음을 맞이하게 된 햄릿의 주체성과, 유령이 세계의 시간 속에 출현한다면 유령은 반드시 어떤 '좋은 역할'을 수행해야만 한다는 신념 아래 유령과 의도적인 관계를 맺은 스크루지의 주체성을 차이내어 봄으로써 나름의 사유의 모험을 감행했다.

그리고 오스카 와일드(Oscar Wilde)의 「캔터빌의 유령」과 허먼 멜빌(Herman Melville)의 「사과나무 탁자 혹은 진기한 유령 출몰 현상」을 통해서 '부정의 부정'인 응답만이 유령을 '있음과 없음' 사이에 놔둘 수 있다는 것을 주장하고자 했다. 유령의 없지 않음을 '있음'으로 온전히 전환시키면 유령은 더 이상 유령으로 있을 수 없다. 사람의 어떤 식의 '주의-깊음' 없이 유령은 출몰하지 않는다. 하지만 이 말이 곧 온전히 주체의 태도 가운데 유령의 현존이 맡겨져 있다는 이야기는 결코 아닌데, 왜냐하면 유령은 어떤, 절박한 실체이기 때문이다.

마지막 장에서 나는 실체로 향하는 주체의 도정을 성심껏 기록한 게오르크 빌헬름 프리드리히 헤겔(Georg Wilhelm Friedrich Hegel)의 『정신현상학』을 통해서 이 문제를 다시 한번 되살피고, 주체가 유령을 만나기 위해서는 결국 스스로 유령이 되어야 한다는 것을 보여주려고 했다. 인간과 신 사이에 머무는 것은 매장이라는 의무인데, 이를 통해 시신은 사자(死者)가 되고, 사자 너머에서 두개골과 망령이 출현한다. '사자'의 존재는, 범주를 넘어서 자신만의 죽음을 떠맡는 개인의 행위를 토대로 하여, '두 번째로' 죽음을 떠맡는 노동을 감

서론

행하는 것에 의해서만 가능하다. 그래서 '사자'의 매장은 두개골과 망령을 예비할 수 있는 것이다. 이후, 두개골을 던지는 망령의 초상-워싱턴 어빙(Washington Irving)의 『슬리피 할로우』-을 통해 점거된 의미, 혹은 '인간적인 것'으로부터 탈출하는 유령성의 문제를 살펴보고, 한스 홀바인(Hans Holbein)의 해골들을 통해 '다른 의미'의 가능성을 넘어서 '의미 없음'의 문제를 분석하려고 했다. 그것은 단순히 의미가 없다는 것이 아니라 유령 속에서 의미가 '있지 않게' 된다는 것을 의미한다.

망령이 던져 준 두개골로부터 우리에게 생성되는 '없지 않은 의미'란, 헤겔에게서 다시금 두개골이라는 뼈가 불러일으키는 담론적 저항선에 의해 해명된다: 우리의 논의는 새로운 '몸과 주체의 관계'로 향한다. 도핑사회의 개인이 단지 몸을 공간화하고 외부를 내화했다면, 유령을 보는 주체는 무엇보다 자신의 몸이 바로 자신이 보관하고 있는 유령성의 흔적임을 안다. 사자를 매장한 후 시신으로부터 드러나는 두개골은, 시신의 잔여 혹은 시신의 조각품(sculpture)으로서 우리가 몸을 '소유'하는 존재가 아니라 몸을 '보관'해 온 존재임을 보여준다. 이와 마찬가지로 주체는 자신이 스스로 '먹거리'를 매장하는 땅이 됨으로써 배설물을 시신의 잔여로서 드러낼 것이다. 나는 주체 자신이 자신 가운데 보관하고 있는 유령성에 접근하도록 하기 위해서 두개골과 망령의 문제를 섭식과 배설의 문제로 옮겨 놓으려고 했는데, 이 역할을 해준 것이 바로 프랑수아 라블레(François

Rabelais)다.

주체의 '죽음의 연습'은 생명과 죽음을 자신의 몸 속에서 반복하는 매일의 삶 속에 있었음을, 나는 에둘러 주장하고 싶었다. 그것은 먹고 배설하는 행위였으며, 말하는 행위였고, 감각하는 행위였다. 헤겔은 감각적 의식을 통해 다시 시작으로 돌아와 『정신현상학』을 끝맺는다. 나는 그곳에서 왜인지 모르게 헤겔에 붙들려, 헤겔에 신들려, 그가 '이미 죽은 예수'를 만나고 싶어한다는 것을 느꼈으며, 바로 예수를 만나는 감각적 실체가 되려는 것이 책 전체를 추동하고 있다는 것을 예감했다. 공동체에 머물지만 신에 닿아 있는 터전에서 의식의 정신이 나타난다(학문). 바로 그것이 이미 죽어 있지 않은 예수를 만나는 것이 아니고 무엇이겠는가? 진정으로 예수의 죽음을 아는 것은 그 죽음을 나 자신의 삶 속에서 개념화하는 것이다. 예수는 부활했다.

나는 헤겔의 '개념의 절박함'이 곧 교단의 표상에서 나와 예수를 만나는 주체의 감각과 맞닿아 있다고 보았는데, 그것이 소설적으로 펼쳐진 것이 표도르 도스토옙스키(Фёдор Михайлович Достоéвский)의 『백치』였다. 『백치』는 예수를 만나는 유일한 길은 스스로 예수가 되는 길임을 보여준다. 여기서 인물들은 한스 홀바인의 그림에 신들려 시작한다. 그리고 예수를 닮아가며 '다시 시작'한다. 미쉬낀은 나스따시야의 모욕에 대하여 존경으로 응답함으로써 그녀의 안에는 그녀 자신조차도 고통을 줄 수 없는 무언가가 보관되어 있다는 것

서론

을 알려준다. 또한 미쉬낀은 로고진이 비록 허위에서 출발했을지라도 '삶이었으므로' 황금으로 응대함으로써 그의 허위를 '유의미할지라도 무효한 것'으로 만든다. 그렇게 미쉬낀은 나스따시야의 모욕과 로고진의 살해 사이에서 그들을 존경하면서도 영원히 자격 없음의 형상으로 남는다는 점에서 예수를 만나는 주체의 한 조각이 되어준 것이다.

아마도 유령이 반드시 출몰한다고 말할 수는 없을 것이다. 그러나 그것을 보았고 지탱한 자들의 흔적이 있었으며 나 또한 그러하다. 불가능한 것, 있지 않지만 없다고 할 수도 없는 것, 내게 찾아오는 허공 속 시뮬라크르 같은 것, '~인 것 같다'고 밖에는 달리 말할 수 없는 것, 주체를 곤경에 몰아넣고 난처하게 만드는 것, 그것에 대해 말하고 책임지는 것, 그러한 것을 바라보는 일이 가끔씩 돌출할 것이다, 가끔씩. 그렇게 가끔씩 잊혀진 비평을 말하는 사람들은 아마도 서로에 대해 출몰하는 자가 될 것이다.

내가 서 있는 자리에서 '의미의 비평'은 마침내 학문의 통합 속에서 의미를 향한 단위들의 아름다운 구조로 나타날 것임이 자명해 보인다. 모든 것은 의미단위들이 유희하는 복수체의 정치성 안으로 안정화될 것이다. 그 길을 걸으며 우리는 더 나은 길, 더 나은 사회, 더 나은 인간을 위해 노력할 것이다. 잊혀진 비평은 아마 그와 같은 것을 잘 알지 못할 것이다. 그러나 잊혀진 비평이 간직하고 있는 영역이 있다. 이 비평의 길은 곤경에서 벗어나기 위해서가 아니라 곤경에 처해 있기 위해서, 그럼으로써 곤경을 장소화하기 위해서 존재한다. 이 비평은 작품의 유령에 (귀)신들리지만 종내는 스스로가 유령이 되어 '작품이' 깃들 것이다. 이 비평은, 그리하여 의미의 비평과 대결하지 않고 그 지탱 속에서 '의미의 비평'의 유령이 되어 시뮬라크르들로 남을 것이다.

I. 플라톤의 시인 추방과 채용

Ⅰ. 플라톤의 시인 추방과 채용

1. 신들림으로서 시의 흔적들

기원전 500년경 최초의 비평 장면에서 플라톤은 정치체, 혹은 국가로부터 시인을 추방했다. 플라톤은 시를 비평할 수 있게 되자마자 추방했다. 물론 시만 추방된 것은 아니다. 비평의 탄생은 시에게 응답할 수 있게 된 순간 시에게 응답하기를 거절한 순간이라고 할 수 있다. 비평은 자기 자신이 태어난 순간 자기 자신 또한 추방한 것이다. 플라톤의 텍스트에는 비평의 탄생과 아주 짧은 생, 그리고 자살적 몸짓이 있다. 지금부터 내가 들여다보고자 하는 것이 그 시간이다.

본래 시는 '비평할 수 없는 것'이었다. 왜냐하면 시는 '신의 선물'을 받은/전달하는 '광인'의 '신들림' 자체였기 때문이다. 그것은 들리는 것이었고 단적으로 말해지는 것이었지, 비평할 수 있는 것이 아니었다. 플라톤의 텍스트 곳곳에도 이러한 인식이 나타나는데

1. 신들림으로서 시의 흔적들

『이온』에서 특히 두드러진다.

> 시인은 가볍고 날개 달린 신성한 존재이며 신들리고 제정신이 아니고 이성을 잃기 전까지는 작시할 수 없기 때문이오. 인간은 누구나 이성이 있는 동안에는 작시할 수 없고 예언을 노래할 수도 없는 법이오.[3]

플라톤이 처음 비평을 표시할 수 있었던 것은 이 시기 신들림 현상이 퇴색하고 있었기 때문이다. 신들린 사람의 광기와 예술 패러다임이 충돌했고 그래서 시를 비평 가능한 것으로 수용하는 틀을 구상할 수 있는 여지가 생겼던 것이다.

플라톤에게 시극 비평의 해독 코드는 "시인 자신의 말"(이야기 진행; narrative)과 "모방"(mimesis)이었다.[4] 이에 덧붙여 선법(harmony)과 리듬(rhythm)도 논의되었지만 주된 것은 시인의 말과 모방으로 분할되는 이야기투(lexis)였다. 플라톤에 따르면 서정시에서는 시인 자신만이 말하며 극에서는 전적인 모방이 있고 서사시에서는 두 가지가 섞여 있다.

그런데 서정시와 극에 배당된 분할과 달리 '서사시의 섞여 있음'은 하나의 질문을 제기한다. 호메로스(Ὅμηρος)의 시와 같은 것에서 어떻게 시인 자신의 말과 모방을 구분할 수 있을까? 호메로스는 단일 운율을 사용하는데, 따옴표와 같은 것도 없이 끝없이 이어지는 선법과 리듬의 중얼거림에서 어떻게 시인의 말과 모방된 말이 구분

될 수 있었던 것인가?

　이것을 구분하려면 '호메로스가 제정신'이라는 전제가 있어야 한다. 호메로스가 제정신이라는 전제가 없었다면 플라톤의 해독 코드는 작동할 수 없다. 어떤 하나의 말하기가 신들림으로 이해되고 또 운율로 이해되는 그 식별 사이에 무언가 있다. 분명히 광기 가운데 주관 없이 무슨 말이든 했던 것이, '신들린 중얼거림'으로 여겨지지 않고 '하나의 운율'로 여겨질 수 있게 된 기저에서 무슨 일인가 벌어졌을 것이다.

　도대체 왜, 그리고 정확히 어느 시점에서 신들림으로서의 시가 불가능해졌는지를 여기서 논할 수는 없다. 우리는 이미 그것이 희미해지고 사라지기 시작했을 때에야 비로소 포착할 수 있었기 때문이다. 물론 나는 시의 원(原)형상을 신들림으로서 발굴해내고자 하는 것이 아니다. 신들림으로서의 시의 흔적은 시 자신이 광기에 사로잡히기를 그만두려고 하자마자 시를 대신해서 사로잡힌 자로서 '시를 사랑하는 자들'이 등장했다는 사실을 통해 유추될 수 있다. 그리고 이 시기, 시를 대신해서 사로잡힌 자들에 대한, 최소한 세 개의 형상이 존재한다.

　첫째, 그리스 비극이 '서사시의 유령'이었다는 사실은 쉽게 이해할 수 있다. 그리스 비극은 서사시의 다시 쓰기였으며 서사시의 사건들과 행동들의 되살려진 반복이자 변주였다. 모든 그리스 비극은 서사시의 남겨진/남은 것들이다. 그리스 비극은 서사시에 쓰여지지 않은 사건을 다룬 적이 없다. 그리스 비극은 기이하게 서사시에 붙들려 있었던 것이다. 마치 그들의 머릿속에서 떠나보낼 수 없던 '잔영을 물질화하듯' 그들은 기어이 또 다시 신들린 자-배우-를 만들어 낸다.

둘째, 흥미롭게도 첫 번째 비평가라고 할 수 있는 이온 또한 "호메로스에 씌인 자, 붙들려 있는 자"[5]로 나타난다. 이온은 신에 매어 있는 첫 번째 사슬의 광기를 지닌 호메로스에 의해 매여진 "두 번째 사슬의 광기"[6]를 지닌 자로 나타난다. '두 번째 사슬'의 거리란 매우 이상한 거리다. 이들은 호메로스에게 신들려서 작품과 거리두기를 할 수 없으면서도, 제정신을 유지하며 호메로스의 시를 안다고 주장하지만, 실은 알지 못하는 상태에 처해 있다. 그는 매혹되어 있으나 동시에 명증한 집중상태에 있다. 이온은 말한다. "누가 다른 시인에 관해 논한다면 나는 [...] 졸기만 한다오. 그러나 누가 호메로스를 언급하면 나는 곧바로 졸음이 가시고 정신이 말똥말똥해져서 할 말이 많아진다오."[7]

셋째, 소크라테스(Σωκράτης)를 일종의 시인-비평가라고 표지할 수 있다. 그의 신들림 양식은 물론 이온의 그것과는 다르지만 그럼에도 여전히 신들림의 '흔적'이라고 할 수 있다. 소크라테스의 정신 역시 완전히 신들렸다고는 할 수 없지만 완전히 아무 소리도 듣지 않는 것이라고는 할 수 없기 때문에 일종의 중간상태라고 볼 수 있는 것이다. 소크라테스의 신들림은 "일종의 소리로서 나타나는 것"

으로 "이것이 나타날 때는 언제나 하려고 하는 일을 하지 말도록 말리지, 결코 적극적인 권유를 하는 일은 없는"[8] 무엇이다. 이것은 '다이몬(daimon)'이라고 불린다. 다이몬은 소크라테스에게는 그 자신의 변증법적 논변이나 추론 혹은 이야기 진행보다도 더 본질적인 것이다. 다이몬은 그를 추동한다. 『파이드로스』에서는 소크라테스가 "이야기를 끝내자 으레 그에게 등장하는 신묘한 존재의 징후가 나타나"[9] 그는 지금까지 해 왔던 모든 것을 뒤엎고 다시 이야기를 시작한다. 그로 하여금 "다시 부르는 노래"를 짓게 하는 것이다.[10] 어떤 소리, 다이몬, 신묘한 존재의 징후인 이것은 해야 할 바를 조작적이고 구체적으로 규정하지는 않지만, 여전히 어떤 '하게 하는 의지'와 같은 것이다. 『파이돈』에 와서 마침내 소크라테스는 이것이 '시를 지으라는 신들림의 흔적'임을 깨닫게 된다.

> 소크라테스: 지나간 나의 생애에 있어서 똑같은 꿈이 여러 차례에 걸쳐 내게 나타나서는, 그때마다 다른 모습으로 보이기는 했지만, 똑같은 것들을 말하는 거야. '소크라테스여, 시가를 지어라, 그리고 이를 일삼아 하라'고 말하는 거야. 한데, 전에는 내가 적어도 이를 내가 하고 있는 바로 그 일을 하도록 내게 격려하고 성원해주는 것으로 이해했네. [...] 철학은 가장 위대한 시가인데, 내가 하고 있는 것이 이것이기 때문이지. 그러나 지금은, 재판도 있은 뒤고 그 신(아폴론)의 축제가 내가 죽는 것을 지체시킨 터라, 그 꿈이 내게 여러 차례 지시한 것이 정녕 통속

적인 의미의 시가를 지으라는 것이라면, 그에 불복할 것이 아니라, 그걸 지어보아야만 하겠다는 생각을 하게 되었네.[11]

소크라테스는 일종의 신들림을 통해 '죽음 이전과 죽음 이후의 세계'에 대한 이야기를 시가로서 말하게 된다. 이는 그간 소크라테스의 신들림이 정향해왔던 흐름과 일관된 하나의 방향을 가리킨다. 그것은 첫째 『소크라테스의 변론』에서는 "정치하는 것을 반대"하는 것이었고[12] 둘째 『파이드로스』에서는 신적인 것을 인간적인 방식으로 말하는 것을 금지하는 것이었으며 셋째 『파이돈』에서는 이 세계가 아닌 것에 관해 말하도록 하는 것이었다. 그러므로 우리는 소크라테스의 신들림이 끊임없이 '무엇이 아닌 세계, 없는 세계'를 가리키고 있다고 볼 수 있어야 한다.

2. 플라톤의 예술 패러다임: '시 짓는 기술'을 가진 자로서의 시인

플라톤의 텍스트는 시인에 관하여 패러다임-전환적인 질문을 던진다. 시인이 더 이상 신들린 자가 아니라면 그는 무엇인가? 호메로스적인 신들리기가 더 이상 불가능할 수밖에 없다면 그는 이제 무엇일 수 있는가? 결론부터 말하자면 플라톤에게 시인은 '시 짓는 기술'

을 가진 자가 된다. 이것을 나는 최초의 예술 패러다임이라고 부르고 싶다.

'기술'은 단순히 사물에 대한 조작을 뜻하지 않는다. 기술(technē; art)은 우리가 흔히 기능(function; task; work)이라고 번역하는 것인 ergon과 훌륭함(virtue; excellence)이라고 번역하는 것인 aretē와 매우 깊은 관련이 있다. 모든 기술은 사용하는 바와 사용되는 바 사이에 ergon의 관계를 맺게 하는 형식·수행 등을 의미한다. ergon은 훗날 아리스토텔레스에 의해 잠재적 힘(에너지)으로 정련되기도 하는 energeia의 전신으로, 기능성과 용도성을 띠면서 훌륭함을 규제하기도 하는 독특한 개념이다. 간단히 말해, 기술은 자기 자신과 사용하는 바와 사용되는 바 모두에게 최고의 '능력'을 선사하는 하나의 '공간'이라고 할 수 있다. 이 공간에서 모든 것이 자기 자신의 능력을 발휘한다.

플라톤은 처음에는 시인에게 있는 것이 바로 기술이라고 생각했다. 그래서 이것이 그로 하여금 시인들을 비판하게 하는 이유가 되었는데 왜냐하면 시인들이 이 기술을 갖고 작시(作詩)한다고 하기에는 너무나도 한계가 많았기 때문이었다. 플라톤이 보기에 시인들은 기능의 공간성·자체성인 훌륭함을 절대 가질 수 없었다. 시인들은 자신들의 기술적 지식을 아는 듯이 사용했고-시인에 고유한, 이전의 '신들려 있음' 자체의 독특한 지식으로서의 역할 때문에-자신들의 일을 알고 있다고 여겼지만 실제로는 자신들이 하는 일을 결

2. 플라톤의 예술 패러다임: '시 짓는 기술'을 가진 자로서의 시인

코 알지 못했다. 물론 이는 신들림 자체의 형상 변화와 매우 깊은 관련이 있기도 하다. 신들림에는 더 이상 신과 자연, 주체와 객체, 무지와 지, 말하는 자와 말해지는 것이 뗄래야 뗄 수 없는 형식으로 결합되어 있지 않다. 『소크라테스의 변론』에는 시인들이 더 이상 신들림으로 시를 짓는다고 할 수도 없고 그렇다고 기술을 갖고 시를 짓는다고 할 수도 없는 이행기적 상태가 생생히 증언되고 있다.

> 소크라테스: 이들은 자기들이 짓는 시들을 지혜(sophia; wisdom)에 의해 짓는 것이 아니라, 어떤 소질(physis; nature)에 의해서 그리고 [...] 신들린 상태에서 짓게 되는 것입니다. 이들 또한 많은 아름다운 것을 말하기는 하지만 자신들이 말하는 것들에 대해서 아무것도 알지 못하니까요. [...] 뿐만 아니라 저는 동시에 이들이 시작으로 인해서 자신들이, 결코 그렇지 못한 다른 것들에 있어서도, 가장 현명한 사람들인 줄로 스스로 여기고 있다는 것을 알게 되었습니다. 그래서 저는 [...] 이들보다도 제가 뛰어나다고 생각하면서 그 자리에서 떠났습니다.[13]

여기에서는 이미 분할이 일어나버린 개념적 쌍들 사이의 이원적 대립이 창출되고 있으며(지혜≠소질, 말하는 것≠말해지는 것, 말하는 것을 앎≠말하는 것을 알지 못함), 우리는 이 분할의 선을 따라 시인들은 더 이상 신들림이 아닌 영역으로 서서히 이동하고 있음을 알 수 있다.

그런데 기술의 기능 공간이 '훌륭함'을 향해 있다는 사실은 의미심장한 것이다. 왜냐하면 시인들은 오직 기술의 패러다임을 통해서 볼 때에만 더 이상 훌륭하다고 말할 수 없는 존재들이 되기 때문이다. 신들림에 대해서는 본디 훌륭함이 말해질 수 없는 것이기도 하겠지만, 그러한 것이 말해질 수 있다면 신들림의 시인들은 이미 훌륭하다. 플라톤이 신들림의 시를 기술의 시로 대체하는 과정에서 기술의 '훌륭함'은 '배워서 습득될 수 있는 것'이 될 수 없다고 보았던 이유가 여기에 있다. 『메논』에서는 이러한 질문이 등장한다.

> 메논: 소크라테스님, 그러면 선생님께서는 훌륭함이 가르쳐질 수 있는 것인지, 제게 말씀해주실 수 있겠습니까? 또는 가르쳐질 수는 없고 수련을 통해서 얻어지는 것입니까? 아니면 [...] 선천적으로 생기게 되거나, 그 밖의 다른 방식으로 생깁니까?[14]

플라톤의 대답은, 훌륭함이란 '이미 있는 것'으로서 우리가 할 일은 단지 그 '이미 있음'을 상기하는 것뿐이라는 것이다. "그것이 생기게 되는 것은 신적인 섭리(theia moira; divine destiny)에 의해서"[15]이지, "가르쳐질 수 있는 것도 아니며, [...] 지혜도 아니다."[16] 이는, 혼이 불사하기 때문이고 "영원한 시간 동안 혼은 배운 상태로 있는" 것이므로 훌륭함을 "알지 못하는 것은 기억을 못하고 있는 것"이다. 그러므로 해야 할 일은 "훌륭함 자체가 도대체 무엇인지 그 자체로 탐구하는 것"[17]이다. 그래야 훌륭함을 기억해 낼 수 있을 뿐만 아니라 훌륭함

2. 플라톤의 예술 패러다임: '시 짓는 기술'을 가진 자로서의 시인

의 상태가 신의 섭리에 의해 '이미 있다'는 것을 확신할 수 있을 것이기 때문이다.

    우리는 여기서 신에 의해 주어진 광기인 신들림의 본질이 기술에게 은밀하게 넘어가는 것을 볼 수 있다. 기술의 기능공간은 분명히 '훌륭함'에서 성립한다. 그러나 '훌륭함'은 이미 신에 의해 주어져 있다. 이 공간의 성립지점 자체가 신에 의해 주어져 있는 것이다. 그래서 기술은 자신의 훌륭함이 신에 의해 주어짐 받았음을 '상기'하기만 하면 된다. 그런데 만약 이러한 것이 기술의 기능적 훌륭함이라면 신들림으로서의 시와 더 이상 본질적인 차이가 나지 않게 된다. 둘 모두 신으로부터 왔다. '상기하기'는 기술로서의 시와 신들림으로서의 시를 구분되지 않게 묶어 놓는 역할을 한다. 상기는 실로 광기의 지혜로 나타난다. 그래서 상기의 가장 중요한 예는 미친 시인 "테레시아스"[18]다. 『파이드로스』에는 "상기란 광기의 한 종류"임이[19] 언급되기도 한다.

    하지만 플라톤은 단순히 광기와 상기를 훌륭함이라는 신적 섭리를 통해 단순히 한데 통합한 것이 아니다. 결코 그렇지 않다. 플라톤은 기능(ergon)의 편에서 광기의 신들림을 공간화하여 상기의 신적 섭리로 흡수하는 작업을 한 것이다. 그리고 이 과정에서 신들림의 형태 자체가 바뀐다. 상기로서의 신들림은 일종의, '위험하지 않은 신의 영역'이다.

    플라톤에게서는 훌륭함이 '기술의 기능이 스스로 능력이 되는'

상태이므로 곧 "자체성"이다. 즉 기능이 자신의 일을 하면 훌륭함은 상기되어 훌륭함이 미리 주어져 있는 것임을 밝히며 나타난다. 바로 이 지점에서 기술의 자체성이 신들림의 자기폐쇄적 자체성을 수정 변환하며 가져온다. 기술의 자체성은 신에 의한 상태를 결정적으로 변형시킨다. 신은 이제 시인(사람)을 붙잡지 않고 그로 하여금 자신을 '보게' 한다(시각우위). 그리고 기술의 자체성 문제는 다스림의 문제로 심화되어야 하는데 이 전환은 『알키비아데스』에서 일어난다.

3. 기술에서 '불의(不義)하지 않는 광기'로

『알키비아데스』는 기술의 기능 공간을 무한한 유한의 힘으로-역설적으로-닫기 위해서 필요한 것은 바로 다스림이라는 점을 훌륭함과 다스림 사이에 다리가 놓이는 순간을 통해 보여주는 텍스트다. 이미 시기상 중기 종합쯤에 해당하는 『국가』에서는 이 같은 결합 지점을 잘 볼 수 없다. 알키비아데스는 '다스리기'를 원한다. 그러나 플라톤은 이 질문의 의미를 먼저 변형시켜 제시한다: 다스리기 위해서는 먼저 훌륭함을 성취해야 한다. 플라톤이 보기에 다스림이란 결국 복수(plurality; polyness)의 모여 있음 상태의 기능-공간화의 닫힌 무한함에 다름 아닌데, 이렇게 볼 때 다스림이란 결국 어떤 기술이다. 다스림은 일종의 '원리(archē; element and the first principle)'로서의 기

2. 플라톤의 예술 패러다임: '시 짓는 기술'을 가진 자로서의 시인

술이다. 훌륭함의 상태는 곧 원리가 된 다스림일 것이다. 그래서 다스리기 위하여 알키비아데스가 가장 먼저 해야 할 일은, 자체성과 거리두기를 동시에 하는 일임이 곧바로 드러난다. 알키비아데스는 먼저 자기 자신을 보면서 그 자체성과 거리두기로부터 저 자체성과 거리두기로 옮아가야 했다.

이 점에서 '눈부처'의 장면은 매우 결정적이다. 눈이나 거울을 "들여다보면 우리는 그것과 우리 자신을 동시에 볼 수 있다."[20] 그리고 '들여다보기'는 곧 '들여다보는 대상'과 동일한 원리를 갖는다. 눈도, 거울도, 눈과 거울을 보는 이도, 동일한 시각의 '원리'를 갖기 때문에 서로 볼 수 있는 것이다. 따라서 이 관계(archē) 속에서 그들은 기능=능력(ergon) 공간을 성취(aretē)한다. 이처럼 각자가 각자의 자리를 유지하는 거리유지의 기술 덕분에 이제 눈과 거울 대신 신을 보게 된다면 마침내 "신을 봄으로써" "우리는 우리 자신을 가장 잘 보고 가장 잘 알 수 있게"[21] 되는 것이다. 신을 본다는 것은 '나'를 보면서 동시에 나를 알 수 있고 그리하여 '그 원리'를 상기할 수 있는 것으로, 이상한 '신들린 공간에 머무는 기술로서의 거울 보기 기술'이 된다.

기술적 자체성은 원래는 단지 기능 공간의 자체적 운용에 불과했지만, 원리의 자체성은 질서 잡힌 무언가가 된다. 그래서 기능 공간의 훌륭함이 단지 상기되는 것이었다면 다스림 원리의 훌륭함이란 바로 그 상기의 '기반'을 아는 것이다. 그래서 기술적 자체성에 의해서는 신들린 자체성이 단지 기술 공간 내부로 포함되는데 그쳤다면 다스림 원리의 자체성에 의해서는 신들림 특유의 자체성 자체가 변하게 된다. 훌륭함이 다스림으로 전화됨으로써 훌륭함이 자체 내적으로 가진 신들림의 속성이 효과적으로 탈각되는 것이다. 포함되기 위해서는 먼저 포함될 권리를 얻을만해야 한다는 것이다. 기술과 원리에 의해 가해지는 이러한 변형은 형식적이고 추상적인 것으로 일종의 색조(tone) 변형이다.

이러한 단계를 거쳐 플라톤은 '너무도 차분해진 광기'를 이제 이온의 손에 되돌려준다. 이처럼 신들림의 성격이 차분해져야만 (tone-down) 『이온』에서 내용적이고 구체적인 변형을 겪을 수 있게 되는 것이다. 텍스트 『이온』에서 일어나는 것은 광기 자체에 대한 은밀한 의미 전화다. 의미 전화는 세 가지 차원에서 일어난다.

첫째, 이온의 인물성에 대한 것이다. 그는 지극히 정상적인 사람으로 무엇보다 '직업적인' 인물이다. 텍스트는 시인으로서의 이온이 참가한 경연에서 시작해서 장군으로서의 이온과 시인으로서의 이온은 절대적으로 같지 않다는 것으로 끝난다. 이온은 다소 몽롱하게 직업들 사이의 통용이 가능하다고 주장한다. 하지만 대화 상대자인 소크라테스는 만약 그러한 통용을 실제로 구사한다면 그는 불의를 행하는 것임을 증명한다. 이온은 기술들 사이의 통용성을 매우 딱딱한 투로 주장하다가 곧 소크라테스-플라톤의 주장에 동의한다.

3. 기술에서 '불의(不義)하지 않는 광기'로

둘째, 광기는 어느 특정 대상에 대한 '열정'이 된다(취향과 결합된 열망). 이온은 '너무나도 합리적인 태도로' 자신이 신들렸다는 것을 고백하는데, 이때 그의 신들림 상태란 호메로스에 대한 열정에 불과하다. 소크라테스는 이렇게 말한다. "시인들은 더러는 오르페우스에, 더러는 무사이오스에, 그러나 대부분은 호메로스에 붙들리고 씌었소. 이온 그대도 호메로스에 사로잡힌 것이오."[22]

셋째, 감동의 상태를 자아내기 위한 연기(演技), 그것이 신들림이 된다. 텍스트 『이온』에서는 배우가 신들림을 연기함으로써 청중을 감동시킬 때, 그가 '실제로 신들리는 것'은 아니라고 하는 설명이 나온다. 신들림의 외적 형태를 모방함으로써 신들림 상태를 재현하고 이를 청중에게 전달시킬 수 있다는 논리인데, 이는 이미 신들림 상태가 가장(假裝)될 수 있다는 것을 전제로 하고 있을 뿐만 아니라 신들림 상태가 상연의 맥락에서는 '연기여야 한다'는 것을 결론으로 하고 있는 것이다.

> 소크라테스: 청중을 감동시킬 때 그대는 정신이 온전하시오, 아니면 제정신이 아니시오? 〔...〕 이온, 우아하게 차려 입고 머리에 금관을 쓴 사람이 자신의 장신구를 하나도 잃어버리지 않았는데도 축제의 제물을 보고 눈물을 흘리거나 또는 아무도 그의 옷을 벗기거나 해코지하려 하지 않았는데도 2만 명이 넘는 친구들 사이에서 두려움을 느낀다면, 우리는 그 순간 그가 제정신이 아니라고 말할 수밖에 없겠지요.[23]

진짜로 미쳐버린 것이라면 '시'는 성립하지 않을 것이다(하지만 다시 반복하지만 본래 시는 진짜로 미쳐버리는 것이었고, 그 점에서 신적인 뉘앙스를 간직하고 있는 것이었다). 신들림을 단지 연기하는 것일 수 있을 때, 그 신들림 현상으로부터의 거리두기를 통해 시의 자체성이 탄생한다. 이제는 '신들린 듯이 연기하는' 배우의 존재성이 신들림의 뉘앙스를 바꾼다.

이 세 가지 차원의 의미 전화는 신들림이 안정화되어가는, 삼층으로 심화되는 드라마를 보여준다. 이 세 가지 차원을 다시 살펴보자: 먼저 이온의 인물성을 통해서 우리가 알게 되는 것은 시작 기술은 일반적인 기술이 아니라는 것이었다. 기술은 사실 결코 신들림을 대체할 수 없었다. 기술은 자신이 시의 주인이 될 수 없다는 것을 분명하게 인정한다. 소크라테스는 이온과의 대화에서 이렇게 인정하는 것이다: "따라서 그들이 작시하고 그대가 호메로스에 관해 그러하듯 그들이 인간 행적에 관해 아름다운 말을 많이 하는 것은 '전문기술' 덕분이 아니라 '신의 은덕'인 만큼, 개개인은 무사여신이 부추긴 것에 한해 작시할 수 있는 것이오."[24]

다시 강조하지만 기술은 신들림을 대체하지 않는다. 광기 자체를 의미변경함으로써 제자리에서의 신들림 자체가 어떤 기술 아닌 기술이 되게 했을 뿐이다. 신들림에 대한 어떤 '간섭' 현상이 발생한 것이다. 기술은 '물러나며' 광기를 변형한다. 어느 누구도 예술을 단순한 기술이라 부르지 않는 것처럼, 광기도 단순한 광기가 아니다.

3. 기술에서 '불의(不義)하지 않는 광기'로

광기는 더 이상 위험하지 않다. 광기는 이제 "불의(adikia; injustice) 아닌 신들림"을 선택한다. 이온에 대한 소크라테스의 마지막 질문은 변형된 광기의 안정화된 모습이다.

> 소크라테스: 둘 중 하나를 고르시오, 이온, 그대는 우리가 그대를 불의한 사람으로 여기기를 원하오, 아니면 신들린 사람으로 여기기를 원하오?
> 이온: 우리는 그게 더 아름답다고 생각하겠소, 소크라테스. 전문가가 아니라 신들린 사람으로서 호메로스를 찬양하는 것 말이오.[25]

불의로 번역되는 adikia를 처음으로 개념화했던 아낙시만드로스(Ἀναξίμανδρος)의 잠언들을 따른다면 '불의가 아닌 신들림'의 의미란 곧 '무규정적이지 않은 광기'를 의미한다. 마르틴 하이데거(Martin Heidegger)는 아낙시만드로스의 잠언에 나타나는 그리스어 adikia를 '불의(不義)'로 번역하는 것은 근대인들의 도덕적 선입견이 투여된 결과라고 비판하고 알맞은 번역어는 '무규정성'이라는 것을 어원(사)학적 자료를 통해 증명한다.[26] '무규정적이지 않은 광기'는 곧 규정될 수 있는 것을 의미하게 된다.

둘째 층에서 광기는 이제 '취향과 결합된 열망'이라는 의미 색조를 띠어간다. 이는 본성적 성향인 기질과 특정 대상에 대한 열정을 결합해놓은 형태로 이 시점에서부터는 '취향이 반드시 있다'는 것이 특기할 만한 일이다. 즉 여러 시인들 가운데 우열이 가려지며 자기가 좋아하는 시인, 이온의 경우에는 호메로스를 '가장 훌륭한 것'으로 말하는 일이 가능해진다. 이온은 "호메로스는 훌륭하게 말하며 나머지는 열등하게 말한다"는 것을 주장한다.[27] 이 열정은 생리적이고 본능적인 것이어서 판단에 의해 결정을 내린 것이 아니다. 쾌/불쾌의 원리가 선천적인 것으로 등장함과 동시에 에너지원으로서의 욕동 자체와 대상을 향한 변증법적 게임인 욕망이 결합한 형태로 등장한다. 이것이 취향과 열망이 결합해 있다는 말의 의미이다.

셋째 층에서 '감동의 상태'에 휘말려 들어가는 모든 경우에 있어서의 '감정이입 사태'가 나타난다. 여기에서 자체성과 거리두기의 게임이 다시 나타난다. 감정이입은 한편으로는 호메로스에 대한 것이고 다른 한편으로는 자신이 호메로스를 중계하는 대상들(관객들)을 향한 것이다. 붙들리는 정도에 있어서도 감정이입은 기이한 자체성을 지니면서 동시에 거리두기를 한다. 이온은 호메로스를 '좋아하고 열망'하지만 '미쳐버리지는' 않는 것이다. 배우는 마치 미친 사람처럼 무대 위의 상황에 '붙들리지만' 무대를 내려가면 '제정신'이 된다. 이러한 관점 조정의 유희적 완급 조절은 감정이입 사태가 무엇인가를 명확하게 보여준다. 우리가 모든 예술적 순간에 투여시키는 이 이입은 어떤 경우에도 외상적인 것, 혹은 사건적인 것일 수 없다. 감정이입이란 무규정적이고 무시무시한 신들림으로서의 광기의 흔적에 대한 '어떤 형태의 안정화'인 것이다.[28] 이 점에서 우리 시대가 매번 활용하는 이입의 실천은 감정이입의 더욱 진실된 면을 보여주고 있다. 역설적으로 들리겠지만, 우리는 시적인 모든 것에 '절대적으로' 이입되지 않기 위해서 '충분히' 감정 이입한다.

불의하지 않는 광기의 두 의미는 무규정적이지 않다. 취향과 열망의 게임을 결정하는 것은 자체성과 거리두기의 조절이다. 모든 수용자는 감정 이입하고 감동을 받고 이 감동을 취향으로 분할한 후 자신이 열망을 쏟을 대상을 결정한다. 사실 현대 평론의 모든 실천이 참조하는 절차인 '수용과 가치평가'는 이러한 광기의 의미에서 자라나온 것이다. 우리는 이것이 실로 동일한 뿌리에서 도출된 것이며, 내내 무규정적인 광기의 상태를 탈각시키는 실천을 끊임없이 반복수행한다는 점에 대해서 진지하게 논의해 보아야 한다. 감정이입과 취향, 수용과 가치평가가 있는 곳에서, 시에 신들리는 예술과 비평의 몸부림이 사라졌었기 때문이다.

4. 다른 길의 흔적: 비평가 소크라테스의 곤경

그런데 우리의 첫 번째 비평가인 이온이 선택한 '불의하지 않는 광기'가 아닌 또 다른 길이 있었다. 그것은 곧 두 번째 비평가인 소크라테스의 당혹으로부터 자라나는 '곤경 혹은 없는 장소(aporia)'의 길이다. 소크라테스는 이온과 닮았지만, 영원히 곤경에 처해 있는 모습으로 나타나, 우리에게 불의하지 않는 광기가 아닌, 무규정성에 머무는 광기의 일면을 일별해준다.

먼저 우리는 플라톤의 초반부 작업과 중반부 이후 작업을 나누는 가장 중요한 표지 중 하나를 당혹의 유무로 볼 수 있다는 점에 주목할 필요가 있다. 플라톤의 초반부 작업 대부분(『알키비아데스』 이전)은, 심지어 소피스트와의 대결상황을 다루는 『프로타고라스』나 『고르기아스』에서도 모두가 '당혹해하는 것'으로 논의가 종결된다 (=규정은 없다(a-dikia)). 하지만 『메논』의 후반부에 기록되었던 마지막 당혹의 장면을 제외하면, 『알키비아데스』에서부터는 빛 가운데서 눈을 보고, 거기 타자의 눈 속에서 자신을 확인하는 그 마주침 공간이 당혹을 압도하게 된다. 이제 신을 봄으로써 자기 자신을 보고 그 거리두기 속에서 혼의 기능을 다하게 만들면 된다. 만약 플라톤이 초반부에서는 소크라테스 고유의 길에 조금 더 주목했고 중반부 이후부터는 다스리기의 문제를 조명하면서 자기 자신의 목소리를 내기 시작했다고 본다면, 우리는 플라톤 초기작에 나타나는 소크라테스의 당혹이 플라톤이 아직 채 다 규정하지 못한 어떤 광기의 의미의 다른 길에 관한 이야기를 남겨두었다고 볼 수 있을 것이다.

초기작 중 새로운 신과의 관계를 '경건'의 이름으로 탐구한 『에우티프론』이나 훌륭함의 문제를 '용기'의 이름으로 탐구한 『라케스』 모두에서 에우티프론과 라케스는 결코 과업을 성공하지 못한

4. 다른 길의 흔적: 비평가 소크라테스의 곤경

다. 단순히 '답을 찾지 못했다'는 고백이 아니다. '절대적으로 특유한 규정불능의 상태'에 머물게 되는 선택이다.

　에우티프론: 저는 제가 생각하는 것을 선생님께 어떻게 말씀드려야 할지 잘 모르겠습니다. 왜냐하면 우리가 뭘 내놓게 되건, 그것은 어떤 식으로든 우리 주위를 언제나 맴돌지, 그걸 우리가 어디에 세워두건, 도무지 그곳에 머무르지 않기 때문입니다.[29]

　라케스: 저는 지레 그만두지는 않을 준비가 되어 있습니다. [...] 용기가 무엇인지에 대해 제 나름대로는 생각은 하고 있는 것 같지만 그게 방금 어떻게 해서 제게서 빠져나가 버렸는지, 그래서 그걸 말로 포착해서 그것이 무엇인지 표현할 수 없게 되었는지 제가 모르겠기 때문입니다.[30]

여기서 소크라테스 자신은 알고 있는 자가 아니다. 소크라테스는 당혹의 장소를 빠져나가지 못하는/않는 상황에 대한 현시(顯示)다. 당혹의 장소에 있는 것은 '없는 장소(a-poria)에 있는 이상한 경험'이다. 이 장소에서 대화자 모두는 알면서 알지 못하는 상태, 즉 어떤 이상한 곤경에 처한다.

　소크라테스: 나는 그걸-시끈가오리-닮지 않았네. 왜냐하면 내 자

신이 해답을 갖고 있으면서 남들을 당혹하게 만드는 게 아니라, 어느 누구보다도 내 자신이 당혹해함으로써, 남들까지도 이처럼 당혹하게 만들기 때문일세. 지금도 훌륭함에 대해서, 나는 그것이 무엇인지를 모르지만, 그렇지만 자네와 접촉하기 전에는 어쩌면 물론 알고 있었겠으나, 지금은 사실상 알지 못하는 자와도 같으이. 그렇더라도 나는 자네와 함께 그것이 무엇인지를 고찰도 하고 공동 탐구도 하고 싶으이.[31]

『메논』은 '곤경'의 문제를 가장 날카롭게 제시하고 곤경을 '배움'의 문제로 변환하는 텍스트로서 플라톤은 소크라테스의 곤경을, 배움을 통해, 곤경에 처한 자가 마침내 '깨닫게 될 상기'로 바꾸어 낸다. 이 증명 과정은 귀족 청년 메논을 통해서 이루어지지 않는다. 우리가 영원히 이름을 알지 못할, 그 공간에 함께 서 있던 어느 노예를 통해서 이루어진다.

지금까지 소크라테스는 내내 '이름 있는 자들'과만 대화했었다. 하지만 『메논』을 통해 소크라테스라는 렌즈를 중심으로 한쪽에는 '이름 있는 자들이 자신들이 알고 있다고 생각했지만 실은 알지 못함'을 깨닫는 상이 맺히고 반대쪽에는 '이름 없는 자가 자신이 모르고 있다고 생각했지만 실은 앎'을 깨닫는 상이 맺힌다. 그리고 이 상에 의해 소크라테스의 상 역시 재반영된다. 소크라테스는 이름 있는 자들과의 관계에서는 내내 '함께 곤경에 처하는 상태'였다가 이름 없는 자에 대해서만큼은 '그가 알고 있음을 깨닫지(알지) 못하고

4. 다른 길의 흔적: 비평가 소크라테스의 곤경

있음을 깨우쳐주는 지위'에 선다.

우리는 이 변환장면이 '중간상태'를 '균형지점'으로 이동시킨다는 점에 대해서도 주목할 필요가 있다. 소크라테스의 상대방은 이름 있는 자이든 이름 없는 자이든 중간상태에 처해 있다. 이름 있는 자들은 자신이 알지 못한다는 것을 알기 때문에, 알면서 동시에 알지 못한다. 이름 없는 자는 자신이 안다는 것을 알지 못하기 때문에, 알지 못하면서 동시에 안다. 소크라테스는 이름 있는 자나 이름 없는 자 모두에게 캐묻는 자로서 이번에는 "대담하게도 아는 자로서 대답을 하기"를[32] 요구한다. 여기서 소크라테스와 상대방 모두는 곤경이 사라지는 어떤 장면(場面) 속으로 들어가게 되는 것이다. 이 장면은 대화 장면 내에서 펼쳐지는 '아는 자로서' 서는 '장면 속의 장면'이라고 할 만하다. 모든 대화자들은 암묵적으로 형성된 개념세계(대중/문화)와 절차적으로 조직된 논리세계(소피스트)를 해체하고 새로운 공간으로 들어간다. 문자 그대로 곤경(aporoi)의 개념논리세계가 빠지고(a) 나타나는 공간(poros)이다.

이 장면 공간에서 소크라테스와 대화 상대자는 서로가 서로의 말에 기대어 앞으로 나아가는데, 반드시 감정이입이나 연기를 바탕으로 그렇게 한다. 대화 상대자는 소크라테스가 대답하리라 기대하는 바로 그 말이라고 생각하는 것을 말하고, 소크라테스는 대화 상대자에게서 나온, 낯선 말이라고 생각하는 것에 의존해서만 결론을 내린다. 마치 무대에서처럼, 서로가 서로의 것이라고 가정하는 바로 그것에 의해서 이 중간상태(앎과 알지 못함)는 균형지점으로 전화(轉化)한다.

  메논: 소크라테스님, 이것, 곧 그것이 무엇인지를 전혀 아시지 못하는 것을 무슨 방법으로든 찾으시겠습니까? [...] 행여 그것과 맞닥뜨린다 한들, 그것이 선생님께서 아시지 못했던 것이라는 걸 어떻게 아시게 되겠습니까?

  소크라테스: 자네가 무슨 말을 하고자 하는지 내 알겠네, 메논! 자네가 늘어놓는 이것이 얼마나 논쟁적인 주장인지 자넨 알고 있는가? 그러니까 사람은 자기가 알고 있는 것도 또한 알지 못하는 것도 결국 찾을 수 (탐구할 수) 없다는 거지. 왜냐하면 자기가 어쨌든 알고 있는 것은 찾으려(탐구하려) 들지 않을 것이고, [...] 또한 자기가 알지 못하는 것도 찾으려(탐구하려) 하지 않을 것이기 때문이라는 거네. 자기가 찾을(탐구할) 것이 무엇인지를 알지 못하니까.[33]

'곤경'의 중간상태가 '배움'의 균형지점으로 이동하고서야 대화에 참여하는 자들은 마술처럼 그들이 실은 '알고 있었다'고 생각하게 된다. 그들은 거기에 도달할 줄 알고 있었다(=알게 되었다). 즉 그들은 '알고 있었다는 사실'을 알게 되는 것이다. 배움은 상기를 토대로 해서만 가능하다. 이것이 상기의 진짜 의미인 것이다!

4. 다른 길의 흔적: 비평가 소크라테스의 곤경

바로 여기, 곤경이 상기를 거쳐 배움에 도달하게 되는 절합과정에서 미묘하게 변형된 광기가 사용된다. 자체성과 거리두기의 게임이 활용되고 있는 것이다. 그들은 서로 이입한다. 그러므로 곤경에서 소크라테스가 가진 무규정적인 광기의 차원이 있었다면 상기에서 나타나는 광기는 '다스려지는 자체성'이 되고, 배움에서 나타나는 광기는 이제 '이입과 취향 변형을 포함하는 어떤 파토스'에 불과한 것이 된다.

상기와 배움의 공간으로 넘어오면서 곤경이 본래 가지고 있었던 정치적 의미와 시적 차원 역시 상실된다. 이미 상술한대로 곤경이라는 없는 장소는 암묵적으로 형성된 개념세계(대중/문화)와 절차적으로 조직된 논리세계(소피스트)를 모두 지양하지만 그렇다고 새로운 공간으로 들어가지도 않는 그런 상태를 의미한다. 이것을 소크라테스와 플라톤의 차이라고도 볼 수 있을 텐데, 왜냐하면 소크라테스는 캐물으면서도 결코 '더 나은 세계'를 위해서라고 말하지 않기 때문이다. 그는 '신의 지시'에 의해서 '등에'가 되었다. 이 점에서 그는 실로 기이한 샤먼이기도 하다(벌레-되기). 소크라테스는 더 나은 세계 따위에는 아무 관심도 없다. 아니, 아예 그에게 문제는 세계의 문제가 아니다. 플라톤의 『국가』에서 정치란 '제도를 세우는 반(¥)선험적 폭력'이라면 소크라테스에게 정치란 '제도를 기다리지 않는 것'이다. 세계나 정치나 제도와는 관계없이 각자가 스스로의 "시간 보내기"에서 캐물으면서 끝없이 올바르고자 한다면 다른 문제는 부차적인 것이 될 것이다. 그에게 문제는 스스로가 스스로의 삶을 살게 하는 것이다.

> 소크라테스: 제가 일생을 조용히 지내지 못했으니, 그러면서도 돈벌이와 살림꾸리기, 장군의 직위, 대중연설가 노릇, 그 밖의 여러 가지 관직, 정치적 결사들이나 이 나라에서 생기고 있는 당파들에 대해서는 무관심했으니, 제가 이런 일에 끼어들고서도 무사하기에는 자신이 실로 너무 올곧다고 생각하고서, 제가 끼어들었댔자 여러분을 위해서나 제 자신을 위해서나 아무런 이득이 없을 그런 일에는 끼어들지 아니하되, 개인적으로 여러분 각자를 저의 지론대로 가장 좋은 일로 잘 되게 해주는 일로 뛰어들어, 여러분 각자가 자신이 최대한 훌륭하고 지혜로워지도록 자기 자신에 대해서 마음 쓰기에 앞서, 자신의 어떤 것들에 대해서도 먼저 마음 쓰지 않도록, 나라 자체에 대해서 마음 쓰기에 앞서 나라의 무슨 일들에 대해서도 먼저 마음 쓰지 않도록, 또한 그밖의 다른 것들에 대해서도 똑같은 방식으로 마음 쓰도록 설득하려 했으니, 그러니 제가 그런 사람으로서 무엇을 받아야 마땅합니까?[34]

곤경에서 벗어나 규정과 목적대로의 삶을 사는 것, 중간상태에서 벗어나 어떤 균형지점에 도달하는 것, 당혹해하기를 멈추고 상기함을 통해 배움을 향해 가는 것, 우리가 일반적으로 상상하는 정치적인 것의 의미처럼 '더 나은 세계'로 정치제도가 나아가는 것, 그것이

4. 다른 길의 흔적: 비평가 소크라테스의 곤경

과연 정치적인 것일까? 소크라테스는 다른 모든 것을 확신하지 않았어도 이 점에 대해서는 확신했다. 정치란 것은 국가를 위한 토대 형성 작업 같은 것이 아니다. 정치는, 토대 자체에 대한 의문시 속에서 자기의 삶을 향해 있는 것이다. 그리고 '자신의 삶을 돌보는 것', 그것이 곧 세계를 위한 '기쁨'이다.

> 소크라테스: 크리톤! 더 이상 새로울 건 아무것도 없으이. 자네들이 자네들 자신을 돌본다면, 자네들이 뭘 하든, 자네들은 나를 위해서도 내 가족을 위해서도 그리고 또 자네들 자신을 위해서도 기쁜 일을 하게 될 걸세. 비록 자네들이 항상 다짐을 하지 않더라도 말일세. 하지만, 만약 자네들이 자신을 돌보지 않는다면, 그래서 마치 발자국을 따라가듯, 방금 말한 대로 그리고 앞서 말한 대로 따라 살고자 하지 않는다면, 비록 자네들이 당장에 여러 번 그리고 단단히 다짐한다 할지라도 아무것도 잘 해낼 수가 없을 걸세.[35]

소크라테스가 추방되기를 선택하지 않고 사형되기를 선택했다는 것은, 정치제도가 필연적으로 맞닥뜨리는 무시무시한 경제적 문제로서 '없는 장소'를 제시하는 것이기도 하다. 세계와 신 사이에서 정치의 옆구리가 뚫려 있다: 내부를 평화롭게 하고 싶은데(정치의 세계), 언제나 밖의 것을 짊어지고 온 자는 내부 자체의 성립을 위협한다(신의 정치). 이렇게 소크라테스는 정치가 '공간화'하는 것과는 다른 것이어야 한다는 것을 주장하게 된다. 소크라테스는 내적 질서를 위하여 죽는 것이 아니라 내부를 선험적으로 파열시키는 목소리로 인하여 죽는 것이다. 이 목소리는 내내 소크라테스를 시인으로 머물게 했던 그 목소리이기도 했다.

> 소크라테스: 나는 이런 말들이 들려오고 있다는 생각이 들어. 마치 코리바스 같은 열광상태에 빠진 사람들이 아울로스들의 소리가 들리는 것으로 생각하듯이 말일세. 또한 이런 말들의 바로 그 소리가 내 안에서 윙윙거리고 있어서 다른 것들은 들을 수가 없게 만들고 있네.[36]

『메논』 이후 『알키비아데스』를 통해 '곤경 가운데 듣기'에서 '신을 보기'로의 전환이 등재되면서 다시는 '듣기'의 문제가 나타나지 않는다는 사실은, 시적 목소리가 위치했던 이 '없는 장소'가 사라진 것과 같은 맥락에서 살펴 보아야 한다. 이는 곧 『파이돈』에서 소크라테스가 "철학"이란 "가장 위대한 시가"라고[37] 말했던 것과 『국가』에서 소크라테스-플라톤이 "철학과 시의 오랜 불화"가 있어 왔다고[38] 말하는 것의 차이이기도 하다.

5. 『국가』의 시인 추방

4. 다른 길의 흔적: 비평가 소크라테스의 곤경

우리는 지금까지 플라톤 초중기 텍스트를 살펴보면서 소크라테스가 잠시 보여주는 없는 공간을 일별 한 후 『이온』, 『알키비아데스』, 『메논』에서 나타나는 신들림의 의미에 대한 전환을 추적해 왔다. 소크라테스의 곤경은 의미변형되지도, 차분해지지도 못한 신들림-시에 응답하는 비평의 중요한 모습을 표시해주고 있었다. 이 '새로운 형식의 광기'는 신들림으로서의 시가 사라져갈 때 여전히 신들림의 문제를 간직했던 하나의 흔적으로 남아 있을 것이다. 그리고 다른 한편으로 플라톤의 의미 전환도 그 자신의 길을 계속해서 간다. 소크라테스-플라톤은 곤경에서 걸어 나와 배움으로 옮겨 갔으며 배움은 상기를 통해 광기의 문제가 놓인 층위를 변경시켰다. 신들림은 기술로도 원리로도 수용되지는 못했지만 불의하지 않은 무엇, 무규정적이지 않은 무엇이 될 수 있었다. 즉 시는 기술이 아니라 광기지만 '배울 수 있는 것'이 되었던 것이다.

배움이 승리했다. 그러나 무엇을 배우는가? 기능의 훌륭함이 아니라 훌륭함의 훌륭함을 배운다. 시는 훌륭함 그 자체를 배우는 '교육(paideia; education)'이 되었다. 그러나 시를 배울 수 있다는 것은 시를 배울 수 있다는 것이지, 시를 쓰는 법을 배울 수 있다는 것은 아니다. 이렇게 되기 위해서는 아리스토텔레스까지 기다려야 한다. 플라톤에게 있어서 작시술 배우기는 불가능했는데, 바로 이 때문에 시인은 추방되거나 채용되었지, 개조되거나 교정될 수 없었다. 우리는 지금까지 '어떻게 시를 배울 수 있게 되었는지'를 탐구했다. 이

I. 플라톤의 시인 추방과 채용

제부터 그처럼 '배울 수 있게 된 시는 어떤 것인지'를, 그리고 도대체 정확히 왜 플라톤은 국가(정체)에서 시인을 추방한 것인지를 살펴보고자 한다.

플라톤 저작 전체에서 처음으로 훌륭함이란 무엇인가를 분석적으로 해명하고자 했던 『라케스』에서는 훌륭함을 "용기"로 규정하는데까지는 성공했다. 다시금 용기란 무엇인가라고 물었을 때, 그에 대해서는 대답하지 못했지만 훌륭함이 용기라는 데에는 그 편의 대화자들 모두가 동의했다. 이어서 훌륭함이란 무엇인가를 변증론적으로 해명했던 『알키비아데스』에서는 훌륭함 "자체 그 자체"를 탐구했는데, 그러면서 그것은 "다스림"의 문제로 넘어갔다. 이제 『국가』에서는 훌륭함이 무엇인가를, 이 사이에서 이 둘을 결합시키면서 규정한다. 『국가』는 훌륭함이란 용기와 다스림 모두를 포괄할 수 있는 중간상태로서, 전적으로 두려워하지 않음이며 동시에 다스림이므로 두려워하기도 하는 것이라고 말하고 있다. 우리는 이러한 중간상태를 균형상태로 전화시키는 것이 바로 '배움'임을 앞으로 살펴보게 될 것이다. 수호자는 두려워하지 않아야 하고 또한 두려워해야 한다. 수호자는 "대립되는 둘을 함께 갖추고 있는 성향"[39]이다. 이는 훌륭함 자체가 가진 본질적 특성으로 나타난다. 앎과 알지 못함이 동시에 있는 중간상태와 동일하게 이러한 상태는 배움을 요구한다. "배움을 좋아해야 한다."[40] 시가 교육은 바로 이 중간상태를 해결하기 위해 나타난다.

우선, 플라톤은 시로부터 '두려움'을 식별해냄으로써 시를 텍스트로 만든다. 시란 원래 텍스트로서 주어진 것이 아니었다. 시를 식별역화(識別閾化)함으로써 플라톤은 시를 텍스트로 만들었다. 이때 식별되는 두려움이란 『국가』에서는 아직 규정되지 않지만, 미완성된 마지막 작품인 『법률』에서는 명확하게 정의 내려진다. 플라톤은 배워야 하는 이 두려움을 "신성한 두려움"이라 부른다. 그리고 "신성한 두려움이란 경외(공경)와 부끄러움(수치)을 이른다."[41] 『국가』는 신성한 두려움을 갖게끔 하는 표상형식을 제공하는 시가를 통해 '두려움을 느끼게 하고 식별하게 하는 효과를 곧장 내포하는 표상들'을 규정한다.

식별의 문제는 크게 두 가지로 나누어진다. 먼저 두려움을 느끼거나 느끼지 않거나 하는 두 상태 '모두'가 있어야 한다. 이는 대중의 두려움 식별 습관과 아이나 동물의 두려움 식별 습관, 그리고 영웅의 신들린 상태인 두려움 없음(무엇도 식별하지 않음) 모두와 거리를 두면서 배워야 할 무엇으로 나타난다.

둘째로 "시인들이 거기에 맞추어 설화를 지어야만 하는 규범(typos; type)들"이 있다. 이 규범은 신들에 대한 것, 저승에 대한 것, 인간에 대한 것으로 이루어져 있는데, 각각 규칙이 있다. 신들에 대한 것의 규칙은 "신을 신인 그대로 묘사해야 한다"는 것이다.[42] 저승에 대한 것의 규칙은 "저승의 일들을 찬양해야 한다"는 것이다.[43] 인간에 대한 것의 규칙은 "시적 정의(poetic justice)"다. "올바르지 못한 자의 행복과 올바른 자의 비참을 그려서는 안 된다. [...] 올바르지 못한 짓은 들키지만 않는다면 이득이 되나, 올바름은 남에게는 좋은 것이지만 자기 자신에게는 손해인 것이라고 말해서는 안 된다."[44] 이와 반대되는 것을 말해야 한다.

또한 플라톤에게 있어서 이러한 묘사의 규칙에는 '있는 그대로 묘사함'과 '이러저러하게 묘사해야 함'의 문제가 교차한다. 이 두 가지가 구분되지 않게 하려는 것이 목적인 것처럼 플라톤은 신에 대해서도 "진실이라도 하지 말아야 할 것"이 있고 "숨은 뜻이 있는 것은 말하지 말 것"을 경고한다.[45] 모든 면에서 두려워할 것과 두려워하지 않아야 할 것은 이미 정해져 있다. 식별은 매번의 상황에 따라 이루어지는 것이 아니라 절대적인 두려움 목록을 암기하는 일이다. 그래서 여기서의 관건은 상기되어야 할 것을 배우는 것이다.

그런데 이 세 가지 규범이 "시인들이 거기에 맞추어 지어야 하는 무엇"이라고 해서 작시술적 규범이라고 생각해서는 안 된다. 이것들은 우리가 지금 작시술이라고 생각하는 그러한 시 구조의 구성 형식에 관한 것이 아니다. 즉 주제의 일반적 서술 방식에 대한 조언이 아니다. 시를 짓는 것은 기술이 아니기 때문에 말로 표현할 수 없는 것이다. 이 규범의 정확한 의미는, 시를 이러저러하게 지으라는 것이 아니라, 이러저러하게 지어진 시들을 채용하겠다는 계획이다. 다시 말해 시를 식별하기 위해 시와 동일한 두려움 원리를 활용하는 것이다.

따라서 어떤 두려움을 배워야 하는 것인지, 이에 따라 어떤 시를 채용해야 하는 것인지는 매우 명확하다. 하지만 도대체 어떻게 시는 두려워하기/두려워하지 않기, 즉 두려움 식별을 가르칠 수 있는 것인가? 나는 신성한 두려움의 내용들, 혹은 더 나아가 쓰여진 것을 규제하는 좋은 것들에 대한 플라톤의 목록들에는 관심이 없다. 그 목록들에 포함된 것들이 과연 좋은 것인지 아닌지를 판단하는 것은 여기서 하고자 하는 일이 아니기 때문이다. 그 판단은 언제나 가장 좋은 것에 대하여 선점된 의견에 의해 작동되고 구조화될 것이다. 나의 문제는, 좋은 것을 좋은 것이라고 판단하게 되는 '그 토대'란 무엇일까를 묻는 데 있다. 좋은 것에 대한 시의 형상화가 어째서 곧장 시를 읽는 자의 표상관념에 낙인을 찍을 수 있단 말인가?

플라톤이 쓴 것과 같은 두려움 식별 요소들이 시의 내용이면서 동시에 교육받은 결과가 되려면, '~하면/이면, ~하게/이게 된다'와 같은 어떤 근원적 가정이 필요하다. 즉 '형성(plattein)'의 가정이 필요한 것이다. 이 경우 '교육받는 자'가 시의 표상에 의해 '곧장/인과적으로 형성된다'는 가정이 받아들여져야 한다. 이미지와 표상과 재현을 구분할 수 없는 것이다. 우리는 '쓰인 그대로'를 진실로 그리고 표면 그대로 받아들인다. 아무것도 숨겨진 것은 없다. 해석의 블랙박스와 같은 것은 없다. 플라톤에 의하면 시에 의한 배움은 무엇보다 직선적이고 인과적인 모방이다. 그리고 모방에는 어떤 낙인찍기의 힘과 같은 것이 있어서 한 번 모방된 것은 습관과 성향으로 굳어

I. 플라톤의 시인 추방과 채용

져 돌이킬 수 없게 된다. 모방이란 단순히 형태·형식·구조상으로만 동일한 것을 생산하는 것이 아니라 원리·공간·색조상 동일한 것을 생산하는 것이기도 하다. 모방이란 형성하기와 같다.

시가 형성하는 것이라면, 국가에 그것은 반드시 필요하다. 그리고 시가 형성하기 위해 사용하는 모방의 힘 또한 필요불가결한 것이다. 따라서 단순히 시가 잘못 형성할 위험이 있다는 것만으로는 시를 전적으로 추방할 이유가 없었다. 심지어 플라톤의 비평은 '어떤 시'만을 추방한 것이 아니었다. 끝내는 '모든 시'를 추방하는 곳까지 그는 『국가』의 논의를 밀고 나갔다. 플라톤은 시가 형성하는 역할을 맡을 수 없다는 의심을 하지 않았다. 어쨌든 시는 언제나 어떤 식의 신들림 상태를 항상 창출해왔기 때문이다. 그러면 도대체 왜 '형성하기'를 '형성하는' 시를, 플라톤은 국가로부터 추방한 것일까?

하나의 답은 시가 본질로부터 가장 멀리 떨어진 형상 형식(모상, 模像)이라는 것이다. 지금까지 많은 사람들은 이 답을 선택해왔다. 하지만 이에 대해 몇 가지 의문을 제기할 수 있는데, 첫째로 플라톤에게 있어서 시를 모방이라고 규정할 수 있는지에 대해서 의문의 여지가 있다. 플라톤이 시에 대해 그토록 조심스러운 모습을 보여 왔던 것이 증명되었다고 인정할 수 있다면 시를 단순한 모방이라고 보기는 어렵다고 봐야 한다. 실제로 플라톤이 드는 모방의 예는 그림이지 시가 아니다. 이미 듣기가 아니라 그 확장된 공간인 '보기 공간', 눈부처의 영역에서 영상 및 모상의 저급함이 주장된다. 둘째, 플라톤에게 있어서 이데아로부터 그렇게 멀리 떨어져 있는 것이 실로 정치체에서 추방될 만큼의 죄였느냐고 묻는다면, 나는 아니라고 말해야 하겠다. 플라톤에게 문제는 "혼이 등정"할 수 있도록 "전환"하는 것[46]이었지, 모방하기에 속한 무언가를 전적으로 추방해야 한다고 주장하지는 않았다. 실제로 셋째, 플라톤은 "모방행위의 힘"을 인정했으며 실로 모방이 근원적으로 가지고 있는 것은 혼 자체의 혼란이라고 보았다. "혼란은 혼 안에 있는 것"이다.[47] 모방행위의 힘이란 인간이 같은 크기의 것을 볼 때, '가까이 보는 것과 멀리 보는 것에서 같아 보이지 않는 것'으로 인지하거나 '물속에서 볼 때와 물 밖에서 볼 때, 구부러져 보이기도 하고 곧은 걸로 보이기도 하는 것'으로 인지하는 생리학적 혼란에서 기인한 것이므로 제멋대로 추방해버릴 수 있는 성질의 것은 아니었다. 넷째, 가장 중요한 것으로 언급하고 싶은 것은, 시가 추방되었던 이유를 모방에서 찾는 것은 추방이 이루어져야만 했을 만큼 위험했던 그 순간의 급진성을 약화시킨다는 점이다. 추방한다는 것은 단순히 부착(付着)되어 있는 성가신 것을 떼어낸다는 것이 아니다. 추방한다는 것은 추방시키는 내적 질서인 국가가 추방시키지 않고는 버틸 수 없는 위협을 느꼈다는 것을 뜻한다. 이 점에서 플라톤의 추방은 시에 대한 아리스토텔레스의 정리(定理)보다 훨씬 더 급진적인 지점을 지닌다. 플라톤은 시를 반드시 추방해야만 했다. 그는 시로부터 무언가를 감지했던 것이다.

　우리는 '~하면/이면, ~하게/이게 된다'라는 가정이 지닌 의미를 다시 생각해보아야 한다. 그리고 두 항의 관계를 어떤 식으로 이해했을 때 시가 그처럼 신성한 두려움의 교육이 될 수 있는지를 다시 생각해 보아야 한다. 신과 저승과 정의와 불의에 대한 표상인 시가 곧장 동일한 형식과 동일한 색조를 다른 바탕에서도 재현해낼 수 있다고 하는 그 형성의 힘은 단순히 가정일 수도 없고, 주문이나 최면일 수도 없다. 그 형성의 힘은 이미 시가 지니고 있다고 가정하는 어떤 형성의 작용에서 빌려져야 한다. 플라톤은 시로 하여금 교육, 그 특정한 다스려지는 자체성의 역할을 수행하도록 하기 위해서는 어찌할 수 없이 형성의 힘이 지닌 '어떤 근원적 상태'를 호출해야만 했다. 그리고 이 어쩔 수 없는 가정들의 연쇄에 의거하여 플라톤은 시가 교육이라는 중요한 임무를 맡았음에도 불구하고 시를 추방할 수밖에 없었던 것이다.

　물론 우리가 앞서 살펴본 플라톤의 초중기 텍스트들을 통해 신들림의 의미전환이 이루어지지 않은 것은 아니다. 문제는 신들림을 불의하지 않는 것으로 전환시켰음에도 불구하고 시에게 형성의 역할을 부여하자마자 다시 나타나는 시의 광기다. 시는 영원히 숨겨져 있고 영원히 모양 잡혀져 있지 않은 것이어서 끊임없이 당혹을 불러일으킨다. 거기서 무언가를 유출시키고 무언가를 변용한다는 것은 불가능한 일이었다. 시가 절대로 할 수 없는 것은 혼의 근원적 엉망

5. 『국가』의 시인 추방

진창 상태를 하나로 집계(集計)하는 것이었다. 시는 오히려 플라톤의 위계를 뒤집어 가질 것이다: "우리의 혼은 동시에 대립되는 만 가지 것으로 가득하여 [...] 자기 자신과 분쟁을 치르며 싸움을 하게 된다."[48] 이 분쟁과 싸움은 자연적으로 해결되는 것이 아니라 "혼의 최선의 부분"에 의해 "헤아려지고, 결정내려지고, 버릇들여져야"[49] 한다. 그런데 시가는 반대의 일을 한다. 시가는 '숫자세기'를 거부하고, '결정'하기를 거절하며, 버릇없어진다. 마치 리셋(re-set)시키는 것처럼 끊임없이…. 실로 시가는 단순한 다시 시작하기가 아니라, '영원히 다시 시작하기'다.

플라톤 자신이 "시가에 대한 최대의 비난"이라고 부른 것이 흥미롭게도 그가 신들림에 대해 변환 작업을 가하고 난 후의 그 의미라는 사실은 곧 우리에게 플라톤이 자신의 의미 전환 작업에서 어떤 '무규정적인' 흔적을 감지했다는 사실을 암시한다.

듣고서, 생각해보게. 우리 가운데 제일 낫다는 사람들도 호메로스나 비극 시인들 중의 누군가가 영웅들 중의 한 사람이 슬픔에 잠겨 있는 걸 그리고 비탄 속에서 긴 사설을 늘어놓는 걸 모방하는 것이나 또는 노래를 하면서 제 가슴을 치는 걸 모방하는 것을 듣게 되면, 자네도 알겠네만, 우리는 즐거워하며, 우리 자신을 내맡긴 상태로 그걸 따라가네. 우리는 동정을 하며 진지해져서, 우리를 그런 상태에 최대한 있도록 하는 시인을 훌륭한 시인으로 칭찬하네. [...] 익살맞은 부분과 관련해서도 이치는 같지 않겠는가? [...] 자신 속에서 웃기고 싶어 하는 그 부분을, 저속한 농담의 평판을 두려워하여, 이성에 의해 억제하였다가, 다시 그제야 풀어주어, 이를 자신도 모르는 사이에 거기(극장)에서 활기를 얻게 만들고, 자신의 일과 속에도 종종 맞아들여서는, 마침내 자신이 희극 시인이 되기에 이르기 때문일세. [...] 또한 성욕이나 격정 그리고 모든 욕구적인 것 그리고 또 우리의 모든 행위에 수반되는 것으로 우리가 말하는 혼에 있어서의 괴로운 것들과 즐거운 것들, 이것들과 관련해서도 시작을 통한 모방은 우리에게 같은 작용을 한다네. 이 모방은, 이것들을 말려야 하는데도, 이것들에 물을 주어 키워서, 우리에게 있어서 지배자들로 들어앉히기 때문인데, 이것들은 오히려 지배받아야만 하는 것들이라네.[50]

괴로울 때는 괴로움에 자신을 내맡기고(즉 자신도 괴로워지고), 즐거울 때는 다시 즐거움에 자신을 내맡기는 것(즉 자신도 즐거워하는 것), 플라톤이 보기에는 그것이 무엇보다 큰 비난거리였다. 따라서 혼으로 하여금 지배하지 못하게 하고, 또 그 지배하지 못함의 상태를 즐거워하는 것(내맡기기를 즐거워하기) 때문에 "시의 추방은 합당한 것"[51]이 된다. 이것은 플라톤이 의미 변환한 신들림의 상태, 감정이입의 파토스일 뿐만 아니라 심층구조적으로 보자면, 혼의 지배(다스림) 자체를 거부하기 때문에 신들림 상태 그 자체로 읽힌다.

    따라서 추방되는 것은 바로 신들림으로서의 시가다. 그리고 여

5. 『국가』의 시인 추방

기까지의 여정 전체를 통해 우리는 플라톤이 진정 싸우고 있는 대상이 무엇인지를 이해해야 한다. 약화시키고 수정하고 의미변환하고 간섭하고 마침내는 추방에 이르기까지, 플라톤은 시의 교육에 형성의 자리를 마련하려고 했다가 그 형성의 토대에 있는 시의 불가능한 모습-광기-을 본 것이다. 그러므로 표면적인 논리 때문에 시에 관한 논의가 창조/사용/기능/모방의 틀에서 빠져나와야 한다거나 이로움/즐거움의 틀에서 빠져나와야 한다거나 올바름과 같은 정의론의 틀에서 빠져나와야 한다고 주장하는 것은 실로 부차적이다. 가장 중요한 것은 시가 처해 있는 광기 자체가 시의 계속적인 행위(plattein)로 인하여 지속되고 있다는 것이다.

우리는 이제 시의 추방과 비평의 탄생 사이에 일어났던 그 일을 주시할 수 있게 되었다: 시가 '비평 가능한 것'으로 나타났을 때, 비평은 '시가 형성할 수 있다'고 주장함으로써 시를 '비평 가능한 것'으로 맞이했다. 그러나 비평이 그 형성의 형성 문제를 다루려고 하자마자 시는 추방당했는데, 왜냐하면 시는 플라톤이 생각했던 것처럼 고분고분하게 형성의 역할을 수행할 수 없었기 때문이다. 기능적 훌륭함의 공간 가운데 유희하는 예술(기술)이 될 수 없었고, 원리로 움직이는 상(이미지)도 될 수 없었듯, 시는 교육의 역할도 떠맡을 수가 없었다. 시는 형성했으나 형성을 반복하는 것이었고 비평이란 '형성의 끝없이 되풀이 되는 시작'을 맞아들임으로써 실로 시에 붙들리기를 선택했다. 그리고 시와 함께 죽었다.

I. 플라톤의 시인 추방과 채용

　　시의 추방과 비평의 죽음이 같은 순간에 일어났기에, 나는 플라톤이 시를 추방시키면서 동시에 내버린 자기 자신의 부분, 그 시에 붙들린 자기의 논리를 비평의 시신(屍身)으로 건져낼 수 있었다. 그것은 시란 형성하는 것임을, 그것도 마치 복제시키듯 자신의 상태에로 사로잡혀 들어가게끔 하는 '낙인찍은 붙들음'임을 주장했던, 바로 그 부분이다. 실로 시가 형성의 역할을 떠맡을 수 있다는 관념에 맡겨진 이가 비평가 플라톤이 아닐까? 미리 영향 받기의 공연함이 비평의 삶이 아니었을까? 그리고 시가 형성할 수 있다는 가정 속에서 신들림은 플라톤 자신이 전환했던 그 모든 의미들-교육, 상기, 감정이입-을 거치되 지나쳐 다른 것으로 부활하고야 만 것이 아닐까? 시를 형성으로 이해했던 것, 그러면서 무언가 자신의 의도에서 완전히 벗어나버린 형성을 시작케 했다는 것, 그것이 비평이 추방되었던, 쓰여지지 않은 진짜 이유가 아닐까? (플라톤은 플라톤 자신을 추방한 셈인데, 이것이 사실 추방의 진짜 이름이다: 추방자는 자신의 가장 결정적 부분을 추방한다.)

6. 『법률』의 쌍둥이 이름, 시가(詩歌)

『법률』에서 시는 다시 한 번 더 교육의 역할을 맡는다. 그런데 이번에는 두려움을 식별하기 위한 수호자 교육이 아니다. 시는 더 본질적인 중간상태를 맡는다. 시민에 대한, 어린아이에 대한, '영원한' 교육이다. 『법률』의 문제는 인간을 향한다. 인간을 "올바르게 다스릴 줄도 그리고 다스림을 받을 줄도 아는 완벽한 시민이 되는 것에 대한 '욕구와 사랑'을 갖는 자로 만드는 것"[52]이다.

시가 『법률』에서 맡은 교육의 영역은 『국가』에서의 그것보다 훨씬 더 넓다. 시의 교육은 세 차원에서 연속적으로 이루어진다. 첫째, 놀이라는 미리 형성된 지평이 교육의 기능을 연속적인 것으로 만든다. "놀이를 통해서 아이들의 즐거움과 욕구들을, 그들이 이르게 됨으로써 그 목적을 달성하도록 해야 할 거기로 향하게끔 해야"[53] 한다. 아이들은 놀이와 교육의 중간에 있다. 이들은 모상의 도구들에서 시작해 기술로 올라가기까지의 여정 속에서 시를 통해 균형 잡히게 될 대상적 존재들이다.

둘째, '기원'에서부터 시는 "옳게 길러지는 즐거움과 괴로움"을 위해 "신이 준 선물"이다. 따라서 시는 이미 신에 의해 주어지는 처음 그 순간부터 "양육되고 가다듬어지도록" 하는 임무를 부여받았다.[54] 플라톤의 마지막 작품 『법률』은 이 점과 관련하여 흥미로운 주장을 하는데, 즐거움과 괴로움의 '옳음'은 시가의 기원뿐만 아니라 법의 기원이기도 하다. 생리학적, 발생학적으로 『법률』의 쌍둥이 이름은 '시가'일 것이다. 즐거움과 괴로움은 "어느 것이 더 나은가에 대한 헤아림"의 기원을 제공하며, 바로 이것이 "나라의 공통신념이 되면 법이라 불리는 것"[55]이다. 이는 또한 "미(美)와 추(醜)를 판단하

I. 플라톤의 시인 추방과 채용

는 기원이 되기도 한다."[56]

셋째, 교육은 모든 산발적 모임들도 자신의 영역 안으로 포섭한다. "술취함"의 모임터를 포함하여 모든 작은 모임에서의 광란 상태를 통제하는 '연습'으로서 시가 교육이 등장한다. 이제는 아이들의 놀이 장소, 기원적인 역사적 공간, 산발적이고 작으며 국가와 공통적인 것에 대해 독립적인 '다수의 복수들'까지도 시가 교육의 '판단, 취향'의 기로에 포함되게 되었다. '하나의 공간'이 열린 것이다.

『법률』에서 시가 교육이 이러한 공간적 영향력을 가질 수 있게 된 것은 이번에는 플라톤이 다스림과 다스림 받기의 중간상태를 균형상태로 변환시키는 데 있어서 전적으로 즐거움과 사랑을 활용했다는 데 있다. 시는 형성의 역할을 맡지 않으면서도 교육의 역할을 맡는다. 시는 다스림과 다스림 받음이 동시에 있을 수 있도록 시를 읽는 자를 형성하는 것이 아니라, 다스림과 다스림 받음을 '욕구하고 즐거워하고 사랑하도록' 하는 일을 한다. 우리가 여기서 알 수 있는 것은 플라톤이 더 이상 형태를 복제하는 식의 모방적 형성을 가정하지 않는다는 사실이다. 직설적, 인과적, 결정론적, 형태모방적, 직접적 형성은 가능하지 않다. 매개적, 간접적, 투과적, 지향적 영향이 있을 뿐이다.

그런데 우리는 여기서 다소 자연스러운 것처럼 보이는 '시'의 정치체로의 재진입을 탈자연화해 볼 필요가 있다. 도대체 어떻게 추방된 시가 다시 돌아올 수 있었을까? 추방시킬 수 밖에 없었던 시에 무슨 일이 일어난 것일까? 시는 어떻게 다시 돌아왔으며 어떻게 이런 역할을 맡을 수 있게 되었던 것인가? 플라톤은 『국가』에서 형성의 토대가 무엇인가를 물었고, 그 물음을 던지는 순간 그 물음에 자리한 신들림의 힘을 감지하고 그 물음과 함께 시를 추방했었다. 흥미롭게도 『법률』에서는 형성의 토대를 물을 필요가 없어진다. 형성이 어떻게 일어나든 즐거움과 사랑에 의해 방향 잡히는 어떤 영향력(affection) 정도만 발휘하면 충분하다. 플라톤은 형성이 어떻게 일어나는지를 규정할 수 없는 그 규정불가능성의 문제를 '규정불필요성'으로 전유(專有)한다. 『법률』에서 나타나는 새로운 비평의 형상은 『국가』의 문제 제기 자체를 '해소'하는 것이다.

『법률』의 비평가는 판정자, 그것도 '참된' 판정자다. 그는 전혀 당혹해하지 않으며 곤경에 처하지도 않는다. 그는 스승이며, 사리분별과 용기를 가지고서 결정을 한다.

> 참된 판정자는 사리분별 그리고 특히 용기를 가지고 있어야만 합니다. 왜냐하면 그는 관람객들한테 배워서 결정을 하거나 다중의 소동과 자신의 교육부족으로 얼이 빠진 상태로 결정해서는 안 되기 때문이지요. [...] 판정자는 스승으로서 임석하는 것이니.[57]

형성이 어떤 과정을 통해 이루어지든, 어떻게 형성이 되든, 비평가들의 판단과 "똑같은 것을 즐거워하고 괴로워하도록 버릇을 들이기" 위해 생기게 된 것이 바로 "노래들의 기원"이다. 비평이란 비평가들에게 "찬동(symphōnia, symphony)"[58]하는 것이다. 이제 여기서 놀이공간, 기원의 순간, 취흥의 만남을 비롯한 그 모든 다수의 복수성들은 '실제 올바름의 공간'의 눈부처, 거울, 보기가 된다. 판정자는 판단하는 자로서 무엇이 좋고 무엇이 나쁜지를 결정한다. 어린아이와 군중과 술취한 자들은 이 결정을 따라야만 한다.

결정하는 자가 된 『법률』의 비평가-스승-판정자는 다음 세 가지를 토대로 판단을 한다. "첫째, 그게 '무엇인지' 아는 것, 둘째, 무슨 모상이든 그것이 얼마나 옳게, 셋째, 얼마나 잘 표현되었는지를 아는 것."[59] 이는 『국가』의 비평가가 형성의 형성, 곧 없는 장소(aporia)로부터 태어날 수밖에 없었던 것과는 달리, 『법률』의 비평가는 내용과 형식의 문제를 토대로 두고 있다는 것을 보여준다. 즉 주제(무엇)와 형식/방법/표현 문제(옳게, 잘)가 등장한 것이다. 그리고 '찬동하기'라는 비평의 형상이 내용과 형식이라는 관계틀을 가지고 작동했다는 사실은 어린아이, 군중, 술취한 자들을 포함하여 모든 '미숙한 자들'이라고 플라톤이 부르는 자들에 대한 수사학적 조화-내기, 혹은 정치적 균형 잡기 이상의 무엇을 의미한다. 내용과 형식의 관계틀은 『법률』에서의 새로운 비평의 토대로 작동하면서, 이 새로운 비평 곧 '찬동하기'가 가지고 있는 근본적인 문제를 은폐한다. 어떻게 기쁨과 욕구 자체가 찬동하기에 의해 호출될 수 있고 모양 잡혀 질 수 있는가? 형성의 전제에 대한 질문과 동일하게 여기에서도 문제는 기쁨과 욕구의 전제 자체다. 여기에는 상징권력 혹은 사회적인 것이나 타인들에 동화되는 본능에 선험적으로 내재하는 기쁨이나 욕구 같은 것이 존재하지 않았다. 문제는 다시금, 어떻게 찬동이 형성의 역할을 맡을 수 있었는지, 어떻게 찬동은 형성의 토대 문제가 가진, 영원히 규정되지 않는 신들림의 문제를 해소할 수 있었는지, 바로 그것에로 되돌아간다.

7. 아름다운 것의 발견: 감각 단위

이에 대해 답하기 위해서 우리는 다시 한 번 더 『국가』 텍스트로 되돌아가야 한다. 『국가』에는 사실, 본래 비평이 '형성의 토대' 문제를 물어 나가면서 결국은 무규정적인 광기 외에는 다른 것이 될 수 없다는 것을 감지하게 되기 전에, 그 토대가 될 수 있을지도 모를 중요한 하나의 후보에 대한 탐구가 있었다. 형성의 조건, 즉 형성을 형성시키는 것 자체에 대한 하나의 대답이었던 그 후보는 "아름다움에 대한 사랑"이었다.

『국가』에서 "아름다움에 대한 사랑"이란 먼저 첫째, "아름다운 것들에서 아름다움 그 자체로 넘어가는 것"[60]이었다. 그런데 둘째, 아름다움에 대한 사랑이란 본질적으로는 "있으면서 있지 않기도 한 그런 상태의 것, 즉 중간/사이(metaxy, in-between or middle ground) 위치"에 있는 것[61]이다. 그러나 셋째, "아름다움을 사랑하는 자"는 모방하기/중간상태/아름다운 것에 머무를 수 없다. 그는 어디론가 가야 한다. 그러므로 넷째, 아름다움을 사랑하는 자는 다음과 같은 '본질적으로 예정된 찬동'을 행한다: 모든 "각각의 것들"을 "~인 것들과 구별"하고[62] 모든 '~처럼 보이는 것들'을 '~인 것들'로 흡수한다.

이 의미 차원 전체를 분석해 보면 어떤 투쟁이 벌어지고 있다는 것을 우리는 볼 수 있다. '아름다움에 대한 사랑'은 중간상태, 모방하기, 아름다운 것들, 가장 정확히 말한다면 '단지 ~처럼 보인다고밖에는 달리 말할 수 없는 것들'의 세계와 아름다움 자체, 상승(혼의 등정)하기의 수행, 균형점, 가장 정확히 말한다면 '~인 것들'의 세계와의 투쟁 이후의 것이다. 아름다움에 대한 사랑은 간단한 문제가 아니다. 아름다움은 아름다운 것을 아름다움 그 자체와 견주는 바로 그 투쟁을 통해서만 '사랑'할 수 있는 것이 된다.

아름다움은 단지 그 자신을 형용사처럼 이미 존재하는 명사에 부착하여 상승되기까지 아무런 거리낌도 없는 '온순한 사물들'을 토대로 연역/귀납되는 종류의 것이 아니었다. 처음부터 아름다움은 사물의 사물성 자체, 즉 사물이 과연 사물인가 하는 수수께끼와 감각지각에 내재하고 있는 사이존재성의 문제를 해결하기 위해 탄생했다. 플라톤의 전체 도정을 통해 파악할 수 있는 것은 아름다움을 사랑하기 위하여 감각이라고 하는 것이 탄생했다는 점이다. 아름다움은 '감각적인 것'이라고 하는 '제1의 단위'를 만들어 냈다. 여기서

7. 아름다운 것의 발견: 감각 단위

감각이 인식에 포함될 것인지 그렇지 못할 것인지, 혹은 감각이란 극복되어야 할 초기 단계인지, 아니면 모든 것이 자라나는 풍부한 기반인지 하는 그런 논쟁들은 부차적인 것이다. 감각의 존립 자체가 실로 문제였으며 감각은 아름다움 없이는 존립할 수 없었다.

감각은 처음에는 '형성의 바닥없음'을 막 직면했던 비평가가 빠지게 되는 당혹상태 만큼이나 혼란스러운 것이었다. 감각은 당혹해 하는 것이었다가 어느 순간 단위(unit)가 되었다. 『테아이테토스』에서 플라톤은 앎이 될 수 없는 하위 인식의 초상을 그리면서 저자 자신도 의식하지 못하는 사이 감각지각(aisthēsis; sensation; aesthetics)의 전복성(顚覆性)을 보고하기에 이른다. 감각은 "말로 정지시킬 수 없는"[63] 어떤 것이었다. 감각지각은 "있음"의 기미를 잡아채는 시작이지만 실로 "있지 않음"까지도 감각해버린다.

플라톤이 사용하는 예시가 바로 이러한 감각지각의 이중적 형상을 여지없이 드러낸다. 플라톤은 감각이 앎이 아니라는 것을 증거하기 위하여 '이민족의 말소리 듣기'나 '글자 보기' 같은 현상을 설명한다. 우리는 그것이 '있음'을 지각하긴 하지만 그것이 '그것 자체로 있음(말로서 있음과 글자로서 있음)'은 지각하지 못한다. 또, 우리는 어른거림, 착각, 환각 등으로 인해 무언가 있다는 것을 지각하지만, 그것이 그것 자체로 있는지는 알 수 없다. 감각의 이 같은 애매모호함은 존재의 기미를 느끼지만 결코 존재 자체의 차원을 알 수 있는 것은 아니기 때문에 영혼의 숙고 없이는 분별 하지 못한다. 따라서 감각을 판단하는 것은 있음을 눈치채지만, 있음 그 자체를 지각하지는 못하는 것이므로, 진정한 의미에서는 "있지 않은 것들을 판단하는 것"[64]이 된다.

　플라톤에게 있음의 차원은 두 가지다. 어쨌든 아직 있다고는 판단할 수 없는 무엇이 흐릿하게나마 있지 않을까 하는 생각에서 나온 있음이 있고, '있다'라고 말할 수 있는 있음이 있다. 후자는 판단할 수 있는 경계로 이루어진 사물의 있음이다. 그런데 플라톤이 볼 때 없는 것은 없고 있지 않은 것은 있다(『파르메니데스』에서의 증명[65]). 따라서 감각지각은 허구가 아니라 불완전성이다. 그래서 상승을 통해 "요소" 즉 "이름"이 되어야 한다. 『테아이테토스』의 후반부가 열렬하게 단순한 것과 합성된 것의 절대적 분할을 증명하고 있는 것은 바로 이 때문이다. 플라톤에게는 실은 분할이 중요한 것이 아니라 감각지각의 흐릿함/불확실성을 아무도 모르게 상승시켜 놓는 것이 관건이었다. 음소와 음절의 관계는 이 은밀한 상승을 무엇보다 잘 이뤄낼 수 있었다. 다소 혼동시키는 논법을 취하며 플라톤은 『테아이테토스』에서 그의 전체 저작 내에서 가장 성공적으로 이루어지는 전환을 행하게 된다. "이름들의 엮임"은 모두 "이름들", 즉 "요소들"로 되어 있다. 그리고 각 요소는 "설명이 없는 것"으로 "단순한 것"이며 "인식될 수 없으나 지각될 수 있는 것"이다. 감각지각은 '요소'를 산출하는 것이다. 흐릿하며, 있으면서-있지 않은 무엇, 몹시 불명료한 무언가가 '요소'로서 수용된다. 그리고 요소의 절대적 근거는 더 이상 물어질 수 없는 '근본단위'라는 것을 항변하기라도 하듯 플라톤은 다시금 "감각은 어떤 경우에도 설명될 수(인식, 서술, 판단될 수) 없는 것"이라고 적는다.[66]

『테아이테토스』의 전체 기획이 드러내는 것은 감각을 단위화해야 한다는 절대적 선결과제다. 플라톤은 물었다. "모름들에 대한 앎이 있는가?"[67] 모름들에 대한 앎이 될 수 있는 것은 오직 '단위화하는 전환' 뿐이다. 근본단위의 발명이 아니다. 어쨌든 텅 빈 채로나마 근본단위가 '있다는 사실 그 자체'에 대한 발명이다. 우리는 단위화된 것들의 묶임이 음절로 들릴 때, 음소-결코, 끝내 알지 못하는 것-에 대한 모름을 알게 되는 것이다! 이렇게 감각이라고 하는 상태가 어떻게 출현할 수 있는지 하는 문제는 감각이라는 X축을 중심으로 모아진 외적이고 내적인 요소들이 '찬동하는 형성'의 문제로 나타나는데, 그처럼 다수성으로부터 찬동이 벌어지는 것은 아름답다. 감각이 즐거움과 이득을 준다면 감각의 X는 아름답다. 바로 그러한 것으로서의 아름다움을 사랑해야만 감각은 가능하다.

8. 『파이돈』, 『향연』, 『파이드로스』: 아름다움을 사랑하기

『국가』에서 나타났던 '아름다움에 대한 사랑'은 아직 '찬동'으로 나아갈 수 없었으며 단지 아름다운 것들과 아름다움 사이의 중간상태를 가시화하는 데 그쳤다. 『국가』는 플라톤의 중기 대화편으로, 여기서 제기되었던 문제는 비슷한 시기에 쓰여진 다른 텍스트들을 통해 천천히 해명된다. 우리가 아름다움을 사랑하기 위해서는, 먼저 앞서 살펴보았던 두 텍스트 『테아이테토스』와 『파르메니데스』를 통해 근본단위가 있어야 한다는 사실이 증명되어야만 했으며 감각 지각에 의한 단위화 작업이 선결되어야만 했다. 앞으로 우리는 『국가』 전후로 쓰여진 사랑의 문제를 다룬 세 대화편 『파이돈』, 『향연』, 그리고 『파이드로스』를 살펴봄으로써 이 문제가 아름다움에 대한 사랑으로 '어떻게 펼쳐지는지' 보게 될 것이다.

『파이돈』은 절대적 상기를 매개로 감각 지각과 사랑을 연관 짓는 텍스트다.

> 실은 감각적 지각들의 관점에서는 같은 모든 것이 저 같은 것(같은 것 자체)에 이르고자 하지만, 이보다는 훨씬 모자란다고 생각하지 않을 수 없게 되는 것도 어쨌든 감각들로 해서네. [...] 그렇다면, 짐작건대 보거나 듣거나 또는 다른 감각적 지각을 하기 시작함에 앞서, 같음 자체가 무엇인지에 대한 앎을 우리는 갖고 있어야만 되네. 우리가 감각적 지각들을 통해서 접하게 된 같은 것들을 같음 자체와 관련지을 수 있으려면 말이네.[68]

"같음 자체가 무엇인지에 대한 앎", 그것은 '절대적 상기'다. 상기란

8. 『파이돈』, 『향연』, 『파이드로스』: 아름다움을 사랑하기

본질적으로 "나무토막이나 돌들, 또는 그 밖의 것들로서 같은 것들을 우리가 보고서, 이것들에서 이것들과는 다른 어떤 것인 그것을 생각하게 되는" 것이다.[69] '~같은 것들'로부터 같음 자체인 '~인 것'으로의 전환을 이루는 순간은 혼에 오래전부터 각인된 상승작용이다. 그러므로 '같음 자체'란 결국 물질의 절대적 사물성 자체에 대한 확신이다. 사물이 본질적으로 흩어지지 않고 정지해 가만히 있다는 것에 대한 확신, 그리고 이는 우리가 발명해낸 것이 아니라 본래적인 것이라는 확신, 그것이 '단위화'로서 '절대적 상기'다. "유사한 것, 유사하지 않은 것"이 "동일 대상에 대한 상기를 이루어낸다."[70]

사랑이란 사실 모든 곳에서 사랑하는 그것을 보는 일, 그리하여 모든 곳에서 상기관계를 수립하는 일이다. 사랑은 절대적 상기이며, 사랑은 선(先) 관계 수립이다. 이렇게 보면 본질적으로 아름다움에 대한 사랑이란 '~같은 것들'을, 더하거나 덜한 모든 것, 더 말해야 하고 덜 말해야 하며 침묵하게 하고 수다스럽게 하는 모든 것을 '~인 것'으로 보는 폭력적 과정을 역설적으로 역전시키는 것이다. 사랑을 통해서야 비로소 '~같은 것들'이 아니라 '~인 것'이 '먼저'가 된다. 플라톤의 다른 저작들에서처럼 여기서도 이 사태를 설득하기 위하여 하는 말이 진실한 의미에서 폭로가 된다.

『향연』은 다양한 인물들의 사랑에 관한 이야기들로부터 시작하여 소크라테스의 균형 잡는 종합으로 끝나는데, 내용적인 측면에서뿐만 아니라 텍스트 구조의 형식적인 측면에서도 사랑은 '~같은 것들, ~같지 않은 것들'로부터 '~인 것'을 '상기'해내고 있다. 파이드로스, 파우사니아스, 에뤽시마코스의 이야기에 따르면, 사랑이란 '모든 곳'에서의 '조화와 리듬'이다. 아가톤에 따르면 사랑이란 어느 곳에서도 평화, 안식, 친근함, 부드러움을 만들어 내는, 축축하고-유연하며 섬섬한 것이다. 아리스토파네스의 사랑이란 '인간 본성'을 치유하기 위한 추구다. 온전함, 다시 하나 되기에 대한 본성적 열망이다. 디오티마의 사랑이야기를 전하는 소크라테스는 먼저 이전에 이야기된 모든 것들을 취합하여 사랑을 '가사자와 불사자' 사이에 둔다. 에로스(Eros)는 포로스(Porus; 방도)와 페니아(Penia; 가난) 사이에서 태어나 곤궁 상태에 처해있으나 동시에 신적인 것으로 향하는 방도를 본성적으로 갖고 있다. 사랑이란 모든 가사적인 것, 즉 죽을 수 있는 것을 사랑하면서, 가사적인 것이 '그 자체로' 불사에 참여하는 방식으로 '보존'되도록 하는 것이다.[71] 사랑은 '자기 자신, 사랑하는 자'와 '사랑받는 자/것' 모두에게 '사다리 이용하기'다. 이를 알 수 있는 것은 아름다움을 사랑하는 자로부터이다.

마치 사다리를 이용하는 사람처럼, 그는 하나에서 둘로, 둘에서부터 모든 아름다운 몸들로, 그리고 아름다운 몸들에서부터 아름다운 행실로, 그리고 행실에서부터 아름다운 배움들로, 그리고 그 배움들에서 마침내 저 배움으로, 즉 다름 아닌 저 아름다운 것 자체에 대한 배움으로 올라가게 됩니다. 그렇게 되면 마침내 그는 아름다움 바로 그 자체

8. 『파이돈』, 『향연』, 『파이드로스』: 아름다움을 사랑하기

를 알게 됩니다.[72]

사다리 이용하기는 '보기'로서, '보기'가 근원적으로 지닌 자체성과 거리두기의 동시성 때문에 모든 "아름다운 것을 볼 수 있는 수단으로 그것을 보면서 사는 삶"에서 그가 접촉하는 모든 것에서 아름다움을 산출하는 일이 일어나게 된다.[73]

우리는 이러한 사다리 이용하기란 곧 감각을 통해 사랑을 배우는 것임을 알게 된다. 그리고 이러한 배움-사랑은 찬동을 연습하는 것이다. 찬동이 가장 낮은 차원에서부터 훈련되고 있는 것인데, 왜냐하면 이미 영원히 찬동 불가능한 감각적인 것들로부터 찬동을 이끌어낸 것이 바로 아름다움에 대한 사랑이기 때문이다. 소크라테스는 "디오티마에게 설득되어 다른 사람들도 설득하려 시도"한다고 고백하는데,[74] 바로 이것이 정확히 찬동을 연습하는 것이다.

그런데 불사자에 가까운 것, 신에게 가까운 것, 신에게 가까워져 가는 것, 그 현기증 나는 사다리 타기가 신들림을 피해갈 수 있는가? '사다리'의 상징은 오랫동안 샤머니즘 전통 속에서 엑스터시로 향하는 상승으로 사용되었다. 실로 아름다운 것들을 거쳐 아름다움으로 향하는 그 과정 속에 신들림으로 향하는 그 몸짓이 숨어 있지 않은가(이미 『국가』에서도 그것을 감지하지 않았었는가)? 『파이드로스』는 이 문제에 대한 "다시 부르는 노래"다.[75]

사실은 좋은 것들 중에서도 가장 대단한 것들은 광기를 통해서, 단, 그것이 신적 선물로 주어질 때 우리에게 생기며, [...] 이런 걸 증거로 제시할 만하지. 옛 사람들 중에서 이름을 붙인 사람들 역시 광기를 부끄러운 것이거나 비난거리로 생각하지 않았다는 점 말이야. 그렇게 생각했다면 미래의 일을 분간하는 가장 아름다운 기술에 바로 그 이름을 엮어서 마니케(manikē)라고 부르지 않았을 테니 말이지. 그들은 신적인 섭리에 의해 생길 때는 광기가 아름답다는 생각에서 그렇게 믿고 이름을 불렀네. 옛 사람들은 제정신보다는 광기가, 그러니까 인간들 사이에서 생기는 것보다는 신에서 온 것이 더 아름답다고 증언하고 있는 것이지.[76]

『파이드로스』가 제기하는 문제는 사랑의 대화편이 반드시 한 번은 짚고 넘어가야 하는 문제다. 텍스트 『파이드로스』는 이렇게 묻는 것이다: 가장 아름다운 것, 더 아름다운 것은 광기가 아닐까? 가장 아름다운 기술, 그것은 예언이자 광기(마니케)인지도 모른다….

그런데 광기와 사랑에는 매우 결정적인 차이가 있다. 플라톤에게 그것은 '몸'의 문제였다. 광기란 '몸'을 가정하지 않고는 성립할 수가 없다. 광기란 신들린 몸 그 자체이기 때문이다. 하지만 플라톤은 언제나 그랬듯이 '몸 없이' 해내고자 했다. 사랑이란 아름다움 속에서 가사적인 것의 불사적인 것에의 참여를 이루어냄으로써 몸에서 벗어-나오는 것이다. 이미 『파이돈』에서 플라톤은 몸을 버리는

8. 『파이돈』, 『향연』, 『파이드로스』: 아름다움을 사랑하기

상태인 죽음만이 "아름다운 것 자체"를 만나게 해준다고 주장했었다. 그것만이 "전적인 조화"[77]를 만나게 한다.

만약 광기의 신들린 몸이 "아름다움"이라면 이러한 아름다움은 더 이상 원리-다스림-조화일 수 없다. 그러므로 광기는 아름다움이 아닐 것이다. 그러나 그럼에도 불구하고 가장 오래된 증언들은 광기가 가장 아름다운 것이라고 이야기한다. 이러한 증언들에 따라 광기를 가장 아름다운 것으로 인정한다면, 아름다움은 '아름다운 것들의 반(反)종합', 즉 아름다운 것들이 '아름다움'으로 종합되지 않고 그 각각의 '~같은 것들' 속에 머무는 무규정적인 차원에 남게 될 것이다. 그것이 '몸'의 의미인 것이다.

플라톤은 '몸이되 몸 아닌 것'을 찾아내야만 했다. 그리고 『파이드로스』에 와서야 마침내 혼 가운데 몸을 대체할 만한 '몸이되 몸 아닌 것'을 찾아낸다. 『향연』의 '사다리'이기도 한 '텅 빈 뼈'가 그것이다. 시초에 혼은 오직 "날개"를 갖고 있었던 것이다.[78] 몸이되 몸이 아닌 날개에 의하여 광기는 이제, 신에 가까이 가는 날개 달린 인간의 혼으로 번역된다. "인간은 부류에 따라 이야기되는 것을, 즉 여러 지각에서부터 추론에 의해 그러모아져 하나로 이행하는 것을 이해해야 하기에" "상기"한다. 이때 그는 "신적인 것의 가까이 있게 된다."[79] 광기란 여기서부터 이제 상기의 전(前)단계, 상기의 징표, 상기의 문턱이 된다. 실로 광기의 몸이 '신들린다면' 그는 자신이 '날개를 가지고 있(었)음'을 상기하게 될 것이다.

93

모든 '몸' 가진 인간의 감각은, "저기의 것들과 닮은 꼴의 어떤 것들을 보면 넋이 나가서 정신을 차리지 못하게"⁸⁰ 된다. 감각이 현상세계에서 보는 모든 것들은 실로 흐릿한 흔적들이기에 신들려 넋 놓게 된다(이것이 곧 감각의 불완전한 상태를 설명해준다). 이에 대해 아름다움을 사랑하는 그 '날개 달린' 감각은 이제 광기조차 아름다움의 질서에 찬동할 수 있게 하는 힘을 발휘한다(이것이 곧 감각의 상승을 가능하게 한다).

> 사랑의 두려움이 그를 엄습하여, [...] 그에게 간지러움과 통증을 주며 혼의 날개를 다시 자라게 하지. [...] 이는 아름다움을 지닌 자를 혼이 경외한다는 이유에 대해서 그의 가장 위중한 고난의 유일한 치료자라는 것을 혼이 발견했기 때문이지. [...] 그를 정말이지 사멸하는 자들은 날개달린 에로스라고 부르지만, 불사자들은 날개 달린 신이라 부르네. 날개를 기르는 필연으로 인해.⁸¹

『이온』에서 의미변환된 광기의 모습이었던 것, 무규정적이지 않은, 불의하지 않는 광기의 두 의미였던, '특정 대상에 대한 열정과 감정이입의 상태'가 바로 여기에서 사랑을 통해 신을 향해 피어오르는 것을 우리는 매우 긴 궤적을 통해 확인할 수 있다. 사랑은 신들려 넋 놓아진 감각 상태를 박차고 다시 날아오른다. 여기서 사랑(에로스)은 날개를 통해 신이 된다.

8. 『파이돈』, 『향연』, 『파이드로스』: 아름다움을 사랑하기

그곳에서 살고 사랑하며 [...] 배우고 추적하며 [...] 신의 본성을 발견하는 길에 수월하게 이를 수 있으니, 이는 그들이 그 신을 바라보도록 단단히 강제되어 있기 때문이며, 또한 그들은 기억에 의해 신에 접하고 신이 들려서는, 사람이 '신에 참여할 수 있는 한에서' 그 신으로부터 기풍과 과업을 받지. 그리고 이를 사랑하는 이의 덕분으로 생각해서 더욱 반기고, [...] 사랑받는 이가 가능한 한 자신들의 신과 닮게 만들지.[82]

일단 사랑하게 된다면 우리는 신을 바라보고(시각 우위), 기억에 의해(상기의 매개), 신이 들리는 바로 그러한 상태를 얻게 된다. 날개를 기르는 필연, 그것만큼 사랑을 향한 신들림의 운명을 잘 말해주는 말은 없을 것이다. 사랑하게 되면 그는 아름다움에로 나아가게 되고, 아름다움에 대한 사랑이 실로 형성의 조건을 마련하게 된다.

9. 우주의 찬동, 『티마이오스』

플라톤의 미학은 감각을 정초하는 아름다움에 대한 사랑이다. 이 미학은 어떻게 이러저러한 것들이 감각할 수 있는-감각기관(organon)에 맞는-힘이 되어 등장하는지에 관한 답을 포함하고 있었고 무규정적인 것들을 미리 찬동케 하며, 무규정적인 것들에 단위

I. 플라톤의 시인 추방과 채용

를 주는 기제로서 사랑을 동인으로 선택한 성공적인 '형성의 토대'였다. 실로 미학의 문제는 어떻게 우리가 '이것'을 아름다운 것으로 여기는가/여길 수 있는가 하는 것이 아니라 어떻게 '이것'이 '이것'일 수 있는가에 대한 답을 주는 것이었다.

'이것이 이것일 수 있는' 바로 그것이 플라톤의 아름다움이었으되, 그것을 해소할 수 있는 길이 오직 사랑뿐이었다는 것은 시를 추방했던 선택만큼이나 의미심장한 의문을 야기한다. 왜냐하면 형성이 어떻게 형성되는가 하는 질문에 대해 답할 수 있는 것이 '사랑하는 감각' 혹은 '감각에 대한 사랑'이기 때문이다. 사랑과 감각은 아름다움으로 상승한다. 아름다움이 그토록 아름답게 서 있기 때문에 우리는 찬동할 수 있는 것이다. 이 장에서 우리는 이토록 아름다운 아름다움을 우주의 기원에서부터 규정짓는 플라톤의 프로젝트, 『티마이오스』를 살펴볼 것이다. 『티마이오스』는 상승의 이야기로, 플라톤은 기원에서부터의 사다리를 타고 상승해가며 끊임없이 회귀하는 중간적인 것들을 마주하게 된다.

『티마이오스』에서 가장 먼저 만들어지는 것은 자체적 존재들이다. "바깥을 남겨 놓지 않는 둥근 것"은[83] 외부가 없는 근본적 힘으로, 외부를 모두 포함한다. '외부없음=외부포함'이 되는 질서는 '무가정의 것'으로, 모든 것을 몰아넣을 수 있는 힘을 지니고 있다. 자체성의 힘은 '자체적이지 않은 것들' 전부를 자체성 속으로 밀어 넣을 수 있다. 감각적 지각의 흐트러짐이나 동어반복 역시 자체적

9. 우주의 찬동, 『티마이오스』

인 유입유출=생성존재의 놀이 속으로 빨려 들어간다.

동일한 논리구조가 "모든 물체들(somata; bodies)"에 대한 설명에서도 나타난다. 모든 물체들이란 실은 몸인 것들 전부를 가리킨다. 플라톤은 물체-몸을 "형태"로 규정하고 다시 거기엔 "깊이"가 있음을 인정한 후, 다시 이 깊이를 "면의 성질"로 규제한다.[84] 입체가 된 삼각형들이 원자로서 활동하면서 인간의 감각과 느낌 전부를 설명할 수 있게 해주는 변환은 동일한 자체성의 힘에 의한 것이다. 어떤 흔들림이 한기나 차가움으로 경험된다거나 어떤 조밀함이 온기나 뜨거움으로 경험된다는 식의 설명들은 전부 경험 완결성이 형성되는 전제를 캐묻는 일을 중단시킨다. 모든 것이 다른 것의 형식이 되기 때문이다. 이것이 바로 플라톤이 무가정적인 것을 다루기 위해 활용하는 논리다.

물론 이러한 전가(轉嫁)에도 불구하고 끊임없이 '가정된 것의 가정이 일어나는 자리'는 남아 있다. 플라톤은 아마도 끝내 이 쟁투를 기록할 수밖에 없었던 것 같다. 그는 다시금 "존재와 생성" "중간에 있는 셋째 종류를 혼합해내야" 했다. 셋째 종류란, 자체적인 것의 성격에 필연적으로 포함될 수밖에 없었던 '중간상태'다. "동일성과 타자성"이 섞이며 "불가분적인 것과 가분적인 것"이 섞인다.[85] 섞여진 것들은 이번에는 "비례 및 중항"에 의해 분배되고 분할된다. 비례 및 중항의 간격은 배수나 분수로 지탱될 수 없고 오직 '상수이자 미지수인 것 소문자 d'를 동반할 수밖에 없었는데, 이렇게 할 수밖에 없었다는 점 또한 플라톤 자신이 겪어야 했던 쟁투의 치열함을 잘 보여준다고 하겠다. 이것들이 연결항이 될 때 "256대 243d인 항들을 갖게 된다."[86] 이것들은 다시 '힘'의 간섭에 의해 '오그라든다.' 내부와 외부가 접해 있는 이중적 뫼비우스 띠 모양이 된 이것들은 교차함으로써 가능해진 중심을 갖고, "궤도운동, 회전운동"을 한다.[87] 이러한 중간상태의 균형형태를 플라톤은 "영구적인 모상"이라는 모순적인 이름으로 부른다. "이것이 바로 시간이다. 놀랍도록 다양한 '이것들'의 떠돎이 시간"이다.[88]

그리고 또 다시, "존재와 생성 외의 셋째 것"은 아직 시간으로 완전히 다 정돈되지 못해 또 다시 등장한다.[89] 플라톤은 이번에는 이것을 "일체 생성의 수용자인 것"이라 부른다.[90] 그리고 이제 '~같은 것들'이라고 부를 수밖에 없는 것들이 어떤 힘에 의해 '~인 것들'이 되는지가 다시 한 번 투쟁적으로 기록된다:

이것들 각각은 결코 같은 것으로 나타나지 않으므로 '이것'이라고 부를 수는 없을 것입니다. 이것들에 관해서는 '이와 같은 것'이라고 그때마다 일컫는 것이 가장 안전한 편입니다. [...] 그것은 이것이나 저것이란 표현을, 그리고 그것들을 불변의 것들로 있는 것으로 나타내는 하고많은 표현을 기다려주지 않고 피해버리기 때문입니다. 어쨌든 우리는 이것들을 별개의 것들로 말해서는 안 되고 각각의 경우에도 그 모두의 경우에도, '언제나 유사한 것으로 반복해서 나타나는 이와 같은 것'

9. 우주의 찬동, 『티마이오스』

이라는 식으로 불러야만 합니다. [...] 이것들을 '존재하는 것들'로 결코 말해서는 안 될 것이니, 이는 이것들이 누군가가 그렇게 말하는 동안에도 변전하기 때문이죠. [그럼에도] 이것은 언제나 같은 것(같은 이름)으로 지칭해야만 합니다. 왜냐하면 그것은 그 자신의 힘에서 벗어나는 일이 전혀 없기 때문입니다.[91]

'수용자(hypo-doche)'라고 불리우는 것은 '가정(hypothesis)의 무가정적 변주'다. 실로 이 묘사의 구성은, 사랑이 '아름답게 만들기' 전에 뭉쳐져 있던 것들과 동일한데, 특히 있으면서 있지 않은 것이라는 점에서, 그리고 '~인 것'이라 부를 수 없지만 그렇게 가정되는 근원적 단위화라는 점에서 그러하다. 『티마이오스』는 이중적 태도를 취한다. 이것들은 결코 '국면을 가질 수조차 없는 변화하는 것들'인데도 언제나 같은 이름으로 지칭해야만 한다. 이것들은 어쨌든 힘을 가지고 있기 때문이다. 하지만 더 정확히 말하면 힘이 이들을 가지고 있다고 해야만 하겠다.

"일체 생성의 수용자인 것"은, 앞서 세 번째 종류의 중간 존재가 궤도운동과 회전운동을 매개로 시간의 힘 속에서 균형점을 찾았듯, 이번에는 공간의 힘 속에서 균형점을 찾는다. "언제나 존재하는 공간의 종류"로서 "모든 것에 자리를 제공하는 것"이면서 "이것을 바라보고 있노라면 우리를 꿈을 꾸는 상태에 처하게도 하는"[92] 그러한 공간 속으로 모든 것이 친화적으로 밀어 넣어진다(아마도 이 친화력은 사랑을 위한 준비작업일 것이다). 없는 장소인 것 같으면서도 존재를 지탱하게 하는 이 공간은, 실로 공간이 외적으로 경계 지워진 후 좁혀지는 것이 아니라, 힘에 의해 안에서부터 몰려든다. 공간은 중심에 의해 뭉쳐지고 나중에야 경계 지어지기에 능히 중간적인 것을 하나로 모아낼 수 있었던 것이다.

『티마이오스』의 프로젝트는 시간과 공간을 무가정적인 것으로 만들었다. 플라톤은 떠돎으로부터 시간을 건져내고 경계없음으로부터 공간을 건져낸다. 플라톤 이후 누구도 시간과 공간의 선결성에 대해 묻지 않는다. 아무튼 그것들이 없으면 우주 차체가 곤란해질 것이다. 이 시간과 공간이 작동하는 곳에서 플라톤은 동어반복되지 않는 무가정의 것을 찾아낸다. "필연은 슬기로운 설득에 승복함으로써 우주가 이렇게 구성"되었다.[93] 무가정의 것에 내재한 힘의 마지막 언어, 그것이 바로 다시 나타난 찬동으로서의 '설득'이다. 우주가 그처럼 단위를 갖춘 시공의 구형 공간으로 형성될 수 있게끔 설득되었다는 사실은 매우 중요하다.

10. 삶의 찬동, 『필레보스』

감각은 처음부터 모름들에 대한 앎을 통해 탄생했고 사랑하기의 날개를 통해 정초되었다. 하지만 '모름들을 알 수 없는 곤경'은 여전히

9. 우주의 찬동, 『티마이오스』

남아 있다. '아름다운 것들'은 '아름다움'으로 온전히 옮겨가지 않는다. 무언가 남는 것이 있다. 단지 발을 헛디디는 문제가 아니다. 감각의 서툶이 있어 가끔 착각하게 된다는 정도의 문제가 아닌 것이다. 이미 감각 자체가 본질적으로 중간상태에 처해 있다. 중간상태는 단순히 감각을 소재/재료로 해서 다음 단계의 인식에서 종합을 이루어낸다고 해소되지는 않는다.

플라톤에게는 세계 자체는 확실한 것이 아니다. 현상은 '~인 것들처럼 보이는 것들'이며 그렇기 때문에 '~이지 않은 것들, ~라 말할 수 없는 것들'이다. 감각을 판단하고 나서야 '판단된 대상'인 세계는 감각을 붙잡게 된다. 그러나 이것은 하나의 가정이다. 이것이 하나의 가정이라는 사실, 그리고 우리가 가정에서 결코 벗어날 수 없다는 그 운명-수학적 운명-을 아는 것이 플라톤에게는 '추론적 사고'다. 추론적 사고는 판단과 감각 지각의 관계에 관한 진실을 말해준다. 영상(모상)은 그림자/비친 상이 아니라 그림자를 드리우리라고, 비치리라고 가정되는 존재를 확신하기 위하여 가정된 상태다. 또한 물체들은 영상(모상)의 영상성(모상성) 자체를 전제하기 위하여 가정된 상태가 된다. 서로가 서로의 가정된 상태인 셈이다. 판단과 감각의 관계는 서로가 서로를 위해 수립한 가정을 순환적으로 확인하는 수행적 과정(performative process)에 불과하다. 우리가 가정들을 이용하게 되고 가정들에서 벗어날 수 없다는 것을 '형상들 자체'가 고백한다. 따라서 형상들 자체, 즉 모상도 영상도 아니라고 주장하는 것들, 즉 도형들과 수학적인 것들은 하나의 동어반복이다. 1은 1이며 원은 원이고, 다시 2는 2다. 이러한 형상들 자체는 자신들의 동어반복적 존재를 두고 '가정하고' '가정할 수밖에 없다'는 것을 폭로한다.

이처럼 가정된 것에 대해 '가정할 수밖에 없다'는 사실을 지우는 절차, 그것이 바로 플라톤이 '변증술적 논변'이라고 부르는 것이다. 그것은 그 자체의 "힘"에 의해 "가정들을 원리로서가 아니라 문자 그대로 밑에 놓은 것(hypo-thesis)들로서 대하기"다. 이른바 "무가정의 것"이다(티마이오스 444). 무가정의 것에는 이중의 의미가 있다: '마지막 확언'이거나 '힘'이다. 가정된 것들의 가정된 상태에 대해서는 더 이상 묻지 말고 이것들을 근원적인 것으로 대하게끔 하기 위해서 추가적인 논변을 가하거나(형식과 질료), 아니면 가정된 것들은 스스로를 가정한다고 주장하거나(마치 생명체와 같은 것) 하는 둘 중 하나인 것이다. 플라톤은 『티마이오스』의 프로젝트를 통해 양자택일하지 않고 두 가지가 서로를 보완하게 했다.

그래서 『티마이오스』에서 벌어지는 실재와 질료의 놀이는 질료의 가치를 얼마나 인정하든, 무가정의 것을 보완하기 위한 것이지, 그것을 전복하기 위한 것은 아니다. 존재와 생성, 운동과 정지의 놀이 또한 마찬가지로 가정된 것들의 가정된 상태가 가지고 있는 동어반복적 자기폭로를 무한히 지연시킬 수 있는 변증법적 놀이다. 한쪽은 언제나 소재적인 것/덩어리진 것/조형될 수 있는 것/변화를

10. 삶의 찬동, 『필레보스』

수용하는 것/실존적인 것이 되고 다른 한쪽은 언제나 형식적인 것/존재론적인 것/불변적인 것/구조를 지닌 것이 된다. 이는 실제적이고 구체적인 의미에서의 마지막 확언이 아니라 무가정의 것의 가정된 상태를 논하기를 그치게 하는 마지막 확언이며, 힘이란 유입-유출의 궤도질서 속에서 설득의 찬동을 배태시키는 자체성이다.

모든 사물, 모든 형상, 모든 몸인 것들에 대한 지각, 인식, 언어는 과연 우리가 '시를 말할 수 있는가'하는 질문과 뗄 수 없는 것이었다. 이는 단순히 많은 사물들, 형상들, 몸들 중에서 우리가 무엇을 시라고, 혹은 예술이라고 부를 것인가 하는 문제가 아니다. 왜냐하면 이미 '무엇'이라고 말할 수 있는 가능성 자체, 그리고 무엇에 대해 말할 수 있는 가능성 자체에 시의 문제가 자리하고 있기 때문이다.

누군가는 '이것'을 '이것'이라고 부르는 것이 무슨 큰 문제냐고 물을 수 있다. 우리의 세계 속에서 '이것'은 이미 '이것'인 것이다. 하지만 '이것'을 '이것'으로서 부름으로써 생긴 효과는 단지 가리켜 부르기의 문제가 아니다. 언어의 기원은 지칭도, 가리키기도, 명사도, 단어도 아니다. '이것'을 부르기 위해서는 정치체가, 법률이, 우주가 아름다워져야만 한다. 자체성과 관계의 혼합적 직조체는 미리 조화와 혼화에 찬동하는 것으로 주어졌어야만 한다(그러니까 우린 지금 그걸 '상기'하고 있는 것이다, '가정'하는 것이 아니다). 아름다움이 미리 선결되지 않고서는 '이것'도 없다. 미리 선결되지 않은 아름다움을 놓고 아름다움이란 무엇인가 묻는다면, 그것은 아름다움이 오직 '이것'

을 시공간 가운데 무가정적인 것으로 놓는 그 존재의 동어반복을 통해서만 가능하다는 사실을 간과하는 것이다. 아름다움을 진지하게 사유하려는 자는 모두 어떻게 '이것'이 '이것'일 수 있는가 하는 문제부터 해결해야 한다.

플라톤의 마지막 완성작 『필레보스』는 "하나와 여럿"을, 그리고 "한정과 한정되지 않은 것"을, 더 있는 것과 덜 있는 것을, 혼합된 것과 "온갖 방식으로 떠돌아다니는" 말 자체의 파토스를 논하면서[94] 『티마이오스』에서 우주론적으로 확증한 무가정적인 것의 형상인 "공간과 시간"을 '인간의 삶' 속에서 번안해낸다. 『필레보스』는 우리가 "기뻐하고, 즐거워하고, 유쾌해하고, 그리고 또한 슬기롭고, 이해하고, 기억하고, 바르게 판단하며, 참되게 추론하는" "행복한 삶"을 얻기 위해서는 무가정적인 것을, '이것-되기'를 받아들여야 한다고 절절하게 설득한다. 『필레보스』로부터 우리는 찬동을 설득당한다. 플라톤은 『필레보스』를 통해 마침내 '설득하는 비평가'로 우리 앞에 현현한다.

플라톤은 "그때그때 쓸 모든 것과 관련하여 '하나의 이데아'를 상정하고서 찾아야만 한다"고 설득한다.[95] 이데아의 두 차원은 우주적인 시간과 공간에 상응하는데, "종류와 경계"가 공간적 삶이라면, "리듬과 박자"는 시간적 삶이다.[96] 플라톤은 "어느 누구도 이것들이 없이 그 자체만으로는 알 길이 없다는 사실을 간과하고서, 이번에는 이것들 모두를 묶어주는 것이 하나 있어서 이것들을 어떤 식으로든 통합하게 된 것이라는 결론"을 내린다.[97] 묶어야만 한다는 필요성/필연성/설득이 바닥을 이룬다. 묶는 끈의 존재는 가장 추상적인 친화를 의미한다. 이는 어느 하나가 어느 하나의 옆에 있다는 것을 말해주는 상기다. 하지만 유사성이나 측면적 차이를 가지고 구조를 설명하려는 시도는 실패한다. 플라톤의 아름다움은 구조에 대해 경계를 짓는 것이 아니기 때문이다. 구조의 문제는 분할과 분배의 차원으로 넘어갈 수밖에 없었는데, 플라톤은 결국 "혼합된 것"이 "아름다움"이라고 말하면서 『필레보스』를 맺는다. 시는 더 이상 추방되지 않고, 아름다움 속에 포함되는 방식으로 소거된다. 시 역시도 아름다움의 힘에로 귀착했다. 아름다움은 능히 모든 것을 감싸 안을 수 있을 것이다.

II. 아리스토텔레스의 플롯

II. 아리스토텔레스의 플롯

1. 아름다움은 인간적인 것

찬동은 단순히 '어떤 것이 좋은 시인가'를 결정하는 차원에서 작동하는 것이 아니다. 또한 '어떠한 것을 좋아할 것인가'를 결정하는 차원에서 작동하는 것도 아니다. 플라톤에게서 찬동이란 아름다움에 대한 사랑을 찬동하는 것이었다. 그것은 단위들의 혼합된 삶에 관한 찬동이며, 감각 단위에 대한 시초적 가정이다. 아리스토텔레스가 보기에 그 찬동의 자락에는 인간이라는 존재의 운명에 대한 비극적인 깨달음이 있었다. 그것은 하나의 유기체로서 인간 존재가 살아가기 위해서는 '이것들'이라는 환경이 아니고서는 불가능하다는 의식이다. 플라톤에게는 날개를 매개로 한 끝없는 사랑의 상승이 있었던 한편 아리스토텔레스에게 찬동이란 상승(혹은 비행(飛行))이 아니라 인간의 '운명(運命)'이었다. 그리하여 플라톤이 보기에 혼

1. 아름다움은 인간적인 것

합된 삶, 복수의 존재로 모여 있는 정치체를 가능하게 하는 것은 오직 아름다움에 대한 사랑뿐이었던 한편 아리스토텔레스가 보기에 그것은 정치체의 운명으로 인간적 삶의 모든 곳에서 이미 반복되고 있었다.

아리스토텔레스는 '플롯(plot)'을 통해 정치체로부터 신들림으로서의 시를 영원히 추방해버린 것을 속죄(atonement)한다. 속죄란 의미 차원에서 바깥으로 끌어내어지는 것이 아니라 다시 반복하는 내부로서 '그 자리에서(At) 하나(-one) 이기(-ment)'다. 속죄를 통해 시학적인 것, 정치적인 것, 아름다운 것은 모두가 동일한 원리인 하나가 된다. '아름다운 것은 혼합된 삶'이라고 끝맺었던 『필레보스』에서처럼, 정치적인 것이란 다수의 모여듦-구조라고 할 수 있으며, 시는 그 자신의 내부에서 '구성요소인 단위들'을 발견해낸다. 『시학』을 통해 플롯 자체가 하나의 중요한 정치체로서, 단위들의 혼합된 삶(polyness)으로서 등장한다. 『시학』은 플롯의 반복이다.

'형성'의 문제 역시 플롯 속에서 용해된다: 모든 것이 플롯 가운데의 인간학적 단위로 안착된다. 형성(plattein) 개념이 다르게 번역된다. 그것은 행위(plattein)가 된다. 형성을 형성시키는 것의 문제가 해소될 필요조차 없게 만드는 어떤 용해 작업이 일어나는데 그건 '단위들'과 '인간의 본성'과 '형성이 행위로 묶이는 행위자로서의 인간의 등장'이라는 삼위일체에 의한 작업이다. 형성의 곤경은, 감각지각이 모여든 어떤 조직/구조의 여러 요소들에 대한 수용/반응인 '행위' 속에서 용해된다. 행위는, 단위들, 특히 어떤 인간적인 초기 단위들을 모아 놓은 총체로서 이해될 수 있는, 어떤 인간적인 (그리고 몹시 아리스토텔레스적인) 형성이다.

아름다움에 대한 사랑을 통해서만 가능했던 '이것임'의 문제는 인간의 감각에 의해 이미 적절하게 재단된 채로 등장한다. 왜냐하면 인간의 감각은 '일정한 크기'를 토대로 해서만 성립하기 때문이다. 감각할 수 있다는 사실 자체가 이미 인간의 크기에 찬동하는 일이다. 아리스토텔레스에 따르면 아름다움은 "여러 부분의 배열에 있어서 일정한 질서를 가지고 있어야 할 뿐만 아니라 일정한 크기를 가지고 있지 않으면 안 된다."[98] 실로 아리스토텔레스에게는 아름다움의 토대는 크기와 그 크기의 적절성에 의해서만 인식되기 시작하는 질서에 있다.

아름다움은 크기와 질서에 있기 때문이다. 따라서 1) 너무 작은 생물은 아름다울 수 없다. 왜냐하면 그 지각은 순간적이므로 분명할 수 없기 때문이다. 2) 또 너무 큰 생물도 아름다울 수 없다. 왜냐하면 [...] 단번에 관찰할 수 없고, 그 통일성과 전체성이 시계(視界)에 들어오지 않기 때문이다.[99]

플라톤에게는 배열과 분할이 동일한 원리에 의해 설명되어야 했다면, 아리스토텔레스는 배열시키는 질서와 분할의 무한한 경우의 수를 생각할 수 있었다. 플라톤에게 단위는 변경될 수 있었지만 단위의 존재 자체는 절대적이었던 반면, 아리스토텔레스에게는 어떤 단위들이 운용되는 '메커니즘' 자체가 단위의 존재를 정당화한다. 따라서 아리스토텔레스에게는 단위를 변경하는 것이 허용되지 않았고(시학의 근본요소들은 명확한 근본원리들이 되고), 궁극적으로는 모든 것이 인간이라는 최후의 단위로 흘러 들어갔다. 그래서 플라톤이 계속해서 중간상태들 자체를 균형적인 것으로 변환시켜 내려는 철학의 수고(愁苦)를 해나갈 수밖에 없었던 반면, 아리스토텔레스는 이렇게 할 이유가 없었다. 그의 플롯에서는 중간상태의 잠재태가 이미 균형상태의 현재태에 포함되어 있기 때문이다.

2. 인간으로부터 시(詩)가, 시로부터 인간이

아리스토텔레스의 인간학에서는 시를 말한다는 것 자체가 인간되기의 순간을 표시하는 징표가 된다. 이는 플라톤이 내내 시를 '우리가 그것에 대해 말할 수 있는 대상'으로 전환시키기 위해 노력했던 사실과는 아주 다른 차원의 것이다. 논점이 완전히 달라졌다. 아리스토텔레스는 "시가 인간 본성에 내재해 있는 두 가지 원인에서 발생하는 것 같다"고 말한다.[100] 즉 인간의 "이 타고난 본성에서 출발하여 이를 점진적으로 개량함으로써 즉흥적인 것으로부터 시를 만들어냈던 것"[101]이다. 시란 인간이 최고의 동물로서 더 이상 동물이 아니게 되는 지점을 표시하면서(진화의 특이점), 동시에 모든 생물체에게 모든 시간부터 속해 있는 것이어서 인간이 시의 시점을 발견해내기 위해 오래전부터 있어 왔던 것들을 탐색해내도록 할 수 있는 선조적 형태의 한 변양태(變樣態)이기도 하다. 시는 앞으로도 수많은 모습으로 변화해 갈 가능태이면서도 현실태로 실재하기도 하는 것이다. 시도 없었지만, 시가 아닌 것도 없었다. 시는 현실태로서 자신이 없지 않았다는 것을 표시함으로써, 있었던 것도 아니고 없었던 것도 아닌 중간상태에 처하게 된다. 시는 '시가 아닌 것'에서 '시적인 것'을 찾아내어 자신을 양태로 주장하고, 현시점을 하나의 변양으로 표시함으로써 앞으로 발견될 무수한 양태들을 통해 '가능적인 것의 필연성'을 주장한다. 시 자체는 바로 그러한 역사로서, 시를 그처럼 양태화했던 활동의 가장자리들을 충분히 연역해낼 수 있게 한다.

『시학』에 의해, 시가 무엇이든지, 시는 인간본성에 의해 '발생'했고, 인간본성에 의해 '점진적으로 개량'되었으며, 인간모양(態)대로 만들어지게 된 모든 시간적 차원들을 내포하는 필연적인 가능성이 되었다. 시는 인간 내부의 무엇이 되었고 따라서 이제 시가 무엇인가를 묻기 위해서 인간은 자신의 내부를 들여다봐야만 한다는 사실이 밝혀진 것이다. 이 물음은 시의 직선적 역사에 의존하는 인간본성의 절대적 실체성에 관한 것이 아니다. 다시 반복하지만, 시는

2. 인간으로부터 시(詩)가, 시로부터 인간이

인간 본성과 관련하여 시로서 있을 수 있게 된 가능성의 필연성을 조형하는 조건들의 요소 원인이다. 그러므로 다른 길도 있었는데 '왜 하필 시인가'를 물어야 한다. 왜 하필 '그 무언가'가 시처럼 발생하고 시처럼 개량되었는가? 왜 시가 인간을 표시하는가? 인간 내부의 그 어둑한 무엇은 왜 '시로써' 일어섰던가? 『시학』은 이제 이러한 질문들에 답을 해야 한다. 시와 인간이 그처럼 서로를 역사화했던 바로 그러한 형식의 '형성의 필연적 가능성'에 대하여 해명해야 하는 것이다.

따라서 『시학』이 가장 먼저 착수한 것은 시가 일어났던 바로 그 '인간 본성'이 무엇인지를 탐구하는 것이다. 아리스토텔레스는 시가 나온 바로 그곳이 인간의 "모방 본성"이라고 말한다. "인간이 가장 모방을 잘 하며, 모방에 의하여 지식을 습득한다. 또한 날 때부터 모방된 것에 대하여 쾌감을 느낀다."[102] 인간은 "봄으로써 배우"며, 모방 본성을 통해 "'이건 그 사람을 그린 것이로구나'하는 식으로" '~같은 것들'이 "'무엇인가'를 추지(推知)하기 때문"이다.[103] 모방 본성이 '쾌감'과 근원적으로 연결되어 있다는 것도 특기할 만하다.

시는 모방 본성에서 나와 "행위(plattein)"를 모방한다. 플라톤에게는 '형성'을 의미했던 그리스어 plattein은 아리스토텔레스에게는 '행위'를 의미하며, 아리스토텔레스의 인간학에서 시의 plattein은 곧 시 자신이 행위한다는 사실을 의미한다. 시는 인간 행위를 모방해 그것을 '행위 사건'으로 제시한다. 그러면서 시는 행위 사건들의 필연적 가능성들의 보편적인 목록을 제시한다.

시인의 임무는 실제로 일어난 일을 이야기하는 데 있는 것이 아니라 일어날 수 있는 일 즉 개연성 또는 필연성의 법칙에 따라 가능한 일을 이야기하는 데 있다. [...] 시는 개별적인 것이 아니라 보편적인 것을 말한다. 보편적인 것을 말한다 함은, 다시 말해, 이러저러한 성질의 인간은 개연적으로 또는 필연적으로 이러저러한 것을 말하거나 행하게 '될 것'이라고 말하는 것을 의미한다. [...] 개별적인 것을 말한다 함은, 이를테면 무엇을 행했는가 또는 무엇을 당했는가를 말하는 것을 의미한다.[104]

시는 한편으로는 인간이 '인간인' 바로 그러한 행위의 목록들을 작성한다. 인간이란 이러저러한 일들을 이러저러한 바탕에서 이러저러하게 할 수 있는 바로 그러한 자인 것이다(인간이란 무엇인가를 규정하는 인간학). 다른 한편으로 시는 행위의 비인격성(非人格性)을 "성격(의도)"과 "사상(대화에서의 근거 부여(정당화))"[105]을 통해 인간적인 것으로 꾸민다(인간되기의 작업으로서의 인간학). 이를 통해 인간은 필연적으로 어떤 행위를 하는 자면서도 다른 행위를 할 수 있는 자가 된다(가능성의 필연성). 인간은 모든 일을 할 수 있다.

시와 인간은 서로를 순환적으로 매듭짓는다. 시는 더 이상 인간 없이 미치고, 행위하고, 붙들리고 마는, 그러한 형성의 (신)들림에 빠져 있지 않다. 시의 행위를 묶을 수 있는 자로 저 깊은 바닥에서 '행위자' 인간이 등장했기 때문이다. 이제 아리스토텔레스는 '~하면, ~하(게 된다)다'는 플라톤의 질서를 '플롯'을 통해 해체한다. 아리스토텔레스는 "발견, 급전, 파토스"가 바로 "플롯의 부분들"이라고 주장하면서[106] "성격과 사상"은 부차적인 것이라고 수정하는데, 이는 우리에게 행위개념에 내재한 가능성의 필연성이 어떠한 것인지에 대해 시사해주는 의미심장한 수정이다. 인간이 어떤 성질을 가지고 있느냐 하는 것은 행위에 대해 아무것도 말해주지 않는다. 인간이 어떤 성질들을 토대로 어떤 행위를 하게 되는지 그리고 이 행위에 대해 어떻게 느끼고 반응하는지 하는 일종의 함수를 작동시키는 것은 아리스토텔레스의 관심사가 아닌 것이다. 오히려 행위는 행위자의 외부로부터 오는 무언가에 의거한다.

플롯에서 "발견"이란 행위자가 몰랐던 사실을 알게 되어 그의 행위를 바꾸는 것이다. "급전(急轉)"이란 우리가 어떤 식이든 그 원인을 의지나 정당한 것들에서 찾지 못하지만, 방향 바꾸어 버리는 모든 것을 총괄하여 지칭한다. "파토스"란 파괴나 고통을 초래하는 모든 것, 달리 말해 안정화시키고자 행위를 선택하지 않는다는 것을 의미한다. 그러므로 아리스토텔레스의 행위의 세계에는 행위자가 존재하는 것이 아니라 행위에 처(處)해져버린 인간, 그리하여 어떤 식으로든 그 행위를 감당해야 하는 인간이 존재한다. 플롯에 따르면, 행위자는 언제나 중간에 깨달으며, 할 것인지 하지 않을 것인지를 선택하는 것 외에 다른 자율성은 없다. "행위는 필연적으로 실행되든지 실행되지 않든지, 알고 하든지 모르고 하든지, 그 중 어느 것"일[107] 뿐 인 것이다.

플롯은 행위의 함수가 아니라 행위의 시다. 시는 어느 것이 행위의 원인이 되는지를 말하는 것이 아니라 행위 아닌 것들, 행위에 포함될 수 없는 것들에서 행위가 나오는 방식을 보여준다. 발견, 급전, 파토스, 그리고 결말을 통해 플롯은 이러한 것들을 행위로 감당해내는 것이 바로 시의 행위라는 것을 보여주는 데 이른다. 오이디푸스(Oedipus)는 신탁 때문에 운명 지워진 자도, 그의 경솔함이나 무신경함 혹은 과도한 걱정 따위의 성격 때문에 아버지를 살해하고 어머니와 혼인한 자도 아니다. 테베(Thebe)의 무의식이 시대의 사상(정신성)으로서 은밀한 영향을 끼쳤다고 분석할 수도 없다. 오히려 다음이 진실이다: 오이디푸스가 그렇게 행위하게끔 만든 것은 아무 것도 없다. 하지만 그 말고는 달리 거기에 응답할 수 있는 사람도 없다. 비극의 플롯은 그것을 보여준다. 그리고 이것은 모든 일을 할 수 있으면서, 아무 일도 할 수 없는, 아리스토텔레스 고유의 인간학의 결말이기도 하다.

3. 카타르시스: 인간되기에의 찬동

2. 인간으로부터 시(詩)가, 시로부터 인간이

아리스토텔레스 인간학의 곤경 혹은 당혹은, 인간이 '인간이면서 인간이 되어야만 하는' 바로 그 없는 장소에 있다. 여기에 남아 있는 것은 "중간의 인물 [...] 덕과 정의에 있어 탁월하지는 않으나, 악덕과 비행 때문이 아니라, 어떤 과실(harmartia) 때문에 불행을 당한 인물"[108]이다. 이 중간의 인물이야말로 행위가 가진 (플라톤과는 다른) 새로운 중간상태라고 할 수 있을 것이다. 이 인물은 행위의 문제는 인과응보나 권선징악을 통해 해결되지 않는다는 것을 보여준다. 완전히 탁월한 인물이거나 완전히 악한 인물이라면 그들이 맞이하는 행·불행의 결말은 플롯상 완전히 이해 가능한 것이 될 것이다. 하지만 아리스토텔레스가 인물이 떠맡을 수밖에 없는 불행의 원인으로 제시하는 과실이란, 정확히 행위의 책임을 물을 수 없는 어떤 것이자 그를 방면시킬 수도 없는 어떤 것이다.

'과실'의 개념은 『시학』에서 충분히 설명되고 있지 않지만 우리는 '카타르시스(catharsis)'의 개념이 '과실을 범하는 자'로부터 형성된다는 것을 알 수 있다. 아리스토텔레스는 시로부터 '과실을 범하는 자'를 발견하고 싶어 하는데, 이는 그가 시로부터 '카타르시스를 느끼는 자'를 형성하고 싶어 하는 것과 정확히 동일하다. 『시학』 전체에서 카타르시스에 대한 언급은 단 한 번만 등장한다. (흥미롭게도 아리스토텔레스는 정말로 중요한 것들에 대해서는 잘 설명해주지 않는다.) 그리고 좀 더 뒷부분에서 이에 대한 간략한 설명을 덧붙인다:

비극은 연민과 공포를 환기시키는 사건에 의하여 바로 이러한 감정의 카타르시스를 행한다.[109] [...] 연민의 감정은 부당하게 불행을 당하는 것을 볼 때 환기되며, 공포의 감정은 우리 자신과 유사한 자가 불행을 당하는 것을 볼 때 환기된다.[110]

시 가운데 가장 시적인 것, 비극이 자신의 행위를 '인간의 가능성=불가능성'으로 규정한 이래로 카타르시스는 하나의 행위다: "비극은 [...] 카타르시스를 행한다."[111] 카타르시스는 과오를 범하는 자에 대한 시의 행위다. 왜냐하면 카타르시스를 일으키는 '공포와 연민의 결합'은 오직 '과오를 범하는 자'로부터 가능한 것이기 때문이다. '우리'는 스스로를 결코 완벽히 탁월하거나 완벽히 악덕하다고 말하지 않는다. 우리는 이 사이에 끼어 있으면서 다수들 사이에서 걸어 다니는 존재일 뿐이다. 우리의 유사성은 중간적 존재를 향해 있다. 과오 때문에 불행을 당한 자만이 유일하게 부당하게 불행을 당했다고 할 만하다. 그에 대해서는 죄가 있다고 말하기 어렵지만 죄가 없다고 말하기도 어렵기 때문이다.

그런데 시는 어떻게 공포와 연민을 카타르시스로 이행시킬 수 있는가? 공포와 연민은 어떻게 서로 합치될 수 있는가? 그 합치된 형상은 어떻게 카타르시스가 되는가? 비극적 공포란 실로 가장 근저에서 보면 우리가 끊임없이 인간이 되어야 한다는, 인간이어야만 한다는 깨달음에서 온다. 인간되기란 몹시 부당한 불행인데, 비극

3. 카타르시스: 인간되기에의 찬동

적 연민이 가르쳐주는 것은 모든 것이 부당한 불행이라는 깨달음인 것이다. 과오의 중간성은 실상 보편적인 것이다. 정당한 불행이란 없다. 도대체 누가 어떤 불행을 적당하다고 할 수 있겠느냐? 또한 '모방본능'이 어둠 속에서 인간을 붙잡고 있는데 도대체 누가 누구를 자신과 유사하지 않다고 하겠느냐? 비극이란 우리 모두가 완벽히 자신의 것이라고 하기 어려운 행위들을 과오의 형식 속에서 자신이 떠맡을 수밖에 없는, 그 불행을 토대로 한다. 그리고 그 불행을 승인하는 데서 '카타르시스'가 성립한다. 카타르시스는 일종의 찬동을 구사한다고 할 수 있는 것이다. 공포와 연민이 서로 조화를 이룬다. 카타르시스는 인간되기에 대한 찬동으로, 인간이라는 운명을 승인하는 것이다. 그 운명을 승인함으로써만 우리는 이토록 부당한 불행과 그 불행에 내맡겨진 우리 자신을 견딜 수 있을 테다.

찬동하는 카타르시스는 과오를 저지른 자를 재호명한다. 하마티아는 이제 자신의 행위라고 할 수도 없고 행위가 아니라고 할 수도 없는 '그것'이 자신의 행위라고 주장한다는 점에서 자만(hubris)이라는 진짜 죄를 저지른다. 인간은 자신이 온전히 원인이 아닌 일에 대하여 자신이 온전한 원인이라고 자청(自請)한다. 과오는 이렇게 행위를 통해 자만이 되지만, 그가 인격으로서 행위자이기를 자처(自處)하자마자 곧 어색한 상황이 발생한다. 아무리 그가 자처해도 행위는 결코 온전히 그에게로 수렴하지 않기 때문이다. 행위자에게로 완전히 수렴되는, 혹은 더 진정한 의미에서 행위자가 완전히 책임질 수 있는 행위란 없다. 그런 것은 불가능하다. 따라서 자만하는 자는 진정한 부당을 저지르게 된다. 불행의 대가는 자만하는 자가 행위의 효과(결과)를 떠맡아야 한다는 것이다. 과오는 자신의 두 번째 국면에서 이제는 정말로 도저히 책임질 수 없게 된 것에 대해 끝끝내 책임을 져야만 하는 자가 되어버린다.

카타르시스는 과오와 자만 사이에서 균형점을 창출하는 것이다. 카타르시스는 공포와 연민을 거쳐 과오와 자만의 고통을 정화해준다. 책임질 수 있는 적정성의 문제를 규정하기, 그것이 과오를 저지르는 자가 인간이 되면서도 미치지 않게 해주는 '정화'인 것이다. 카타르시스를 통한 인간학적 전환에서 시는 '미치지 않게 하는 무엇'이다. 인간 본성에서 태어나 인간이 자신의 것이 아닌 행위를 떠맡으면서도 미치지 않게 해주는 것이 바로 시다.

행위가 아닌 것에서 행위가 나오는 그 시점에 행위를 감당하게 하는 자로서 행위자-인간을 세울 수 있게 될 때 행위가 곧 형성임을 우리는 알 수 있게 된다. 무규정적인 모든 것들은 이제 그것을 인간 본성의 문화적 누적 안으로 흡수할 수 있는 인간을 통해 인간의 내부로 들어가 행위로 매듭지어진다. 우리는 이제 시로부터 플롯을 보며, 그 플롯으로부터 인물(=인간)의 행위가 나오는 것을 본다.

아리스토텔레스의 정치체는 모든 것이 가능하며 모든 행동을 새로이 개혁할 수 있는 세계지만, 동시에 이미 모든 것이 서로의 관계 속에 얽혀져 있는 세계이기도 하다. 모든 것이 잠재적으로 가능

3. 카타르시스: 인간되기에의 찬동

하면서도 모든 것이 결정되어 있는 그러한 세계에서 정치적인 것이란, 행위를 감당하는 카타르시스를 통해 적절한 것들을 매번 결정하는 배치들이다. 이 배치들이야말로 진정한 의미에서 속죄하는 플롯인 바, 아름다움을 사랑하기 위하여 무한히 날아오를 수 있는 플라톤의 정신과는 달리, 함께 할 수밖에 없는 세계 속에서 인간의 운명이 지닌 한계와 가능성을 동시에 보여준다.

『시학』은 시 자체의 최종적 플롯이다. 시는 인간으로 하여금 인간이 되게 해주었다. 시의 인간되기 플롯은 먼저 크기와 적정성의 문제 해명을 발단으로 한다. 아름다움의 크기는 정해져 있다. 아름다움은 인간에게 적정한 크기로서 제시되어야 한다. 그것이 아름다움의 진정한 토대다. 그리고나서 시는 인간되기의 가정된 내면 속에서 잠재태로서 기원한다. 시는 가능성에서 솟아나와 불가능한 응답을 해냄으로써 행위의 주체로서 인간을 만든다. 행위를 책임지는 것(responsibility)이 바로 그 불가능한 응답(response)인 것이다. 과오와 자만, 연민과 공포 가운데 카타르시스가 솟아나온다. 카타르시스는 인간되기의 인간됨에 지워진 하나의 역치(閾値)일 것이다. 카타르시스를 행하는 순간은 곧 인간이 미치지 않고 인간됨 속에 정착되는 그 정화를 의미하는 문턱인 셈이다.

아리스토텔레스의 비평이란 시를 플롯으로 기꺼이 맞이한 후 나타나는 카타르시스 이후의 언어다. 비평은 다수가 살아가는 복수의 세계 속에서의 인간적인 행위나 적절한 구성의 문제를 다루는 활동이 된다. 비평은 이제 인간본성의 내적 문제로서 아름다움의 크기와 질서에 관계하거나 행위자로서 인간이 맡게 된 행위의 적정성을 배열하고 분할하는 작업을 하게 된다. 전자로서의 비평은 시의 근본단위들을 확정하고 플롯을 비평론적으로 확장시켜 적용하는 일을 맡는다. 후자로서의 비평은 시가 인간되기의 적정성 차원에서 어디만큼 위치하고 있는가에 대해 답을 내리는 일을 맡는다. 비평은 실로 시로부터 인간성을 확인하거나 어떤 행위가 가장 인간다운가를 확인하는 것이 된 것이다.

III. 아이스킬로스의 고통

III. 아이스킬로스의 고통

1. '인간의 운명'이 아니라 '역사적 도달점'일 뿐

아이스킬로스에게는 형성의 토대가 아리스토텔레스에게서처럼 인간학적으로 획정된 채 등장하는 것이 전혀 자연스럽지가 않다. 아이스킬로스가 볼 때 그것은 '인간의 운명'이라기보다는 '역사적 도달점'이다. 아이스킬로스의 오레스테스(Orestes) 3부작은 형성의 토대가 역사적으로 파멸하는 지점을 폭로한다. 아이스킬로스는 제우스의 순간적인 섬광과 아폴론의 단위들의 안전한 세계, 그리고 디오니소스의 불의하지 않으며 안전하게 배정된 광기의 제의가 서로의 자리를 침범하지 않으며 체계를 이루는 시대가 출현하는 바로 그 지점을 기록한다. 그는 이 모든 것이 역사적 도달점에 불과하다는 것을 기록함으로써 역사 이전의 무언가를 일별하는 것이다.

오레스테스 3부작은 전쟁에서 딸 이피게니아를 희생 제물로

1. '인간의 운명'이 아니라 '역사적 도달점'일 뿐

바치고 승리한 아가멤논을 살해하는 클뤼타이메스트라의 『아가멤논』, 어머니 클뤼타이메스트라를 살해함으로써 복수하는 아들 오레스테스의 『제주를 바치는 여인들』, 그리고 복수하는 여신들과 오레스테스의 재판을 다룬 『자비로운 여신들』로 이루어져 있다. 클뤼타이메스트라의 살해는 다수의 세계(politeia)와 행위자의 책임 사이의 간극을 표시한다. 우리의 논의의 계선에 따르면 '사회적 동물로서의 인간'이라는 아리스토텔레스의 절대적 명제가 파열되는 셈이다. 이후 오레스테스의 살인은 인간이 행위자이고자 한다면 무엇을 비용으로 지불해야 하는가, 즉 그는 어떤 간극을 뛰어넘는 것인가, 그는 스스로를 어떻게 인간으로서 형성하는가 하는 문제를 다룬다. 오레스테스 3부작의 마지막 장면인 신들린 여신들의 소송을 통해 우리는 결코 행위가 단순히 형성의 광기를 번역하고 넘어갈 수는 없었다는 것을 알게 된다. 이 장면에서 형성은, 어떻게 형성되는지가 더 이상 물어지지도 않고 해소될 필요도 없이 인간학적으로 소멸되어 버린다.

하지만 아이스킬로스는 역사적 폭로에 그치지 않는다. 행위가 어떻게 형성을 대체했는가 하는 과정을 탐지한 이후 아이스킬로스는 『결박된 프로메테우스』를 통해 역사 너머를 탐색할 수 있게 된다. 그 자신이 시 대신 신들리기를 선택한 최초의 비극시인으로서 아이스킬로스는 비평이란 '인간학적 차원에 위치하기'를 넘어서 있는 무엇이라는 것을 주장하기에 이르게 된다. 물론 연대상 아이스

III. 아이스킬로스의 고통

킬로스(BC 525-456)는 플라톤(BC 427-347)이나 아리스토텔레스(BC 384-322) 보다 약 한 세기 이른 시기의 사람으로 그가 아리스토텔레스와 다른 선택을 함으로써 플라톤이 절합한 중간영역의 다른 지점을 보여준 것이라는 식으로 이야기할 수는 없다. 다만 플라톤은 특유한 인물로서, 그는 자신의 저작 안에 '자신인 것'과 소크라테스와 소피스트들을 비롯한 '자신이 아닌 것들'을 극(劇)철학적 형식으로 결합해 놓았을 뿐만 아니라 자신이 지양한 것들, 자신이 추방한 것들, 자신이 투쟁지점으로 본 것들을 저작 속에 포함해 놓았다. 플라톤은 서사시에 신들린 자로서 비극을 창시했던 아이스킬로스가 희미하게 사라져가는 지점과 복수성(polyness)의 세계가 모든 곳에서 단위들의 결합인 자신의 모습을 피워내기 시작하는 아리스토텔레스의 역사적 도달점이 희미하게 등장하는 지점 모두를 투쟁적으로 절합해 놓았다.

나는 플라톤이 완결시킨 패러다임 작업 이후 아리스토텔레스의 인간학이 비평에 관한 전제를 완결시켰던 논선이 그어진다고 보았고, 그 다음으로 아이스킬로스를 배치함으로써 무엇보다 우리가 여전히 '다른 비평'을 상상하는 것이 가능하다는 것을 이야기하고 싶었다. 그리고 또한 플라톤이 등재한 투쟁지점으로부터만 나는 의미의 비평이 이미 확고하게 자리를 차지하게 되는 과정 전체를 인지할 수 있게 되었다는 점을 강조하고 싶다. 플라톤이 스스로 투쟁지점을 드러내지 않았다면 나는 아이스킬로스의 기록과 신들림으

1. '인간의 운명'이 아니라 '역사적 도달점'일 뿐

로부터 형성된 광기의 비평을 보여주는 증언을 '알아챌 수' 없었을 것이다. 또한 다시 아이스킬로스가 다른 길을 보여주지 않았다면 아리스토텔레스가 '인간의 운명'이라고 여겼던 것을 '역사적 도달점의 그림자'가 아니라 '역사적 필연성'으로 독해할 수밖에 없었을 것이다. 나는 아리스토텔레스와 아이스킬로스 각각이 선택을 하고, 플라톤이 보여준 것보다 더 확고하게 각자의 선택을 밀고 나갔다는 테제 아래 그들의 텍스트들을 분석했다.

우리가 이미 살펴본 것처럼 아리스토텔레스는 『시학』을 통해 비평과 미학을 통합했다. 감각과 아름다움은 병렬적으로 동일한 원리 아래 놓여지며 비평은 이제 가능하지 않은 '이것들'의 세계를 사랑해야 한다고 설득하는 대신, 가능적인 것의 필연성인 잠재태가 뻗어나가는 양태들의 모습을 시학의 구성요소들로 구조화하는 역할을 맡게 된다. 잠재태를 지탱하는 것은 '인간의 본성'이다. 아리스토텔레스는 시와 인간이 상호순환적으로 서로를 구성하게 함으로써 형성의 수수께끼에서 빠져나온다. 아리스토텔레스에게 시는 인간이 형성해내는 '요소들의 구성물(plot)'이자 인간을 형성해내는 '정화(catharsis)'로 나타난다. 인간은 시가 가능하게 만든 단위들의 세계에서 조건과 한계를 붙안고 행위하는 가능성의 필연성의 한 예시(개별 작품)이다.

아리스토텔레스의 시학은 인간에게서 종료되는데 그는 인간을 통해 형성되면서 형성하는 존재의 항을 결집해낸다. 세계의 조건과 한계들을 통해 구성된 존재인 인간의 행위는 '형성된' 것이다. 그러나 그 모든 가능성의 필연성에도 불구하고 행위할 수 있는 한, 즉 잠재적 존재의 핵인 힘을 지닌 한, 인간은 형성된 존재이며 형성하는 존재다. 따라서 비평은 더 이상 아름다움을 사랑하도록 설득할 이유가 없다. 비평은 이제 정치체와 마찬가지로 다수성 세계(politeia)인 시를 통해서 인간이란 무엇인가에 답하는 의미화 작업이 된다. 나는 이 전체과정을 『시학』에 대한 분석을 통해서 그려냈으며, 이제 아이스킬로스를 통해 다시 그려낼 것이다. 아이스킬로스는 이 전체 과정이 아리스토텔레스에게 나타난 것처럼 매끄럽지 않다는 점을 보여준다.

2. 클뤼타이메스트라의 복수: 행위의 책임

아가멤논은 모든 것이 틈새 없이 짜여진 세계(단위들의 혼합된 삶)에서 원인과 결과를 구분하고, 따라서 공격당하면 반응하며(전쟁), 바다를 건너기 위해서는 대가가 필요하다는 것(이피게니아의 희생)을 알고 있는 자다. 그는 '전쟁=희생'이라는 세계의 상징이다. 그래서 사람들은 그를 저주하면서도 저주할 수가 없다: 코러스들은 반복적으로 노래한다. "슬퍼하고 슬퍼하라, 하나 결국에는 선이 이기기를!"[112]

1. '인간의 운명'이 아니라 '역사적 도달점'일 뿐

코러스들은 "새끼 밴 어미 토끼를 먹어치우는 독수리"의 상징을 반복적으로 소환하고 반복적으로 재해석한다. 이는 최종적으로 "도시의 파괴자가 되고 싶지도 않으나 포로가 되어 종살이하는 것도"113 원치 않는 코러스들의 장소에서, 그러나 어쨌든 일어난 전쟁을 사령(辭令)해야 하는 독수리의 필연적인 출현과 그 이유야 어찌 되었든 토끼를 "제물로 찢어 죽인 것에 원한을 품고" 있는 여신들의 필연적인 출현을 의미한다. "여신은 독수리들의 잔치를 혐오"한다. 그러나 독수리는 선(善)이 될 수 있고 또 되어야만 한다. 코러스들은 이처럼 "원정의 길흉이 동시에 보여주는 전조들이 이루어지기를" 빌면서도 그것이 선(善)으로 밝혀지기를 바란다. 그들은 두 번 슬퍼하지만, "결국에는 선이 이기기를!" 바라는 것이다.

독수리는 또 다른 원한을 잠재우기 위해서 자기의 새끼를 희생해야 했다. 아가멤논은 이피게니아를 바쳐야 했다. 아가멤논은 말한다.

처녀의 피를 제물로 바치기를 그토록 열망하는 것도 바람을 잠재우기 위함이니 부당하다고는 할 수 없을 것이오. 나는 만사가 잘 되기를 바라는 마음이오.114

희생은 아가멤논이 포함된, 모든 것이 사회적인 것인 세계의 질서일 뿐이지 부당한 것이 아니었다. 희생은 부당하지만 치러야 하는 잉여분이 아니었다. 무엇도 부당하지 않았다.

　　희생의 효과는 여신이 원한을 가졌고 그래서 사령관의 부대가 굶주림과 고통을 겪고 있으며 제물을 바침으로써 바람이 잠재워지게 되리라는 것이지만, 이처럼 희생의 실제를 믿는 것은 문제가 아니다. 진짜 문제는 '사회적인 것'에게 수행적으로, 혹은 미리 지불된 비용들의 무게가 사회성을 절대적인 것으로 만드는 숨겨진 전환의 힘이다. 따라서 이미 완료된 사회가 유지보존을 위하여 제물이나 피를 필요로 하는 것이 아니다. 제물이나 피, 바로 그것이 사회를 만든다. 이후에 벌어지는 일은 원초적 폭력을 반복하는 것이 아니라 사회가 끊임없이 흩어지고 있기 때문에 매번 필요한 사회 재생산이다. 사회는 보존되는 것이 아니라, 재생산되는 것이다.

　　모든 것이 모든 것과 교환되는 세계였기에 아가멤논은 피와 흙을 밟은 신발을 벗을 수는 있었지만 목욕할 수는 없었다. 클뤼타이메스트라가 목욕하는 아가멤논을 욕조(浴槽)에서 살해해야만 했던 이유가 여기에 있다. 그것은 공연한 잔혹함이나 전략적 선택 따위가 아니었다. 아가멤논이 '몸을 담은 그릇'은 본래 짐승의 먹이 혹은 짐승이라는 제물을 담는 통이었던 바 이로써 클뤼타이메스트라는 아가멤논이 이피게니아를 희생시켰던 배(로서의 그릇)를 비(非)제의적으로 재현할 뿐만 아니라 그가 '씻겨지는 것', 즉 정화되는 것 또한 저지한다.

　　동일한 무대가 반복되지만 거기서 벌어지는 것은 결단을 내리

2. 클뤼타이메스트라의 복수: 행위의 책임

는 가부장으로서의 일회적 희생의식이 아니라 그 어떤 권위로도 중단시킬 수 없는 원한의 복수였다. 이것은 이미 아가멤논의 행위에는 '정화'가 필요하다는 것을 알고 있었던 여인 클뤼타이메스트라의 편에서 주관된다. 물론 정화란 아가멤논을 살해하는 클뤼타이메스트라의 행위를 통해서만 이 장면에서 존재하기 시작하는 것이다. 클뤼타이메스트라는 아가멤논을 살해함으로써 정화를 존재하게 하는 동시에 자신이 존재하게 한 그 정화를 아가멤논에게서 박탈한다. 아가멤논에게는 고작 "여인들의 관습"이었으며 "집안의 제물을 함부로 쓰는 것"이었고 "동양의 전제군주적 행위"였던 융단 천을 밟는 일이, 이미 클뤼타이메스트라에게는 정화의 필요성에 대한 상징이자 정화 불가능성에 대한 전조였던 것이다.

아가멤논은 무고한 자를 살해했다. 사령관으로서 살해의 죄를 인가한 데 불과한 것이 아니라 실은 사회의 일부로서, '구성원'들과 함께 이피게니아를 살해한 것이다. 이 점을 밝힌 것이 클뤼타이메스트라인데, 그녀는 살해자에게 살해 행위를 귀속시킴으로써 그렇게 한다. 클뤼타이메스트라의 사회는 미리 지불된 대가들에 의해 생산되는 구성원들의 사회가 아니라 원한을 품고 정의를 요구하는 '사적(私的) 존재들의 사회'다. 그리고 이들이 하는 일이란 바로 행위자에게 행위를 귀속시키는 것이다. 따라서 이들은 아가멤논적 사회로서는 정화가 불가능하다는 것을 안다. (구성원들에게 희생은 정화가 아니라 사회적인 것의 지불이기 때문이다.) 아가멤논은 사회적인 것의 틈

새 없는 배열들 사이에서 '인간적인 것'은 신경쓰지 않는다. 희생은 가장 추상적인 차원에서 단지 다수들의 세계가 반드시 배치해야만 하는 구조의 운명을 나타낼 뿐, 아가멤논은 행위자가 아니다. 그래서 그는 죄의식도 모르고 원한도 모른다. 클뤼타이메스트라의 비탄은 아가멤논이 책임을 져야 한다는 것을 의미한다. 정화 자체가 불가능한 세계를 정화시키기 위해서는 세계 자체를 바꿀 수밖에 없다. 클뤼타이메스트라는 이제 '행위를 행위한 자'에게 지불하게끔 하는 대가를 통해 '정화가 가능해지는 사회'를 창조한다(사적 존재들의 사회에서 정화는 곧 정의와 동일한 것이다). 여기서 아가멤논은 정화가 필요했다는 사실을 우회적으로 고백하며 정화되지 못한 채로 죽는 것이다.

> 클뤼타이메스트라: 해치우려는 적이 친구인 척하는데, 그렇게 하지 않고서야 어찌 그 적이 훌쩍 뛰어넘어 달아나지 못하도록 재앙의 그물로 울타리를 높이 칠 수 있겠소? 해묵은 불화를 끝내 줄 이 결전을 나는 오래전부터 계획하고 있었고 이제 드디어 성취했을 따름이오. 그가 자신의 운명을 피하거나 막지 못하도록 나는 이렇게 해치웠고 부인하고 싶지 않소. 나는 '끝없는 그물'을 고기잡이 그물처럼 그의 '주위에 던졌소.'[115]

다시 정리하자면, 이피게니아를 살해할 필요가 있었던, 아가멤논의

2. 클뤼타이메스트라의 복수: 행위의 책임

모든 사회적 의상(衣裳)이 벗겨진 후에야(이것은 아가멤논이 스스로 해야 했다) 클뤼타이메스트라는 구조의 불가피성의 벌거벗겨진 부당함이 살해되도록 할 수 있었다. 클뤼타이메스트라는 희생의 필요성이 허위임을 고발한 것이지만 실제로 그것은 사회성의 필연성을 생산하는 지반이었기 때문에 그러한 필연성으로서의 사회성 또한 고발하는 효과를 낳는다. 하지만 이 모든 것은 오직 '행위자들의 사회'라는 '끝없는 그물을 주위에 던짐으로써만' 가능했다. 클뤼타이메스트라의 복수 역시도 하나의 사회를 창조함으로써만 가능했던 것이다. 재판이란 이렇게 해서 출발했다. 모든 죄와 벌은 행위자에게 행위를 귀속시키고 난 후에야 탄생했다. 그리고 그 행위에 대한 지극히 사적인 관념, 원한과 정의를 통해서야 드러났다.

그런데 클뤼타이메스트라의 정화, 즉 책임을 묻기 위해 '행위자들의 사회'를 만드는 것은, 행위자란 것이 사실은 '사회성의 한 단위'가 될 수 없다는 것을 드러내는 데까지 이른다. 그녀로 인해 행위자들의 사회, 즉 아리스토텔레스의 말처럼 사회적 동물인 인간들의 세계가 열리지만 이 세계는 아가멤논적인 사회가 달성했던 '단위들의 모임(구성원들의 사회)'에서와 같은 조화를 달성할 수는 없다. 그녀는 정의를 주장하지만 적정성을 달성할 수 없기 때문에 '과도히' 살해한다. 클뤼타이메스트라의 사회는 아가멤논만을 '적절히' 죽이지 못한다. 그 사회는 과도하게도 카산드라를 살해하게 된다. 카산드라: 끌려 온 이방 여인, 또 다른 무고한 자, 어쩌면 이피게니아의 반

III. 아이스킬로스의 고통

복인 바로 그 여자를.

지금 그대는 내게 도시로부터의 추방과 시민들의 증오와 백성들의 원성과 저주라는 판결을 내리는구려. 하지만 그대는 여기 이 사람이 트라케의 바람을 잠재우기 위해 내 산고의 소중한 결실인 그 자신의 딸을 제물로 바쳤을 때는 잠자코 있었소. 탐스런 털을 가진 수많은 양 떼 중 한 마리가 죽는 양 그는 제 자식의 죽음을 대수롭지 않게 여겼소. 부정한 짓을 한 대가로 이 나라에서 추방했어야 할 사람은 바로 이 사람이 아니겠소? 한데 그대는 내 행동을 심리할 땐 엄한 판관이 되었구려. 그대에게 이르노니, 나도 그대 못지않게 대비한다는 사실이나 알고 협박을 해요. 그대가 힘으로 나를 이긴다면 그대가 나를 지배하게 되겠지만, 신께서 그와 반대된다는 결정을 내리신다면 그대도 늦게나마 겸손이 무엇인지 배우게 될 것이오. [...] 내 자식의 원수를 갚아주신 정의의 여신과 아테와 복수의 여신들에게 나는 이 사람을 제물로 바쳤거늘 [...] 여기 제 아내를 모욕하고 일리온 앞에서 크뤼세이스들을 농락하던 사람이 누워 있소. 그리고 창으로 얻은 그의 포로며 점쟁이며 그의 충실한 첩이었던 여인도 누워 있소. 이 여인은 그의 잠자리 친구였으며 함선 위에서는 나란히 앉아 있었소. 이들은 응분의 보답을 받은 셈이오. 그는 내가 말한 그대로 죽었고, 그의 애인이었던 그녀는 백조처럼 자신의 마지막 만가를 부르고 나서 여기 누웠소. 그리하여 그녀는 나의 성대한 잔치에 맛을 더하는 양념이 된 셈이오.[116]

2. 클뤼타이메스트라의 복수: 행위의 책임

아이스킬로스에게 사회는 인간 본성으로 귀결되는 운명을 지니지 않기 때문에 아리스토텔레스에게서와는 달리 이 세계에 가해진 정화가 '인간적인 것의 적정성'으로 귀결되지는 않는다는 사실 또한 폭로할 수 있다. 정의를 주장하는 인간, 즉 행위책임을 주장하는 인간이 사회와의 찬동을 위해 필요한 적정성이 불가능한 것으로 드러난 이상 우리는 정화 또한 가능하지 않다는 것을 알게 된다. 따라서 클뤼타이메스트라는 진정한 사회를 보여주려는 시도에도 불구하고 '정화된 사회'라고 하는 것은 가능하지 않다는 것 또한 드러내게 된다. 그녀는 사회를 형성하면서 동시에 해체한다.

바로 이 지점에서 아이스킬로스는 사회적인 것과 정치적인 것을 구분한다. 정치적인 것은 사회적인 것 너머에 있는 것이며 이때 정치체란 분할과 배열, 즉 단위들의 혼합된 삶으로서의 사회적인 것과는 다른 무엇을 의미하게 된다. 구조적인 것과 관련하여 인간이 도달할 수 있는 지점, 즉 행위 지위와 적정성이란 것은 과도하지 않도록 신중하고 조심한다고 해서 성취할 수 있는 상태가 아니다. 왜 그런가? 구조에는 항상 구조화되지 않는 무엇이 있기 때문인데, 여기에서 아이스킬로스는 그것을 '떠돌고 있는 고통'으로서 표현한다. 클뤼타이메스트라가 이피게니아의 피 묻은 흰 옷을 단지 닦아낼 수 없었던 것처럼 우리는 카산드라의 비탄 같은 것을 정화의 부수물로 구조화할 수 없다. 아이스킬로스는 정치적인 것이란 사회적인 것이 구조적인 것으로 중화해낼 수 없는 어떤 것이라고 생각했

III. 아이스킬로스의 고통

던 것이다. 고통은 소리치며 몸부림친다. 이는 일종의 신들림으로서의 정치적인 것이다. 아이스킬로스의 '미친 정치'는 사회적인 것을 해체한다.

실로 고통을 진정으로 안다면 사회는 결코 성립될 수 없다. 모두가 떠돌기 때문이다. 미디어 비판자들이 손쉽게 다루는 것과는 달리, 사회는 고통에 대해 적당히 무지하지 않고서는 존재할 수 없다. 고통을 '진짜' 알게 된다면 책임질 수 있는 자로서의 인간은 성립할 수 없다. 왜냐하면 고통에 대한 유일하게 정당한 앎이란 아이스킬로스의 코러스들처럼 고통의 넋에 붙들리는 것뿐이기 때문이다. 그런데 고통의 넋에 붙들리게 되면 그는 사회적 단위로서의 모든 기능을 상실하게 된다. 그래서 고통에 정당하게 응답하는 것이 정치적인 것이라면, 정치적인 것은 결코 사회적인 것과 조화될 수 없다. 이 때문에 클뤼타이메스트라는 아가멤논의 살해는 자신의 행위가 아니라는 주장을 하게 된다.

> 그대는 이것이 내 소행이라고 믿고 있구려. 하지만 나를 아가멤논의 아내라고 생각하지 말아요. 무자비한 잔치를 베푼 아트레우스의 악행을 복수하는 해묵은 악령이 여기 죽어 있는 자의 아내의 모습을 하고 나타나 어린 것들에 대한 보상으로, 마지막을 장식하는 제물로서, 이 성숙한 어른을 죽인 것이라오.[117]

클뤼타이메스라는 행위책임을 묻기 위해 시작했으면서도 결국 그

'행위의 행위'의 마지막 자리에서 '행위책임을 물을 수 없는 신들린 자'에 대해 말하게 된다.

3. 오레스테스의 복수: 행위의 의미

오레스테스가 살해하는 것은 바로 이러한 이중적 사태를 드러내고 있는 클뤼타이메스트라다. 오레스테스는 어머니의 이중적 사태를 살해하면서 아버지의 사회를 다시 접합(接合)한다. 오레스테스의 복수는 '(클뤼타이메스트라라는) 사회적 인간의 내적 파열'을 봉쇄하고 '(아가멤논이라는) 사회적 단위'를 계승하는 참된 방법이 된다. 오레스테스는 록시아스(Lochsias; 아폴론의 다른 이름)의 명령에 의해 복수하는 것이다. 즉 그는 신탁을 받아 '정당하게' 어머니를 살해한다. 그래서 오레스테스에게는 하마티아(과오)에 반드시 따라오는 괴로움이 없다. 이 때문에 '고통에 귀신들리게 하는' 복수의 여신들은 그를 붙잡을 수 없었던 것이다. 또한 오레스테스는 행위를 하고도 행위자로서 책임을 지지 않는데, 이 때문에 재판에서 "가부동수라도 오레스테스가 이긴 것"이 된다.[118]

책임을 지는 것이 행위와 행위자 사이의 간극을 연결하는 인간적인 절합선이라면 오레스테스란 더 이상 그 간극을 연결할 필요가 없는 지점을 보여 준다. 책임지기는 행위와 분업한다. 책임지기가

III. 아이스킬로스의 고통

'법정 현상'으로 미뤄져 판결(判決)되는 문제가 되었을 때, 과오의 문제 또한 전락한다. 과오는 행위로 연결되지 않고 오히려 행위와 분리되려 한다. 과오는 행위와는 별개의 것이다. 행위가 명령받은 것일 때 명령에 따라 행위하는 자는 과오를 저지르지 않는다.

'명령받은 행위'란 무엇인지를 잘 살펴보면 오레스테스에게 그것은 아폴론이 시키는 대로 했다는 것이 아니다. 정확히 말하면 아폴론은 미리 있었던 행위의 동기를 형성하거나 추인한 것이다. 살해한 자 오레스테스는 살해하자마자 복수의 여신들을 만나 도망치기 전, 마지막으로 이렇게 말한다.

> 오레스테스: 잘 알아두시오. 이 일이 어떻게 끝날지 나도 모르겠소. 내 비록 고삐를 잡고 있기는 하나 말들은 이미 주로 밖으로 멀리 벗어난 느낌이오. 내 마음은 걷잡을 수 없이 소용돌이치고, 내 가슴 속에는 벌써 공포가 노래 부르며 격렬하게 춤을 추려 하니 말이오. 아직 정신이 있을 때 친구들에게 말해두고 싶소. 내가 어머니를 죽인 것은 정당한 행동이었소. 어머니는 아버지를 살해하고 신들의 미움을 샀던 것이오. 그리고 누구보다 퓌토의 예언자 록시아스께서 내게 이런 행동을 하도록 촉구하셨소.[119]

오레스테스는 자신이 신들리게 될지도 모른다는 것을 알고 있다. 어머니를 살해한 괴로움에, 어머니의 고통에 붙잡힐 수도 있다. 마

3. 오레스테스의 복수: 행위의 의미

음이 벗어나 버린 느낌이며, 마음은 소용돌이치며 마음 자신이 춤을 추려 한다. 하지만 신들림의 문턱에서 '명령'이 나타난다. 우리는 아폴론의 명령을, 일종의 행위=행위자가 그 자체자동성으로부터 새로이 창출하는 거리두기의 어떤 지점으로 이해해야 한다. 재판이 확증하는 것은 바로 이 지점이다.

여기서 아주 중요한 것이 나타나는데, 그것이 '행위의 의미'다. 특히 의도로서 방향잡혀진 의미다. 재판은 그것이 사적 판결이 아닌 한 언제나 정의와는 아무런 관계가 없으며 다만 행위의 의미를 창출하는 작업이다. 행위의 의미가 '자신을 낳아준 어머니를 살해한 것'일 때 오레스테스는 유죄다. 그러나 행위의 의미가 '살해당한 아버지의 복수'일 때 오레스테스는 죄가 없다. 여기서는 행위를 '누가' 한 것인가가 문제가 아니라 이 행위가 '어떤 의미'인지가 문제다. 여기서 암묵적으로 가정된 것은 행위와 행위자 사이에는 아무런 거리도 없다는 것이다. 문제는 누가 행위를 한 것인지가 아니라 이미 행위를 한 그가 그럴 자격이 있었는지가 문제인 것이다. 제우스의 사회에서 오레스테스의 행위는 '아들의 복수'라는 의미로 결판난다.

일단 '의미'가 문제가 되면, 사회적인 것은 정치적인 것-고통에 응답함-을 포섭할 수 있다. 고통의 의미를 식별하는 것이 '정치사회'라는 새로운 합성물을 가능하게 한다. 오레스테스와 엘렉트라(Electra)는 아가멤논의 '고통의 의미'를 오랫동안 설명한다. 그들은 아

III. 아이스킬로스의 고통

가멤논을 끊임없이 소환한다. 그들은 반복창(唱)으로 주문을 왼다.

> 오레스테스: 아버지를 부르나이다. 일어서시어 우리와 함께 적을 무찔러주소서! [...] 오오, 대지여! 내 싸움을 지켜보시도록 아버지를 보내주소서!
>
> 엘렉트라: 오오, 아버지, 아버지께서 살해되셨던 욕조를 생각하소서!
>
> 오레스테스: 아버지께 씌어진 그물을 생각하소서!
>
> 엘렉트라: 그런 수모를 당하고도 깨어나지 않으실 거예요, 아버지?[120]

아가멤논은 혼백으로 나타나지 않는다. 고통의 의미를 세우려는 오레스테스와 엘렉트라에게 아가멤논의 고통은 '의미'로 나타나지, 고통'에 대한 신들림'으로 나타나지 않는 것이다. 오레스테스는 신들림의 허사(虛辭)에 대해 의미의 실사(實辭)가 된다. 그래서 오레스테스는 자신의 죽음을 전하고 자신의 유골을 전하는 "나그네 행세와 동맹자 행세"[121]를 통해 아이기스토스와 클뤼타이메스트라를 죽인다. 실로 상징적인 의미에서 의미의 대표자가 된 것이다. 하인은 이렇게 외친다. "죽은 사람이 산 사람을 죽이고 있단 말이에요!"[122]

이는 "클뤼타이메스트라의 혼백"이 코러스들을 귀신들리게 하는 것과는 대조적이다. 클뤼타이메스트라는 대표되지 않는다. 그녀

3. 오레스테스의 복수: 행위의 의미

는 그녀 자신의 고통으로 몸부림친다. 그녀 자신의 고통이 누군가를 신들리게 한다. 고통 자신(自身)의 살아 있지도 죽어 있지도 않은 상태가 고통을 전염시킨다. 고통의 '의미'는 아무 상관이 없다. 고통이 있기만 하다면, 있기만 하다면, 오오, 있기만 하다면, 그 고통에 코로스들은 붙들린다. 그들은 신음한다. 이 신음소리는 반복창으로 불려지지 않는다. 오레스테스와 엘렉트라의 반복창이 하모니아적인 것이었다면 코로스들의 신음소리는 파열된 리듬으로 기어-나온다.

클뤼타이메스트라의 혼백: 그대들은 자고 있나요?
자면 어떡해요?
(...) 나는 떠돌아다니고 있어요 (...)
내 말 들으세요. 나는 내 혼백을 위해 말하고 있어요.
제발 정신 좀 차리세요, 그대들 지하의 여신들이시여!
나 클뤼타이메스트라가 지금 꿈속에서
그대들을 부르고 있어요.
(코로스의 신음소리)
그대들은 신음하고 있나요? 하지만
녀석은 벌써 달아났어요.
더 이상 내 아들이 아닌 녀석을 돕는 이들이 있기 때문이죠.
(코로스의 신음소리)
그대는 내 고통을 불쌍히 여기지 않고 쿨쿨 잠만 자는구려.

Ⅲ. 아이스킬로스의 고통

> 이 어미를 죽인 살인범 오레스테스는 떠나고 없단 말예요.
> *(코로스의 신음소리)*
> 그대는 비명을 지르며 여전히 자는구려.
> 어서 일어나지 못해요?
> 재앙을 가져다주는 것 말고 대체 무엇이 그대의 소임이죠?
> *(코로스의 신음소리)*
> 둘이서 힘을 모으면 강력한 힘을 갖게 되는 잠과 노고가
> 무시무시한 암용의 기운을 완전히 마비시킨 게로구나.
> 코로스:*(잇달아 크게 신음한 다음)* 잡아, 잡아, 잡아, 잡아! 저길 봐!
> [...] *(코로스가 잠을 깨자 클뤼타이메스트라의 혼백이 사라진다.)*[123]

오레스테스가 행위를 '가능하게 하는 공간'(plot)에서 오레스테스는 고통의 의미의 실사요 대표자로 있을 뿐만 아니라 의미의 매체로 있다. 그의 뒤에는 의미 자체의 힘을 가능하게 하는 상징적 구동자인 아폴론적인 것이 있다. 이것이 '아폴론의 명령을 받아 행위한다'는 오레스테스의 변론의 '의미의 의미'인 것이다. 인간 오레스테스는 의미 자체의 영원한 권력인 아폴론-제우스쌍의 보호를 받는다. 보호자 헤르메스는 날개 달린 신발을 신고 반복되는 모든 것을, 전달되는 모든 것으로 바꾼다. 그는 반복되는 모든 것을 변주되는 모든 것으로 바꾸며 그 양태들의 삶 가운데 실체 단위들을 끊임없이 보호한다.

3. 오레스테스의 복수: 행위의 의미

그러나 코러스들이 신음소리를 내는 곳에는 의미를 형성할 수 있는 구심체(求心體) 같은 것은 없다. 그곳에서는 고통에 대한 응답으로서의 원심력(遠心力)이, 즉 오직 역설적으로만 중심이 될 수 있는 고통에 대한 반응점이 뒤늦게, 잠에서 깨어남으로써 설정될 뿐이다. 코러스들은 복수의 여신들을 부른다. 복수의 여신들은 누구의 보호도 받지 않고 무엇도 전달하지 않는다. 그들은 대표되지 않고 대변되지 못한다. 심지어 그들 각자는 이름도 있지-않다. 아테나가 말하듯 "저기 저 이방인과 태어난 존재들의 어떤 종족과도 같지 않고, 신들이 보아온 여신들의 축에도 끼지 않으며 그 생김새가 인간들과도 비슷하지 않"다.[124] 그들을 설명할 수 있는 것은 단 한 가지 문제다. 그들은 어떤 누구의 원통함에 신들렸다. 그들의 무시무시한 '신들리게 하는 명령'을 들어보자.

착란이여, 정신을 혼란시키는 광기여. 복수의 여신들이 부르는, 마음을 결박하고 포르밍크스[125]를 싫어하는 노래여, 인간들을 말려버려라![126]

복수의 여신들은 인간을 해체한다. 그들은 인간들이 가진 "자기 자신에 대한 인간의 환상"을 "소멸하게" 한다.[127] 인간이 행위자로서 자신을 유지·생성하기 위해 가졌던 환상이 바로 행위는 자신의 것이라는 환상이라면 그들은 행위자로 하여금 행위를 떠맡게 하는 카

III. 아이스킬로스의 고통

타르시스의 결단을 해체하는 것이다. 이 복수의 여신들은 정말로 잔인한데, 왜냐하면 책임을 지라고 몰아대면서(인간이 될 것), 그 책임을 진짜 맡으려면 미쳐야 한다고 요구하는 것(인간을 말려버리리라!)이기 때문이다.

이토록 날카로운 두 대립각이 싸움을 벌이는 곳이 바로 오레스테스 3부작의 마지막 장면인 재판소다. 재판관을 맡은 아테나는 "이 사건이 저들의 승리로 끝나지 않는다면" "참을 수 없는 무서운 역병이 이 나라를 덮칠 것"임을[128] 잘 알고 있다. "인간의 씨앗이 말라버릴 것"이다.[129] 그러나 그들이 승리하도록 내버려둘 수는 없는데 왜냐하면 이제 만약 그들이 승리한다면 아폴론-제우스-헤르메스적인 것, 그리고 '판결자'인 아테나 자신의 것인 "완전히 그리고 영구히 나뉘어진 곳"을 지킬 수 없을 것이기 때문이다.[130] 인간적인 것만이 사라지는 것이 아니다. 올림포스적으로 신적인 것 자체가 사라질 것이다. 단위 일체가, 혼합 개념 일체가 사라질 것이다.

물론 우리 모두가 아는 것처럼 그토록 강력한 복수의 여신들은 오레스테스를 풀어준다. 어떻게 그것이 가능할 수 있었던가? 복수의 여신들은 그들에 대한 "존경"을 대가로 물러난다. 아테나는 그들에게 "온갖 고통에서 자유로운" 그곳을 선사한다.[131] 그들은 설득된다. 다시 한번 찬동의 압도적인 힘이 현현하는 것이다. 정의보다 큰 것은 "설득의 여신 페이토"인데, 이제 그녀에 대한 "경의"야말로 "신성한 것"[132]이 된다. 설득의 승리, 정치사회의 출현, 정의에 대한 존중, 이 세 가지가 삼각형을 이룬다. 이것은 아리스토텔레스의 삼위일체인 단위들, 인간의 본성, 그리고 형성이 행위로 묶이는 행위자로서의 인간의 등장을 역사시대적으로 번역한 것이다. 찬동의 완전한 승리와 함께 모든 것에서 반복되는 '단위들의 혼합된 삶'을 가능하게 하는 것은 바로 '의미'이다.

카타르시스 역시 다시 한번 정화된다. 정화의 정화, 그것은 '어떤 의미'로서, 과도함의 초과 앞에 적절성이 자신의 불충분함을 회억(回憶)하면서 미치지 않고도 고통을 구원할 수 있는 길에, 그리고 무엇보다도 행위가 가능한 장에 서려고 하는 시도에 붙여질 수 있는 이름이다.

4. 비평가 프로메테우스: 자기의 고통을 살기

아이스킬로스가 아리스토텔레스의 역사적 의미를 선결해 놓은 것은 아니다. 그는 인간을 사회적인 곳에서 정립하려면 필요한 토대들이 귀결되는 곳이 어디인가에 관한 진실을 적어두었을 뿐이다. 오히려 아리스토텔레스가 바로, 아이스킬로스의 토대들에서 의미의 적정성으로서 행위주체를 정화시켜야 할 필연성을 '인간적 운명'으로 끄집어낸 장본인이다. 오레스테스적 사건이 보여주는 것은 행위를 감당할 수 없는 행위자의 진실을 받아들이거나 아니면 행위 책임을 아폴론에게로 전가하고 행위의 의미가 번쩍이는 제우스적

III. 아이스킬로스의 고통

순간을 붙잡든가 둘 중 하나를 선택해야 한다는 것이다. 오레스테스가 클뤼타이메스트라를 살해하고도 복수의 여신들에게 붙잡히는 일 없이 아가멤논을 계승한 것은, 사회적 인간 내부의 파열을 봉쇄하고 단위로서 가능한 '인간의 정치'를 정립하는 일에 성공하려면 사회적 단위들은 행위추체일 수는 없고 의미의 형성물들일 수밖에 없다는 사실을 보여주는 것이다. 오레스테스는 결코 자신이 한 행위-클뤼타이메스트라의 살해-에 대한 책임을 질 수 없다. 그는 책임을 지지 않고 법정을 빠져나간다. 그가 법 위에 있었던 것이 아니다. 아이스킬로스가 기록하는 것은 '신'이 오레스테스로 하여금 법망을 탈출하게 했다는 것이 아니다. 법정은 애초부터 책임을 지게 하는 공간이 아니다. 법정은 행위의 의미 정위를 마련함으로써 정치사회의 공간을 생성시키는 선(先)공간이다. 법정은 행위자가 한 행위는 ~한 것'이므로' 행위자와 행위를 결합시키는 공간이다. 법정은 행위의 의미를 결정함으로써 행위자가 행위와의 무시무시한 간극을 접합할 수 있게 해주는 공간이다. 그리고 법정은 신들린 여신들의 자리를 따로 마련해준다. 이후 더 이상 행위는 자신의 토대가 끊임없이 미끄러져 들어가는 핵심인, 형성 혹은 신들림의 문제를 다루지 않는다. 행위의 토대가 '행위의 의미'가 되자마자 행위자는 사라진다. 이때 행위자 자신이 자기와 행위의 간극을 물어들어감으로써 나타났던 고통은 물론이거니와 행위자를 형성해 온 모든 단위화가 불가능한 복잡성들은, 여신들이 존중받듯, '단지 존중

4. 비평가 프로메테우스: 자기의 고통을 살기

될 뿐'이다.

 존중의 형식은, 광기를 형성과는 별개의 것으로 다루고 형성의 토대를 정치사회적 '요인'으로 대체해서 행위에 미치는 인과·영향론적인 근거를 다루게 된다. 이로 인하여 인간은 '구성된 주체'가 된다. 구성된 주체가 된 의미의 단위는 '행위주체'는 아니지만 아가멤논적인 '사회적 단위'를 이으면서도 넘어서는 '적절한 단위'가 된다. 의미의 단위가 적절할 수 있는 이유는 광기와 고통에 대한 존중 덕분이다. 아리스토텔레스는 바로 이러한 역사적 형성물인 존중을 '카타르시스'로 대체하여 수용한 것이다. 카타르시스는 연민과 공포에 의하여 발생하는 정화로서 인간을 가능하게 하는 중요한 접합 지점이다. 행위주체와 의미단위는 결코 같다고 할 수 없지만, 아리스토텔레스는 의미단위를 적절한 단위인 (아름다움의 크기에 들어맞는) '감각 주체'인 인간과 연결시킬 수는 있었다. 그런 식으로 둘은 찬동한다.

 이렇게 출현한 인간은 많은 일을 할 수 있다. 인간이기 전에는 불가능했던 행위주체성은 인간 출현 이후 새롭게 수용된다. 형성의 번역이었고 신들림/붙들림에 속해 있던 행위는 이제 다른 의미가 된다. 한편에서 행위는 인간의 감각이 닿는, 자극으로 수용되는 경계윤곽선과 반응하는 신체 조종의 경계윤곽선이 일치하는 지점이 된다. 행위가 감각단위에 찬동하면서 나타나는 결과 중 하나다. 다른 한편에서 행위는 정치사회적 요인 전체를 행위의 구성적 배경으로 흡수하고 또한 행위의 발생적 배경으로 분출한다. 이렇게 나타난 행위에 대해 이제 '인간'이 행위자로서 도입된다. 인간은 처음부터 행위자였던 것이 아니라 '행위'의 의미가 달라지고 난 이후에야 행위자가 될 수 있다. 행위에 의해 인간은 자연화된다. 이것이 아리스토텔레스가 우리의 손 안에 쥐여 준 '인간'인 바, 그것은 우리의 정당한 운명이었을까?

『결박된 프로메테우스』는 우리에게 다른 길이 있었다는 것을 알려준다. 아이스킬로스는 행위주체이기 위해서 의미단위를 포기하는 길을 보여준다. 먼저 우리는 프로메테우스를 결박하고 있는 두 차원의 끈을 살펴볼 것이다: 프로메테우스를 정치사회에서 배제되어 있으면서도 포함되어 있는 어느 곳에 결박해두는 것은 '의인화된' 힘과 폭력이다. 그리고 이처럼 '이미' 제우스를 향해 의미를 갖고 있는 힘과 폭력에게서 프로메테우스는 빠져나가지 못한다. 의미가 선행되어 있는 세계, 즉 의미 있는 세계에서 프로메테우스가 빠져나가지 못하도록 '직접' 묶는 것은 헤파이스토스다. 헤파이스토스는 불을 기능(ergon)과 원리(archē)로 다스리는 기술자인데, 자신이 원하지 않는데도 제우스의 명령에 따름으로써 기술을 지배하는 것이 의미임을 드러낸다.

헤파이스토스: 오오, 내 손재주여! 나는 네가 정말 밉구나!
힘: 손재주는 왜 미워하시오. 솔직히 그자가 처한

4. 비평가 프로메테우스: 자기의 고통을 살기

> 지금의 이 어려운 처지에 그대의 손재주는 전혀
> 책임이 없을 텐데요.
> 헤파이스토스: 이 손재주가 다른 이에게 주어졌으면
> 좋았을 것을!

헤파이스토스는 제우스의 사회에 어떤 의미단위를 맡고 있는 구성원으로서 나타나는데, 그의 기능과 원리는 또한 올림푸스라는 정치체의 기능과 원리에 부합하고 있기도 하다. '힘'은 의미의 사회에서 직접 행위한 헤파이스토스에게는 '책임'이 없다고 위로한다. 그러나 헤파이스토스는 직접 행위한 자로서, 자신이 말미암은 행위에 대한 '책임의 고통'을 느끼고 있다.

프로메테우스는 불을 훔쳤다. 바로 그 죄로 그는 결박되어 있다. 하지만 그가 '훔친 불'은 헤파이스토스의 기술과 같은 것이 아니다. 프로메테우스에 따르면 불이란 의미에 언제나 종사하는 기술이 아니라 어쩌다 의미체계에 접합되었으나 자기질서적인 동시에 무질서적인 무언가를 의미한다. 그것은 온갖 군데에 쓰이지만 의미를 '잠재적으로 포함'하고 있지는 않은 것으로서, 본질적인 의미체계인 번개 같은 섬광과 '접착'되었을 뿐인 것으로 나타난다. 프로메테우스는 이와 같은 불을 훔친 죄로, 그리고 이와 같은 불을 인간에게 알려준 죄로 결박된 것이다.

그러나 프로메테우스는 미치지 않는다. 의미를 거절하는 행위

III. 아이스킬로스의 고통

주체임에도 그는 미치지 않으며 그의 '고통을 바라보고 있는' 코러스들도 미치지 않는다. 그와 '함께', 그러나 '같이'는 아닌 채로 고통을 겪고 있는 이오도 미치지 않는다. 누구도 광기에 사로잡히지는 않는다. 그러나 이들은, 마치 아이스킬로스 자신이 미치지 않았으면서도 시에 신들려 있듯이, 미쳐 있다. 이들은 고통을 지탱하고 있는 것이며, 이처럼 공연히 고통을 겪고 있다는 의미에서 반(半)쯤 미친 상태라고 할 수 있다. 하지만 완전히 미친 상태는 아니다. 왜 그럴까? 프로메테우스의 근처로 모여 있는 고통들은, 어째서 아이스킬로스의 전작(前作)이 보여주었던 바 복수의 여신들이 일으키는 '착란과 말려 죽이기'와 같은 것이 되지 않는 것일까? 이들 전부는 과오의 형식과 동일한 책임지기의 중간상태를 수행하면서도 왜 광기에 붙잡히지 않는 것일까? 어쩌면 그는 '광기에 사로잡히지 않으면서도 책임질 수 있는 길'을 보여주는 것이 아닐까?

코러스들은 프로메테우스의 고통을 염려하는 자들로서, 아리스토텔레스의 논리에 따르면 연민과 공포에 질린 카타르시스를 겪을 자들이다. (코러스의 뒤를 이어 찾아온 오케아노스는 '이름 있는 자'로 카타르시스를 겪을 수 있는 자가 아니다.) 프로메테우스는 코러스들의 염려를 거절하여 그들이 '정화되도록' 내버려두지 않는다. 프로메테우스는 그에게 찾아온 이오의 고통에 대해서도 역시 염려하지 않는다. 즉 이오의 고통은 이오의 고통으로 내버려 둔다. 프로메테우스는 오케아노스의 염려에 대답한다. "나는 지금의 이 불행을 마지막

4. 비평가 프로메테우스: 자기의 고통을 살기

한 방울까지 다 마실 것이오."[133] 그는 코러스들에게 고통을 함께하자고 말한다. "자, 내 말대로 하시오. 그리고 지금 핍박받고 있는 나와 고통을 함께 하시오. 고통은 떠돌아다니다가 오늘은 갑에게, 내일은 을에게 내려앉으니 말이오."[134] 프로메테우스는 고통에 끝이 없다는 것을 잘 알고 있다.

> 지금 내 고난에는 어떤 종말도 예정되어 있지 않아요.[135]

고통에 대한 염려는 궁극적으로 고통을 벗어나는 길을 향해 정향되어 있게 마련이다. 우리는 이미 감정이입이 '안전한' 신들림의 한 형식이라는 것을 플라톤을 통해 살펴본 적이 있다. 인간들은 프로메테우스에게 와, 다시 의미의 한 단위가 되어 더 이상 고통스럽지 말라고 충고한다. 프로메테우스는 염려란 이오와 같이 떠돌아다니는 고통받는 것들에 대해서 정치적으로 올바른 반응이 아니라는 것을 알고 있다. 타인들에 대해 염려하기보다 더욱 진실된 것은 함께 고통받는 것이다.

이오는 '고통을 함께' 하면서 미치지 않으면서도 진정으로 죄 없는 자리에서 책임지는 문제를 떠맡게 되며 나아간다. 이오는 '변신된' 존재, 동물로서 쫓기운다. 그리고 동물인데도 불구하고 아직/미처 미치지 않는다.

이오: 아아, 슬프고 슬프도다! 또다시 발작이 일어나고, 마음을 혼

III. 아이스킬로스의 고통

란케 하는 광기가 나를 불태워요. 쇠파리의 벼리지 않는 화살촉이 나를 찔러요. 심장이 두려움에 가슴을 쿵쿵 치고, 두 눈이 바퀴처럼 빙빙 돌아요. 광란의 거친 폭풍 때문에 나는 주로에서 벗어나 있고, 혀도 말을 안 들어요. 그래서 뒤죽박죽이 된 말들이 끔찍한 재앙의 파도에 부딪혀 보나 아무 사용이 없어요.

오케아노스는 프로메테우스의 요구를 수신하지 않는다. 프로메테우스의 요구는 코러스들에게만 수신될 수 있는데 왜냐하면 그들은 이름이 없으며, 따라서 그들만이 복수의 여신들에 대한 재판이 있기 전에 그들을 사로잡았던 고통에의 신들림을 부활시킬 수 있는 표지점이 될 수 있기 때문이다. 코러스들은 마치 플라톤의 비평가 이온처럼 감정이입하고 프로메테우스의 편에 서지만 그의 고통에 붙들리는 것이 아니라 그의 의미질서를 선호한다는 점에서 정의와 취향의 파토스를 지닌다. 이는 계속해서 신들려왔던, 시를 말하고 노래를 부르며 광기에 휩싸여 왔던 코러스들이 얻은 새로운 태도인 바, 프로메테우스는 그 역사적 귀결점을 알기에 그들에게 '다른 형식의 신들림'을 요청하는 것이다. 그는 '고통을 염려하기'를 거절하라고 말한다.

염려에 대한 거절은 헤르메스가 제안하는 '신중함'에 대한 거절과 병행한다. 슬픔으로 신음하는 프로메테우스에게 헤르메스는 신중함을 알아야 한다고 '설득'한다.

4. 비평가 프로메테우스: 자기의 고통을 살기

프로메테우스: 아아, 슬프도다!

헤르메스: 아아 슬프도다? 제우스께서는 그런 말은 알지 못하시오.

프로메테우스: 세월이 가면 누구나 다 알기 마련이지.

헤르메스: 하지만 그대는 신중함이 무엇인지 아직 알지 못하는구려.[136]

오레스테스가 의미의 매체로서 헤르메스에 의해 보호되듯이 프로메테우스의 의미를 중계하려고 시도하는 것도, 의사소통주의적 전달자 헤르메스다. 회유하는 헤르메스를 거절하는 것은 의미를 거절하는 것이나 다름없다. 그는 슬픔을 선택하고 신중함을 거절한다.

아이스킬로스가 불가능하다고 폭로했던 적절함의 카타르시스적 버전인 신중함은 인간적인 주체가 태도로서 지닐 수 있는 무엇이다. 14세기 근세 정치론의 토대를 제공했던 니콜로 마키아벨리(Niccolò Machiavelli)나 장 보댕(Jean Bodin)이 서로 결정적인 논적이었음에도 불구하고 각각 『군주론』과 『국가론』을 통해 정의를 신중함으로 정의하는 데 있어서는 절대적으로 동의하는 데까지 이를 수 있었던 것이 시사하듯 의미들의 세계에서는 설득과 정의와 정치사회적인 것이 '신중함'으로 얼마든지 통합될 수 있다. 다양한 윤리도덕적 색채가 인간의 '태도'를 조형할 때, 책임과 고통은 의미질서의 세계에서 '알맞은' 자리를 배당받을 수 있는 것이다. '신중하게' 배치하고 그 배치가 '가변적인' 배치라면 실로 문제될 것은 없다.

제우스는 절대적인 하나의 의미가 아니라 끊임없이 해체·반복·생성되는 의미들의 세계와 섬광에 대한 지지자다. 오레스테스 3부작의 마지막 재판장면에서 제우스는 아테네를 매개로 아폴론적 질서와 디오니소스적 무질서 그리고 모이라적인 힘을 놀랍게 결합시켰다. 운명이 있고 신중함과 정당함이 있으며 그 사이에 제의적으로 정해진 시간 동안 도취상태에 빠져드는 것으로 옛 신들림을 대체하는 인간적인 광기, 즉 위험하지 않은 광기인 디오니소스가 있다. 모든 사회적 구조를 질서세우는 배치형태는 끝없는 미학적 반복을 통해 재배열될 것이다. 제우스는 정치적 혁명에도 이미 한 자리를 나눠주었다. 인간은 언제나 어떤 인간적인 태도를 가지고 사회에 임할 것이다.

아이스킬로스는 이와 같은 사회-미학-정치의 결합 토대에는 '변동'의 지반인 힘과 폭력이 있다는 것을 알고 있었다. 아이스킬로스는 프로메테우스를 통해 힘과 폭력을 무너뜨리려고 시도한다. 그는 놀라운 확신을 가지고 세계는 언제나 다시금 기어-오는-슬픔에 또 다시 전복될 것이라고 예언하면서도 그것이 정확히 어떤 것에 의해 대체될 것인지는 말하지 않는다. 아이스킬로스는 규정하지 않으면서 예감한다.

프로메테우스: *그대들 신출내기들은 통치한 지가 얼마 안 되거늘*

4. 비평가 프로메테우스: 자기의 고통을 살기

벌써 고통을 모르는 성채에 살고 있는 줄 아는가? 그곳에서 나는 폭군이 벌써 둘이나 떨어지는 것을 보았네. 지금 통치하고 있는 세 번째 폭군도 더 없이 수치스럽게 금세 떨어지는 것을 보게 될 것이고.[137]

헤르메스는 계속해서 대체되는 폭군의 자리, 즉 '또 다른 의미의 자리'에 누가 있는지 대답하라고 말한다. 그러면 제우스가 꺼내줄 것이요, 그의 고통은 중단될 것이다. 그러나 프로메테우스는 대답하지 않는다. 그는 영원히 다시 추방되고자 한다. 추방된 것이 의미 있는 것이 되어 다시 세계로 돌아오기를 그는 바라지 않는다. 의미들이 아무리 다양하고 신중하며 염려한다 해도 그가 제우스의 추락으로부터 보는 것은 의미의 대체가 아니다.

프로메테우스는 의미 없는 자리에서도 나타날 수 있는 어떤 형상의 존재에 대한 증거다. 코러스나 이오나 프로메테우스의 고통에 무슨 의미가 있겠는가? 그들의 고통을 의미단위로 붙잡기 위해 많은 말들을 해댈 수 있겠지만, 진실로 그들에게 그들의 고통은 무의미한 것이다. 그들은 의미 없는 고통을 겪음으로써 고통의 진실을 말해준다. 의미 있는 고통이라는 것은 없다. 만약 문제가 단순히 폭군적인 의미체계에 대한 해체와 비판이었다면, 그들의 고통은 의미 없는 것을 통해 의미 있는 고통을 이야기하려는 시도가 될 수 있었을 것이다(그러면 고통받는 이들은 폭군의 억압을 의미할 수 있었을 것이다). 하지만 이들의 고통은 모든 의미체계에 대한 해체와 비판을 요구하

III. 아이스킬로스의 고통

기에 우리로 하여금 의미 없는 고통이 도대체 무엇인가 하는 문제를 제기할 수 있게 한다.

'무의미한 고통'을 겪을 수 있는 것은 '무의미한 주체' 뿐이다. 아이스킬로스는 '행위주체'와 '의미단위'를 통합해 인간을 놓는 길 옆에 다른 길을 놓는다. 행위를 책임진다는 것은 너무나도 끔찍한 일이기에(착란으로 사로잡는 복수의 여신들) 책임지지 않는 행위주체가 되어(오레스테스) 의미 있는 행위를 하면 된다는 것이 '인간'의 답이라면 행위를 책임지면서도 미치지 않을 수 있는 가능성, 더 정확히 말하면 '다르게 미칠 수 있는 가능성'을 제시하는 것이 '주체'의 답이다. 이 가능성을 '지탱(支撑)'하는 것이 곧 주체인 것이다. 아이스킬로스는 프로메테우스를 통해 인간이 되지 않는 길, 그러나 행위주체의 길을 택해도 미치지 않는 방식을 알려준다. 프로메테우스는 자신의 고통을 지탱하기에 고통에 삼켜지지 않으면서도 고통에 붙들리는 형상이 될 수 있다. 그는 고통을 지니고 있으면서도 고통을 견딜 수 있는 어떤 상태에 대한 예시가 되어준다.

주체-프로메테우스는 사회적인 것과 화합하지 않은 정치적인 것, 행위를 소유하지 못한 채 책임지고자 하는 행위자 주체의 문제, 의미들의 세계로 혼화되지 못하는 고통에 붙들린 자다. 그는 자신을 추방했지만 자신을 살해하지는 못한 제우스의 폭력과 의미를 통해 끊임없이 자신을 설득하지만 존경의 자리는 받아들이게 하지 못한 수호자 헤르메스의 담화를 폭로하며 신들림의 시를 가시화한다. 그

4. 비평가 프로메테우스: 자기의 고통을 살기

렇게 프로메테우스는 신 아닌 신이며 이오는 동물 아닌 동물이다.

> 프로메테우스: 이젠 말이 아니라 실제로 대지가 요동치는구나. 그에 맞춰 지하로부터 천둥이 으르렁거리고 벼락이 작렬하며 뒤틀리고 번쩍이는구나. 회오리바람이 먼지를 빙글빙글 돌리고, 온갖 바람의 입김들이 껑충껑충 뛰어오르며 서로 격렬한 내전을 벌이는구나. 하늘과 바다가 뒤섞여 하나가 되는구나. 그처럼 격렬한 기운이 제우스로부터 눈에 보이게 나를 향해 다가오는구나. 나를 겁주려고. 오오, 존경스런 어머니 대지여! 오오, 우리 모두를 비추도록 해를 굴려주는 하늘이여, 그대는 내가 얼마나 부당하게 고통당하고 있는지 보고 있나이다. (프로메테우스가 결박된 암벽이 무너져 없어진다. 코러스가 사방으로 흩어진다.)[138]

프로메테우스의 마지막 말은 이오의 마지막 말과 놀랍도록 닮아 있다. 이들의 마지막 말을 잘 살펴보면 이는 아리스토텔레스의 시학에서 시가 인간에 대해 할 수 있는 일의 의미 자체를 무너뜨릴 뿐만 아니라 그것의 대응항으로서 탄생한 광기 또한 해체하려 한다는 것을 알 수 있다. 인간이 등장하고 난 후의 광기는 의미체계 속에 자리 잡게 되기에 더 이상 예전의 그것이 아니게 된다. 이제부터 광기는 인간적인 것이 부재하는 어딘가를 가리킨다. 우리는 광기가 자리했던 수수께끼 같은 자리를 인간학 내부로 옮겨오게 되는 것이다: 광기는 여전히 인간이 아직 인간이 아닌 지점을 표시하면서 마침내

'인간'이야말로 기원이며 '인간은 보존되어야 한다'는 사실을 설득하게 되는 이중적 지점이 된다. (신들린 자는 인간 이전의 무엇이다. 신들려 미쳐버리고 싶지 않다면 인간이어야만 한다.) 디오니소스적인 것은 언제나 아폴론적인 것과의 균형을 통해서만 존재한다. 앞으로 그것이 병이든, 비정상이든, 변성상태든, 유희든, 연극이든, 인격이든, 도취든, 아니면 다른 무엇을 '의미'하든, 그 상태는 인간 내부에서 인간이기를 운명적으로 받아들이는 '부재와 존재의 놀이'의 한 단위일 것이다. 인간학은 모든 것을 자기 내부에서 재배치한다.

인간학은 완전히 승리했다. 아리스토텔레스는 플라톤의 길을 인간학적 운명으로 만듦으로써 이미 제우스적 아버지가 되었다. 프로메테우스가 결박되어 있는 암벽은 무너졌고 코러스들은 사방으로 흩어졌으며 이오는 동물이 되어 고통의 길을 떠났다. 그들은 어디로 갔을까? 나는 그들이 사라졌지만 그들이 더 이상 있지 않은 자리를 표시할 수 있으며 볼 수 있다. 프로메테우스는 무규정적인 광기, 불의한 광기, 미치지 않는 광기, 찬동하지 않는 광기, 조화를 이루지 않는 광기의 자리를 계속해서 탐구하게 해주는 하나의 불-빛이다.

IV. 칸트 인간학과 그 현대과학적 귀결점의 탐색: 자기조직화

IV. 칸트 인간학과 그 현대과학적 귀결점의 탐색: 자기조직화

1. 『실용적 관점에서의 인간학』: 광기란 무엇인가

광기를 어떻게 규정하느냐 하는 것은 실로 인간학의 핵심이다. 왜냐하면 인간학의 핵심은 '인간이란 무엇인가'에 답하는 데 있는 것이 아니라 '인간되기'라는 수행적 과정을 '인간이라는 대상'으로 은밀하게 변형시키는 데 있기 때문이다. 인간은 끊임없이 인간이 되어야 한다. 그러나 인간'되기'로서 받아들여서는 안 되고, '어떤' 인간이 되기로 받아들여야 한다. 인간되기가 언제나 일종의 덕과 지혜를 얻는 과정으로 생각되는 이유가 여기에 있다. 그리고 광기의 문제는 바로 이 지점에 놓여 있다. 광기는 인간이 '되어진' 존재라는 사실을 드러내지만, 인간학은 광인이란 '어떤 인간'인 것이라고 규정하기 위해 안간힘을 쓴다. 칸트의 마지막 작업이었던 『실용적 관점에서의 인간학』은 여기서 성립한다.

1. 『실용적 관점에서의 인간학』: 광기란 무엇인가

'실용적'이라는 형용사(adjective)는 진짜 문제를 회피하기 위해 만들어진 투사적/전사적(projective) 개념어다. 개념의 내적 분할을 꾀하기 위해 만들어진 표시어들은 사실 개념을 내적으로만 분할하지 않고 가장 은밀한 방식으로 개념의 외연을 획정하는데, 칸트 인간학이 "자연학적인" 것과 "실용적인" 것으로 나뉜다는 사실[139]은 인간이 어떤 동물이거나 어떤 인간이라는 점을 획정하는 것에 다름 아닙니다.

『실용적 관점에서의 인간학』에서 광기는 우울증과 함께 "영혼의 병의 두 종류"로 간주된다. 광기와 우울증은 차이내기의 질서에 속하는데, 이 명목하에 광기와 우울증 모두 동일한 동기로 작용한다는 규정을 얻게 된다. 칸트에게서 광기나 우울증은 모두 사적인 것이다. 우울증은 자신의 사적인 성격을 자각하는데, 사회가 그것에 대해 용인하지 않는다는 것 또한 알고 있기 때문에 나타나는 '의기소침한 광기'다. 광기는 자신의 사적인 성격을 자각하면서도 우울해하지 않기 때문에, 즉 그 주관적 자의성에 아랑곳하지 않기 때문에 '우울해하지 않는 우울증'이다.

이러한 규정으로 인해 칸트에게서 광기는 표상을 산출하는 본성 자체 내에서 발현하는 것으로 나타나지 않는다. 다시 말해 광기는 표상의 문제와는 관계가 없다. 이 점을 설명하기 위해 가장 중요한 것은, 칸트가 근본적 단위로서 표상이 "모호하고 불분명할" 수는 있어도 표상이 없을 수는 없다고 본다는 점이다.[140] 그리고 모호한

Ⅳ. 칸트 인간학과 그 현대과학적 귀결점의 탐색: 자기조직화

표상을 지닌 자는 "둔재이거나 고루하거나 우매하거나 무지한 자"로 여겨지지 "광기를 지닌 자"로 여겨지지 않는다.

광기가 규정되는 곳은 따로 있다. 광기란 지성이 맺는 표상 자체에 문제가 생긴 것이 아니며, 감성 직관의 표상에 생긴 문제를 지칭하는 것도 아니다. 그런 것들은 착각이거나 기만이거나, 매혹되는 것이거나 현혹되는 것인 '가상들'이지 광기가 아니다. 그래서 칸트는 "감관들을 탄핵하는 것에 대한 감성의 변호"를[141] 수행한다: 첫째, 감관들은 모호하게 하지 않는다. 둘째, 감관들은 지성을 '다스리지 않는다.' 감관들은 오히려 지성에게 자신의 봉사를 처분하도록 '자신을 제공한다.' 셋째, 감관들은 '기만하지 않는다.' 그러면 광기는 어디에서 생기는가? 광기는 내감에서 지성, 판단력, 이성이 시간 질서에 따라 표상들을 '정돈'할 때 생긴다. 순수 통각과 경험적 통각의 관계는 아무 문제가 없다. 들어온 표상들을 어떤 식으로 여길 것인가 하는 문제가 광기에서 핵심적이라는 것이다. 즉 표상의 존재 자체와 표상이 출입되어 질서 잡히는 통각관계(나-타인-세계) 자체에는 아무 문제가 없고, 표상에 대한 인식에서 병이 생긴 것이 광기다.

착각들은 인간이 내감의 현상들을 외적 현상들로 다시 말해 상상들을 감각들로 취하든가 아니면 심지어는, 외감의 대상이 아닌 어떤 다른 존재자가 그 원인인 영감들로 여기든가 하는 데서 성립한다. 이런 경우 착각은 광신이거나 시령이거니와 둘은 내감의 기만이다. 두 경우

그것은 마음의 병, 즉 내감의 표상의 유희를, 단지 지어낸 것이건만, 경험 인식으로 받아들이려는 성벽이다.[142]

다음으로, 칸트의 광기는 우울증과 같은 유(類)의 것으로 분류되는 한편, 다음 두 가지와는 철저히 다른 유의 것으로 구분되는데 이 점을 조금 살펴볼 필요가 있다. 먼저 칸트는 "허용되는 도덕적 가상"이 있다고 말한다. "우리 자신의 죄과 없는 착각"으로 연출된 가상이 "실제로 각성하여 마음씨로 바뀌어 유덕한 자"로 되는[143] 효과를 주는 경우가 이것이다. "덕을 믿는다는 것 자체", 혹은 칸트의 표현에 따르면 "보조화폐의 허위성"을 끊임없이 믿음으로써 이러한 것들이 실제가 되는 효과를 산출하는 힘이 있다. 자신이 만들어 낸 것(내감의 표상들의 유희), 곧 지어낸 것이 경험인식으로 받아들여진다. 이 순간을 칸트는 광기가 아니라 허용되는 도덕적 가상이라고 부른다.

또 하나의 구분짓기는 '천재'와의 관계에서 나타난다. 도덕적 가상과 광기가 구조적이고 본질적으로는 차이 나지 않는 것과 마찬가지로 광기와 천재의 유일한 차이는 상상력이 "개념과 합치하느냐 합치하지 않느냐"[144]에 있다. "인식능력에서 재능들"을 논하는 부분을 살펴보면, 천재가 광기의 힘과 거의 차이 나지 않는다는 것을 확인할 수 있다. 가령 기지의 본질적 능력인 "짝 맞추기, 동류화 능력, 관대성"은 관계없는 것들을 관계시키는 성벽인 망언(amentia)과 무엇이든 근처에 있는 것들을 자기의 질서 속에서 어떤 의미를 지닌 것으

IV. 칸트 인간학과 그 현대과학적 귀결점의 탐색: 자기조직화

로 짝지워 동화시키는 것인 망상(dementia)과 얼마나 유사한가. 생산적 기지의 심오함은 착상에서 언제나 내감의 표상들을 경험인식으로 연결시키는 위반을 하지 않을 수 없다. 흥미롭게도 재능 전체는 '규칙에 맞는 위반들'이다. 나아가 "총명함, 탐구의 재능"은 "예지" 및 "망념(insanity)"과 얼마나 많이 닮았는가. 총명은 "진리가 어디에서 발견될 수 있겠는지를 미리 판단하는 천부적 자질"로 "사물들의 흔적을 따라 좇고 근친성의 최소한의 계기라도 이용하는 재능"인데,[145] 이렇게 보면 "이해 불가능한 것을 이해한다고 하는 적극적 반(反)이성으로서의 망념"은[146] 이미 '어떻게 쓰여진 총명'이다.

천재는 실로 광인에서 매우 가까워서 천재를 규정하기 위해서 칸트는 예시보다도 규제를 더 활용할 수밖에 없었다. 천재란 무엇인가가 설명되지 않고 천재의 조건을 선별하기 위한 식별역들이 사용된다. "범례적 원본성과 이념과의 부합"[147]-개념에 부합할 것, 범례성을 지닐 것, 즉 타인들에 대하여 비추어진 공적(功績)을 지닐 것-만이 광인으로부터 천재를 식별할 수 있는 유일한 표식이다.

2. '어떤 사적 인간'

지성이 규칙들의 능력이고 판단력은 특수한 것이 이 규칙의 한 경우인 한에서 그 특수한 것을 찾아내는 능력이라 한다면, 이성이란 보편적인 것에서 특수한 것을 도출하고 그러므로 이 특수한 것을 원리들에 따라서 그리고 필연적인 것으로 표상하는 능력이다. 그러므로 사람들은 또한 이성을 원칙들에 따라서 판단하고 행위하는 능력으로서 설명할 수 있다. [...] 인간은 이성을 필요로 하며, 종규와 관행들에 의거할 수가 없다.

이념들이란 경험중에서는 어떤 대상도 그에 충전하게 주어질 수 없는 이성개념들이다. 이념들은 (공간, 시간 직관 같은) 직관도 아니고, (행복론이 구하는 바와 같은) 감정들도 아니다. 이념은 오히려 사람들이 언제나 접근해가되, 그에 결코 완벽하게는 도달할 수 없는 하나의 완전성의 개념들이다.[148]

만약 광기가 칸트가 말한 것처럼 "경험법칙과 감관표상들 사이의 어긋나 있음"에서 출발하여 내적 감관 표상들인 것을 경험법칙에 맞는 것으로 생각하는 것이라면-이때 인간은 표상들을 가지고 놀이하지 않고, 표상들을 실로 진지하게 여긴다-광기는 지성, 판단력, 이성을 가질 '수 있다.'

그런데 만약 이성이란 것이 '특수한 것을 도출하고 이를 원리에 따라서 필연적인 것으로 표상'하는 능력이라면 내게는 이성을 가진다는 것이 특정한 광기로 여겨지는데, 만약 이성이 단순히 종규(宗規)이며 관행(慣行)이 아니라면 더더욱 그렇다. 이성은 단지 관습과의 차이내기, 혹은 더 나아가 사회와의 차이내기만을 행하는 것이 아니다. 이성은 사회적 동물로서 혹은 인간들의 모임으로서만 은 도저히 살아갈 수 없다는 고백을 자신의 토대에 포함한다. 이성 은 규칙을 지키지 않고 규칙을 만든다. 이념들이란 것은, 칸트에 따 르면, 경험법칙에 의해서 결코 주어질 수 없는데, 만약 그렇다면 광 기야말로 경험법칙의 너머에서 어긋남을 통해 이념들을 포착할 수 있는 유일한 기제(起除)가 아닌가? 경험법칙과 표상들이 어긋나 있 다는 사실에서만 있을 수 없는 것의 있음(선험성과 이성)을 지각할 수 있지 않은가?

실로 칸트는 마침내 이렇게 결론짓는다: "광기의 유일한 보편 적 징표는 공통감의 상실과 그 대신에 등장하는 논리적 편집(사적 감각)이다."[149] 칸트는 이성, 판단력, 지성이 있음에도 정신능력을 제 대로 사용하지 못하는 다른 인식의 상태들과 광기를 구별하는 것이 어렵다는 것을 드러낸다. 구별이 그어지는 계선은 오직 '공통감 상 실'인데, 광인은 공통감(common sense)의 자리에 사적인 논리 규칙을 세운 자, 다시 말해 '이성적인 반이성자'다. 이성 자체의 역설을 따 르면 이것 또한 결국 이성적인 것인데, 왜냐하면 이성이란 규칙에 반하며 규칙을 지키는 것이기 때문이다. 그러므로 문제는 광기가 공적(common)이지 않다는 것뿐이다.

이렇게 광기의 문제는 타인들 사이에 성립하게 된다. 광기는 단순히 다른 논리규칙이 아니라 진정으로 사적 세계에 사는 인간은 필연적으로 인간이 될 수 없다는 법을 향한다. 칸트는 광기를 단지 내적으로 정립한 표상들의 시간적 관계를 사유하는 데 있어서 경험법칙을 신경쓰지 않는다는 데서 성립되는 박약, 병, 좋지 않은 상태 따위로 규정하려고 했지만 그와 같은 규정은 실제로는 광기를 다른 인식능력들과 그다지 구분되지 않는 상태로 만든다. 칸트는 마침내 광기란 단순히 사적 감각이라는 차이밖에는 내지 않는다는 것을 현현시킨 셈인데, 칸트적 순간 이후 광기는 칸트가 생각했던 것과는 달리 인식능력의 어떤 형태/모습이 되지 못하고 '절대적 사적 세계'로서, 도덕이 쫓아내야만 하는 신들림이 된다.

칸트는 광기가 사적 감각이라는 사실을 주장함으로써 인간되기를 지탱하고 있는 '망아(忘我)'상태, 즉 '인간 외부'인 광기의 시스템을 은폐한다. 그러나 동시에 광기를 인간의 인식능력의 특정 형태로 규정함으로써 다시금 인간 인식의 토대에 자리한 형성의 문제를 드러낸다. 칸트는 이미 모든 것이 인간적이 되어버린 시대를 증거한다. 모든 것이 이미 인간적인 곳에서 인간이 부재하는 지점을 통해 인간을 존재하게 하는 절차는 불필요하다. 칸트는 이미 모든 것이 인간적이기 때문에 더 이상 광기를 인간 외부의 자아 상실로 두지 않고 인간 내부로 끌어들인 것이다. 하지만 인간 내부로 광기를 끌어들이자마자 광기는 인간의 일부가 되지 못하고 '사적 인간'의 자리에로 격리된다.

'사적 인간'인 광인이 문제라면, 이제는 '어떤 미친 인간'의 형성만을 해명하면 된다. 즉 '어떤 한 명'의 인간은 왜, 어쩌다 미치게 되었는가 하는 점만을 설명하면 되는 것이다. 이것은 인간이라는 존재 전체에 걸려 있는 형성의 문제는 아닌 것으로 여겨진다. 광기가 사적 감각이 된 후 역사적으로 우리에게 나타난 수순은 사적 감각의 광기는 '그들 자신의 공간'에 폐쇄되어야 한다는 점이었다(근대 정신병원의 등장). 하지만 '한 명의 광기'를 설명하는 것은 쉽지 않다. 다시금 이는 해명되지 못한 채 남는다.

    칸트는 인간이 아닌 것을 상상할 수 없다. 신적인 것도, 상징을 훨씬 넘는 이념 차원의 것도, 인간은 항상 인간적인 길을 통해서 사유한다. 그리고 칸트가 신에 대한 사유, 이념에 대한 사유에서 필연코 나타나는 인간의 운명을 한계와 조건의 차원에서 보지 않았다는 것은 명백하다. 다소 역설적이지만, 칸트에게서 신적인 길은 도덕적인 길이기 때문에 그렇다. 그러므로 '어떻게 인간이 인간이 될 수 있는지'를 묻는 형성의 질문은 대답될 수도 없지만 대답해서도 안 되는, 인식론적이며 동시에 윤리적이기도 한 '비가지성(非可知性)'의 자리에 놓여진다. 물자체(物自體)는 인간학의 것이다. 물자체가 도덕적인 신으로 미끄러져 들어가는 이유는, 우리가 '타인들에 의해 인간이 될 수 있는 인간의 세계'에 살고 있기 때문이다. 인식과 윤리는 사회적 형성의 도덕적 형성 가운데 그 진정한 토대를 얻는다. 이는 인간인 '형성 중인 것들'을 '이미 형성된 것들'로 간주하며 서로의 현존을 교환할 수 있는 상태다. 우리는 진정으로 서로가 서로에 의해서만 존재할 수 있게 된 것이다. 이런 사회의 격리자가 바로 광인이다. 광

2. '어떤 사적 인간'

인은 자신을, 자신에 의해서 타인이 형성되는 그러한 공통 공간의 단위로 놓아두지 않는다.

그런데 '타인들로 이루어진 세계'라는 것은 사실 '감각지각이 단위들의 연합이 되는 인간의 내적 세계'와 동일한 구조의 문제를 내포하고 있었다. 사회라는 것은 어떻게 존재할 수 있는가? 다수의 모여 있음은 도대체 어떻게 되어 있는 것이기에 그처럼 '연합적으로' 존재할 수 있단 말인가? 감각의 단위들은 어떻게 배열되고 조직되어 있기에 어쨌거나 서로를 단위로서 지탱하면서도 하나의 연합체로 있을 수 있는 것인가? 이전 시대에 이는 철학이 해명해야 할 중요한 문제 중 하나였다. 감각, 지성, 판단력, 이성의 미로들은 이 문제를 해결하기 위한 중요한 경유지였다. 모든 것이 이미 인간학적으로 된 후에야 지각의 미로는 사회의 미로로 바뀌는데, 이제 사회 속에서 모든 인간은 이미 '~같은 것들'이 아니라 '진짜 인간들'이다. 칸트가 달성한 것은 (남겨진 것, 혹은 기원의 흔적인) '인간 같은 것들'인 '광인'을, '사적인 것'으로 만든 데 있다. 광기는 사적 문제다, 그러면 우리는 인간 형성의 단위 문제에 골몰할 필요가 없다. '이미 형성된 인간들'은 '단위들의 연합적 형성'이 감각지각의 토대라는 가정과 순환적으로 존재한다. 이제 '단위'가 존재한다는 사실은 의심할 필요가 없다는 확신이 편재한다. 인간이라는 길은 '이미 단위들이 성립할 수 없다'고 하는 그 신들린 수수께끼에 더 이상 천착하지 않게 된 대신, '단위들의 자체적 연합'이 어떻게 가능한가에 답하면 되게 되었다.

3. 크릭과 코흐: 뇌 속의 자기조직화

현대과학은 모든 것을 한꺼번에 해결할 수 있는 원리를 제시한 바 있다. 이 원리에 따르면 이미 감각은 '단위들의 행위'를 통해 정치사회적 연합체를 형성하게끔 '조직'되어 있다. 자체적 연합성, 절대적인 형성에의 찬동에 응답하기 위해 발견되어진 원리란 곧 '자기조직화'다. 자기조직화는 형성이란 것이 '미리 있는 단위들'의 연합으로 이루어진다고 말하지 않으면서도 미리 있지 않은 단위들이 결합체의 구조와 동시적으로 다수를 이루는 것을 보여줌으로써 단위와 구조가 상호 연합적으로 찬동하는 상황 전체를 해명한다.

신경생리학에서 이 같은 자기조직화를 인간 및 감각의 두 차원에서 한꺼번에 성립한 최초의 사람 중 한 명은 프랜시스 크릭(Francis Creek)이다. 크릭에 따르면 인간이란 자기조직화에 의해 나타나는 '뉴런들의 연합'에 의해 형성된다.

놀라운 가설이란 바로 '여러분', 당신의 즐거움, 슬픔, 소중한 기억, 야망, 자존감, 자유의지, 이 모든 것들이 실제로는 신경세포의 거대한 집합 또는 그 신경세포들과 연관된 분자들의 작용에 불과하다는 것이

다.[150]

매번 단위들을 다르게 조성해가면서 활동을 하는 무수한 뉴런들이 존재한다. 그 중 특히 우리로 하여금 '의식'하게 하는 뉴런의 기전이 있는데 크릭의 관심사는 바로 이것이다. 그는 이것을 의식의 신경 상관물(NCC, Neuronal Correlates of Consciousness)이라 부른다. 크릭은 NCC를 연구함으로써 인간과 감각 차원에서 나타나는 단위들의 연합적 활동을 계측하고자 했다. NCC는 감각이 참조하는, 수용된 것들의 단위가 인식되기 시작하는 시발점이자 인간적인 것이 시작되는 지점인 의식을 융통시킬 수 있는 임계점이다.

그러나 NCC는 뇌의 나머지 부분을 관장하는 '중앙권력의 한 부분'이 아니다. 처음부터 크릭은 문제가 전체를 지배/통치하는 데 있다고 보지 않았다. 크릭에게 인간의 의식이란 그것이 무엇인지 결코 정확히 알 수 없는 어떤 것이었다. 의식이란 근원적으로 "구성적 과정"이며 "속이는 것"이고 "모호한 것"이다.[151] 의식이란 뇌의 층간/차원간으로 연결되는 이상한 구름 행동 같은 것에 의존하는, 자각적 상태와 비자각적 상태의 '중간'이다. 의식은 상호되먹임적인 매개과정을 통해서 아주 짧은 시간 동안 뇌 전체에 불을 켜는 식으로 성립한다.

크릭은 "결합의 문제(binding problem)"가 무엇보다 중요하다고 보았다.[152] '본다'고 할 때 우리는 30개 이상의 시각 영역의 모듈들

IV. 칸트 인간학과 그 현대과학적 귀결점의 탐색: 자기조직화

사이의 퀼트작업-짜깁기, 구성하기, 모호하게 하기, 그 모든 이상한 구름과정-을 통해 '보는 그 대상'을 창조해낸다. 이 과정에서 우리의 뇌는 '무엇을 볼 것인지'를 30번 넘게 선택해야 한다. 선택을 이미 결정 해놓는 뉴런 활동들, 즉 "순간적으로 하나의 단위로 활성화되는 뉴런들"이 있다.[153] '전체(총체)'적인 것에 대한 조망이 미리 있는 것도 아니며 보는 활동과 보는 대상 사이에 어떤 시간 차이가 있어 그것이 연합을 가능하게 하는 것도 아니다. 크릭은 문제가 기능적 모듈들의 연합이 아니라 결합 그 자체에 있다는 것을 의식하고 있었으며 그래서 그 결합기전의 추상적 구체를 찾으려 했다.

'병렬분산처리(parallel distributed processing)'라는 답안이나 문제해결과정에서 수행적으로 등장하는 다층적 연결망이 매번 자기자신을 조정하는 단위인 '퍼셉트론(perceptron)'이라는 답안이 검토되었으나 크릭은 둘 모두에 한계가 있다는 점을 인정한다. 세포들 사이의 '연결 자체'도 설명할 수 있고, "단위 활동들의 안정된 연합(coalition)"[154]도 설명할 수 있는 모델이 계발되어야 했다. 그는 여러 개의 가설을 열렬히 검토한 후 '매개 역할 층' 이론으로 자신의 연구를 뒷받침한다. '뉴런의 상호작용'은 실제로 의식에서 일어나는 일에 대한 상관물이 아니라 우리가 의식할 때 일어나는 일에 대한 상관물이기에 본질적으로 비완결적이다. 언제나 '사이적'인 것이다. 크릭은 흥미롭게도 "3차원 모델보다는 2와 1/2차원 스케치에 토대를 두는 것"[155]이라고 표현하는데, 실로 의식은 언제나 뒷모습을 추

3. 크릭과 코흐: 뇌 속의 자기조직화

측하고 있으며 NCC란 1/2차원의 최소조건에 지나지 않는다.

"우리는 어떤 대상을 '보기' 위해 시각적 장면에 대한 명시적 다-수준의 상징적 해석을 필요로 한다." 보기란 언제나 '다수적 활동'이며 '선택들'이다. 보기란 본질적으로 "시각계의 높은 효율성에 의해 만들어진 환상이다."[156] 그러나 환상이란 "혼합된 기괴한 상"이 아니라 같은 대상을 "응시하면 계속해서 전환되는"[157] 것이다. 뇌는 추측하고, 도약하면서, 언제나 하나의 상을 붙잡는다. 그러나 아무 상이나 붙잡는 것은 아니다. 뇌는 "의미 있는(sensible) 해석을 선호"하는 경향이 있다.[158] 그가 붙잡아야만 할 그 상을 위하여 뇌는 안간힘을 쓰는데 크릭에 따르면 착시, 잔상, 억제, 채워넣기 등은 모두 그러한 상을 위한 뇌의 노력이다. 뇌는 '실제하는 단순한 사물'이 아니다. 우리는 뇌를 추상적인 구체물로 봐야 한다. 뇌란 "조잡하고 왜곡되더라도 지도를 가지는"데,[159] "조각이불처럼 여러 조각들이 모여 있는 형상을 하지만" 어쨌든 경계에서 "대략 수직방향으로 달리는 불완전한 줄무늬"를 보여준다.[160] 뇌의 형태 자체가 추상을 통해 구체화된다.

크리스토프 코흐(Christof Kogh)는 크릭에게 바친 책, 『의식의 탐구: 신경생물학적 접근』에서 크릭의 이와 같은 결론을 더 밀고 나가, "주의(attention)"의 문제를 경유한다. 주의집중의 상태가 뉴런연합체를 다소 역동적으로 선택하고, 경쟁 문제를 해결한다고 보았던 것이다. 코흐는 환상들 가운데 어떤 것이 선택되는가에 대해서 탐

Ⅳ. 칸트 인간학과 그 현대과학적 귀결점의 탐색: 자기조직화

구했다. 그리고 그는 문화적 기대, 범주성, 기억, 흔적이 주의집중에 미치는 영향을 고찰하면서 결국은 "의미의 문제와 맞붙을 필요가 있다"[161]고 결론 내린다. "인지적 배경이라는 태피스트리"를 조직하는 원리인 "유전적으로 미리 결정된 소인들과 감각 작용 및 데이터들"로서 본질적으로 의미를 내재하고 있는 "정보의 저장고"가 있다는 것인데, 코흐는 이것이 "코드화된 형태"로 존재한다고 보았다.[162] 이는 정확히 일종의 의미단위로서, 8년 후 코흐는 『의식: 현대과학의 최전선에서 탐구한 의식의 기원과 본질』을 통해 "가장 단순한 물질, 모나드"를 논한다.[163] 그는 스스로를 "낭만적 환원주의자"로 호명하며[164] 마침내 "환원주의의 밑바닥에 도달했다"고 선언한다. 밑바닥에 있는 그것은 바로 '정보'다!

 의식이 주의집중하는 정보라는 의미단위를 가능하게 하는 토대는 시각적 형태들의 안정성 문제다. "모나드는 1과 0의 끝없는 데이터 흐름으로 변환될 수 있으며" "정보 이론은 모든 시스템 구성요소들간의 인과적 상호관계를 계량하는 수학적 형식주의"로서 "하나의 조합물을 구성하는 모든 부분의 전체적인 상호관계를 철저하게 목록으로 만들고 특징짓는다."[165] 코흐는 하나의 '가장 안정적인 단위'를 발견함으로써 크릭의 자기조직적 NCC를 실로 추상적으로 구체화한 것이다. 모든 것은 비트로 이루어진 정보 결정체(crystal)로서의 의미다.

4. 라마찬드란의 거울뉴런과 근원적 형태

크릭에 의해 '단위와 구조의 자기조직화의 추상적 구체의 산물'로서 '뉴런이 실재한다'는 관념이 가능해진 후에야 '거울뉴런'은 발견되었다. 1990년 지아코모 리촐라티(Giacomo Rizzolati)와 그의 연구팀에 의해 발견된 거울뉴런은 발라야누르 라마찬드란(Vilayanur Ramachandran)에 의해 그 의의가 널리 알려졌는데, 우리의 논점에서 그것은 아리스토텔레스의 『시학』에 대한 과학적 완결로 읽힐 수 있다. 아름다움과 감각 단위성, 인간의 모방본성과 행위를 모방하는 시의 인간되기 작업이 모두 거울뉴런에 의해 빈틈없이 연결된다.

거울뉴런이란 뉴런들의 어떤 운동하는 집합, 즉 동일한 리듬을 띠는 기전을 가진 매번 변동하는 단위들의 가능성의 집합이지, 어떤 특정한 부분을 지칭하는 이름은 아니다. 거울뉴런은 운동하는 연합체의 자기조직성이 실재한다는 관념에 의해서만 출현할 수 있었다. 거울뉴런이 단순히 존재한다는 사실, 그리고 행동을 모방하는 상황에서 활성화된다는 사실 자체로는 그것이 어떻게 본성, 감각, 나아가 인간 자체에까지 도달할 수 있는지를 결코 설명할 수 없다. 애초에 리촐라티 연구팀이 원숭이 연구를 통해 발견했던 것을 라마찬드란은 대담하게도 "인류가 종(種)이 되는데 핵심적인 역할을 했다"고[166] 의미화했던 바, 그 토대에는 아리스토텔레스로부터 면면히 흘러온 모방본성의 시학화(플롯화)가 있었던 것이다.

거울뉴런은 어느 시점에 인간 뇌에 출현한 돌연변이로 모방상황에서 활성화된다. 거울뉴런은 행위의 '형태'를 모방한다. 어떤 형태의 행위를 보았을 때 그것의 표면을 따라할 뿐이지만 동일한 형태를 얻기 위해 끊임없이 자기 근육을 조절하고 해석하며 그 형태와 조화를 이루려는 과정 또한 수반된다. 거울뉴런이 작동하는 상황을 설명할 수 있는 가장 좋은 예는 언어 습득이다. 누군가 '부바(bouba)'라고 발음하는 것을 보았을 때 거울뉴런은 활성화되어 그 소리와 비슷한 소리를 내려고 한다. 그 과정에서 그 소리를 내기 위해 수반되어야만 하는 내면적 운동에서도 조화는 이루어져야 한다. 목구멍을 어떤 식으로 끌어당기지 않으면 '부(bou)'라고 할 수 없고 입술을 어떤 식으로 밀어젖히지 않으면 '바(ba)'라고 할 수 없기 때문이다. 그러므로 거울뉴런의 형태모방에는 언제나 행위모방이 내재한다. '당신처럼 소리내기 위해서 나는 당신처럼 행위해야 한다'는 '인간의 운명'을 말하고 있는 셈이다.

라마찬드란은 형태모방과 행위모방의 되먹임고리(feedback-loop)에서 곧장 '의도'의 존재가 탄생한다는 것을 알아챈다. 거울뉴런에 함축되어 있는 것은 흉내내기 속에서 '의도를 읽을 수 있다'는 것이다. 인간이 행위를 소유하고 있다면(행위자) 행위에는 반드시 의미가 있다는 것(의도성)이다. 행위자 의도성의 본원적 통합성은 아리스토텔레스의 카타르시스의 유용성 체계 속에서 의미단위가 본원적으로 출현했던 것과 그 형식이 같다: 행위에 의미가 있다면,

4. 라마찬드란의 거울뉴런과 근원적 형태

그것은 '다수'가 있는 사회에서의 상호성을 통해서만 가능한 것이다. 라마찬드란은 이를 '인간다움을 특징짓는 나-너 상호주의'라고 부른다. 나아가 라마찬드란은 거울뉴런이 곧 '의미단위의 근원성'이라는 인간의 운명을 드러낸다는 것을 어렴풋이 알아차린다. 그는 이를 '교차 양상 추출'이라고 부른다. 거울뉴런은 형태를 형성하는 것을 근원적으로 수행한다.

첫째, 가장 명확한 것으로, 거울뉴런은 타인의 의도를 간파하게 한다. 친구 조시의 손이 볼을 향해 움직이는 것을 보면, 나의 손이 볼에 접근할 때 작동하는 신경이 활성화된다. 이 가상의 모의실험을 가동함으로써 여러분은 조시가 볼에 가까이 갈 의도를 갖고 있구나 하는 낌새를 즉각 알아챈다. [...] 둘째, 거울뉴런은 다른 사람을 시각적으로 유리한 입장에서 바라보는 것 외에도 개념적으로도 유리한 입장에 서도록 진화한 것 같다. "당신이 무엇을 뜻하는지 알겠다" 또는 "내 관점에서 볼 수 있게 노력해 봐"와 같은 비유를 사용한다는 것은 전체적으로 우연의 일치는 아니라고 본다. 어떻게 이 마법의 단계가 있는 그대로에서부터 개념적인 관점까지 진화가 일어났느냐 하는 것은 본질적으로 대단히 중요하다. [...] 다른 사람들의 관점을 받아들인다면 다른 사람이 여러분을 보듯이 여러분이 여러분 자신을 볼 수 있다. [...] 나는 타인의식과 자의식은 인간다움을 특징짓는 '나-너'라는 상호주의를 갖도록 동시에 공동진화했다고 주장할 것이다. [셋째], 거울신경의 더 불분명한 기능은 관념적이라는 것이다. 다시 말하면 인간에게는 아주 무엇인가 잘 발달 되어 있다. [...] 95퍼센트 이상의 사람들이 삐죽삐죽한 형태를 'kiki(키키)'로 그리고 구불구불한 것을 'bouba(부바)'라고 생각한다. 입천장에서 혀가 갑작스럽게 꺾이는 것을 언급한 것이 아니다. 삐죽삐죽한 형태의 날카로운 억양이 '키키' 소리의 억양을 닮았다는 것이 내 설명이었다. [...] 거울신경이 하는 주요 연산 기능은 하나의 일차원 지도로 전환한다. 즉, 시각적으로 나타나는 누군가의 움직임을 근육움직임들로 프로그램하는 관찰자 뇌의 운동지도 같은 또 다른 차원으로 바꾼다. [...] 뇌는 시각과 청각지도를 연결하는 추상적 개념의 과업을 인상적으로 수행한다. [...] '교차 양상 추출', 즉 모양이 다른데도 유사성을 계산하는 이 능력은 인간 종이 즐기는 추상적인 생각을 하도록 길을 닦아 놓았을 것이다.[167]

거울뉴런의 가상현실 시뮬레이션(simulation)은 이미지 차원에서 일어나지 않는다. 형태로부터 유사한 근육운동을 '만들어내는 자기 자신'을 토대로 한 의도성 계열 실험이다. 따라서 세계는 '너'이면서 '나'인 것으로 풀이된다. 하지만 아리스토텔레스를 토대로 더 정확히 말하자면 이는 이미 '너'이면서 '나'인 상황에서만 가능한 해석체계를 바탕으로 한 비역사적 진화론이다. '너-나 상호주의'가 바탕을 두고 있는 토대는 행위를 전제하고 있으며, 행위는 그 행위자(agent)를 전제하고 있으며, 행위자는 그 자신이 행위하는 의도인 의미의

4. 라마찬드란의 거울뉴런과 근원적 형태

존재를 전제하고 있다. 다시 말해 '너'와 '나'의 단위를 가동시킬 수 있는 이유는 모방상황이 이미 의미단위를 선결했기 때문이다.

선결된 의미단위의 문제는, 라마찬드란에게 '교차 양상 추출'의 수행으로 나타난다. 언어와 사유는 가령 부바와 키키를 단순히 둥글한 것과 뾰족한 것 사이에 각각 배당시키는, 선행하는 형태적 유사성을 통해서 작동하지 않는다. 언어와 사유는 거울뉴런의 내적 투사의 영원한 반향(resonance of inner projection)을 통해서만 작동한다. 거울뉴런이 내적으로 지도변환을 하는 거울뉴런집합체의 활동 가운데 전혀 실재하지 않았던 차이들이 발견된다. 마치 기표와 기의의 '짝짓기'로부터 언어가 발생하는 것이 아니라 기표'들'의 끊임없는 측면적 연속체로부터 언어가 발생하듯이, 부바와 키키가 차이나는 것은 "하나의 차원을 다른 것 위에 매핑(mapping)하는 거울신경 같은 특성을 가진 회로의 활성화"에 의해서 가능한 것이다. 라마찬드란은 "세 가지 특징(시각적 형상, 소리 굴절, 그리고 입술 및 혀의 윤곽)은 뾰족함과 원형의 추상적인 특징을 제외하고는 절대적으로 공통적인 것이 전무하다는 것을 강조"한다.[168]

교차 양상 추출의 추상성은 인간이 지각적으로 포착할 수 있는, 즉 그룹화를 즉각 수행할 수 있는 어떤 형태를 발견하고 그에 대응하도록 진화해왔다는 사실을 말해준다. 라마찬드란은 마침내 '신경미학'으로 나아간다. 그는 특정 형태에 대한 근원적 선호를 강조한다. 어미 부리 밑에 찍혀진 붉은 색 점을 본능적으로 쪼아대는 새끼재갈매

기들의 행위에서부터 거울신경이 인간되기에서 차지하는 필연적인 역할에 이르기까지 뇌는 미학적인 본원적 형태 선호성에 대한 의존을 통해서 활동한다. 뇌는 언제나 특정한 정돈된 상태의 안정화를 선호한다. 뇌의 명령이란 실상 이런 코드 포착에 대한 미학적 선험성에 지나지 않는다. 예술가들은 모두 "지각문법(perceptual grammar)의 형상적인 원시성"에 대한 각별한 발견자들로서 층간 번역 복제의 거울구조의 "각 단계마다" 작용하는 "흥분신호"의 "최적화"를 만드는 자들이다.[169]

라마찬드란은 거울뉴런에서 출발하여 진화의 최종결정점에 예술/미학의 문제가 있다는 것을 발견한다. 그리고 예술/미학의 문제는 '역사적으로 우리가 무엇을 선호해왔는가'하는 문제를 '진화론적으로 우리가 무엇을 선호해야만 했는가'하는 문제와 신경 차원에서 연결짓는다. 이 논선 속에서는 자의식도 별 게 아니다. 그것은 '행위자=행위'가 근원적으로 간직하고 있는 지각문제를 해결하는 정점인 것이다.

어떤 의미에서 우리가 세상을 본다고 할 때 그것은 항상 환각을 잘 보는 것이라고 할 수 있다. 지각은 입력되는 데이터와 가장 잘 맞는 하나의 환각으로 간주할 수 있다. [...] 환각과 실제 인식은 동일한 과정에서 나온다. 결정적인 차이점은 우리가 인지할 때, 외부의 물체와 사건에 대한 안정성이 그것들을 고착하는 데 도움을 준다는 것이다.[170]

4. 라마찬드란의 거울뉴런과 근원적 형태

라마찬드란에게 세계는 '착각들'로 가득 차 있다. 이 착각들의 세계에서 모든 것은 '정상'이다. 그래서 라마찬드란에게는 '비정상(abnormal)'[171]같은 것이 없다. "초정상(ultra abnormal)"[172]이 있을 뿐이다. 모든 것이 인간 지각의 스펙트럼의 일부다. 그래서 라마찬드란은 단지 "안정화"되기를, "수많은 거짓 방들을 없애고,"[173] 병에 걸리거나 고통에 처하게 되는 일 없이 '아하!'할 수 있는 형태를 결정하고자 한다.[174] 인간에게 가장 중요한 것은 모든 것이 환각인 자리에서 지각문제를 해결하는 것이다.

라마찬드란은 의미가 곧 형태라는 점을 보여준다는 점에서 극히 아리스토텔레스적이다. '본질적 의미'는 어떤 미학적 형태들, 그러니까 생존과 진화에 아주 중요한 영향을 끼치며 따라서 선험적이고 내재적인 방식으로 미리 낙인 찍혀 있는 형태들을 의미한다. 이것이 신경미학이 의미하는 바다. 그래서 라마찬드란에게 문제가 되는 것은 형태들의 의미가 아니라 '인간이 어쨌든 형태를 인식해야만 한다는 사실'이었다. 그러한 형태의 인식은 거울뉴런이라는 근원적 모방본능으로부터 '너-나 상호주의' 가운데 '묶여지는' 틀잡기에 기인한다. 실로 모방 행위 자체는 아름다움이 '인간적인 크기'로서 가정했던 감각단위가 근원적임을 재차 주장하는 것이다.

5. 다마지오의 신체 지도: 몸은 생존을 향해

행위자의 존재 문제에 대한 두 가지 입장이 존재해 왔다. 인문학은 역사적으로 주체가 어떻게 출현해왔는가 하는 것을 골몰해왔다(도대체 주체가 무엇이든, 주체는 자연스럽지가 않다). 한편 (신경)과학은 '뇌의 소유자'로서 행위자가 이미 존재하고 있다고 본다. 행위자란 형성된 것이라고 본다면, 인간되기란 행위와 인간이 맺는 관계 속에 성립한다. 이런 관점에서는 사회적으로 책임지기의 시스템인 법정 장면과 같은 것이 수행적으로 결정적이다. 인간은 행위를 떠맡으면서 인간이 되기 때문이다. 그러나 행위자가 이미 행위를 소유하고 있다면 행위자는 따로 자신의 행위를 책임지려고 애쓸 필요가 없다. '누구의 책임인가'의 문제는 이미 의도를 해석하는 체계에 맡겨져 있기 때문이다.

안토니오 다마지오(Antonio Damasio)는 인지과학자로서는 거의 유일하게 '행위를 소유하지 않는 존재'로 인간을 다룬다. 다마지오는 뇌가 아니라 몸을 본다. 행위는 몸에서 벌어지는 일로, 영원히 우리와 '동떨어진' 것이다. 이런 관점에서 감각이란 '나도 모르게 먼저 행동해 버린 것'에 대한 뒤늦은 자각이다. 라마찬드란이나 크릭, 코흐에게 감각이란 것이 온갖 모양으로 형성된 무수한 착각들 가운데 경쟁/투쟁을 통해 형성된 '승리한 연합체'인데 비해, 다마지오에게 감각이란 것은 '내부세계'라는, 자기 자신에게조차 채 알려져 있지 않은 몸의 경계 안쪽에서 일어나는 일에 대한 이미지다. 다마지오 이론의 핵심 개념인 감정과 느낌의 구분은 이러한 토대에서 나온다.

다마지오에 따르면 감정이란 '신체 상태의 변화(흐름)의 모음(집합)'으로 행위(e-motion)다. 그것들은 신체와 뇌의 어떤 '상태'를 나타내는데, 신체와 뇌에게 상태란 정지해 있는 상이 아니다. 흐르는 피(혈류), 도약하는 신호들(시냅스), 우편적인 것들(호르몬), 리듬들(심장박동), 달리기와 불붙이기(온도들), 떨리기(ph), 쥐고 놓는 박자들(근육들), 밀고 당기기(삼투질 농도) 등등 수많은 활동이 곧 상태이다. 그 상태를 다마지오는 감정이라 부른다. 몸은 항상 그 어떤 것에도 반응하고 있지 않을 때에도 '어떤 상태'이며 그 상태는 항상 변하므로 특정(特定)한 것이다. 그리고 이러한 감정에 대하여 놓여 있는 것이 느낌(feeling)이다. 느낌은 상태에 대한 지각(경험)으로, 본질적으로 지도화(mapping)다.

다마지오에게는 감정 자체가 신체 상태에 대한 해석이다. '감정과 느낌' 사이의 관계는 '신체와 감정' 사이의 관계를 반복한다. 감정은 신체 상태에 대한 표상(representation)이다. "감정은 정신적 평가과정의 조합이며, 그 과정에 대한 기질적 반응들을 포함한다."[175] 그리고 느낌, 즉 "지각은 우리의 심적 절차의 상위표상(metapresentation)"[176]이다.

신체 상태의 행위가 표상이 될 수 있다는 논점에 주목해보자.

IV. 칸트 인간학과 그 현대과학적 귀결점의 탐색: 자기조직화

표상은 어떻게 가능한가? 표상은 이미 신체 상태에서 벌어지는 일 전체가 어떤 식의 초점이 있는 의미상을 선천적으로 지니고 있어야만 가능하다. 다마지오는 이미 신체가 선천적으로 "기질적 표상(dispositional representation)"을 지니고 있다고 말한다.[177] 이는 라마찬드란의 구상에서도 나타난 신경미학과 매우 유사한 "신경적 표상"으로[178] 신체는 이미 표상들을 가지고 있기 때문에 감정의 표상 또한 가능한 것이다.

신체의 표상은 곧 신체가 지도라는 말이다. 지도로서 신체, 뇌, 감각, 감정, 느낌을 이해하면, 어떻게 그것들이 표상의 평행들인지 알 수 있다. "어떤 방식으로든 신체를 지각하기 위해서는 감각의 지도가 필요하다."[179] 그러나 지도라는 개념은 다마지오에게서 매우 모호한데, 이 지도에는 축척(scale)이나 지형(topos) 개념도 없거니와 다마지오는 단지 지도를 표상으로, 표상을 이미지로, 이미지를 느낌으로 전가시키며 설명하고 있다. 느낌은 물론 애매모호한 것은 아니지만, 결국 '좋은 느낌'과 '나쁜 느낌'의 문제로 미끄러져 들어가는 방위(方位)가 관건일 뿐이다.

지도가 펼쳐지는 "내부 환경(internal milieu)"은 "이미 조직된 기전(preorganized mechanism)"으로 본질적으로 항상성 체계다. 따라서 '생존'을 위해 짜여진 체계다. 이렇게 볼 때 문제는 안정성이다. "자기보존에 대한 자연스러운 갈망"이 "인간의 구성에 포함된 특질"[180]인 것이다.

5. 다마지오의 신체 지도: 몸은 생존을 향해

인간에 대해 내가 그리는 그림은 '하나의 생물체'에 대한 그림이다. 이것은 자동적 생존기전으로 디자인된 생명과, 이것에 덧붙여 교육과 문화적 변용에 의해 사회적으로 바람직하고 허용되는 결정-내림 전략의 틀(즉, 생존을 확장시키고 생존의 질을 향상시키고, 하나의 인간을 만들기 위한 토대로서 기여하는 전략의 틀)이 추가된, 생명을 갖는 하나의 생물체에 대한 그림이다. [...] 생물학적 욕동 기전에 의한 제한이든, 사회의 중재에 의한 제한이든 이러한 이중구속으로부터 초본능적인 생존전략들은 아마도 인간 고유의 무엇인가를 발생시키게 된다.[181]

감정이 신체의 자동적 생존기전의 표상을 반복하고 병렬하는, 좋고 싫음의 반응선택 기전이라면 느낌은 감정과 신체의 표상을 이미지로 받아들여 전환시킨 사회문화적인 생명상태를 위한 좋고 싫음이다. 따라서 다마지오에 따르면 몸에서 벌어지는 일, 즉 내부 환경의 행위들은, 행위자로서 행동하는 인간 상호간의 반복이요, 그런 의미에서 서로의 표상일 뿐이다.

인간의 모든 행동은 이미 항상성과 생존을 향하여 의미를 지니고 있다. 생존이라는 최후의 의미-방향성에서, 인간은 특히 몸을 가진 존재라는 점에서 자신의 생존에 반대되는 행동을 할 수 없게끔 짜여있는 것이다. 다마지오적 인간은 행위의 의미질서를 동일한 구조(=지도)로 지니고 있는, 이미 조직된 몸체(preorganized organism)를 '점거'한 존재, 아니 더 정확히 말하면 그 몸체와 '찬동/조화'를 이루는 존재다. 느낌이 가지고 있는 의지적이며 초본능적인 생존전략의 항상성 추구의 진짜 의미는 이것이다.

　이렇게 볼 때 크릭의 다시 선택하는 상이나 코흐의 정보결정체나 라마찬드란의 생물학적으로 선천적인 형태와 같이 다마지오에게서 모든 것은 생존을 위한 단위들로 환원될 수 있다. 다마지오는 행위를 미리 소유하지 않는 인간 형상을 그려냈지만 의미의 차원에서 인간에게는 이미 "생존을 필수적으로 여기는 생물체 기호의 근본적인 틀에 의해 검토되고 모양지어져야만 하는"[182] 필연성이 있다. 다마지오에게 그것은 지도라는 아름다움을 지니기 위해 몸을 사랑해야 하는 필연성으로 나타났던 것이다.

6. 자기조직화의 토대

크릭, 라마찬드란, 코흐가 공유한 것은 어쨌든 어떤 식의 지각-착각이든 환각이든 환상이든-을 해야만 한다는 사실에 대한 절대적인 동의였다. 다마지오의 이론 체계는 지각 자체가 행위라는 것, 그리고 행위를 사후적으로 회수하는 표상화를 통해서만 지각이 성립한다는 것을 보여줌으로써 의미소의 토대를 밝혀주었다. 몸을 가진 인간은 지도화할 수밖에 없지만, 그 지도화의 몸짓에는 '간극'이 존재한다.

자기조직화 개념을 실제로 추적해보면, 물론 단위와 구조가 선결되지는 않더라도 인간 자체인 의미를 통해 조직성 전체가 결정된다는 것을 알 수 있다. 자기조직화는 '연합의 문제'를 뒷받침하는 '의미체계'의 기전들에 의존해서 작동하게 된다. 신경생물학자 크릭은 "의미 있는 해석을 선호하는 경향"이 있는 자기조직화로, 코흐는 크릭의 해석 선택을 코드들의 다해석적 조합으로 이해함으로써 조합의 자기조직적 비약을 정보라고 해석했다. 행동신경학자 라마찬드란은 결합의 결과인 패턴을 만들기 위한 형태에 대한 원초적 선호가 존재한다고 보았는데, 이때 형태에 대한 원초적 선호란 지각문제를 어떻게든 해결할 수 있는 추상성을 의미한다. 인지과학자 다마지오는 의미가 지도화를 통해 나타난다고 봄으로써 일종의 생존 및 항상성을 위해 방향 잡혀진 자기조직적 활동을 전제한다. 모든 경우에 있어서 '의미 있는 것'은 절대적으로 존재하고 있다. 가장 기본적인 의미에서 생존에 의해 모든 행위가 형성되는 것이다.

자체적 결합의 문제를 해결하기 위해 끊임없이 의미가 참조되어야만 했다는 것은 무엇을 뜻할까? 이는 어쩌면 '단위성 그 자체의 성립'과 '결합 및 구조의 활동' 자체에 대해서는 묻지 않고 자체적 연합을 이루는 찬동/조화를 통해서 상호정립적 관계에 얽힌 문제를 해결하려는 시도가 가지고 있는 한계 탓에 발생한 것인지도 모른다. 다시 말해 단위화 자체가 정말 가능한가를 묻지 않고서 이미 단위화되어 있는 것들을 '가지고 놀이'하는 조직화를 주장하려면,

IV. 칸트 인간학과 그 현대과학적 귀결점의 탐색: 자기조직화

결국 사실 가장 기본적인 차원에서 단위화를 가능하게 했던 그 심층적 논리-인간의 의미-에 의존하지 않을 수 없다는 것이다.

7. 에델만의 위상생물학적 발생학: 이미 배(胚)에서부터

생물학적으로 물리적인 의미에서 인간이 아닌 곳에서 인간이 나오는 그 순간의 가능적 필연성을 정초하는 단위를 탐색했던 제랄드 에델만(Gerald Edelman)은 '배(embryo)'를 자기조직적 시스템의 창발적 시작점으로 본다. '배'는 위상생물학(topiobiology)의 바탕으로, 지도와 이미지의 관계가 지형학적으로 발전되는 첫 단계다. 배는 공 모양으로 생긴 '덩어리'다. 알(卵)에서 막 형태가 잡혀지기 시작하는 바로 그 시점의 덩어리다. 배에서 인간이 나타난다. 발생학(embryology) 없이 이중나선의 코드 구조만으로는 세포 형성을 설명할 수 없다는 것이 에델만의 주장이다.

흥미롭게도 크릭은 NCC 연구로 전환하기 전에 유전물질은 이중나선으로 되어 있다는 사실을 발견했고, 복제되는 상보적인 병렬성의 연결을 통해 (세포) 형성의 문제를 설명했다. 이중나선이라는 형식은 모방보다 더 한 모방인 '복제'로서 크릭의 감각학에서도 사실 코드의 판독보다는 복제되는 순간이 하나의 도약이었다(2와 1/2 차원의 세계). 크릭의 NCC 연구는 세포차원에서 일어나는 형성의 구

조와 '의식'할 때 뇌에서 일어나는 뉴런의 형성 사이에 어떤 간극이 있는가 하는 것을 보여주는 것이었다. 크릭은 이중나선의 형성 메커니즘과 자기조직적 신경상관물의 형성 메커니즘 사이에 어떤 관계가 있는지 혹은 구조적 상동성이 존재하는지 여부 등에 대해서 결코 논하지 않았지만, 에델만은 '배'의 발생학적 차원을 통해 이 문제를 탐구한다.

에델만은 형태 형성의 문제에 깊이 골몰했다. 그는 "어떻게 1차원의 유전암호가 3차원의 동물모양을 지정할 수 있는가"하고 물음으로써[183] 복제 및 코딩만으로는 설명할 수 없는, '다른 차원의 모양'이 발생하는 창발적인 출현에 주목했다. 에델만은 문제는 "실제적 구성이 아니라 역동적 배열"이 일어나는 것이라고 보았다.[184] 에델만은 지도가 우선한다고 보지 않았다. 복제와 코딩으로는 너무나도 큰 변이를 설명할 수 없었다. 지도가 가능하기 위해서는 먼저 '장소 의존적인 분화'가 있어야 한다. "이때 신경판세포들은 마치 종이가 말리듯 또르르 말려 들어가 신경관으로 들어간다. 이것은 '배의 축'을 이루며 동시에 '머리 끝 부분'이 어디인지를 결정한다."[185] 돌기가 나타나고 결절이 일어나며 이때 생기는 축을 바탕으로 한 원시선이 주름을 발달시키면서, 말려 들어가는 덩어리들의 분화를 통해 모양을 지닌 몸이 생겨난다. 정리하자면 이렇다: 공 모양의 배에서 머리, 척추, 다리, 꼬리, 눈 등등이 형성되는 과정은 단순히 이중나선의 코드를 해독하는 것이 아니다. 발생은 이웃을 동반한 위상학적 장소

IV. 칸트 인간학과 그 현대과학적 귀결점의 탐색: 자기조직화

에서의 형태 잡아내기를 필요로 한다.

발생에 있어서 무한한 변이성은 실로 압도적이다. "선행하는 지령"도 없고,[186] "분명한 정보교환도 없는"[187] "의무적으로 다양한 변이"[188]가 나타난다. 생명체의 문제는 평행하는 배열로 된 지도들의 전체 이미지가 아니라 이미지화할 수조차 없는 무한한 변이들로부터 선택을 하는 것이다. 에델만에게는 이것이 행위다. 그때그때 선택된 것들의 통계적 활동이 있다. 모양은 선택과 깊은 관련이 있다. 선택은 우회적인 종류의 것인데, 선택이 일어나는 것은 '통제적'인 과정이 아니라 '억제적'인 과정이다. 형태를 잡아 가는, 형태를 만들어 가는 선택의 사건들은 말 그대로 "선택되는 것"이 아니라 "억제를 억제하거나 아니면 선택적으로 억제하지 않거나"[189] 하는 것이다.

따라서 충분히 커다란 수의 깜빡임들, 즉 신호들이 주어지기만 하면 우회적인 선택을 통해 지도가 발생한다. "발생적 선택과 경험적 선택, 그리고 재입력 이상의 어떤 가설도 필요하지 않다."[190] 무한한 선택이 이미 있다. 우회적 선택의 통계적 활동을 통해 경험선택이 이루어질 때 그 발생사적 결을 타고 인간의 형태가 만들어지는 것이다. 형태 발생이란 무한과 역사의 어떤 결합이다. 한편, 선택을 '규정'하는 것은 없지만, 무한한 변이는 '규제'된다. 달리 말하면 이렇다. 의미는 선행하지 않는다. "선택적 사건들은 행위가 진행되는 동안 일어나며 가치에 의해 지정되지는 않는다. 가치에 준해 일어

7. 에델만의 위상생물학적 발생학: 이미 배(胚)에서부터

나는 것이다." 즉 "가치가 반드시 선행되어야 한다."[191]

범주화는 항상 가치(value)라는 내부적 기준과 관련해 일어나며, 이같은 관련이 적절함을 정의해준다는 사실을 제안하고 있다. [...] 그러한 가치기준은 특수한 범주화를 결정하지는 않지만 특수한 범주화가 일어나는 영역을 규제한다.[192]

선택설을 통해 볼 때 강제란 어떤 것들인가. [...] 어떤 선택적으로 기초한 시스템도 가치로부터 자유롭게 작동하지 않는다. 가치는 한 종의 적응적 활동에 대한 필수적인 강제이다. [...] 우리는 가치 위에서 범주화한다. [...] 가치는 수정될 수 있지만, 아무리 기본적인 생물학적 가치계로부터 멀리 떨어진 것이라 하더라도 뇌의 선택계를 유도하는 데 있어서 가치의 본래적인 필요로부터 나왔음이 거의 틀림없다.[193]

에델만의 가치 개념을 잘 살펴보면, 우리는 거기에서 다마지오의 항상성과 유사한 뉘앙스의 무언가를 읽을 수 있다. 가치에 도달함으로써 에델만은 다마지오와 동일한 결론을 내리게 된다. 더 깊은 곳에서, 더 절대적으로 '자기보존'으로서의 생명의 의미가 확언된다. 가치란 의미의 전경화. 처음 형태의 무한한 발생을 가능하게 했던 것도, 그 발생들을 억제하지 않았던 것도, 또한 발생사적 모양잡힘을 가능하게 했던 것도 이 허용역(許容易), 배경 덕분이다.

IV. 칸트 인간학과 그 현대과학적 귀결점의 탐색: 자기조직화

　세포차원에서부터 인간까지, 자기조직화는 가치에 준한 원리다. 자기조직화란 발생학적으로는 선택계의 문제이며, 그 점에서 주변환경의 모든 요소들을 조합하고 조정하고 타협하여 자신의 형태를 형성하는 가소성(可塑性)이지만 궁극적으로는 가치에 준(遵)해서만 존재할 수 있다. 무한에 가까운 변이를 지니는 덩어리 자체이면서도, 배는 어떤 형태를 향해 위상생물학적으로 자기조직화한다.

　에델만에게 있어서 배라는 단위 및 단위화에 내포된 자기조직화의 진화생물학은 "뉴런집단선택설(Theory of Neuronal Group Selection, TNGS)"이라는 신경생물학으로 번역된다. 사실상 뉴런들의 연합을 설명하는 것과 배라고 하는, 모든 것이 이루어지나 모든 것이 단위들의 자동적 연합 형성을 이루는 자체성을 설명하는 것은 서로 순환하고 있음을 우리는 에델만의 설명에서 확인할 수 있다. 배의 문제는 TNGS를 통해 자기조직화의 자체적 형성에 관한 원형적 내러티브가 된다. 배는 시간이 흐르면서 발전하는 생명체인 인간과의 관계에서의 낯섦(다마지오의 표상들)을 포함해서 결정적인 뉴런집합(라마찬드란의 거울집합)의 활동이 인간의 모든 행위 형성으로 확장되는 가능성을 넘어 결정화된(crystalized) 추상적 뉴런(코흐의 정보결정체)의 존재 활동을 모두 설명할 수 있게 해준다.

8. 마뚜라나와 바렐라의 경우: 사랑과 자비의 세포

움베르또 마뚜라나(Umberto Maturana)와 프란치스코 바렐라(Francisco Barella)는 세포의 도저한 무근거성이 어떻게 인간학에로 흘러들어 가는지를 보여준다. 배가 아니라 세포 차원에서 이들은 '자기조직화(self organization)'를 '자기생성조직(auto-formative organization)'으로 재규정한다. 마뚜라나와 바렐라는 문제는 배라고 하는 둥근 덩어리가 아니라 모든 것이 폭발적으로 벌어지고 있는 무엇의 주위를 둘러싼 '막(membrane)'이라고 본다. '막'은 생성의 막일뿐 아니라 접속의 막이기도 하다. 한편으로 마뚜라나는 배를 통해 발생학적 시간을 함유하게 할 필요 없이 세포 자체가 진화론적으로 이미 생성의 주름을 내포하고 있는 현재라고 해석하며, 다른 한편으로 구조접속을 통해 모든 것이 '개체'가 될 수 있는 공간적 가능성을 창안한다.

마뚜라나와 바렐라가 막을 통해 파악하는 구조접속되는 단위들의 자기조직화에는 에델만의 그것보다 더욱 급진적인 지점이 있다. 그들은 가치가 자기조직화의 공간, 즉 자기조직화가 허용되고 힘을 발휘하는 배경이라고 보지 않았다. 그들은 '정말로' 자기생성조직이 전부라고 보았다. "존재와 행위는 나누어지지 않는다."[194] 존재와 행위는 서로 순환한다. 무엇이 생성물이고 무엇이 생성자인지 구분할 수 없는 순환성이 자기생성조직의 핵심이다. "자기생성체계의 가장 독특한 점이란 말하자면 자기 옷을 스스로 여민다는 사실"

Ⅳ. 칸트 인간학과 그 현대과학적 귀결점의 탐색: 자기조직화

이다.[195] '여며진 자기'의 '옷 주름'이 바로 막이다.

우리가 만약 "우리 행위의 초월성"[196]을 제대로만 이해한다면, 그것이 세계를 만든다는 사실을 이해할 수 있다. 행위로 인하여 순환적으로 행위존재가 탄생했으며 그렇게 탄생한 행위존재, 즉 '~인 것들'은 얼마든지 확장될 수 있다. 막은 함께 행위하여 존재를 창출시키는 모든 경우에 나타난다. 마뚜라나와 바렐라에 따르면 우리는 행위가 먼저 있다거나 행위자가 먼저 있다거나 하는 식의 논리에서 나와야 한다. 행위는 오직 순환성을 작업적으로 확장시킬 뿐이다. 행위와 행위자는 '동시에' 서로를 형성한다. 마뚜라나는 이를 마우리츠 코르넬리스 에셔(Maurits Cornelis Eshcer)의 그림을 통해 설명한다.[197] 서로를 그리는 손, 그것이 행위의 초월성이다.

손이 서로를 그리면서 생기는 바로 그 순환의 작업적 폐쇄성으로 생기는 것이 "반응의 그물체" 혹은 "퇴적물들의 막"으로서 개체다. 우리는 작업적 폐쇄성을 "형태로 간주하는 것이다."[198] 이런 관점에서는 환경 또한 하나의 자기생성적 개체이며 행위를 통해 자신을 이룬 '~인 것'이다.

단 한 개의 세포에서 생겨난 세포들이 함께 뭉쳐 메타세포적 개체를 이룬다는 조건이 이 세포들의 지속적인 자기생성과 완전히 조화를 이룬다는 사실을 우리는 강조하고 싶다. 하지만 이 세포들이 이렇게 함께 뭉치는 일이 필연적인 것은 아니다.[199]

8. 마뚜라나와 바렐라의 경우: 사랑과 자비의 세포

마뚜라나와 바렐라는 1차적 개체로서 세포, 2차적 개체로서 생명체, 3차적 개체로서 집합체(사회)를 변별한다. 이들에게 있어서 개체가 '뭉치는' 데에는 '가치'라는 절대적 개념이 필요하지는 않다. 하지만 대신 개체 생성은 '조화'를 필요로 한다. 나누어질 수 없는 것(나누어짐은 2차적 개체로서는 죽는 것이다)과 하나가 될 수 있는 것(모든 공동체들)이 균형을 이룬다. 세포차원에서부터 인간을 거쳐 사회차원에 이르기까지 조화는 반복된다.

구조접속과 구조적 양립을 통해 '~인 것들'을 놔두지 않으면 세계란 가능하지 않다. 조화의 실제적 의미란 타인들의 '개체성'을 사랑해야만 한다는 것이다.

사랑은 유기체의 한 역동적인 구조양식을 규정하는 감정으로서, 사회적 삶의 작업적 응집성을 낳는 상호작용들로 나아가는 결정적인 단계다. [...] 우리가 여기서 마주친 사회적 역동성은 인간 존재의 존재론적 근본특징을 암시한다. 곧 우리가 가진 세계란 오직 타인과 함께 산출하는 세계뿐이다. 그리고 오직 사랑의 힘으로만 우리는 이 세계를 산출할 수 있다.[200]

사랑의 뿌리에는 '인간의 운명' 같은 것이 있지 않다. 사랑의 힘은 '무근거성'에서부터 나온다. 자기생성조직으로부터의 창발이란, 결국

IV. 칸트 인간학과 그 현대과학적 귀결점의 탐색: 자기조직화

'공(空)'에의 직면을 통해서만 이해할 수 있다. 바렐라는 무근거성에 직면함으로써-그는 생명도, 인간도, 창발도, 의미도 참조점이 될 수 없다는 사실을 직면한다-'자발적으로' 나타나는 개체에 대해서 말하려면 사랑의 문제를 '말하지 않을 수 없다'는 점을 깨닫게 된다.

바렐라 연구그룹의 실험을 통해 드러난, 무작위성으로부터 창발적 순간을 포착하고자 하는 시뮬레이션들을 가로지르는 "끌개(attractor)"는 말 그대로 몹시 매혹적이다. 엉망으로 흐트러진 초기상태에서 가치 같은 규제 이념 없이도 얼마든지 한계순환과 주기가 나타난다(시공간차원에서의 구조잡힘; 혼화)는 것을 시뮬레이션은 보여준다. "조화적 협력체의 총합적 상태가 창발"한다.[201] 바렐라 연구그룹은 상호의존적 연쇄의 자기생성적 상태 자체에 근거가 없다는 것을 강조한다. 그들에 따르면 지금까지 자기생성체계의 근거들을 탐구하게 하는 모든 서양담론들은 헛된 애착과 집착을 부리는 것이다. "우리는 세계를 마치 근거를 지닌 것처럼 경험하도록 저주받았다." 이는 "인간의 가능성에 관해 선험적 한계"를 설정하는 도착이다.[202]

바렐라는 궁극적 기반의 결여를 직면해야 한다고 요구한다. 단위들의 상호의존적 연쇄가 현상인데, 현상은 결코 '객관적'이지 않다. '객관화'는 일종의 "물화"일 뿐이므로[203] 우리는 단위들의 삶을 살아가되 "주어진 인지적 작업에 의존"하고 있다는 것을 기억해야 한다. 우리의 "배경은 감당할 수 없는 애매성" 그 자체다. 그러므로 우리는 배경을 존재윤리학적으로 감당해야 하는 것이다.

바렐라는 비어있음의 본질을 파악하는 길, 공(空) 자체가 다시 물화되지 않게끔 하는 유일한 길은, 사랑의 더욱 사랑하는 얼굴, '자비(generositiy)'라고 생각했다. 무근거성은 없음(無)이 아니라 "비자기중심적인 자비의 윤리"[204]를 뜻한다. 막은 사랑과 자비에 의해서만 둘러싸일 수 있는 근거 없는 형성의 윤곽이다.

V. 데카르트의 주체론과 시뮬라크르

V. 데카르트의 주체론과 시뮬라크르

1. 악령이 출몰하는 세계

그래서 나는 이제 [...] 유능하고 교활한 악령이 온 힘을 다해 나를 속이려 하고 있다고 가정하겠다. 또 하늘, 공기, 땅, 빛깔, 소리 및 모든 외적인 것은 섣불리 믿어버리는 내 마음을 농락하기 위해 악마가 사용하는 꿈의 환상일 뿐이라고 가정하겠다.[205]

데카르트의 의심은 신이 인간을 향해 있다는 확신에 대한 반(反)인간주의적 거부에서 출발한다. 신의 선(善)을 의심하고 신의 목적을 의심하고 신이 "기만자"일지도 모른다고 의심하는 것에서 성찰은 시작된다.[206] 어쩌면 이 세계는 악령의 환상일지도 모른다. 데카르트의 악령이 출몰하는 세계는 단순한 논리적 가정이 아니다. 그 세계는 사적 감각이 아닌, 그러나 공적 감각이라고도 할 수 없는, '어떤 이성적 광기'의 세계다. 세계는 그에게 주어져 있지 않다.

악령에 사로잡힌 자는 미치광이가 되거나 꿈으로 빨려 들어가야 할 것이다. 그러나 데카르트는 대신 악령을 '만난다.' 그는 영원히 자신이 "미치광이가 깨어있을 때 하는 짓과 똑같은 짓을, 아니 종종 더 괴상한 것"을 하지 않는가 의심하고 "곰곰히 생각해보면 깨어 있다는 것과 꿈을 꾸고 있다는 것을 확실히 구별해 줄 어떤 징표도 없다는 사실에 소스라치게 놀라게 된다."[207]

처음 악령이 나타나자 데카르트는 주문을 외운다: 우리가 익히 알고 있는 주문, "코기토 에르고 숨(나는 생각한다, 고로 존재한다)"이다. 주문의 효과는 다음과 같다: 그는 그가 깨어 있든 꿈꾸고 있든, 미쳤든 미치지 않았든 '상관없다'고 생각한다. 왜냐하면 모든 것이 기만이라 할지라도 어쨌든 "자신이 사유양태라는 한에서는"[208] 존재를 확신할 수 있기 때문이다. 이것이 제1성찰(악령)에 대한 제2성찰(사유)의 대답이다.

그러면 이때의 '사유'란 무엇인가? 기만(deception)은 진정한 의미에서 어떠한 수용(reception)도 불가능한 사태다. 그래서 '악령'에 대해 '사유'를 답하는 것은 모든 외적인 것들이 단지 자신의 환상인 것은 아니라고 답하기 위해 외적인 것들과 자신의 환상 '사이의 어떤 균형적 중개물'을 찾는 그런 작업이 아니다. 포착(ception)이 아니다. 둘 모두가 동일한 실체적 특성을 공유하고 있는, 어떤 추상적 형식 자체는 공통적으로 갖고 있다는, 인지(perception)도 아니며, 또한

V. 데카르트의 주체론과 시뮬라크르

'생각하는 내'가 그 시작(inception)이라는 내적 수렴도 아니다. 데카르트는 다음과 같이 질문한다. "이른바 내 외부에 현존하는 사물로부터 오는 것으로 간주되는 관념에 대해, 내가 왜 이런 관념이 외부 사물과 유사하다고 생각하게 되었는지, 그 근거를 고찰해 볼 필요가 있다."[209] 데카르트가 숙고해보고자 하는 것은 우리가 지닌 관념들과 사물들의 '관계'다.

니콜라스 험프리(Nicholas Humprey)는 감각과 지각의 진화사를 추적하면서, 자신을 덮는 피부 경계에서 '자극=반응'했던 원시동물로부터 감각이 나타났다고 말한다. 험프리에 따르면, 본래 감각하자마자 행위했던 것, 동물에게 다가오는 무엇에 붙들려 곧장 반응하게 되는 운동 전체가 감각이었다. 감각과 행위가 분리된 것은 '지각'의 진화 때문이었다. "자신의 반응을 모니터링하는 경로"가 별도로, 그리고 상호적으로 발달함으로써 '지각'이 나타난다.[210] "자기자신의 반응을 모니터링하는 것을 통해 그 동물은 자기 자신의 신체 표면으로 도달하는 자극에 대한 표상을 형성한다."[211] 따라서 "가장 기본적인 수준에서 감각들은 실제로는 은밀한 움직임"이며,[212] 이러한 감각-행위의 내부세계를 낯선 듯, 낯익은 듯, 속이며, 또 씨름하며 바라보는 것이 지각이다. 그러나 험프리의 내부세계는 지도나 이미지가 아니며, 생명의 의미를 담고 있는 선(先)표상이나 선(先)레퍼토리와도 다른 일종의 발작(發作)이며 반사(反射)다.

또한 '감각=행위'는 '자기조직화'도 아닌데, 오히려 자신에게

1. 악령이 출몰하는 세계

다가오는 특이한 사물들에 대한 일종의 '(귀)신들림'이라는 점에서 그렇다. 그것은 자기를 조직하기 위해 자기통합의 사령부로서 행위주체와 감각주체를 일치시키는 찬동이 아니라 자기에게 다가온 것에 대해 곧장 행위하지 않고는 버틸 수 없는 어떤 웃자란 행위다. 여기에 대해 '뒤늦게' 성찰하는 것이 지각이었다.

그러나 지각이 진화한 이후로 '감각=행위' 혹은 '자극=반응'의 고리는 간섭을 받아 수정된다. 지각은 곧바로 감각-행위하는 표출들(ex-pression)을 대부분 제거하기에 이른다. 하지만 제거된 것들은 단순히 사라지지 않았다. 감각하자마자 행위하게 하는 그 구분 불가능한 들림은 단순히 사라지지 않고 지각을 신들리게 한다. 이제부터 지각은 감각되는 모든 것이 '그러한 감각의 대상으로서 실재한다'는 '대체 행위'를 떠맡게 되는 것이다. 감각하는 즉시 반응하게 되는 대신 지각은 '감각자극의 대상이 감각대상으로서 존재한다'고 '가정'하게 된다. 험프리는 주체가 "빨간 감각을 갖고 있는 것"과 "스크린이 빨갛다는 것을 지각하게 되는 것"을 구분하게 된다고 말한다.[213]

따라서 '붙들린 행위' 대신에 등장한 것이 바로 '감각대상으로서 존재하는 감각대상'이라면, 이제 주체는 반드시, 일종의 데카르트적인 책감(責感)에 시달리게 된다. 주체는 자신이 주체이기 위하여 지불했던 '감각대상의 감각대상으로서의 실재성'이란, 자신이 사물에 가했던 존재론적 폭력, 즉 '만약 네가 감각되는 것이라면 너

V. 데카르트의 주체론과 시뮬라크르

는 감각되는 형식으로 존재하는 것이어야만 한다'는 주문이었음을 자각한다.

이 상황을 책임(責任)지기 위한 유일한 방법으로 주체가 생각해 낸 것은 존재(있음) 이전의 것이 '있다'는 사실이다. 단순히 자신이 감각하지 못하는 방식으로 존재하는 것들도 있을 수 있다는 것이 아니라 존재하지 않는 것들도 있다는 것에 대한 사유다. 주체는 존재하기 이전의 상태로 있는 사물에 대해 알지 못한다. 실재론과 인식론의 이야기를 하고 있는 것이 아니다. 아이러니하게 들리겠지만, 이것은 존재하고 있는 사물을 의심해야 하며, 존재하기 이전이 있었다는 사실, 혹은 존재가 아닌 것이 있었다는 사실을 확신해야만 한다는 것이다. ('존재하기 이전'을 확신하는 것을 우리가 언제나 '신(神)'이라고 불러왔다면, '존재가 아닌 것'을 확신하는 것을 우리는 언제나 '귀신(鬼神)'으로 불러왔다.)

2. 연장실체의 실체

지각은 '감각이라고밖에는 달리 말할 수 없는 어떤 시작점'을 감각적인 것으로 받아들인다. 그리고나서야 감각이 지각의 출발점이었음이 '드러난다.' 지각은 감각을 행위로부터 떼어내어 외부사물과의 관계 속에서 단위화하는 조작이다. 데카르트의 세계는 이미 '인식론적 단위들'로서 '사물의 관념들'로 채워져 있다. 인식론적 단위들은 '감각-행위'의 추상된(추출된) 형식이 아니라 추출되었다고 가정된 형식이기에 그 근원성을 의심받지 않는다. 이미 지각에 의해 감각은, 감각대상과 행위주체의 인식단위들로 대부분 환원되었으므로 감각적인 것은 아무것도 아니었다. 그래서 데카르트는 근원적이라고 여겨지는 인식단위들을 의심한 것이다. 이렇게 볼 때 우리는 데카르트가 문제삼은 것은 지각의 원초적 형식으로서의 감각이 아니라 감각에 대한 단위화 작업의 기반에 있는 단위성 자체라는 것을 알 수 있다. 데카르트는 "감각함은 사유함"이라고 하는데,[214] 이는 감각함이 외부사물에 대한 인식의 단계에서 어떤 좌표를 차지함을 뜻하는 것이 아니라 감각함 자체가 사유함과 동일하게 '속성들로 이루어진 단위'라는 것을 뜻한다. 바로 그 점에서만 감각함과 사유함은 "사유양태"인 것이다.

그러므로 데카르트의 세계는 감각적인 것과 성찰적인 것의 관계로 이루어진 '단위들'로 구성되는 것이 아니라 '단위들로 나타난 것들'과 '단위들로 나타나지 않는 무언가'가 이원적으로 존재하는 식으로 되어 있다는 것이 밝혀진다. 여기에서 악령은 쫓아내어지지 않는다. 왜냐하면 악령의 기만이란 포착되지 않는 윤곽을 의미하기 때문이다. 이 세계에는 "사물의 상"인 "내 사유의 대상"과 "또 다른 어떤 형상", 즉 "그 사물과 유사한 것이 아닌 또 다른 것"이 존재한다. 둘 중 어느 경우에도 "내 속에 있는 관념이 내 외부에 있는 사물

V. 데카르트의 주체론과 시뮬라크르

과 유사하거나 일치한다고 판단"해서는 안 된다. "관념을 사유양태로만 고찰"할 때, "관념은 나를 오류의 함정에 빠뜨릴 수 없다."[215]

사유양태를 연장시킨다는 것은 곧 이 세계가 '악령이 출몰하는 세계'임을 안다는 것을 의미한다. 데카르트에게 있어서 사유양태가 연장되는 양상을 살펴보면 이는 실제 사물과의 비교를 통해 성립되는 척도가 아니라는 것을 알 수 있다. 『성찰』이전 저작인 『정신지도를 위한 규칙들』을 살펴보면,

문제는 물체의 실제적 연장으로 전환되어야 하고, 그 전체가 간략한 도형으로 상상력에 제시되어야 한다. 이런 식으로 문제는 오성에 의해 더욱 판명하게 지각될 것이기 때문이다. 그런데 상상력의 도움을 받기 위해서는 다음의 것을 알고 있어야 한다. 즉 알려지지 않은 것이 이미 알려진 것에서 연역될 때, 어떤 새로운 종류의 존재자가 발견되는 것이 아니라, 오히려 그 인식 전체는 찾고 있는 것이 명제에 주어져 있는 것의 본성에 이런저런 방식으로 참여하고 있다는 사실을 깨닫는 것에까지만 미친다.[216]

연장된 다수성의 전체 계열 속에서 문제가 되는 것은 "특정한 계열의 배치"란 진정한 의미에서 원형과 사물들을 '인식'하기 위한 범위가 아니라 그것들이 '이미 나타나 있는 한'에서 서로 '관련' 짓기 위한 것이라는 사실이다. "어떤 종류의 존재자, 즉 철학자들이 자신들

의 범주 안에 설정한 것과 연관되어 있는 것이 아니라, 어떤 하나가 다른 것에서 인식될 수 있는 한에서 모든 것이 특정한 계열로 배치될 수 있다."[217] "차원(dimension), 단위(unit), 형태(figure)"는 모두 연장 자체 속에 있는 것으로 나타나며 관념들의 연장은 결코 표상적이거나 실재적이지 않다.[218] 하나가 다른 하나보다 더 '설득력'이 있다는 미묘한 우월성의 문제가 우선한다. 즉 "그것은 우월적으로(eminenter)"[219] 있는 것들일 뿐이다.

3. 데카르트의 신: 본질을 존재로

데카르트는 『정신지도를 위한 규칙들』에서부터 『성찰』에 이르기까지 사유양태의 연장이 어디에서 성립할 수 있는가 하는 문제를 표상적 실재성과 형상적 실재성, 그리고 최후에는 우월적 실재성을 통해 검토한다. 표상적 실재성도, 형상적 실재성도 유효하지 않지만, 우월적 실재성이라는 기준도 무력한 것임을, 데카르트는 『성찰』에 이르러 깨닫게 된다. 실재성은 존재를 붙잡을 수 없다. 실로 사유하는 동안만 존재한다는 바로 그 사실은 오직 "사유하는 동안"에만 유효하다. "왜냐하면 내가 사유하기를 멈추자마자 존재하는 것도 멈출 수 있기 때문이다."[220]

사유란 연장될 수도 없고 양태화될 수도 없다. 사유는 그만치

Ⅴ. 데카르트의 주체론과 시뮬라크르

실재적이지 못한 것이다. 그래서 데카르트는 다음으로 "힘"의 문제를 고려하지만, 힘도 안정적인 척도의 역할을 해낼 수는 없었다. 힘이란 반드시 그 힘이 작동하는 장소(field)를 지닌 관계체계여야 하는데, 지금과 같이 관계체계를 이루는 연장들의 모양잡힘이 사유되지 않은 상태라면 힘이 작동하는 장소는 이미 악령들의 세계일 뿐이다. 데카르트의 제3성찰(해체)은 제2성찰(사유)을 다시금 제1성찰(악령)에게로 되돌려 보낸다:

> 그런 힘이 내 안에 있지 않다는 것을 나는 경험하고 있으며, 바로 이로부터 나는 나와 다른 어떤 존재자에 의존되어 있음을 아주 분명히 알게 된다. 어쩌면 이 존재자가 신이 아닐 수도 있다.[221]

사유양태를 실재성을 통해 검사함으로써 인식단위들을 안정화하는 것도, 사유양태의 공간 내부의 힘을 통해 안정화하는 것도 불가능하다는 통찰이 데카르트적인 유령세계를 뒷받침하고 있다. 사유양태를 통해 악령이 출몰하는 세계를 물리치고 인식단위들이 자기조직화하는 세계로 나아가고자 하는 시도는 악령에 의해 계속해서 실패한다. 이는 처음부터 예견된 것이나 다름없는데, 사유는 이미 악령을 포함하고 있었기 때문이다: 지각이 감각대상을 전제하고 시작하면서 존재 너머의 것은 염두(念頭)에 두어질 수밖에 없는 것이었다!

유령적인 것은 계속해서 지각이 단위화한 '사물들의 다수성'에 출몰하여 단위들은 애초에 해체된 것임을 주장한다. 다시 정리하자면, 감각은 본래 '감각=행위'로서 감각이 조우하게 되는 모든 사물들에의 붙들림이었다. 지각은 감각-행위의 사물에의 붙들림을, 사물 단위들 자체 내의 자기조직화로 이해함과 동시에 단위와 인식단위 전체를 연장실체로 받아들이는 것으로 진화했다. 그리고 이와 함께 감각은 감각'대상'을 등장시키지만, 대상 '자체'를 확신할 수는 없는 일종의 유령보기가 되었던 것이다. 악령이 출몰한다는 것은, 인식단위들의 의미를 향한 자기조직화 너머에서 존재하는 존재의 가능성을 나타낸다.

제4성찰은 신을 '특이한 사물'로 만든다. 다른 모든 것들은 가리켜질 수 없으며 단위들의 먼저 존재하는 세계 속에서 암시되거나 중재될 수 있을 뿐인데, 신만은 유일하게 가리켜질 수 있고 직접적으로 말해질 수 있다(데카르트의 신학은 부정신학이나 유대신학이 아니다). 왜냐하면 신만이 본질과 존재가 동일한 사물이기 때문이다. 이전 시대의 가장 중요했던 주제인 '신 존재 증명'은 언제나 '이미 있는 신'의 속성을 탐구하는 것이었다. 신은 이미 있다. 문제는 그가 어떻게 있느냐 하는 것이었다. 어떤 방식으로, 어떤 모습으로, 어떤 현상으로, 어떤 얼굴로 신은 있는가? 신은 이미 존재하므로 세계는 모든 의미를 가지며 모든 의미의 토대는 의심받지 않았었다. 데카르트의 논리에서는 판국이 뒤집혀 있다. 신의 속성이 먼저 있고, 신

Ⅴ. 데카르트의 주체론과 시뮬라크르

의 속성에 의해 존재가 증명된다. 신의 본질적 속성에 따라 신은 존재할 수밖에 없는 것이다. 데카르트의 역사적 섬광은 특이한 사물로서의 신을 전면에 드러낸 데 있다.

> 삼각형의 세 각의 합이 두 직각이라는 것이 삼각형의 본질과 분리될 수 없고, 골짜기의 관념이 산의 관념과 분리될 수 없듯이, 신의 현존이 그 본질과 분리될 수 없다는 것 또한 분명하다. 그러므로 현존하지 않는 신을 생각하는 것은, 골짜기 없는 산을 생각하는 것 못지 않게 모순이다. [...] 그런데 산과 골짜기가 현존하든 하지 않든 간에 단지 그것들은 서로 분리될 수 없다는 것만이 귀결되지만 [...] 신을 현존하는 것으로만 생각할 수 있다는 것에는 그 현존이 신과 분리될 수 없으며 따라서 신은 실제로 현존한다는 것이 귀결된다.[222]

본질은 어떻게 존재일 수 있을까? 주체는 '본질' 속으로 사물에 가했던 존재론적 폭력으로서의 감각을 욱여넣는다. '감각되는 형식으로 존재'하는 사물에 '감각되지 않는 형식으로 존재'하는 '본질'을 부여하는 것이다. (실로 여기에서부터 인간이 어떻게 물(物)자체를 인식하는 데 있어서 불충분한지를 논하는 여러 담론이 출현하게 된다. 이러한 불충분성은 칸트 이전까지만 해도 경험론으로 용해되거나 합리론으로 초월되거나 했는데, 칸트는 이것을 이성과 찬동 가능한 것으로 조율한 바 있다.)

감각은 자신을 공간화하여 본질을 포함시킴으로써, 조직화가

3. 데카르트의 신: 본질을 존재로

일어나는 단위공간이 되고 '감각한 것'과 그 감각을 '성찰하는 다른 인식능력' 사이의 '지위차(差)'를 통해 본질과 존재가 차이 매겨진다. 본질을 감각이 아닌 다른 인식능력(이성, 지성, 지각 등)의 지위에 투사하면 우리는 사물은 '존재하는 방식으로 존재해야 한다'고 할 수밖에 없었던 감각주체로서의 폭력을 만회할 수 있게 된다. 본질은 그 자체가 너머에 있으므로 우리가 감각하는 방식대로 사물이 존재하지 않을 수도 있다는 것을 암시하기 때문이다.

이렇게 되면 이제 감각이 어떻게 평가되든 감각이 어떠한 위계를 지니든 그것은 별무상관이다. 관건은 본질들이 통용되도록 하는 자리를 만드는 것이다. 사물이 감각되는 순간 존재하게 된 방식 '이전에 거기 있었던 무엇'을 본질에 배당함으로써 '실체가 된 본질들'로 인하여 사물의 존재는 '공간을 차지하는 있음'-데카르트의 진정한 연장실체-으로 안정화된다. 존재가 무엇이든 간에-비록 그것이 부재라 할지라도-존재는 본질들이 작동할 수 있는 공간이다.

그러므로 사물은 언제나 험프리의 말처럼 '빨간 스크린' 같은 것이다. 스크린으로부터 빨강을 분리할 수 있는 것은 오직 주체가 자신이 그러한 감각을 갖고 있다고 주장함으로써다. 그리고 분리된 빨강이라는 속성은 실체로 간주됨으로써 우리가 사물의 실제성에 대해 물어야만 할 그 위기를 넘도록 해준다. 속성(빨강)이 사물의 모든 면에서 분리되어 실체로 간주된 것은 사물의 실제성을 비가시화했기 때문에 나타난 흔적 같은 것이다. "결정적으로 주체는 스크린에 대한 이 사실을 비인격적 사실로 지각한다. 즉 S는 자신을 위해 스크린을 빨간 것으로 지각하지 않는다."[223] 실은 자기의 자기성, 곧 주체성을 위해 지각한 것임에도 불구하고 말이다.

우리는 '본질' 혹은 그 하위개념인 '속성'을 단순한 추상으로 보는 시각에서 나와야 한다. 본질과 속성은 우리에게 실질적인 효과를 가져다 준다. 그것들은 우리로 하여금 계속해서 사물에 '대해' 말할 수 있게 하면서도 사물 자체'를' 가리키는 일만은 피할 수 있도록 도와준다. 본질을 활용함으로써 인간 주체는 사물을 가리키지 않으면서도 가리킬 수 있는 '힘'을 얻게 된다. 사물은 그 자신 자체 '같은' 속성과 본질들을 지닌 것으로 존재하게 된다.

모든 사물이 이러하다면, 주체 또한 동일하게 성립 가능한 것이 된다. 주체의 본질은 주체를 곧장 존재하게 하지 않는가? "스크린이 빨갛다"는 것을 지각하게 된 주체는 이제 "자기 스스로를 '경험하는 사람'으로 경험하게 된다."[224] 우리는 우리 자신을 가리키지 않고도 우리 자신에 대해 이미 말하고 있지 않은가? 그렇다면 우리는 존재하고 있다고 보아도 무방하지 않은가? 하지만 우리는 확실히 그렇게 말할 수 있는가? 데카르트는 여기에 개입하여 시원적인 순간을 드러낸다: 본질과 존재 사이에서 데카르트의 문제는 주체 '자신이 정말 존재하느냐'는 것이었다.

데카르트의 특이한 사물인 신은 바로 주체의 이러한 '존재의 위기'에서 사건처럼 등장한다. 신은 '존재를 말하는 본질'이기 때문이다. 신의 본질이란 먼저 이미 있는 것에 대하여 작동하는 본질이 아니라 있다고 말하는 본질이다. 신은 해체된 채로 있으면서도 거기에 대해 말할 수 있게 하는 어떤 없는 공간을 제공한다. '본질=존재'인 데카르트의 신은 단위화된 사물들의 세계를 해체하고 해체된 채로 있는 단위들의 가능성을 식별하게 해준다. 신이란 분명히 '있는 무엇'이지만 '무엇의 해체'이기도 하다. 신은 사물에 대한 확신을 주지 않는다. 신이 주는 것은 오히려 완전한 비결정성과 불확실한 사유의 '사이공간'이다. 우리는 지각한 만큼 의욕할 수 없고 의욕한 만큼 지각할 수 없다. 의심에서 이해가 태어나고 이해에서 의심이 태어난다.

그래서 제4성찰에서 신의 존재 증명과 함께 탄생하는 것이 바로 '오류'다. 데카르트에게 오류란 어디에서 오는가?

> 의지력 그 자체 [...] 인식력 [그 자체]는 [...] 내 오류의 원인일 수 없다. 그렇다면 나의 오류는 도대체 어디에서 생기는 것일까? 그것은 오직 다음과 같은 것에서, 즉 의지의 활동범위가 오성보다 더 넓기 때문에, 내가 의지의 활동을 오성에 의해 인식된 범위 안에 묶어 놓지 못하고, 오히려 인식하지도 않은 것에 의지를 작동시키는 데서 비롯된다. 이런 것에 대해 의지는 비결정성의 상태에 있으므로.[225]

주체는 자신이 사물에 대해 하는 말들이, 자신이 사물에 대해 할 수 있는 말들보다 웃자라 있음을 알고 있다. 바로 그 사이공간을 데카르트는 오류라 부른다. 그리하여 차라리 일종의 주체의 과오(harmartia)처럼, 의지와 지성 사이의 차이나기-내기인 것이다. 우리는 사물들에 대한 알 수 없음(비결정성) 가운데 사물을 말한다('사물' 자체가 하나의 '사물 같은 것'에 대해 만들어진 '본질'임을 우리는 기억해야 할 것이다). 오류를 무릅쓰는 주체는 사물에 대해 아무것도 말할 수 없는 곳에서 말문을 열어 젖힌다. 무엇이든 말하여 보게 하는 것, 참여하게 하는 것, 결정의 실험, '오류를 통해서라도 오성을 작동시켜 보고자 하는 의지', 그런 것들이 신이 준 시작일 것이다. 신의 시작을 통해 신에 속한 것을 향하는 몸짓이 주체가 범하는 오류인 것이다.

오직 신을 매개로 주체는 사물의 본질과 존재를 일치시킨다. 그것이 신을 보는 주체가 하는 (몸)짓이다. 아마도 그것은 오류를 범하는 것이겠지만, 아무튼 주체가 기꺼이 껴안는 오류에 의해서만 존재와 본질이 일치하는 지점이 신을 통해 열린다. 신은 주체가 자신의 오류를 자신의 존재 증명 안에 포함시키는 한에서, 주체로 하여금 사물들의 본질을 통해 인식 대상의 존재를 짐작할 수 있도록 해준다.

4. 신을 경유하여 다시 만나는 악령

3. 데카르트의 신: 본질을 존재로

만약 오류를 극복할 수 있다면, 오류의 심연을 건너갈 수 있다면, 주체 또한 자신의 존재를 자신의 본질이라고 할 수 있지 않을까? 주체는 신이 될 수 있지 않을까? 혹은 축귀된 세계는 가능한가? 데카르트는 이에 대해 아니라고 말한다. 데카르트는 '인간'이 되기를 거부하고 '주체'가 되기로 선택한다. 제5성찰은 "물질적 사물의 본성에 관하여" 다루지만 "그리고 다시 신이 현존한다는 것에 관하여" 말한다. 데카르트는 제5성찰을 통해 '오류'를 극복할 수 없다는 것을 선언한다.

본래 오류란 판단함으로써 지양된다. 판단이란 인간학적인 것으로, 비결정성을 존중하면서도 매번 결정을 내려나가는 어떤 힘이다. 그런데 데카르트는 오류를 검토하는 가운데 시간과 공간 속에서 경험과 당위를 조화시켜 나가는 공공의 장소를 보류한다. 영원히 판단을 미루는 시간, 그것이 보류다. 판단은 계속해서 미뤄진다. 결단은 연기된다. 타협조차 하려 하지 않는 이상한 미루기다. 인간적인 세계는 할 수 없는 일이다. 소송은 반드시 판결이 나야만 한다. '보류'는 아직 아무 행위도 아니다. 하지만 데카르트에게 보류는 오류를 극복할 수 없는, 또 하나의 오류(誤謬)로서 행위를 감당하지 못하면서도 행위 앞에서 무슨 몸짓이든 해야만 하는 우스꽝스러운 행위다. 사물에 대해 감히 할 수 있는 말이 없음에도 불구하고 속성이든 본질이든 무슨 말이든 해내려고 하는 오류와 같은 형식이다. 비극인지 희극인지 알지 못할, 이 시적 몸짓 앞에 서 있는 것은 실로

V. 데카르트의 주체론과 시뮬라크르

인간이 아니라 주체일 것이다.

오류를 범하는 주체, 보류에 갇혀진 주체는 완전히 곤경(aporia)에 처한다. 데카르트는 마치 플라톤이 상기를 통해 빠져나왔던 것처럼 이번에는 "기억력을 사용해서 그 온갖 과장된 의심을 우스꽝스러운 것으로 일축"해 버리려 한다.[226] 꿈을 꾸고 있는 것이든 미친 것이든 "이것들에 대한 지각을 남은 내 생애와 아무런 단절 없이 결부시킬 수가 있다면"[227] 기억은 징표가 될 수 있을 테다. 그러나 데카르트는 기억으로 곤경을 탈출하지 못한다. 그 이유는 하나인데, 데카르트의 신은 상기되는 존재가 아니기 때문이다. 데카르트의 신은 '존재=본질'의 사물존재일 뿐이다.

우리가 다 아는 대로 데카르트에게서 사물은 사유 실체와 절대적으로 단절되어 있다. 제6성찰은 "물질적 사물의 현존 및 정신과 물체의 실재적 상이성에 관하여" 다룬다. 신체란 것은, '인간'이라는 통합적인 존재는 가질 수 없는 분열적인 부분이다. 인간에게는 아마도 신체가 그의 안전한 일부일 것이다. 그러나 주체는 헐겁고 삐걱거리며 불완전하고 '오류'가 많은 개념인 '송과선'을 통해 자신과 신체를 분리-연결-분리시킨다. 데카르트 이원론에 따르면 신체는 영원히 주체에 찬동하지 않을 것이다.

우리는 역사적으로 동물이 아니라 인간이었고, 신이 아니라 인간이었다. 근대의 인간은 자신이 차이내야 할 또 다른 혼동의 존재를 만난다. 그는, 생물의 자기조직화와는 근본적으로 다른 괴물적

4. 신을 경유하여 다시 만나는 악령

인 자기조직화로서 기계, 즉 로봇이다. 우리는 로봇이 아니라 인간이어야만 한다. 로봇과의 차이내기를 통해 우리는 '몸을 적절히 통제하는 근대의 인간'이 될 수 있었다. 마치 신화를 통한 동물과의 차이내기를 통해 동물적인 것을 초월해 낸 역사시대의 인간이 될 수 있었고, 종교를 통한 신과의 차이내기를 통해 구원을 간직하면서도 세계를 살아가는 인간이 될 수 있었듯이 말이다. 기계와 차이나면서도 완전히 기계적인 자체적 자기조직성을 가진 '신체'의 출현, 그것은 현대과학이 데카르트의 이원론을 극복하면서도 여전히 데카르트적인 신체의 토대 위에서 만들고자 했던 '적절한 것'으로서의 신체일 것이다.

우리가 자기 자신을 기계가 아니라 인간이라고 규정할 때 우리는 괴물적이고 자기 스스로 돌아가는 몸 대신 통합적이고 유기적인 인간적인 몸을 지니기를 원하고 있는 것이다. 인간학 전체를 간종 그리는 주요한 프로그램 중 하나는 몸을 인간적인 것으로 의미화하는 것이었고, 그래야만 몸을 가진 인간은 온순하면서도 영광스럽게 정치사회의 의미단위이자 행위주체일 수 있다. 몸은 형성을 설명하는 자기조직적 공간이 될 수 있을 뿐만 아니라 본질이 작동할 수 있는 조화로운 공간이 될 수도 있다. 몸은 감각하고 반응하며 의도와 의미를 갖고 행동하는 구심점이며 동물-신-기계가 집결했다 흩어지는 차이내기의 경계점이다.

그러나 또 다른 한편으로 몸은 당혹스런 외부다. 우리는 몸을

V. 데카르트의 주체론과 시뮬라크르

이해할 수 없을뿐더러, 몸은 우리의 기대를 영원히 빗겨나 있다. 행위는 주체에 의해 온전히 추수되지 못한다. 주체는 몸을 어찌해야 할지 알지 못한다. 주체는 곤란해한다. 감각은 몸으로 환수되지 않으며 행위는 몸을 기원으로 하지 않는다. 어쩌면 우리는 몸이라는 상황에 단지 처해있는 것일지도 모른다. 신학이 신의 존재에 대해 별 말을 할 수 없듯 과학도 몸의 존재에 대해서는 별 말을 할 수 없다. 신학이든 과학이든 그것들은 모두 신의 본질과 몸의 본질에 대해서 말함으로써 그 존재의 너머를 은폐한다. '본질과 존재'의 게임이 아닌 몸, 존재 너머의 유령적인 몸, 흩어지는 몸, 단단한 윤곽 있는 몸이 아니라 해체된 단위로서의 몸, 주체는 그러한 몸을 목격한다.

데카르트는 죽기 얼마 전 쓰고 있던 작품, 미완성의 『자연의 빛에 의한 진리 탐구』에서 "인간"을 해체한다. 그는 "이성적인 동물"인 인간을 거절하고[228] "합성된 전체"로서의 인간도 거절한다.[229] 그리고 실로 사적 인간의 초과형태인 주체로 나타나, 환각인데도 사적 감각은 아닌 그 기이한 주체의 감각을 역사의 무대에 올린다. 데카르트의 주체론을 우리는 미치지 않으면서도 의미 없는 행위주체가 되라는 아이스킬로스의 요구에 대한 응답으로 볼 수 있을 것이다. 그것은 인간학적으로 변환되지 않은 광기로서, 신을 통해 존재 너머에서 존재하게 된 악령이 출몰하는 세계에 사는 주체다. 신을 경유하여 만나는 악령은 도대체 무엇이란 말인가? 우리는 데카르트를 통해 그것이 해체된 단위인 오류, 아니 차라리 새로이 '디셉션

(deception)'이라 부르고 싶은 무엇임을 알게 되었다.

5. 시뮬라크르라는 흔적

나는 디셉션을 주체가 유령을 만나는 순간의 감각으로 정의하고자 한다. 물론 더 정확하게 말하자면 '유령적인 것'에 대한 감각이겠다. 유령이란 가장 추상적인 의미에서 형성이 일어나는 모든 자리에 처한 곤경을 해소하지 않고 책임지는 주체의 시도 아래에서 '시작'되었다. 유령을 이렇게 볼 때 우리는 유령이 속해 있는 의미의 질서 속에서 유령을 해방시켜 그를 단순히 축귀하거나 초혼하는 일 없이 유령에 대해 말할 수 있을 것이다. 유령은 실로 '해체된 단위들의 얼굴'이라고 할 수 있다.

주체는 언제나 유령을 보아왔다. 올리버 색스(Oliver Sacks)는 이를 환각체험의 압도적인 다양성을 통해 증명한다. 색스에 따르면 환각은 '감각의 기능장애에 따른 효과'가 아니라, "근본적으로 양성상태(benign condition)"다.[230] 좀 더 급진적으로 말하자면 환각은, 감각이라는 정상상태를 설명하는 예외상태다. 환각이 감각의 외부로 성립하는 게 아니라 도리어 환각에 대한 어떤 경유를 통해 감각은 성립한다(이것이 우리 몸이 감각을 형성하는 방식이다). "16세기 초에 '환각'이라는 말이 처음 등장했을 때, 이 단어는 단지 '종잡을 수 없는 마

V. 데카르트의 주체론과 시뮬라크르

음'을 의미했다."²³¹ 색스는 그의 전체 작업에서 '마음의 종잡을 수 없음 자체'를 감각의 구조적 원리로 보존하는 방식을 선택함으로써 환각의 어원에 대한 신뢰를 드러냈다. 외려 환각의 일부가 감각이다. '종잡아진 특수한 상태'가 그저 감각인 것이다.

색스의 저서들(1970~2012)을 분석하면 환각에 대한 대강 세 가지 정도의 독특한 개념화를 찾아볼 수 있다: 첫째, 색스는 1970년 『편두통』(Migraine)에서 "아우라(aura)"라는 어휘를 사용한다.²³² 둘째, 1990년 『깨어남』(Awakening)에 새롭게 서문을 붙이며(1973) 사용했던 "증상=환등(phantasmagoria)"이라는 공식이 있다.²³³ 셋째, 2012년 색스에게 환각은 감각이 "과도하게 활성화"되면서 나타나는 진실이다.²³⁴

'아우라'라는 용어는 거의 2,000년 동안 곧 간질발작으로 발전하게 되는 환각이라는 뜻으로 쓰였다. 그리고 100년 정도는 [...] 편두통 징후 증상을 가리키는 용어로 쓰였다. [...] 가워스는 이 용어의 유래와 원뜻을 다음과 같이 설명했다. 아우라라는 용어는 맨 처음 갈레노스의 스승이었던 펠롭스가 사용했다. 그는 발작이 시작되기 전에 나타나는 이 현상에 매혹되었다. 그에게 이 현상을 설명한 환자들은 이를 '차가운 증기'라고 불렀다. 그는 이것이 정말로 공기를 머금고 혈관을 지나가는 것일 수 있다고 제안하면서, 영성의 증기(spirituous vapour)라고 이름 붙였다.²³⁵

그런데 펠롭스는 어떻게 증기라는 어휘를 쓸 수 있었을까? 여기에는 매우 중요한 이유가 있다. 우선 펠롭스는 환자들이 자신들의 증상을 설명하기 위하여 사용한 어휘를 실제 일어나는 일이라고 받아들였다. 환자들이 '정말로' 차가운 증기라는 현상을 경험했는지는 중요하지 않다. 중요한 것은, 펠롭스는 환자들이 그것을 증상을 '가리키기 위해 도입한 용어'라고 보지 않고 '실제 일어나는 일 자체'라고 보았다는 점이다. 그리고 이것이 실제 일어나는 일일 수 있었던 이유는 아우라의 선조적 개념인 시뮬라크르(simulacre)가 이미 통용된 덕분이었다. 펠롭스가 환자들로부터 차가운 증기라는 말을 듣고 곧장 영성의 증기라는 개념을 고안한 것은, 시뮬라크르라는 개념이 사용되어 온 역사적 장을 바탕으로 해서만 가능한 사건이다. 다시 말해, 무언가 존재하는 것의 증발형태(사라짐의 마지막 흔적)인 '증기'가 아우라로, 그리고 환각으로 이해될 수 있었던 것은 이미 인간의 감각이란 외부대상(물체들)으로부터 떨어져 나온 입자들과의 어떤 충돌의 형태라고 했던 원자론자들의 주장이 있었기 때문에 가능했다. 이는 비록 나의 가설이지만 색스의 개념화가 나아간 다음 방향에서 충분히 증명된다.

시뮬라크르란 접촉으로 귀결되는 감각과 환기로 귀결되는 감정, 선(先)개념, 그리고 사유의 직접적 이해를 관통하는 어떤 흔적으로, 가령 장 살렘(Jean Salem)은 『고대원자론』에서 시뮬라크르에 대해 다음과 같이 설명하고 있다:

Ⅴ. 데카르트의 주체론과 시뮬라크르

> 외부대상들로부터 무언가가 들어오기 [...] 그리고 영상들이 '바로 그 순간에' 대상에서 떨어져 나온다고 말하는 것은, 결국 이 대상이 그러했던 바대로가 아니라 그러한 바 그대로 보인다는 것을 주장하는 것 [이다.] [...] 비록 때로는 뒤죽박죽이 되기는 하지만 시뮬라크르들은 단단한 물체(외부대상) 위에 있던 원자들의 위치와 순서를 오랫동안 유지한다. 그리고 그것들은 심층에서 채워질 필요가 없기 때문에 주위 환경에서 빠르게 결집(보충)이 이루어진다. [...] [따라서] 어떤 이미지도 엄격한 의미에서 헛되지 않다. [...] 시뮬라크르는 항상 진실하다.[236]

살렘의 설명에 따르면 시뮬라크르는 외부대상들로부터 떨어져 나온 무언가인데, '떨어져 나온 그것'은 외부 대상 자체를 그대로 '복사한 것'이 아니다. 그러나 그럼에도 불구하고 시뮬라크르는 외부대상의 진실된 본질인 바, "위치와 순서"라는 형식을 유지한다. 시뮬라크르는 이중적이다: 시뮬라크르는 결코 사물 그 자체나 그것의 완전한 복제가 아니지만 사물의 본질적 형식인 구조를 제시해준다. 시뮬라크르는 우리가 결코 사물을 알 수 없다는 한계를 보여주면서 동시에 사물을 알 수 있는 조건이 되어주는 것이다. 시뮬라크르는, 고대 원자론자들에게 '감각 자체', 아니 더 정확히 말하면 사물들로부터 나온 무언가에 (신)들린 것이었다.

감각이 시뮬라크르에 의해 정초된다는 것은 물론 감각 자체의 내재적 수동성을, 그리고 그에 덧붙여 감각이 거쳐야만 하는 허공

5. 시뮬라크르라는 흔적

을 암시해준다. 시뮬라크르는 감각이 반드시 허공을 거치는 수동적인 궤적에 의해서만 성립한다는 것을 말해주는 개념인 것이다. 에피쿠로스(Επίκουρος)는 「헤로도토스에게 보내는 편지」에서 이것이 매개를 통한 각인이나 유출이 아니라는 점을 분명히 하고 있다.

> 외부대상들은 우리가 외부 대상 사이에 있는 공기를 통해 자신의 본성적인 색과 모양을 우리에게 각인시켜 주는 것도 아니고, 우리로부터 외부 대상으로 흘러나가는 광선이나 다른 유출에 의해서 그렇게 하는 것도 아니다.[237]

시뮬라크르의 핵심은 표상이 아니라 '허공을 거친다'고 하는 그 분리에 있다. 그래서 시뮬라크르는 한걸음 더 나아가 허공이 수동적으로만 주체에게 이해될 수 있다는 사실을 표지하기에 이른다. "우리가 허공, 장소, 감각 불가능한 존재라고 부르는 것이 없다면" 아무 것도 가능하지 않다.[238] 시뮬라크르란 빈 것(空氣; 공기)을 머금고 있다.

시뮬라크르의 내적 형식은, 증기-아우라-환각, 그리고 판타스마고리아와 연결된다. '어떤 특정한 시뮬라크르'가 병태(病態)로서 받아들여졌던 지점을 표시하려고 했던 것이 펠롭스의 아우라 개념이라면, 판타스마고리아는 이 병의 내적 질서를 감각 내부 차원에서 개념화하게 해준다. 사실 증기-아우라의 형태를 조금만 생각해

V. 데카르트의 주체론과 시뮬라크르

봐도 그것이 일종의 지상에 존재하는 '병적 구름'의 형상을 띠고 있다는 것을 상상해 볼 수 있을 터다. 아우라는 증기로 부딪히고 다니면서 환등=증상을 보이는데, 원자론자 에피쿠로스의 시뮬라크르는 아우라의 환등이 감각 자체와 동일한 원리를 지녔음을 밝혀준다. 그에게 감각이란 외부대상에 대한 감각이 아니며, 각인도 유출도 아닌 다른 무엇, 사물로부터 와서 부딪힌 것에 완전히 수동적으로 내맡겨짐에도 허공을 거쳐 온 무엇을 뜻하기 때문이다. 판타스마고리아는 완전히 자동적으로 움직이며 환각을 체험하는 주체를 절대적 수동성에 내던져 놓는다. "환각은 우연히, 자동적으로 찾아오고, 내가 원할 때가 아니라 환각이 원할 때 나타나고 사라진다."[239]

6. 시뮬라크르: 편위하는 원자들과 추상적 가능성

그렇다면 시뮬라크르란 가능성들의 영역 전체를 뜻하는가? 어떤 시뮬라크르는 감각이 되고 어떤 시뮬라크르는 환각이 되는 것일까? 시뮬라크르의 코스모스적 운동은 감각이 되고 시뮬라크르의 카오스적 운동은 환각이 되고 하는 식으로, 개념화해 볼 수 있을까? 이와 관련하여 우리에게 하나의 실마리를 주는 것은 아우라나 환등이 감각과는 달리 고유한 의미화 체계를 소유하고 있지 않다는 점이다.

5. 시뮬라크르라는 흔적

증기-아우라-환각-환등의 계선은 '무의미'하다. 환각은 "처음에는 텍스트처럼 보이지만, 형태, 멜로디, 구문론이나 문법이 전혀 없다는 점에서 곧 읽을 수 없는 것으로 드러난다." 색스는, 환각을 "아무 의미 없는 포푸리"로 정리한다.[240] 시뮬라크르는 배치되기를 기다리는, 허공을 배경으로 삼는 원자의 조직화가 아니다. 무수히 이어질 수 있는 배치들의 세계는 배제함으로써 포함시키는 구성지형학적 질서를 바꾸지 않으므로 시뮬라크르에 대한 적절한 설명이 될 수 없다. 허공에 대한 수동성으로 현상하는 시뮬라크르라는 흔적은, 감각하는 주체가 사후적으로 깨달은 '배제에 대한 양성적 재지위화'라고 해야할 것이다.

이는 환각을 보는 모든 주체가 왜 "유사객관성"을 느끼는지를 설명해준다. 환각의 핵심은 "실재를 오해해서 지각에 반응을 일으키는 것"이 아니다. "환자들은 그 경험들이 진짜라고 오해하지도 않는다. 그럼에도 아주 지적인 환자들조차도 아우라의 느낌을 객관적인 실재로 보고 싶어 하는 경향이 있다."[241] 그들은 그것이 진짜가 아님을 알고 있는데(감각 수준에서의 배제-포함), 진짜라고 생각하는 것(예외상태로서 환각이 실제로 있었다는 사실에 대한 공제된 깨달음)이다.

1964년 어느 화창한 토요일, 나는 암페타민, LSD, 약간의 마리화나를 기초로 약리학적 발사대를 만들었다. 약을 먹고 20분쯤 지났을 때 나는 흰 벽을 마주 보고 이렇게 외쳤다. '난 남색을 보고 싶어, 지금

당장!' 그러자 거대한 붓을 찍어 놓은 듯 더없이 순수한 남색이 아주 크고, 바르르 떨리고, 배의 형태를 닮은 얼룩으로 나타났다. 빛을 발하는 초자연적인 색 앞에서 나는 황홀감에 빠졌다. 그것은 천상의 색이었고, 내 생각에는 지오토가 평생 구사하려고 애쓰고도 지상에서는 볼 수 없는 천상의 색이기 때문에 결국 얻어내지 못한 색이었다. 하지만 그 색이 존재한다고 생각한 적은 한 번 있었다. 고생대 바다의 색, 아주 오래전 대양에 녹아 있던 색이었다. 나는 무아경에 빠져 그 색을 향해 몸을 기울였다. 그때 그 색은 갑자기 사라졌고, 나는 마치 보물을 강탈당한 것처럼 엄청난 상실감과 슬픔에 빠졌다. 그러나 나는 스스로를 위로했다. 그래, 남색은 존재해. 그리고 뇌의 마력으로 그 색을 불러낼 수 있어.[242]

실제로 뇌지도 기술을 활용한 도미니크 피체(Dominic Ffytche)의 연구에 따르면 환각을 볼 때 뇌는 상상할 때의 활동사진이 아니라 감각할 때의 활동사진의 모습을 띤다. "개별 환자의 구체적인 환각체험은 시각 피질 내에서 활성화되는 복측 시각 경로의 구체적인 부위와 뚜렷이 일치하는 경향을 보인다."[243] "환각은 주관적으로나 생리학적으로 상상과 다르고 오히려 지각과 훨씬 가깝다는 사실이 입증되었다."[244] 환각을 볼 때 사람은 환각을 진실로 감각하고 있다. 하지만 그 진실된 감각이 '진짜'가 아니라는 것도 감각하고 있다. 뇌는 무언가 '있지 않은 것'을 '감각하고' 있는 것이다.

6. 시뮬라크르: 편위하는 원자들과 추상적 가능성

그런데 시뮬라크르가 세계를 감각/환각하는 가능성들의 영역 전체를 의미할 수 있느냐고 우리가 물었을 때, 바로 그 '가능성'이란 무엇을 가리키는 것이었는가? '가능성'이란 말은 생각만큼 그리 단순하지 않다. 칼 마르크스(Karl Marx)는 에피쿠로스 철학에서, 데모크리토스 철학에서 나타나는 가능성-필연성의 공모관계가 어떻게 발견·극복되는지 보여줌으로써 원자론에서 가능성의 문제가 무엇인지 탐구한다.

데모크리토스가 주장하는 필연성은, "유한한 자연 안에서의 '상대적 필연성, 결정론'으로 나타난다. 상대적 필연성은 '실재적 가능성'으로부터만 연역될 수 있다. 그것은 제약(조건), 이유, 근거들의 주위에서 연역되는 것"으로 "실재적 가능성은 상대적 필연성의 전개다."[245] 그래서 에피쿠로스는 "실재적인 가능성의 직접적인 대척점"은 완전한 필연성이나 신적 질서에 대한 절대적인 불가지성을 결단하는 일이 아니라 '추상적 가능성'에 있다는 것을 알았다. 에피쿠로스는 결정론적 필연성과 실재적인 가능성의 짝패 관계를 추상적 가능성이라는 개념을 통해 비판한 것이다.

'필연성'은 '주체가 없는 자리'로서 필연성의 공간을 위해 주체는 '자기 자신'을 빼내야 하는데 그 뺄셈은 자신이 '자신이 없는 자리라고 가정한 것'을 통해서만 생긴다. 그런데 자신이 없는 공간은 곧 주체 자신이 '가능했을' 지점에 대한 상상이다. 신, 무한히 거슬러 올라가는 부모의 계보, 근거 개념 자체 등, 주체는 자신이 가능한

V. 데카르트의 주체론과 시뮬라크르

곳으로부터만 자신이 없는 곳을 상상할 수 있는 것이다. 혹은 보편성과 개별성으로 분할하든 객관성과 주관성으로 분할하든 참된 것과 거짓된 것으로 분할하든 하는 이분법을 사용할 수도 있는데 여기서도 주체는 자신의 부재로부터 자신이 현존하는 자리를 암시해 낸다. 어떤 것이든 주체의 '부재=현존'이 곧 저 개념들을 가능에서 필연으로 이끈다. 그 역도 가능하다. 가령 신의 개념에 따라: 주체가 부재=현존하는 곳에서 주체는 가능=필연적이다.

에피쿠로스는 '추상적 가능성'이라는 유령적인 개념을 통해서 필연성=가능성의 매개항적 성격을 소거한다. 에피쿠로스에 따르면 세계는 상대적 필연성과 실재적 가능성의 짝으로 이루어져 있는 것이 아니라 '원자 자신의 완전한 자립성과 주체 자신의 완전한 우연성'으로 이루어져 있다. 마르크스는 이렇게 덧붙인다. "실재적 가능성은 지성이 그렇듯이 날카로운 경계 안에 구속되는 반면 추상적 가능성은 환상이 그렇듯이 어디에도 구속되지 않는다." 그리고 "실재적 가능성은 그 대상의 필연성과 현실성을 기초 지으려고 하지만 추상적 가능성은 설명되는 대상이 아니라 설명하는 주체에 관심을 갖는다."[246]

주체가 설명하고자 하는 과정에서 발견해 낸 '원자가 실존하는 모습'은 원자의 자기 내적 질서와는 필히 '모순'된다. 이 말은 주체가 설명하는 원리가 원자의 자립적 개별성과 필연적으로 모순될 수밖에 없다는 것이 아니라 주체는 원자를 자신이 감각하는 형태와

6. 시뮬라크르: 편위하는 원자들과 추상적 가능성

모순되는 것으로밖에는 파악하지 못한다는 뜻이다. 마르크스는 "원자 개념에 내재하는 실존과 본질 사이의 모순"은 "일단 개별원자에 성질이 부여되면 개별적 원자 자체로 정립된다"고 말한다.[247] 본질과 실존의 어긋남은 주체의 개입에 의해 원자 자체의 개별적 자립성으로 '간주' 혹은 '디셉션'된다. "원자의 순수한 개별성"과 "절대적인 자립성"[248]은 직접적으로 파악되는 물리적 사실이 아니다. 실현태인 현존재를 "모든 현존재로부터 벗어나는 현존재"[249]로서의 실현태로 파악할 때만 우리는 원자의 개별적 자립성을 알 수 있다.

이렇게 부여된 개별원자의 성질은 비스듬하다는 것, 즉 '편위(偏位)'다. 편위란 원자의 본질이자 실존을 나타내는 동시에 본질과 실존 사이의 모순을 드러낸다. 원자는 본질적으로 비스듬한 성질을 지니고 있기 때문에 다른 원자들과 충돌하는 실존을 향해 나아갈 수 있다. 하지만 동시에 비스듬하기 때문에 요소와 원리가 조화를 이루는 운동으로 전화될 수 없는 근원적 비틀림을 표시하는 윤리적 작인이기도 하다. 이것이 편위라는 추상적 가능성이 '상대적 필연성-실재적 가능성의 짝패'와 결정적으로 차이나는 점이다. "그래서 원자는 현상의 대낮으로 들어가지 않으며 그곳으로 들어갈 때 물질적 토대로 가라앉는다. 원자로서의 원자는 단지 허공에 실존할 뿐이다."[250] 편위는 주체가 '부재=현존'할 수 없도록 주체를 붙잡는다. 주체는 편위가 '직접적으로' 원자의 성질이라고 확언하지 못한다. 편위는 본질과 실존의 모순이 해소불가능하다는 것을 주체의 실존

V. 데카르트의 주체론과 시뮬라크르

을 통해 본질화한다. 편위란 결국 "공간적으로 자기 자신을 표상하는 직선으로부터의"[251] 이탈일 따름이다. 편위의 자율성은 "설명하는 주체"의 수수께끼 같은 비틀림에 의해서만 지탱되며, 또한 편위의 언어적 자의성은 주체의 윤리에 의해서만 지탱된다.

살렘의 경우 그는 실재적 가능성과 추상적 가능성의 차이를 보지 못한다. 그래서 그에게 편위란 "무게, 충돌"과 함께 "원자들의 운동을 주재하는 세 가지 원인"[252] 중 하나일 뿐인 것으로 나타난다. 그는 "일종의 브라운 운동이 전부터 늘 원자들을 동요시켜왔기 때문에, 이 운동이 아직 일어나지 않았을 우주의 상태를 상상할 이유가 전혀 없다"고 말한다.[253] 그에게 가장 중요한 것이자 근원적인 것은 '운동'으로, 이러한 운동이 목적인이나 기원 같은 개념에 휘말려 들지 않았다는 것만을 증명하면 충분했다.

그러나 실재적 가능성과 추상적 가능성의 차이가 얼마나 중요한지를 깊이 인지하고 있었던 마르크스의 경우, 문제는 '운동'이 아니었다. 살렘에게는 운동은 언제나 일어나는 것이었으므로 계속 일어나지만, 마르크스는, 세계는 이와 같이 운동하고 있지만 그것은 오직 이와 같이 운동하고 있지 않을 수 있는 가능성(편위)에 의해서만 성립하는 상태인 것이다.

그래서 여기서 에피쿠로스의 진정한 원리, 즉 추상적-개별적 자기의식은 더 이상 감추어질 수 없다. 그것은 자신의 은신처에서 나와 물

6. 시뮬라크르: 편위하는 원자들과 추상적 가능성

질적 가식으로부터 자유로워져서, 추상적 가능성-가능한 것은 또한 다르게도 될 수 있는 것이다. 가능한 것의 반대 또한 가능하다-을 따르는 설명을 통해, 자율적으로 된 자연의 현실성을 무화시키고자 한다.[254]

이어서 마르크스는 또 다른 필연성과 가능성의 짝패라고 할 수 있는, '보편성과 개별성'의 범주 틀을 거절한다. 만약 개별성의 한 축을 긍정하는 것으로서 가능성이 규정된다면 실존적으로 편위와 관련하는 "상상적인 지성에 속하는 모든 것이 붕괴"할 것이다. 또 다른 한편 만약 보편성의 형식으로 문제가 규정지워진다면 "미신과 부자유한 신비주의로 문이 활짝 열리게 된다."[255] 따라서 원자의 개별적 자립성과 주체의 필연적 우연성은 편위의 수수께끼 한 가운데 절합될 뿐, 개별성과 보편성의 게임으로 환원되지 않는다. 현 세계는 원자론이라는 보편적 원리가 구체적 개별성으로 화한 것(지금 이곳, 유일한 세계)이라고 설명할 수 있는 상태도, 보편성과 개별성의 극성을 영원히 유지하면서 되어져나가는 상태(가능한 세계들)도 아니다. 이러한 범주에서 나오게 하는 정류지점에 편위의 문제가 있다.

마지막 원자론자인 로마인 루크레티우스(Titus Lucretius Carus) 또한 편위에 특별히 주목했다. 그도 마르크스처럼, 편위를 무게나 충돌 같은 운동의 원인이라고 보지 않았다. 그는 무게와 충돌 '사이에 있는 것'이 편위라고 보았다. 왜냐하면 "모든 무게 지닌 것들은 그것이 자체로 있는 한 '아래로' 이동"하기 때문에[256] 무게만으로는 충돌이 일어날 수 없고 "허공은 그 본성이 추구하는 대로 양보하기를 계속하므로 그 어떤 것도 받쳐주지 않는다."[257] 그러므로 충돌이 일어나려면 단순히 허공 가운데 무게 가진 것이 '있는' 것만으로는 안 된다. "그들이 기울어져 가 버릇하지 않았다면" 충돌도, 타격도 일어나지 않았을 것이다.[258] 루크레티우스는 매우 독특한 단서를 덧붙인다: 그것은 비껴나 있되, "최소거리 이상은 아니다. 우리가 사선 방향의 운동을 상정하는 것으로 보이지 않기 위해서."[259]

7. 에피쿠로스의 '거짓된 의견들로부터 탈출하는 감각'

편위의 추상적 가능성에 대한 보존이 얼마나 대단한가 하면, 그것은 반드시 사물을 이루지 않을 수도 있다. 실재적 가능성의 상대적 필연성 틀 속에서는 고작 '무수한 사물들'이 있을 뿐이지만 추상적 가능성의 장 안에서는 '사물 아닌 것들'이 있을 수 있다. 물론, 허공을 방황하는 편위들이 모여 사물을 이룬다고 할 때, "모든 방식의 연결이 가능한 것은 아니다."[260] 하지만 이 말이 편위 차원에서 연결이 불가능함을 뜻하지는 않는다. 루크레티우스는 "모든 종류의 만남과 운동의 시험"이 이루어졌으며 지금 우리가 지각하는 것은 남은 것이라고 말한다.

6. 시뮬라크르: 편위하는 원자들과 추상적 가능성

이 밖에도 많은 것들이 광대한 허공을 방황하는데, 이것들은 사물을 이루는 집합에서 거절당해 나와, 그 어디에도 받아들여져 그 움직임을 함께 맞출 수가 없다. 내가 늘 말하듯, 이 사실의 모습과 형상은 항상 우리 눈앞에 있어 떠돈다.[261]

이렇게 볼 때 시뮬라크르는 '사물들로부터의 표면에서 나온 흔적들'로서의 모상인 것만이 아니다. 오히려 편위하여 충돌한 모든 마주침의 흔적들에 대한 모상이다. 편위는 감각이 이미 내적으로 감각하지 않는 것/감각할 수 없는 것을 포함하고 있다는 사실을 고지한다. 그래서 에피쿠로스에게는 감각이 환각의 예외상태이며, 환각이야말로 감각의 성립근거를 설명해준다. 에피쿠로스는 한 번도 "영상들(typoi; types)은 외부대상과 모양이 같다"고 말한 적이 없다. 오히려 그는 "외부대상과 모양이 같은 영상들이 '있다'"고 말했던 것이다. "그러한 복합체가 주변공기 중에 형성되는 것이 불가능하지 않"으며 "외부대상이었을 때 가졌던 상대적 위치와 순서를 유지하는 유출이 불가능하지도 않다"는, 이중적인 '불가능하지 않음'을 통해서야 형성되는 것, 그것을 "우리는 모상(eidola; apparition)이라 부른다."[262] 그리고 모상 또한 도처에서 떠돌아다니는 충돌의 한 경우에 불과하다. 그래서 우리가 감각하는 영상들은 결코 '모상적'이지만은 않다. "외부대상과 일치하지 않는 영상"이 있다.[263] 모상이 아닌 영상이 매우 빠른 속도로, 더 바쁘게, 더 많이 세상을 떠돈다. "떨

V. 데카르트의 주체론과 시뮬라크르

어져 나온 입자들 중 어떤 것은 감각기관과 동질적이고 어떤 것은 이질적이다."[264] 감각가능하지 않은 것이 세계를 배회한다.

이제야 논할 수 있게 된 것이지만, 사실, 번역할 수 없었던 용어 '시뮬라크르'는 루크레티우스의 라틴어 번역어로, 에피쿠로스의 '영상과 모상의 구별불가능성'에 대한 성찰에 터한 용어다. 에피쿠로스의 영상과 모상에 대한 설명은 매우 우회적인데, 편위하는 원자들의 마주침, 충돌, 얽힘이 영상이기도 하고 모상이기도 한 것이다. 외부대상을 참조함으로써 간신히 영상이 말해지고 외부대상의 흔적을 형식적으로 유지하는 것이 불가능하지 않은 그 이상한 양태로부터 겨우겨우 모상이 말해진다면, 도대체 영상과 모상을 구별하는 것은 어떻게 가능하단 말인가? 루크레티우스는 영상-모상을 시뮬라크르로 번역함으로써 영상-모상의 구별불가능성을 표시하고 이렇게 묻는다: "그대는 오히려 사물들의 많은 영상들이, 여러 방식으로 힘없이, 감각을 자극하지 않으면서 떠돌고 있다는 것을 알게 되지 않겠는가?"[265]

루크레티우스는 감각을 자극하지 않으면서 떠돌고 있는 것이 '막 감각에 나타난 그 순간'을 '판타스마' 혹은 '판타지아'로 부른다. 두 용어 모두 에피쿠로스 저작에서 나타나는데, 판타스마는 「헤로도토스에게 보내는 편지」에서 "규약에 따라 대상에 주어진 것으로서의 이름" 이전의 이름이 참조하는 첫 번째 감각인상을 가리키기 위해서 사용되었다.[266] 판타지아는 「퓌토클레스에게 보내는 편지」

7. 에피쿠로스의 '거짓된 의견들로부터 탈출하는 감각'

에서 나타나는데, "우리 감각에 드러나는 모습(fantasia)을 그대로 받아들여야 한다"[267]는 제언에서 사용되었다. 지금 우리 시대 용법에서는 기껏 만화경적인 영상에 불과한 허구나 환상을 가리키기 위해 쓰이는 '판타'라는 접두사가 에피쿠로스에게는 첫 번째 감각인상, 근원적인(original) 감각인상을 나타내기 위해 쓰이고 있는 것이다. 그리고 루크레티우스도 이러한 용법을 따르고 있다.

하지만 판타스마나 판타지아가 '어떻게' 나타나게 되는지를 주목해보면 루크레티우스와 에피쿠로스의 분명한 차이가 보인다. 에피쿠로스는 배제된 것들(감각되지 않는/못하는 것들)을 만드는 것은 의견과 감각의 일체화라고 생각했다. 그래서 이미 의견과 합치되어버린 감각을 다시 분리하는 것이 필요하다고 보았다. 가령, 천체현상에 두려움과 공포를 덧붙이는 경우가 많은데, 이를 분리하여 직접적인 감각인상으로 되돌아가는 것이 필요하다. 한편 루크레티우스는 감각에서 배제는 의견을 덧붙이는 것에 의해서가 아니라 '보려고 애쓰지 않는' 태도에 의해서 일어난다고 보았다. 하지만 단순하게 '보려고 애쓰면 보인다'는 식의 결론을 내리지는 않는다. '보려고 하는 것'은 집중인데, 집중은 이중적이다. 집중하지 않으면 보이는 것을 볼 수 없다. 그러나 집중하게 되자마자 "몰두하고 있는 그것 외에 다른 것들은 잃어버린다."[268] 루크레티우스에게 감각이 배제를 포함한다는 것은 감각 자체의 구조적 운명인 것처럼 보인다.

만약 이렇게 에피쿠로스와 루크레티우스의 차이를 정리할 수

V. 데카르트의 주체론과 시뮬라크르

있다면, 에피쿠로스에게 판타스마와 판타지아는 의견이 덧붙기 전의 감각인상을 나타낼 수 있는 한편 루크레티우스에게 그것들은 시각에 포함시킴으로써 배제시키는 바로 그 순간을 나타낼 수 있게 된다. 에피쿠로스는, 영상과 모상이 떠도는 세계 속에서, 우리가 판타지아와 판타스마를 지각하는 법을 간직하고 있다면 의견의 개입을 배제하고 순수하게 감각 그 자체를 만날 수 있다고 본다. 하지만 루크레티우스가 볼 때 모든 것이 시뮬라크르인 세계에서 감각은 언제나 배제하는 구조적 수행을 통해서만 가능한 것이다. 이것을 알려주는 것이 판타스마와 판타지아다.

이와 같은 입장의 차이가 곧 한쪽에게는 '아타락시아(ataraxia)'로 향할 수 있다는 믿음을, 또 한쪽에게는 그 길을 따르지 않는 선택을 주었다. 의견을 배제함으로써 영상과 모상의 세계를 옳게 감각할 수 있다면 그 판타지아 속에서 정신의 평온은 곧 지복을 향하리라. 마르크스는 에피쿠로스가 이런 식으로 감각 속에서 시뮬라크르들의 존재를 포함할 수 있었다고 본다. 마르크스에 따르면 에피쿠로스는 시간과 천체를 통해서 그렇게 한다.

먼저, 마르크스는 에피쿠로스의 "감각과 시간의 연계는 '사물들의 시간성과 사물들의 감각에 대한 현상이 내적으로는 하나로 정립된다'는 식으로 보여졌다"고 분석한다. 시뮬라크르들은, 본래 물체들로부터의 분리이며 동시에 이 "분리된 것으로서의 자신들에게로 되돌아가지 않음"으로써, "다시 말해 분리로부터 되돌아가지 않

7. 에피쿠로스의 '거짓된 의견들로부터 탈출하는 감각'

음으로써, 분해되고 사라지는" 이중의 분리를 통해 출현한다. 그런데 시뮬라크르의 분리를 시간적으로 파악하면, '사물들의 감각들에 대한 현상'인 어긋난 파편들이 '사물들의 시간성'이 변하는 것으로 순간적으로 바뀌게 된다. 이 순간 감각은 "현상계의 반성이고 체현된 시간"으로 나타난다.[269] 시뮬라크르들은 내적으로 자신을 감각될 수 있는 것으로 지탱하는 시간 내적 형식을 지니고 있으므로 감각은 역설적으로 시뮬라크르 자신에 의해 시뮬라크르를 극복할 수 있는 것이다.

다음으로, 마르크스에 따르면 에피쿠로스에게 있어서 원자의 완전한 실현은 곧 천체다. "천체 안에서 모든 이율배반-본질과 실존, 요소와 원리, 원자의 분할 불가능한 실체성(atomon stoikeia)과 분할 불가능한 원리(atomoi archē)-은 해소되며, 그것들 안에서 요구되는 모든 규정들은 실현된다." "자율성을 보존하는 동시에 현실적으로 된 원자들"이 곧 천체인 것이다.[270] 에피쿠로스에게 천체는 '추상적 가능성' 속에서 실존하므로 영원하지 않다. "천체들의 영원성은 자기의식의 아타락시아를 방해할 것이므로, 그것들이 영원하지 않다는 것은 필연적이고 엄격한 귀결이다."[271] 이러한 논리에 따르면 "자기의식과 모순"되는 것으로 자연이 존재하는 한 "자기의식의 주관성은 단지 질료 자체의 형식 아래서만 나타"나지만 "자연이 자율적으로 된 곳에서는 개별적인 자기의식은 자기 안에서 자기를 반성하며, 자율적인 형식으로 자신의 고유한 형태(gestalt) 안에서 자연과 대립"한다.²⁷² 그래서 에피쿠로스에게는 자기의식과 자율성이 모순적이라는 점이 공통의 보편성 안에서 해소되지 않고, 양편 모두의 자율성이 정초되기에 이른다. 그래서 모순이 해소된 이후에도 일종의 평행론적 자율성은, 천체가 '가능성-필연성'도, '보편성-개별성'도, '유일한 세계-가능한 세계들'도 아닌, 그리고 신의 질서도, 또 인간의 두려움과 공포가 모여드는 무대도 아닌, 진정으로 직접적인 감각인상, 그 판타스마와 판타지아가 향하는 공간이 되게 한다. 마르크스는 에피쿠로스의 천체론에서 가장 중요한 것은 "하플로스(haplos; 단순하게, 절대적으로)가 아니라 폴라코스(pollachos; 다양한 방식으로)"라는 것²⁷³을 반복적으로 제시한다. 폴라코스의 천체에서 감각은 감각되지 않은 것들, 감각되지 못한 것들을 능히 포함해낼 수 있는, "추상적 가능성을 따르는 설명"²⁷⁴을 보존해낸다. 시뮬라크르의 무수한 마주침들은 폴라코스를 통해 감각인상 내에서 잠재할 수 있게 되는 것이다.

폴라코스의 천체공간은 '허공과 원자'에 관한 원시적인 형태의 원자론을 성공적으로 해체하면서 재정립한다. 왜냐하면 허공 속에서 원자가 운동한다고 본다면, "그때 원자는 '추상적 공간의 직접적 부정'이고 따라서 '공간적 점'이 되"기 때문이다. 원자들의 관계는 공간 속에서 운동하는 관계로밖에는 달리 이해될 수 없는데, 바로 이때 편위는 원자와 허공의 내적/본질적 구조를 '원자들의 마주침'의 우연으로 바꾸는 개념으로 작동하게 된다. 편위는 "공간을 부정

7. 에피쿠로스의 '거짓된 의견들로부터 탈출하는 감각'

하는 원리에 의해서만 [원자에] 부가될 수 있"기 때문에,[275] 원자론에서 허공이 곧장 공간이 되는 그 지점에 일종의 '텅 빈 공간'을 지탱하는 역할을 할 수 있는 것이다. 원자는 편위하므로, 허공 속에서도 원자는 그곳이 제 공간인양 비스듬히 존재할 수 있는 것이다. 이제, 허공과 공간의 사이에서 천체의 역할이 무엇인지 우리는 마침내 짐작할 수 있을 텐데, 그것은 원자들의 완전한 실현이자 모순의 해소인, 그러면서도 원자들과 주체들의 평행하는 자율적 우연성의 공간을 제공하는 것이다. 텅 빈 공간은 마주침에 의해 천체 공간에서, 부정되면서도 실현되고, 정립되면서도 해체된다.

하플로스의 천체 안에서 기꺼이 존재하는 시뮬라크르는 시간을 통해서 전부 감각 가능해진다. 다수성의 형식, 마주침과 모여듦 가운데 감각적이지 않은 모든 것들을 서서히 감각 내로 포획할 수 있게끔 기획된 감각 프로그램은 일종의 감각의 역사적 변증법이거나 감각의 계몽인 것이다. 거짓된 의견들로부터 탈출하는 감각의 아타락시아는 차근차근 모든 것을 포함해 낼 것이다. 이런 식으로 아타락시아는 시뮬라크르의 유사객관성에서 파생되는 불안을 지운다.

이제 에피쿠로스의 말을 들어보자. 에피쿠로스는 현자는 회의적으로 행동하지 않고 정설적으로 행동한다고 말한다. 그렇다. [...] 감각적 지각을 부정할 수 있는 것은 아무것도 없다. [...] 개념 역시 부정할 수 없는

V. 데카르트의 주체론과 시뮬라크르

데, 왜냐하면 그것 역시 감각적 지각에 의존하고 있기 때문이다. 데모크리토스가 감각의 세계를 주관적인 가상으로 만든 반면에 에피쿠로스는 그것을 객관적 현상으로 본다.[276]

8. 루크레티우스의 아타락시아 거절

루크레티우스의 저작은 장 살렘이나 마르크스가 말하는 것처럼 물론 에피쿠로스 철학에 대한 충실한 주석이다. 그러나 무언가 다른 길이 보인다: 『사물의 본성에 관하여』 제1권과 제2권은 원자론과 편위의 문제를 해명하고 제3권과 제4권은 영혼과 감각의 문제를 설명하는데, 이러한 논선에 따르면 제5권과 제6권은 자연히 에피쿠로스가 퓌토클레스에게 편지를 부치며 했던 작업-"내가 헤로도토스에게 간략한 요약의 형태로 보낸 나머지 것들과 '함께' 이것들 모두를 잘 지키고 명심하며, 세심히 살펴라"[277]-, 즉 천체-폴리코스에 대한 서술이어야 할 것이다. 그런데 루크레티우스는 이상하게도 천체의 문제를 앞에 두고, 제5권에서는 원시사를, 제6권에서는 전염병의 문제를 다룬다.

    물론 이러한 선택을 시대적 한계로서 이해할 수 있을지도 모른다. 로마 공화정 말기에 전쟁과 난(難)을 맞닥뜨리던 사람으로서 그리스에 대한 그리움을 신비화하고(원시사) 로마 국가 자체에 대한

7. 에피쿠로스의 '거짓된 의견들로부터 탈출하는 감각'

절망을 표현·예언했다(전염병)고 해석할 수 있을지 모른다. 그러나 나의 테제에 따르면 시뮬라크르와 관련해, 루크레티우스의 원시사와 전염병은 아타락시아라는 감각-인식의 유일한 목적을 무너뜨린다고 읽을 수도 있다. 원시사와 전염병은 마르크스가 독해한 시간과 천체를 무너뜨린다.

먼저 '원시사'의 문제가 묻고 답하는 질문은 다음과 같다: 감각이, 그리고 감각으로부터 발로한 다른 모든 의견이, 능히 내적으로 시간을 형식적으로 받아들일 수 있는가? 원시사를 통해 세계를 보는 관점에서 이에 대한 대답은 감각이 받아들인 것은 시간이 아니라 '역사'라는 것이다. 그리고 역사는, 마치 감각이 그러하듯이, 언제나 이미 선조적으로 배제된 시간적 사실들에 대한 흔적을 지우고 표시하면서 존재한다. 그 흔적이 바로 원시사다. 멸종하고 멸망한 것들에 대한 기억들, 그것은 선사(prehistory)가 아니라 원시사(primitive history)다. 역사는 내적으로 자기가 포함시킬 수 없는 것, 포함시키지 않았던 것들에 대한 이상한 감정을 지닌다. 모든 역사는 원시사를 그리워한다. 그러나 또한 동시에 역사는 만약 그것들을 수용하고자 한다면 자신이 수용할 수 있는 담론 형식에 맞추어 포함해야 한다는 것을 알고 있다. 선사를 가정하든 기원이라는 장치로든 스스로를 정당한 역사나 보편적 역사로 장식하든, 역사는 언제나 이러한 시도를 하고 있다. 역사는 시간에 대한 '종잡을 수 없는 마음'을 지니고 있는 것이다.

Ⅴ. 데카르트의 주체론과 시뮬라크르

감각은 시간 가운데 반성할 수 없다. 애초 시간은 감각되어지는 형식으로 주어지지 않는다. 한스 크리스첸 폰 베이어(Hans Christian von Baeyer)에 따르면 "인간의 감각은 로그/지수함수적으로 세계를 지각"한다.[278] 인간은 어떤 값에 제곱을 해야만 제곱값을 통해 이전의 값을 감각할 수 있다. 그러므로 첫째, 로그/지수함수는 시간의 이미지 형식인 수평/수직선에 '결코' 도달하지 못한다. 둘째, 로그/지수함수는 0의 제곱값을 '결코' 얻을 수 없다.

이러한 분석은 에피쿠로스의 판타스마와 판타지아가 무엇인가에 대한 비판적 의견을 제시할 수 있게 해준다. 에피쿠로스는 감각을 이중화하여 그것을 소위 원시 감각인 판타스마/판타지아와 의견의 개입이 합해진 것으로 보았다. 우리는 의견의 개입이 배제되고 폴리코스가 제 자리를 차지할 때 아타락시아가 달성될 수 있음을 앞에서 살펴 보았다. 하지만 감각은 그런 식으로 이중적이지 않다. 베이어식으로 말하자면, 판타스마/판타지아는 제곱값(감각)을 얻은 이후에 제곱값에 루트($\sqrt{}$)를 씌운 것이다. 루트(root)를 '씌운다'는 말은 참으로 흥미로운데, 왜냐하면 이런 식으로 감각의 순수형식은 '본질근원적인 것'으로 추출된다는 진실을 보여주기 때문이다. 의견이 결코 개입되지 않은 감각의 순수형식이란 '근원(root)에 씌운' 것이지, '발견'되는 것이 아니다. 루트값은 제곱값에 대한 대응물로만 존재한다. 루트값은 제곱되기 이전의 값에 대한 흔적이지, 제곱되기 이전의 형식으로 돌려놓는 기계장치 같은 것이 아니다.

8. 루크레티우스의 아타락시아 거절

제곱했을 때 '음수(-)'가 되는 루트값으로 허수 i를 유령으로서 발견한 지롤라모 카르다노(Girolamo Cardano)가 바로 이 점을 여실히 보여준다.

감각의 세계, 에피쿠로스의 '객관적 현상'은 데모크리토스의 말처럼 '주관적 가상'은 아니지만, '객관'도 아니다. 이는 '객관에 대한 제곱값'이라고 할 만한 것이다. 제곱했을 때 분명 무언가 나타나지만(그래서 우리는 그것을 감각하지만), 그 이전 형식은 제곱값을 단순히 가역적으로 되돌린 그런 것이 될 수는 없다. 루크레티우스는 감각이 작동하는 방식을 설명하는 가운데, 이 문제는 단순히 '잘못된 의견'에 따른 결과가 아니라 '감각의 구조' 자체에 기인하는 것이라고 보았는데, 이런 관점에서 보면 판타스마/판타지아는 첫 번째 감각, 즉 순수감각이 아니라 시뮬라크르의 흔적에 대한 대체물이다. 판타스마/판타지아가 말해주는 것은, 단지 감각은 '첫' 감각을 상정하고서만 성립될 수밖에 없다는 것이다.

그러므로 루크레티우스에게 감각은 시간의 형식을 내적으로 체화하여 잘못된 의견을 성공적으로 반성하는 식으로 작동할 수 없는 것이다. 대신 감각은 시간의 문제에 '시달리며', 시간을 안정화하는 역사의 질료(material)가 되기보다는 괴물의 조각들에 마주하게 된다:

우선 이것을 말하노라. 사물의 많은 영상들이 도처에서 사방으로

V. 데카르트의 주체론과 시뮬라크르

여러 방식으로 떠돌아다닌다는 것을. 이들은 섬세하여, 서로 마주치게 되면, 거미줄이나 금박처럼, 바람 속에서 자기들끼리 쉽게 결합하는 것들이다. 왜냐하면 진실로, 이것들은 그 조직에 있어서, 눈을 차지하고 시각을 일깨우는 것들보다 훨씬 더 섬세하기 때문이다. 이들은 몸의 조직이 성긴 부분으로 뚫고 들어가, 안에서 정신의 섬세한 본성을 자극하고 감각을 일깨우니 말이다. 그래서 우리는 켄타우로스들과 스퀼라의 지체를 본다. 그리고 케르베로스의 개 형상을, 또 땅이 그 뼈를 껴안고 있는 이미 죽어 떠나버린 자들의 영상을 본다. 왜냐하면 모든 종류의 영상들이 도처에 떠돌아다니기 때문이다.[279]

켄타우로스…, 스퀼라…, 케르베로스…, 그리고 뼈로 유추할 수 있는 '이미 죽어 떠나버린 자들'은 감각의 역사에 포함되지 않는다. 루크레티우스는 신화적으로 잔존하는 '이름 얻은 것들'에 대해서는 더 이상 이야기하지 않는다. 그러나 '이름 없는 것들'에 대해서는 원시사를 통해 응답하고자 한다. 원시사는 시뮬라크르를 극복하거나 잠재적으로 지니지 않는다. 원시사는 성찰적으로 감각의 역사에 속하지만, 기본적으로 감각의 반성 형식일 수 없다. 원시사는 반성하지 않는다. 원시사는 병을 기대하기 때문이다.

    병은 무엇인가? 색스는 환각을 보고 듣는 사람들에 대해 "감각의 과도한 활성화"라는 명제를 제출하면서 이렇게 말한 적이 있다: "우리는 문제를 거꾸로 뒤집어, 왜 대부분의 사람은 목소리를 듣지

8. 루크레티우스의 아타락시아 거절

못하는지를 물어야 할지도 모른다."[280] 실로 진정코 물어야 할 것은 '왜 그게 보이느냐/들리느냐'가 아니라 '왜 그게 보이지/들리지 않는가'인지 모른다. '왜 병에 걸리는가'가 아니라 '왜 병에 걸리지 않는가'가 정확한 질문인지 모른다. 루크레티우스에 따르면 "떠돌고 있는" "생명 주는 것들과 반대로 죽음과 질병에 속한 많은 것들"이 "어쩌다 우연히 모여서 하늘을 혼란시키면 공기가 질병을 품게 된다."[281] 원시사가 괴물들과 이름 없는 것들과 죽어 사라진 것들의 편린들로부터 병을 기대하는 이유가 여기에 있다.

이처럼 떠돌아다니는 것들은 "몸의 성긴 부분"으로 들어온다.[282] 병이란 감각처럼, 어떤 시뮬라크르의 판타스마/판타지아인 셈이다. 감각의 계몽은 아타락시아를 제 성공적인 결말로 맞이할 수 없다. 왜냐하면 감각의 계몽은 필시 '병으로 오기' 때문이다. 병은 천체의 하플로스, 천체의 공동체를 파괴한다. 전염병은 원시사로부터 온 교훈이다. 감각은 시간의 위험하지 않은 역사의 부분으로부터 자신의 진정한 모습을 찾는게 아니라, 모든 시간들의 어떤 무시무시하고 위험한 부분들을 내버림으로써 아타락시아를 찾았다.

그-에피쿠로스-는 깨달았던 것이다. 그릇 자체가 재난을 만들어 낸다는 것을, 그의 내부에서, 밖에서 모여서 들어온 것은 무엇이든, 유익한 것까지 포함해서 모든 것이 그 재난으로 망가진다는 것을. 이는 한편으론 그가, 그 그릇이 구멍 나 샌다는 것을 알았기 때문이다. 그래서 어떤 방법으로도 전혀 메워질 수 없다는 것을. 다른 한편 그가 알아챘기 때문이다. 그것은 무엇이든 안으로 받아들인 모든 것을 말하자면 끔찍한 맛으로 덮어버린다는 것을.[283]

무언가 구멍이 뚫려 있다는 의식, 그것이 바로 루크레티우스가 에피쿠로스로부터 출발해 도달한 병의 자리다. 배치되는 것 한 가운데 허공이 있다. 감각은 숭숭 구멍 뚫려 있다. 감각은 제 자신이 공허하다. 그래서 과활성화된 감각은 계몽된 감각이 아니라 허공을 머금은 것으로서의 증기, 즉 아우라이며, 루트값을 산출할 수 없는 판타스마/판타지아의 연속이다.

    루크레티우스는 아타락시아를 거절한다. 감각은 초감각적인 데로 나아가지 않는다. 오히려 감각은 언제나 시뮬라크르에 대한 배제의 사실을 깨닫는다. 감각의 예외상태인 환각의 진실은, 바로 환각의 예외상태가 감각이라는 사실이다. 그러나 감각은 그 깨달음을 내화하지 못한다. 감각의 세계는 폴리코스로 전회할 수 없다. 다수성은 공동체로서 안전하게 그 자리에 있지 않다. 루크레티우스의 세계에서는 이, "눈앞의 고통"이라는 "압도"가, "신들에 대한 숭배와 그 권능이 중요하지 않다는 것"을 알게 해주고 "저 도시의 예법" 또한 무너지게 한다.[284]

9. 보드리야르의 경우: 시뮬라크르의 형이상상학
(pataphysics)

시뮬라크르를 붙잡은 현대의 거의 유일무이한 사상가는 장 보드리야르(Jean Baudrillard)인데 그 역시 시뮬라크르의 문제에 천착하기보다는 시뮬라시옹(simulation)이라는 문화사회적 현상을 분석하는 데에 힘을 쏟았다. 하지만 보드리야르는 무엇보다 '시뮬라시옹'이 근대적 아타락시아에 의해 산정된 시뮬라크르의 편위라는 것을 꿰뚫어봄으로써 사실상 시뮬라크르를 개념적으로 변별하는 작업을 했다고 할 수도 있다.

보드리야르는 '시뮬라크르-하기(=시뮬라시옹)'와 '시뮬라크르'의 차이를 지각한다. 시뮬라시옹은 시뮬라크르를 끊임없이 기호주의적으로 양산함으로써 시뮬라크르가 무규정성에 터하고 있으며 추상적 가능성에 터하고 있다는 것을 은폐하는 것이다. 그래서 그에 따르면 시뮬라시옹이란, "갖지 않은 것을 가진 체하기"다.[285] 마르크스는 시뮬라크르와 에이돌라(eidola)를 구분하지 않고 씀으로써, 그리고 영역본 번역자들은 시뮬라크르를 이미지로 번역함으로써 이 차이를 무시했다. 그러나 보드리야르에 따르면 "무엇인가를 감추고 있는 기호로부터 아무것도 없음을 감추고 있는 기호로의 이전은 결정적인 전환점이다."[286] 시뮬라크르의 심연, 그 무의미를 가리기 위해 시뮬라시옹이 개발된 것이다. 어떤 대가를 치르더라도 시뮬라시

Ⅴ. 데카르트의 주체론과 시뮬라크르

옹은 그 뒤에 아무것도 없다는 사실을 감춰야만 한다.

> 시뮬라시옹의 문제는 [...] 종교와 신성 가장의 영역으로 거슬러 올라간다. [...] 결국 본질적으로 신이란 없었기 때문이고, 오직 시뮬라크르만이 존재하고 있었으며, 더군다나 신 자체도 시뮬라크르였기 때문이다. 성화상을 파괴하던 그들의 광포함은 여기서 온다. 만약 성화상이 신의 플라톤적 이데아를 감추거나 숨길 뿐이라고 믿는다면 그것을 파괴할 필요는 없었을 것이다. 사람이란 왜곡된 진실 개념을 가지고도 살 수 있기 때문이다. 그러나 성상 파괴주의자들의 형이상학적 절망은, 이미지가 아무것도 숨기고 있지 않으며, 이미지가 요컨대 이미지가 아니라는 것으로부터 온다. 즉 이미지가 원래의 모델에 따라 바뀌는 것이 아니라, 자기 고유의 미혹으로부터 영구히 빛을 발하는 완벽한 시뮬라크르였다는 사실로부터 온다.[287]

시뮬라시옹은 시뮬라크르를 영구히 저지시키는 조작주의적 연쇄로서 '아무것도 없음'의 의미 자체를 변형시킨다. 가령 '핵 공포'는 뒤에 아무것도 없다는 사실을 폭로하는 것처럼 보이지만 실제로는 아무것도 없음 자체를 "극대의 규범과 개연성의 지배에 의한 매혹"[288]으로 바꾸어 놓는다. "모든 사람들은 이 위협의 사실성을 믿는 척한다."[289] 그리고 위협에 의해 짜여지는 것은 전대미문의 저지-균형의 시스템이다. 모든 것은 폭발하는 대신 저지되고, 끝없이 의미

9. 보드리야르의 경우: 시뮬라크르의 형이상상학(pataphysics)

가 연기되는 가운데 균형을 이룬다.

우리가 참조할 수 있는 의미의 실재가 없다고 해도 여전히 우리는, 끊임없이 등가법칙에 의해 증식되고 있는 운동의 사태에 매달려 있을 수 있다. 지시대상은 계속해서 어딘가로 이동한다. "시뮬라시옹의 무한세계에서는" 실로 모든 것이 사라지지만 여전히 "근원도 없는 방사이며 근원도 없고 거리도 없는 사회적인 것"이 둥둥 떠다닌다.[290] 보드리야르는 '시뮬라시옹의 시대', 모든 지시대상이 사라진 곳에서 사라짐을 목도하면서 계속해서 "실재를 다시 발명하려 하고"[291] 있는 사태를 보고 있는 것이다.

따라서 실재의 대상은 처음에는 기호가 된다. 이는 바로 시뮬레이션의 단계다. 그러나 그 후의 단계에서는, 기호는 실재의 대상이 아니라 다시 대상이 된다. [...] 숭배의 대상이 된다.[292]

그러나 다시 발명된 그것은 '실재의 대상'이 아니라 '숭배의 대상'이다. 곧 물신이다. 보드리야르의 물신은 특이한 물신인데, 여기서 우리는 교환가치가 있는 대상을 숭배하는 것이 아니라 '가치' 자체가 없으며 가치를 오직 교환의 부단한 활동을 통해서만 은폐하면서 성취하는 세계에 있는 탓에 그 '활동'을 숭배한다. 물신은 대상이 아니라 '기호주의'다. 따라서 의미로 되돌아갈 수도 없고 무의미도 견딜 수 없는 자들이 선택한 것은 일종의 보편적 타협으로서 화폐, 혹은

V. 데카르트의 주체론과 시뮬라크르

더 정확히 말하면 '화폐 같은 주체'다. 아무것도 없다는 것 자체가 "비존재의 근거 위에서 서로가 변형되는 게임"[293]을 지속시키는 토대가 된다.

> [하이퍼 리얼리티라는] 가상의 이 과도한 확장은 무엇에 여지를 남겨 놓을까? 그것을 말하기는 어렵다. 왜냐하면 가상을 넘어서 나는 프로이트가 해탈(nirvana), 즉 정확하게 분자물질의 교환이라고 불렀던 것 이외에는 아무것도 보지 못하기 때문이다. 이제는 인간적인 것도 도덕적인 것도 분명히 형이상학적인 것도 더 이상 갖지 못하는 순전히 물리학적 세계 속에서 미립자와 다시 결합할 완전한 파동체계만이 남을 것이다. 따라서 사람들은 요소들의 이상한 순환과 함께 어떤 물질적인 단계에 도달하게 될 것이다……[294]

하지만 여기에 여전히 진실의 순간이 남아 있다. 보드리야르의 종말론에는 언제나 항상 시작론이 가려져 있다. 왜냐하면, 기억하겠지만, 시뮬라시옹은 애초부터 '시뮬라크르'를 지탱하지 않고 은폐하는 데서 성립했었기 때문이다. 시뮬라크르를 '함', 즉 조작함으로써 미루어왔던 무언가가 시뮬라시옹 속에 잔존해 있었다. 시뮬라시옹의 조작주의적 실천으로 계속해서 미끄러진다는 것은 우리가 완전히 허구적으로 어떤 '대상적인 것'에 정착할 수 없다는 운명을 지시하기도 하는 것이다.

9. 보드리야르의 경우: 시뮬라크르의 형이상상학(pataphysics)

그러므로 (만약 그런 것이 가능하다면) 시뮬라크르 윤리성은 이미지/이데올로기로의 되돌아감이거나 시뮬라크르만 있는 세계(그래서 '특정 태도'가 시뮬라시옹의 영어 발음, 시뮬레이션의 탈(脫)개입자적 수동주의를 조작주의적으로 수정할 수 있는 세계), 혹은 시뮬라크르'들'의 차이들이 끝없이 이어지는 세계 가운데 차이의 가치를 발견하는 일 등으로 이루어질 수 없다. 시뮬라크르 자체는 원자와 허공으로 된 사물/세계로부터 나온 흔적이기도 하고 아니기도 하다. 시뮬라크르 자체 역시 공기를 머금은 증기, 즉 원자의 유령이기 때문에 그러한데, 그래서 관건은 그 유령들이 실재성을 계속해서 지탱하는 것인지, 아니면 의미의 함열 속으로 붕괴될 수 있게 하는 것인지에 있다.

보드리야르는 "도전, 혹은 상상의 과학" 즉 "오직 시뮬라크르들의 형이상상학(pataphysics)만이 시스템의 시뮬라시옹전략으로부터, 시스템이 우리를 가둔 죽음의 막다른 골목으로부터 우리를 빠져나오게 할 수 있다"고 말한다.[295] 보드리야르는 유령론이 다시금 시뮬라시옹의 조작주의로 빠져들 수 있는 위험을 지각하면서도 '사라짐의 양식'이 가진 미학에 주목하여 시뮬라크르들 사이에 살 수 있는 가능성에 도전하고 있는 것이다. 시뮬라크르들의 형이상상학이란 'pata'의 의미대로 동물의 발이자 사람의 손으로 감행하는 새로운 학문의 길을 말한다. 물론 보드리야르는 주체와 대상의 이원성이 사라지도록 안내하기 때문에 우리가 그로부터 주체의 디셉션을 읽을 수 있는가 하는 의문이 생긴다: 그러나 사라짐의 양식 속에서 pata

V. 데카르트의 주체론과 시뮬라크르

의 도전이 흔적으로 남을 것이다. pata는 주체가 시뮬라크르의 편위 가운데 내는 하나의 걷는, 만지는, 기꺼이 무언가를 하고자 하는, 그 사라짐 속에서 머물고자 하는, 어떤 몸짓으로 남을 것이다. 보드리야르는 이렇게 말한다:

> 그 자체가 하나의 허구로, 우화로 남아야 하고, 그럼으로써 사건이라는 풀리지 않는 허구에 공명해야 한다. 자기 고유의 덫에 잡히지 말아야 하고, 이미지의 이미지의 이미지로 한없이 이어지는 이미지-재생에 갇히지도 말아야 한다.[296]

보드리야르의 시뮬라크르는 우리가 볼 수 없는 형식, 우리가 그것들이 사라질 때에만 볼 수 있는 어떤 형식을 알려준다. 마치 원시사의 흔적처럼, 그리고 전염병의 옮아듦처럼, 우리는 모든 것이 절멸하는 테러리즘으로 미끄러져 버릴 위험과 사라짐의 양식 속에서 머물 수 있는 도전 사이에 위태롭게 서 있다. 나는 루크레티우스가 아타락시아라는 평정을 거절함으로써 지탱하는 자리와 보드리야르가 시뮬라시옹의 영원한 운동과 투쟁함으로써 지탱하는 자리가 주체의 디셉션 속에서 여울지는 것을 본다.

다음 장에서 우리는 시뮬라크르의 개념을 발굴했던 '환각'의 개념으로 다시 돌아갈 것이다. 환각을 보는 사람들은 칸트의 실용적인 인간학의 효과에 따라 음전하게 '어떤 사적 인간'의 자리로 전

9. 보드리야르의 경우: 시뮬라크르의 형이상상학(pataphysics)

부 배치되지 않았다. 우리 사회의 인간들은 환각을 체험주의적으로 전유함으로써 마침내 도핑주의로 안착했는데, 이는 시뮬라시옹과는 다르게 자아상태를 안전하게 극한화한 것임이 밝혀질 것이다. 보드리야르의 예견과 달리 시뮬라시옹은 허무주의로 미끄러지지 않았다. 시뮬라시옹은 긍정적 함입을 겪을 예정이다.

VI. 도핑사회

VI. 도핑사회

1. 환각체험과 약물체험

감각의 논리로는 언제나 배제의 구조로 되돌아갈 뿐이고 환각은 '병으로' 오는 것이라면 주체가 환각 문제에 접근할 수 있는 유일한 방법은 병에 '걸리는' 것이 아니겠는가? 주체는 약물을 통해 환각의 병에 걸리고자 한다. 그러나 루크레티우스가 말하는 '전염병'은 그처럼 주체가 의도/매개를 거쳐 걸릴 '수' 있는 종류가 아니다. 환각에 대해서도 같은 말을 할 수 있는데 환각을 보는 사람은 그저 그러한 것을 보는 것을 막을 수 없는 것뿐이지 환각을 탈자적으로 초래하게끔 유발하는 어떤 동기가 있는 것이 아니다.[297] 그것이 시뮬라크르가 그저 끊임없이 '떠돌아다닌다'는 말의 뜻이다. 약물체험자도 그 문제를 알고 있다. 그러나 약물체험자가 또한 알고 있는 다른 것은 경험의 초(super)형식인 '체험'의 절대적 유의미성이다.

1. 환각체험과 약물체험

체험의 절대적 유의미성과 더불어 환각체험의 '절대적이고 근원적인 수(數)적 다양성' 문제가 드러난다. 종잡을 수 없는 다수성은 체험 논리로 환각에 접근하는 것을 제한하지 않는다. 오히려 색스는 "경험해보지 않으면 절대 알 수 없다는 느낌이 들었다"고 고백한다.[298] 체험이 아니라면 결코 알 수 없었을 것이라는 확신 아래 실로 체험 자체는 거의 '유한한 무한', 혹은 '무한한 유한'과도 같은 느낌을 주는바 이것은 이 시대 특유의 욕망이기도 하다. 색스 자신 역시도 이 "놀라운 것"을 경험하고 싶다는 욕망이 있었다.[299] 또한 이러한 욕망의 보편성을 강조하는데, 그에 따르면 약물은 시·공간적으로 모든 문화권에서 추구해 온 "초월을 경험할 수 있는 화학적 수단"[300]의 일종이다.

약물체험이 환각의 종잡을 수 없음, 혹은 다수성에 관하여 알게 할 수 있다는 믿음은 '심리학자'라고 부를 수 있는 사람들이 생겨난 이래로 끊임없이 그들의 마음을 사로잡았다. 이것은 인식론의 기적이다. 왜냐하면 약물체험이란 인식론의 두 가지 딜레마를 해소시켜 인식론의 구조 자체를 초월할 수 있게 하기 때문이다. 먼저 첫째로, 앎의 주체와 그가 알고자 하는 것 사이의 거리가 사라진다. 둘째로, 본래 경험이 가지고 있던 내적 간극들-감각, 지각, 오성, 이성, … 그리고 무한히 이어지는 것-의 봉합이 가능하다. 그래서 "경험해보지 않으면 절대 알 수 없다는 느낌이 들었다"는 말을 좀 더 정확하게 표현하면: 경험이라는 앎의 형식은 알 수 없음의 문제를 해소시킨다.

　색스에게 인식론의 유혹으로 나타났던 약물체험은 티머시 리어리(Timothy Leary)에게는 절대적인 해결책으로 나타났다. 색스가 약물체험에서 '탈출'한 반면 리어리는 약물체험을 '대항문화'로 삼았다. 앞으로도 계속 설명하겠지만 리어리와 색스에 대해 잠깐 이야기하고 넘어가는 것이 '약물체험의 길'과 '다시금 해소할 수 없는 분석불가능성의 문제로 되돌아가는 일'의 차이에 대해 몇 가지 흥미로운 표지를 제공할 수 있으리라 생각된다. 실로 리어리가 약물체험의 초월적 해결에 대한 신념을 끝끝내 고수했다면 색스는 다시금 '경험해보지 않으면 알 수 없다'고 우리가 미리 단정하는 그곳으로 되돌아가 '분석불가능성'의 문제를 다른 식으로 풀어보려고 했다. 색스의 '다른 방식'에 대해 잠깐 일별하자면, 그는 사례에의 직입(그의 표현대로라면, 생물학과 연대기의 균형 잡기), 글쓰기, 그리고 음악을, 분석불가능함을 지탱하면서-접근하는 방법으로 삼았다. 여기에 환각을 체험할 수밖에 없다는 선언과 다시 환각의 종잡을 수 없는 다수성 문제로 돌아가 분석불가능성의 문제를 재전유하려는 시도가 막 갈라서기 시작하는 문턱이 있다.

　그들이 약물을 체험하며 겪은 경험을 적은 수기의 형식과 내용은 거의 유사하다. 이를 환각체험의 무한한 다수성의 효과라고 봐도 무방할 것이다. 색스는 무수한 약물체험 보고를 수집하면서 그 다양성을 놀라워했다. 심지어 "같은 약물에 똑같이 반응하는 사람

1. 환각체험과 약물체험

은 없다. 더 나아가, 같은 사람이 같은 약물을 재차 겪더라도 그때마다 다른 경험을 한다."[301] 그러나 체험이 분석의 문제와 관련하여 해소시켰던 것에 관해 색스와 리어리는 차이를 보인다.

가장 큰 차이는 색스는 약물체험을 통해 얻은 효과들 전부를 '진짜'가 아니라고 보는 반면 리어리는 약물체험을 하고 난 후 "성실한 심리학자로 보낸 15년보다 쿠에르나바카의 수영장 안에서 보낸 [약물체험을 하는] 4시간 동안에 마음과 두뇌와 그 구조에 관해 더 많이 터득했다"고[302] 단언한다는 점이다. 색스가 약물체험을 '진짜'가 아니라고 보는 이유는 주관의 객관성에 관한 것이 아니다. 약물체험 중인 그가 보는 것들이 '가짜'라는 데 있지 않는 것이다. 색스는 약물체험이 유발하는 변성상태가 어떤 것인지를 분석해야 하는 자리에서 수수께끼를 풀기 위한 가장 '쉬운' 길을 선택한 것이었다.

1950년대 말은 LSD가 처음으로 '합성'된 "새로운 환각제의 시대"였다. 색스는 당시 상황을 설명하며 이렇게 말한다. 그 자신이 "신경과 전문의 실습을 시작하던 1962년"은 그러한 약물들의 출현이 유발하는 문제의식에 "도취된 시대"였다.[303] 색스는 그것을 알게 될 개인적 입장에 처하기를 갈망한다. "뇌의 이상 기능을 관찰하고 경이로운 측면을 이해할 수 있는 입장이 될 수 있지 않을까?"[304] 그러나 곧 색스는 그와 같은 것이, 단순히 약물체험이 가져 올 '비정상적 상태'에 대한 '비호의적 경향'이나 '부작용' 혹은 '중독상태' 때문에 문제가 되는 것이 아니라 "진짜"가 아니라는 것 때문에 문제가 된다는 것을 깨닫게 된다. 약물체험으로 인해 경험하게 되는 주관의 세계가 상호주관성이나 더 나아가 절대적 객관성에 의해 보장받지 못하기 때문에 진짜가 아니라는 것이 아니라, 거기에 다가가기까지의 '성실'하지 못했던 삶이 진짜가 아니라는 자각이다.

색스의 방법론은 환자들의 수기에 대한 인용과 비밀스럽게 숨겨져 있는 자기 자신의 구조적 접근(Design)으로 이루어져 있다. 인용과 구조가 이원적 독특성을 뚜렷이 유지하면서도 상호작용하는 까닭에 수기는 구조에 대한 귀납적 토대나 예시로 활용되지 않는다. 마찬가지로 구조 역시 수기를 위한 배경이나 선행적 참조로 활용되지 않는다. 이것은 단지 분석 불가능한 것을 분석하려는 하나의 몸짓을 보여줄 뿐이다. 그것을 분석하기 위해서는 반드시 성실해야 한다. 색스가 보기에 약물체험이란 환각 문제를 체험주의적으로 비껴간 것에 지나지 않는다. 약물체험은 환각 문제에 대해 아무 '말'도 하지 못하며 실제로는 모든 언어를 지우기에 이르는데 왜냐하면 이미 주입(注入)이 곧 체험을 가능하게 하므로 더 이상 환각 문제를 어떻게 할 것인지를 물을 필요가 없기 때문이다. '체험해'보면 되는데 무엇 때문에 '언어를 경유하는' 분석이 필요하겠는가?

색스에게는 언어의 문제가 무엇보다 중요했다. 언어의 표면이 아무리 거칠더라도, 그리하여 표현하고자 하는 바를 제대로 표현하지 못하게 될지라도 언어는 중요했다. 색스에게 언어는 체험으로 환원될 수 없는 것이었다. 언어는 무엇으로도 환원될 수 없는 것이

1. 환각체험과 약물체험

다. 그러나 리어리에게 언어보다 더 중요하게 여겨지는 것은 의사소통 그 자체이다. 왜냐하면 약물체험을 함께 한 사람들 사이에서는 "모든 것이 이해 가능했기 때문에 아무 말도 필요 없는" "그런 의사소통의 고요하고 잔잔한 거품"[305]에 의해 모든 것이 전달되기 때문이다.

또한 리어리가 '약물의 기능-권리-기술'의 계선을 그린다면 색스는 끊임없이 독자/환자를 약물의 절대적 통제불가능성에 직면시킨다. 색스는 『깨어남』에서 이를 "거대 양자적 상황"이라 부르며 "적정", "충분" 등 '올바른' 사용법에 대한 그 어떤 기준 및 제언도 가능하지 않음을 확고하게 주장한다.[306] 리어리는 무엇보다 "약물사용면허"를 주장하고 적절한 사용방식이 있다는 사실을 전제할 뿐만 아니라 "자신의 신경계를 스스로 조정할 수 있는 '권리'"[307]를 주장한다. 이 두 가지는 서로 순환하며 '신경'에 대한 소유(생산)-관리-사용-소비모델을 만든다. 리어리는 궁극적으로는 "신의 여덟 가지 기술"과 "진화의 여덟 가지 단계"와 "여덟 유형의 신경 전달 물질"을 한데 잇기[308]에 이른다.

도대체 환각의 분석불가능의 문제가 얼마나 무거운 것이었기에 한 명은 다소 작위적으로 약물체험을 정치적, 종교적, 생물학적으로 끊임없이 초월시켰으며 다른 한 명은 이 영원한 분석불능의 토대 위에서 "인간은 왜 잠깐이라도 병들 필요가 있는지에 대해서 다룬다"[309]고 말할 수밖에 없었던 것일까?

2. 환각체험의 분석불가능성

환각체험의 압도적인 다양성은 본질적으로 환각체험을 '연구대상'으로 만드는 것을 방해한다. 심지어 환각을 체험적으로 전유하는 약물체험을 '통해' 에둘러 분석한다 해도 거기서 어떤 유형이나 패턴을 찾을 수는 없다. 기껏 예시로 사용할 수 있는 거대한 아카이브를 구축할 수 있거나 불충분하게나마 귀납적인 일리(一理)를 포착할 수 있거나 할 뿐이다. 실로 이 체험엔 패턴이 없다는 것이 패턴이다.

아마 참고할 수 있는 하나의 길이 있다면 그것은 프로이트의 꿈 해석일 것이다(해몽(解夢)이 아니라 꿈의 해석(解析)). 그러나 환각체험은 여러 가지 면에서 꿈 해석의 방법을 사용할 수 없는 면들을 지니고 있다. 첫째로 여기서 문제되는 것은 단순히 꿈꾸기 체험과 환각체험의 내용을 비교해서 발견하는 차이가 아니다. 꿈 내용은 이미 '분석 가능한' 매질로 주어지고 환각체험은 그렇지 않다는 것이 아니다. 비교할 수 있는 내용 자체는 양쪽 모두에서 실제적이지 않다. 한편으로 꿈 내용은 그것이 '분석가적인 주체' '에게' '말해질 때'만, 오직 말해짐으로써만 소급적으로 형성된다. 다른 한편 환각체험은, 그리고 특히 약물체험은 잘 말해지지 않을뿐더러 말해지거나 보고될 때도 '그것을 통제하기 위해서' 표현된다. 색스에게서나 리어리에게서나 환각체험은 모두 통제적 관계에서 나타났다. 색스에게 환각체험이 보고되는 순간은 '더 이상' 이대로 놔두어서는 안 된

2. 환각체험의 분석불가능성

다는 의식이 나타날 때이다. 리어리에게 그 순간은 약물 사용 '면허'와 환각 체험의 '권리'를 주장하려 할 때다. 먼저 색스의 흥미로운 고백을 보자.

가장 좋은 방법은 글을 쓰는 것, 임상일지를 쓰듯 이 환각을 자세히 명료하게 묘사하고, 그렇게 해서 내면의 광기에 무기력하게 굴복하는 희생자가 아니라 관찰자가 되고 더 나아가 탐험가가 되는 일이란 생각이 들었다. [...] 효과가 있었다. 환각은 멈추지 않고 시시각각 변했지만, 눈앞에 펼쳐지는 광경을 노트북 컴퓨터에 하나하나 묘사하자 그럭저럭 통제력 비슷한 힘을 유지할 수 있었다.[310]

환각체험은 이미 자기 자신에 대한 관계로 번역된 후에야 비로소 모습을 드러낸다. 이 보고의 현상 양식 자체는 꿈과 닮아 있지만 꿈은 '꿈-작업'을 나눗셈할 수 있는 반면 환각체험에는 그런 것이 없다. '자기 자신의 관계'로 번역할 수밖에 없는 어떤 폐쇄성 때문이다.

꿈 내용은 본질적으로 잘 기억되지 않는 한편 언어적인데 반해 환각체험의 내용은 세부적으로 잘 기억되는 한편 표현불가능하다는 느낌을 불러일으킨다. '표현 불가능한 것에 관한 기억'에는 어떤 기이한 폐쇄성-자기 자신에게조차 폐쇄되었다는 어떤 느낌-이 있어서 바로 이것 때문에 환각체험은 실제가 없는 것처럼 보인다. 그런데 리어리의 경우 폐쇄성은 "신경생리학을 전복"한 "메타생리학"

VI. 도핑사회

차원에서의 '개방성'(혹은 더 정확히 말해 자동연결성)으로 나타난다.[311] 이 사실은 기본적으로 리어리가 언어에 대해 갖는 기본 전제의 입장과 관련되어 있다. 리어리는 '표현불가능'의 문제를 검토할 이유가 없는데, 왜냐하면 언어를 초월한 '의사소통'이 약물체험의 메타생리학에 의해 가능하다고 보기 때문이다. 따라서 '표현 불가능한' 것이 아니라 더 이상 '표현할 필요가 없는' 인간의 '단계'가 문제다. 소위 "인간의 24단계"로 리어리가 제시하는 것은[312] 약물사용에 대한 통제인 약물사용면허와 환각체험권리가 도달하게 될 단계들이다.

그러므로 여기서 환각체험 및 약물체험이 꿈과는 다르다는 사실 가운데 다름의 두 양태 중 어떤 것이 옳은지를 판단해야만 한다. 색스의 폐쇄성, 표현불가능성인가, 아니면 리어리의 개방성, 의사소통인가? 이는 체험주의의 본질에 대한 판단이기도 하다. 나는 리어리를 색스의 '부인(denial)'이라 본다. 즉 색스의 고백을 부인하는 과정에서만 리어리는 환각체험에 대한 통제를 약물에 대한 체험주의로 곧장 환원하여 사용할 수 있다. 그래서 최후에 색스는 체험에 대해 골똘히 생각한 반면, 리어리는 체험에 대한 최후의 신념을 바닥으로 삼을 수밖에 없었다. 결국 개방성과 의사소통성은 체험에 대한 신념의 플랫폼을 거쳐야만 가능해진다. 리어리의 고백은 이런 것이다.

맥클랜드 교수와 회의하는 동안, 나는 경험해보지 않은 사람에게

2. 환각체험의 분석불가능성

변성상태의 경험을 전달한다는 게 실제로 불가능하다는 사실을 깨달았다. 배런이 내게 버섯 복용 경험담을 말하려고 했을 때 내가 보인 부정적인 반응이 떠올랐다. [...] 나는 맥클랜드 교수에게 설명을 하려고 노력했다. [그러나] 나는 곧 이 세계가 이 경험을 한 사람과 경험하지 못한 사람으로 양분되어 있다는 것을 알게 되었다.[313]

'말 없는' 의사소통과 '개방이 필요 없는'-이미 메타생리학적으로 연결되어 있으므로 -개방성은 실로 궁극적인 해결로 나타난다.

두 번째 차이는, 꿈은 '배치(disposition)'될 수 있고 그 때문에 가치를 얻지만 환각체험의 경우에는 '맥락(context)'에 사로잡혀 있고 그 때문에 기능 의존적으로 동기화된다는 점이다. '꿈을 왜 꾸느냐'의 문제가 꿈의 기능과 연결되는 방식에 주목해야 한다. 가령 프로이트에게 꿈은 '텅 빈 기표'로 기능하면서도 '소망충족'에 초점을 맞춘다. 꿈이란 증상과 충동이 절합되는 공간이다. 역사적인 것과 비(非)역사적인 것이 절합되는 것이다. 그리고 이러한 연결을 통해서 비로소 꿈의 '내용'이 배치된다. 그런데 '약물을 왜 체험하느냐'의 문제와 약물의 기능은 어떻게 연결되는가? 온전히 기능 자체가 체험의 목적을 지배할 뿐이다. 약물은 체험의 동기가 '의존'임을 나타낸다. 그리고 약물체험의 기능과 목적이 모두 의존이듯 환각체험의 기능과 목적은 단지 장애를 의미할 뿐이다. 약물체험이 감각의존의 징표로서 기능의존적 맥락에 사로잡혀 있는 것처럼 환각체험은 감각고장의 징표로서 기능장애의 맥락에 사로잡혀 있다. 따라서 체험의 내용은 이미 맥락화되어 제시된다. 이미 모든 의미기호들이 이러한 의존과 장애의 컨텍스트에서 해석된다. 이처럼 꿈이 내적으로 배치가능하다는 사실과 환각체험이 외적으로 맥락화된다는 사실은 앞에서 언급했던 '실제 없음'과 관련해 중요한 점을 의미한다. 왜냐하면 바로 그 사실이 꿈을 분석가능하게 만드는 반면 환각체험은 기껏해야 어떤 상태의 효과처럼 느껴질 뿐이기 때문이다.

리어리는 이를 부정적 표상이라고 보고 부정적인 것을 단순히 뒤집어서 긍정화한다. 리어리는 의존과 기능장애의 표상을 지우고 대신 자유와 해방상태라는 의미를 부여한다. 체험의 부정적 표상이란 모두 신경계의 권리와 진화를 인정하지 않는 보수적 권력자들의 입장에 불과하다는 사실을 폭로하는 문형 아래 그는 설득력을 얻는다. 흥미로운 것은 이렇게 주장하게 되면 약물체험/환각체험을 하지 않는 사람은 곧 자유와 해방상태를 얻을 수 없는 사람이 된다는 것이다. 소위 약물체험의 '천부인권'이 탄생하는 순간이다. 그리고 이는 약물체험이 마땅히 발전시키리라고 여겨지는 신경계의 상위 단계를 활성화하는 기능을 한다. 약물체험을 지배하는 것은 곧 신경계 기능의 진화 및 진보로의 길에 정당히 들어서는 것이 된다. 따라서 약물체험은 다시 신경계 기능 '활성화'의 맥락에 사로잡히게 되며 환각체험은 '약물-없이도-약물체험을 할 수 있는 상태'인 "플래시백(flashback)"의 내부로 환수된다. 새로운 기능주의에 의해 약물체험의 모든 것이 포함되고 약물체험은 이제 새로운 신경계 단계의 매개체이자 효과가 된다.

그런데 여기서 리어리가 보지 못하는 것은 약물체험과 환각체험의 차이다. 그리고 더 중요한 것은 리어리는 약물체험이 도대체 환각체험과의 관계에서 어떤 식의 역할을 하는지 정확히 알지 못한다는 점이다. 약물체험과 환각체험이 그 목적과 그 기능에 있어서 의존과 장애로만 이해됐듯 이번에는 신경계 진화의 매개와 단계로만 이해된다. 하지만 처음부터 체험을 이렇게 맥락화시킬 수 있었던 것은 약물의 사용을 환각체험과 동일시함으로써였다. 약물 '사용'의 수행에 의해 함수(函數)적 효과에 따라 작동하게 될 조작 가능한 계(界)를 가정하는 일은, 환각체험이 어떤 신경 물질의 역할에 의해 작동한다는 것과 동일시해야만 가능하다. 결국 약물체험의 체험주의적 인과관계(주사→작용)를 환각체험에도 동일하게 적용시켜야만, 혹은 환각체험에 대한 추상적 인과관계(신경물질→작용)를 약물체험에 동일하게 적용시켜야만 약물체험=환각체험의 요소를 체험주의적으로 활용할 수 있는 것이다.

따라서 리어리가 보여주는 것은 의미변화가 아니라 결국 환각을 '맥락화'해야만 한다는 사실을 인정하고 주장하는 것이다. 하지만 환각체험과 약물체험의 관계에서 볼 때, 환각을 맥락화하는 것은 환각체험과 약물체험의 동일시, 혹은 더 정확히 말하면 함수관계다. 그러므로 만약 환각체험과 약물체험이 조작 가능한 동일한 맥락을 지니고 있지 않다면 도대체 어떻게 환각을, 이미 환각체험을 이해하기 위해 위치 지은 맥락 가운데서 빠져 나오게 할 것인가 하는 것이 문제가 된다.

사실 환각은 '꿈'에 가깝다기보다는 '잠'에 가깝다. 그리고 환각의 맥락화로의 환수는 잠이 '동어반복의 형식'으로 존재해왔다는 사실, 그리고 꿈이라는 분배율을 통해서 존재해왔다는 사실과 상응할 수 있다. 잠은 항상 '잠'이었다. 우리 인간의 사상사는 그간 내내 꿈만을 열성을 다해 분석해왔다. 마치 꿈을 분석하면 할수록 그 나머지로서 잠의 지위가 확고해지기라도 하는 듯이 모든 분석활동은 꿈에만 쏠려 있었다. 즉, '우리는 잠잘 때 꿈꾼다.' 잠이 꿈의 시간과 공간의 역할을 담당한다. 그렇다면 이제 이렇게 물어야 한다. 왜 잠은 꿈의 시공(時空)으로서의 배경인가? 왜 꿈은 그렇게 상징언어로 가득 차 있으며 잠은 그렇게 동어반복으로 남아만 있는가?

꿈과 잠의 관계에 관한 주장의 핵심은 '뇌'를 최종근거지로 하고 있다. 한스 베르거(Hans Berger)가 고안한 뇌파감지장치인 뇌전도(electrocephalogragh, EEG)를 통한 분석에 따르면 '인간의 마음'은 깨어있는 상태, 꿈꾸는 상태, 잠자는 상태로 구분된다. 깨어있을 때와 꿈꿀 때 그리고 잠잘 때의 뇌전도 패턴이 완전히 다르게 나타나므로 꿈과 잠과 깸은 '뇌(마음)'이라는 최종 근거지의 상태들이자 분할지역들이 되는 것이다. 그런데 이러한 상태분할의 이론을 자세히 살펴보면 꿈을 어떤 식으로 '텍스트'화함으로써만 깨어있는 현실과 잠자는 휴식의 상태가 '불려나온다'는 것을 알 수 있다. 즉 꿈은 상징 언어를 처리하고 억압을 다룬다고 가정되는데 꿈을 이렇게 읽음으로써만 깨어있는 상태와 잠자는 상태는 꿈의 두 질료적 부분으로 형상화된다. 깨어 있는 상태는 꿈의 '재료'를 제공하고 잠자는 상태는 꿈의 '배경'을 제공하는 것이다. 꿈을 미리 텍스트화하지 않으면 깨어있는 상태와 잠자는 상태를 호출할 수가 없다. 꿈과 잠과 깸은 어떤 기능들을 각기 담당하는 것이 아니라 문학적으로 이끌려나온 텍스트인 꿈을 통해서 맥락화되는 것이다. 그래서 정확히 말하면, 꿈의 내용을 통해서만 인간은 깨어 있는 상태를 소유하며, 꿈의 형식을 통해서만 인간은 잠의 상태를 전제한다. 이런 맥락에서 REM(Rapid Eye Movement)은 꿈의 실체를 표지하는 징표가 아니라 잠의 상태를 안정적으로 전제하는 허구적 장치다. 칼 세이건(Carl Sagan)은 『에덴의 용』에서 "REM 상태에서 잠을 깨운 피험자 가운데 20퍼센트 가량은 꿈을 기억해내지 못했고, REM 상태가 아닌 수면 중에 깨운 피험자 가운데 꿈꾸는 사람"도 있었다고 보고한다. 현재의 'REM 수면'이론은 "일단 편의를 위해 REM 상태와 그에 따른 뇌전도 패턴을 꿈꾸는 상태로 보기로" 하는 것이다.[314] REM 상태는 잠과 꿈의 분할선이 지나는 운동영역으로서 실로 잠은 'REM 수면'으로 꿈은 '비(非)REM 수면'으로 지칭된다. 그러므로 REM은 꿈꾸고 있음을 말해주는 것이 아니라 '잠의 상태와는 다른 무엇이 있다'는 것을 '암시'하는 것이다. 실로 20퍼센트, 혹은 그 이상은 적은 수치가 아니다. 이런 인위적 분할을 통해 잠과 꿈을 구분할 수밖에 없다는 사실이 의미하는 것은 다음과 같다: EEG와 꿈, 깸, 잠을 연결하는 그 함수주의적 상응선, 그리고 REM에 의한 잠과 꿈의 명확한 분리는 꿈의 텍스트를 지키기 위한 경계선들이다. 온갖 기능이 복합적으로 모여드는 꿈의 배치들은 다시금 잠을 이중적 의미에서 맥락화한다. 꿈이 존재하게 되는 부재의 장소로서, 그리고 꿈이 승화할 정도로 다기능적일 수 있는 맥락주의적 장소로서 잠은 의미화되는 것이다.

이쯤에서 다음과 같은 테제를 제출할 수 있다: 꿈과 잠의 관계는 약물체험과 환각체험의 관계와 같다. 물론 꿈과 약물체험이 같은 것은 아니며 잠과 환각체험이 같은 것은 아니다. 그러나 관계양상은 같다고 할 수 있는데 꿈이 잠의 없음을 경유하기 위한, 즉 그 없음을 부재로 만들기 위한 보충물이듯 약물체험은 환각체험의 없음을 경유하기 위한 보충물이다. 그리고 꿈이 텍스트로써 '마음의 상태' 분할을 지탱하듯이 약물체험은 약물 사용과 그에 따른 직접적 체험으로써 '환각의 상태'를 재생한다고 믿으면서 환각체험과 약물체험을 동족화·맥락화한다. 모든 것은 잠과 환각의 자기폐쇄적 상태, 그리고 표현불가능성의 상태를 '극복 혹은 회피'하기 위한 조치다.

약물체험은 결국, 환각체험은 '말할 수 없는 것'이므로 '체험해 볼 수밖에 없는 것'이라고 고백하는 주체를 포함하고 있다. 그리고

2. 환각체험의 분석불가능성

이에 대해 다시금 '환각체험이 어떤 신체적 상태 이상(異常)에 의해 발생한 효과에 불과하다'고 말하는 것과 마찬가지로 '약물체험은 어떤 이상한 신체적 상태를 발생시키는 것'이라고 말하는 것이다. 이렇게 접근하면, 결국 환각체험의 무시무시한 내용적 다양함에 대해서는 아무 말도 할 수 없게 된다. 다른 방법이 필요하다. 하지만 그 '내용 자체'에 대해 분석하려고 해서도 안 된다. 왜냐하면 이번에는 맥락(context)이라는 정지표지판 외에 텍스트(text)가 나타날 것이기 때문이다. 그러므로 우리는 약물체험이라는 체험주의적 담론, 혹은 우리 시대의 본질이라 할 수 있는 도핑주의를 거치되 종내에는 환각체험의 분석불가능성의 문제를 끊임없이 다시 제기하도록 해야 할 것이다.

내가 여기서 분석력 대신 요청하려는 것은 주의력이다. '신체 상태에 대한 환각의 함수관계'를 설정하는 것도 거절하고, '말할 수 없는 것'이라고 말하는 것도 거절하고, '체험해볼 수밖에 없는 것'이라고 말하는 것도 거절하면서 주의력은 단지 주의를 기울인다. 세부들에 집중하는 것은 하나의 놀라운 결과를 가져올 수 있다. 왜냐하면 결국 세부들에 대한 진정한 집중만이 세부들을 파악할 수 없음이야말로 세부의 진정한 성질이라는 것을 알려주고 나아가 그 파악할 수 없음이 지닌 진정한 성질까지도 알려주기 때문이다. 즉 체험들을 분석할 수 있다는 믿음 없이 분석하는 방법이 필요하다. 분석가능하지 않은 것을 분석하는 것이란 무엇일까?

3. 환각체험의 상수를 찾으려는 시도: 식민지(성)라는 진실

흥미로운 것 중 하나는 색스에 따르면, 19세기 중후반 이후부터 식민지인 알제리와 인디언들에게서 각각 가져온 해시시와 메스칼린에 대한 파리와 런던의 반응 가운데 약물체험의 상수(常數)를 찾으려는 시도가 있었다는 사실이다. 색스는 이중적인 접근법이 있었음을 발견한다. 그는 이것을 "헉슬리식의 '상위의' 신비한 접근법과 클뤼버식의 '하위의' 신경생리학적 접근법"이라 부른다.[315] 색스에 따르면, 헉슬리는 "천재성과 광기는 둘 다 극단적인 정신 상태와 통한다"고 말하며 이를 다시 "밝고 신성한 아름다움과 의미를 지닌 외양"과 연결시킨다.[316] 한편 클뤼버는 환각 자체를 "기본적인 네 가지 '형태 상수'의 순열로 보았다(격자, 나선, 거미집, 터널)."[317] 즉 헉슬리에게는 고양과 초월의 정신 상태가 신적인 것에까지 도달할 수 있는 수직성을 이룬다. 한편 클뤼버의 편에서 이것은 근원적인 형태에 정향된 정신적 보편의 수평성을 이룬다.

여기서 내가 강조하고 싶은 것은 색스가 보는 것처럼 이것이 두 개의 접근법을 구성하지 않는다는 것이다. 가령 색스가 드는 또 다른 보고에서 메스칼주를 마신 미첼의 경우 그는 두 가지의 경험이 겹쳐지는 것을 증언한다.

> 아주 밝은 색의 지그재그 선이 보이기 시작했다. … 그것은 거의 순

3. 환각체험의 상수를 찾으려는 시도: 식민지(성)라는 진실

식간이라 할 정도로 빠르게 움직였다. … 회색 돌로 만든 하얀 창이 엄청난 높이까지 커지더니, 아주 정교하게 설계되고 화려하게 마무리된 고딕 양식의 높은 탑으로 변했다. … 돌의 표면에도 변화가 일어났다. 보석처럼 보이는 물체들이 송이를 이루면서 서서히 그 부위들을 뒤덮거나 그곳에 매달리기 시작했고, 어떤 것들은 투명한 과일을 모아놓은 것과 비슷했다. 초록색, 자주색, 빨간색, 오렌지색 …, 모두 안쪽에 불빛을 품고 있는 것 같았다.[318]

이러한 하나의 방향, 다시 말해 패턴의 리듬이 흐르다가 형상으로 바뀌고 형상이 다시 세부를 얻는 식의 방향은 다른 여러 환각체험들에서도 자주 보고된다. 특히 편두통이나 입면환각에서는 거의 절대적이다. 클뤼버가 경험한 모든 곳에서 발견되는 정신적인 것 기저의 "동양식의 카펫"과 헉슬리가 경험한 "최후의 영역, 마음의 대척지"는 겹쳐지는 경향이 있다.[319] 단순히 관념상의 중첩이 아니라 체험적인 겹쳐짐이기도 하며 한쪽이 다른 한쪽을 고양시키는 명백한 관계가 있다. 그런데 수직적인 방향의 왕복운동과 패턴적인 것의 현기증 나는 평면적 반복이 '겹친다'는 사실은 관념적·체험적으로 수용되는 표면적인 차원의 겹침보다도 훨씬 더 중요한 차원을 가리키고 있다.

수직성과 수평성의 겹침은-실로 그것들이 각각 근본형태이거나 신이라는 원인으로 소급되어가는 것이라 할지라도-'사유'의 본

질적 범주나 본질적 매개가 아니라 이 약물들을 키워낸 공간인 식민지(성)의 '효과'다. 식민지라는 장소는 단지 담론의 유형이 나뉘는 장소가 아니라 담론을 가능하게 한 곳이다. 그곳이 능히 온갖 이미지들의 형태들을 결합시킬 수 있는 토대가 될 수 있었다는 것은 중요하다. '그곳'만이 그와 같은 능력을 갖고 있는 것은 아니다. 그러나 '그곳'이 그러한 기능을 하게 되었다는 사실은 역사-필연적이다. 따라서 서구 역사에서 오랫동안 지속되어 온 이 수직성과 수평성의 나눔과 용해가 '식민지(성)'를 통해 식별되었고 또 '식민지(성)'를 통해 가능해진다.

도대체 그 나눔이 본질적이거나 선험적인 것인지, 그리고 왜 그 나눔을 해결할 필요가 있었던 것인지, 식민지(성)은 어떻게 용해의 역할을 해낸 것인지, 과연 그 역할을 해낸 것이라고 평가할 수 있는지 등등은 여기서 문제가 아니다. 중요한 것은 서구 '내부'에서 일어난 나눔과 서구 '외부'에서 달성된 겹침(나눔의 극복으로서의 겹침)이 동시에 우리 앞에 등장하게 되었다는 사실이다. 우리는 헉슬리, 클뤼버와는 달리 인류학적인 '동시에' 생리학적인 방향에서 환각작용을 정리했던 피터 퍼스트(Peter Furst)에게서 이 점이 가장 징후적으로 드러나는 것을 확인할 수 있다. 그는 이렇게 쓴다.

깊이 연구해보면, 물질적으로는 최대로 단순한 몇몇 종족들-아프리카의 부시족, 오스트레일리아의 원주민들, 한대나 열대 삼림지대의

3. 환각체험의 상수를 찾으려는 시도: 식민지(성)라는 진실

수렵부족 또는 농경 이전의 '원시적'인 캘리포니아의 인디언들-의 지적 문화는 형이상학적인 복잡성과 시적인 상상력에 있어서 이 세상에서 가장 잘 제도화된 어떤 종교와도 비견될 수 있다는 것이 밝혀지고 있다.[320]

"깊이 연구해보면"이라는 첫 번째 부사구에 집중해야 한다. 즉 이전의 식민지 사회에 대한 온갖 표상들을 '깊이 연구해보면' 그것이 자연적 원시성과 문화적 시원성을 처음부터 '한 데 겹쳐놓은' 형태라는 것을 알 수 있게 된다는 것이다. 이 말을 다시 쓰면 이런 것이다. '깊이 들여다보면' 식민지(성)이라는 '외부'는 진절머리나는 내부의 모든 이분법적 금기를 극복할 수 있게 한다. 그런데 극복하게 하면서도 극복해야 할 '그것'을 제시한 것은 '외부' 그것이다.

색스에 따르면 그곳은, "열대우림의 식물의 수는 엄청나고, 그 식물을 짝지을 수 있는 조합의 수는 천문학적"이며 "시행착오라는 상식적인 방법은 통하지 않는",[321] 환각을 위한 만나(manna)의 공간이다. 바로 '그곳'이 이곳에 개입하면서 모순적인 의미의 항(伉)들이 등장하게 된다. 외부를 향한, 그러나 승인된 모험, 계획되었으나 낯선 곳의 발견, 혹은 신의 정원에 들어간 인간, 정당성에 의해 다가간 약탈의 장소인 그곳, 신이 선물했으나 신의 온갖 규율들을 어기게 되는 장소, 그것이 식민지다. 이 사실은 연대기적으로 기원적인 수직성을 도입하는 고대적인 것(시간)을 같은 공간 내에서의 신비인

이국적인 것(공간)과 결합시킨다. 이는 높은/없는 공간의 시간적 도래가능성으로서의 유토피아적인 것을, 없는 토대/시간의 공간적 도래가능성으로서 위험의 출몰을 드러내지 않는 외부와 짝짓는 담론체계다.

그래서 중첩은 근원적인 것의 고대적 향취가 이국적인 이미지와 결합하여 식민지적인 외부에 대한 표상체계를 경유해 신적인 차원으로까지 고양되는 하나의 방향을 이루고 있다고 볼 수 있다. 더 정확히 말하자면 신적인 것을 인간적인 것으로 안전하게 전유하는 하나의 경유지가 식민지적인 것에 대한 '거짓 필요성'의 담론을 통해 이미지만으로도 충분히 고양시키며 신적인 감흥을 불러일으키게끔 조직화되었다는 것이다. 어떤 색채가 조성된 것이며 이 가운데 모든 이미지들은 무섭도록 잘 결합하고 몸을 불린다. 가령 해시시에 대한 색스의 보고에서 보면 "테오필 고티에는 1944년 해시시 클럽을 방문했는데" 거기에서는 예술적이거나(고티에는 고야나 칼로의 그림을 연상한다), 아니면 "자바 섬이나 힌두교의 우상"처럼 여겨지는 인물들이 등장한다.[322] 식민지, 고대, 신적인 것, 예술이 하나의 포도송이처럼 이어진다.

의미의 항들은 마치 자신들이 본래적인 것처럼 행세하지만 실은 그렇지 않다. 그래서 이 항들은 분석가능성을 열어주는 범주들을 제공하지만 실은 결국 부당함만을, 즉 분석행위 자체의 부당함은 물론, 분석불가능함의 진실을 보여주게 된다. 이 겹침이 광기의 흐름인 것처럼-혹은 광기를 유발하는 것처럼-분석자는 광기 자체로 흘러들어가게 된다.

4. 분석 불가능한 것을 바라보기: 샬롯 퍼킨즈 길먼의 「누런 벽지」

이 문제를 가장 자명하게 보여주는 것은 샬롯 퍼킨즈 길먼(Charlotte Perkins Gilman)의 단편 「누런 벽지」다. 벽지의 무늬를 바라보는 여자는 바라봄의 수행에 의해 마침내 '무늬 뒤의 웅크린 여자'를 만나게 된다. 그런데 무늬의 엄청난 변화무쌍함, 불가해함과 애매함은 바로 '이 여자'를 만나는 경험에 의해서만 원천적으로 탈출가능해지는 문제가 된다. 즉 이 여자를 만나기 전에는 무늬를 분석하고 결론을 내리겠다는 것이 화자의 문제였는데[323] 이 여자를 만나고 난 후에는 무늬의 토대 자체, 무늬의 장소인 벽지 자체를 뜯어내는 것이 화자의 문제가 된다. 화자는 여자를 만나고서야 무늬란 "빛에 따라 변화한다는 사실"을 알게 되지만[324] 그 앎을 통해 깨닫는 것은 빛(수직적 외부)이 무늬(수평적 내부 구성 단위)를 결정한다는 것이 아니라 바뀌는 것도 여전히 무늬의 한 형태이며 실상 그 변형은 무늬 자체의 변화무쌍함을 나타낼 뿐이라는 사실이다. 따라서 빛과 무늬가 어떤 식의 중첩적 상호관계를 이미 이루고 있다는 사실이 중요한 것이며 그 추상적 중첩은 벽지(壁紙)라는 실제에 의해서 가능하다는 사실이 중요한 것임을 깨달은 것이다.

그래서 화자는 벽지를 뜯어내기로 결심한다. 분명 여자를 '만나게 한 것'은 벽지에 대한 집중과 주목 덕분이었는데 이제는 벽지를 다 뜯어내야만 그 여자를 '해방'시킬 수 있음이 명백해진다. 화자인 '나'는 벽지를 뜯어내고 흔들고 당긴다. 그런데 벽지를 다 뜯어내자마자 '나'는 '이 여자'처럼 "기어 다니는 여자"가 된다.[325] '나'는 해방된 이 여자를 '만나는 것'이 아니라 구분 불가능한 행로에 갇힌 '미친 여자'가 되어버리는 것이다.

화자인 '나'는 남편에게 다시금 '나'의 이 역할을 하게 한다. 하지만 남편은 열쇠구멍 안을 들여다보는 노동을 하지 않고 잃어버린 열쇠를 찾아 문을 연다. 그리고 그 순간 그만 어깨 너머의 미친 여자를 보고 기절하고 만다. 이 두 가지 결과, 기절과 광기에 대한 첫 번째 해석은 이렇다: 문 열어 주는 자의 환상을 지닌 주체에게 길먼이 보여주는 것은 기절이라는 폭로이며, 벽지 없는 곳에서 조우를 이루려는 주체에게 가능한 길은 오직 광기밖에 없다. 실로 약물체험의 상수를 발견하고자 했던 분석가들에게 나타난 것은 결국 약물들이 실제로 자라났고 뽑혀졌으며 상품의 형태로 바뀌어 등장하게 된 식민지라는 실제 공간이었으며 그 실제 공간은 이미지들이 무한히 다양한 패턴으로 나타나게 해주었던 조건이 돼주었던 것과 마찬가지로 그 이미지들의 분석을 불가능하게 했던 한계다. 그곳에서 '나'

4. 분석 불가능한 것을 바라보기: 샬롯 퍼킨즈 길먼의 「누런 벽지」

는 그 '기어 다니는 여자'를 만나지 못하고 '남편'은 다시 '기어 다니는 여자'가 된 화자를 만나지 못한다.

그런데 기어 다녔던, 그리고 기어 다니는 여자는 누구일까? 여기에 두 번째 해석, 더 나은 해석이 있다. 결국 벽지, 혹은 식민지를 '조건이자 한계'로 받아들이는 것은 '거리두기'를 통해 가능했던 것이 아니겠는가? 클뤼버나 헉슬리 역시 분석가의 위치에 섬으로서 식민지라는 숨겨진 정위를 통해 상수를 제시할 수 있었다. 그렇다면 문제는 다음과 같다. 다른 벽지, 다르게 된 식민지를 통해서 다르게 이야기하기 시작해야 한다고 주장할 것인가(이 경우 화자 '나'는 좋은 벽지를 사다가 발랐어야 했고, 다음 세대 학자들은 더 나은 범주와 상수를 제공해야 했다)? 아니면 이 모든 배경(setting) 자체에서 나와 배경이 가리고 있는 벽에로 직입할 것인가, 다시 말해, 그 모든 기어다니는 여자들에 대해 다시 묻기 시작할 것인가?

그 여자가 누구인지 알기 위해서는 기어 다니는 여자가 '된, 화자, 나'를 보아야 할 것이다. '그 여자'가 누구인지는 아무도 모른다. 그 여자는 '조건-한계'로 규정된 '세계' 개념에 내장된 반대였을 뿐이다. 조건이자 한계가 아닌 세계에 살기 위해서 주체가 지불해야 하는 대가로 나타난 것이 광기였을 뿐이다. 그러므로 '그 여자'가 누구인지 모두가 알고 있다. 그 여자는 이름 없는 자다. 이름 없는 자를 해방시키기 위해서는 두 가지 중 하나를 하면 된다. 첫째, 이름을 주기. 둘째, 이름 없음을 '진정으로' 알기. 이름 없음을 알기 시작하기 위해서는 이름 없는 자가 되어야 한다. 그것이 길먼의 답이다.

5. '내적 상태'가 된 외부

「누런 벽지」의 화자인 '내'가 절합시키는 것은 '치료와 정화와 변형'의 문제다. 이 문제와 관련해서 중요한 것은 고대에 샤먼은 의사이기도 했고 고대의 의사란 '치료'하는 사람이라기보다는 '몸을 변화/변형시키는 자'로 여겨졌으며, 20세기 초중반의 약물체험 역시 특히 살롱이나 카페를 계승한 클럽들에서 사용되며, 자기 자신의 감각에 대한 긍정적 변형으로 여겨졌다는 점이다. 이들의 약물 사용은 천재예술론에 치우친 취향의 허영이나 어떤 효과를 불러일으키기 위한 도구적 사용으로 보기는 어렵다. 오히려 당시를 변형과 정화, 그리고 치료의 의미가 결합되어 하나의 도가니를 이루고 있던 전환기적 지점으로 보는 것이 낫다. 색스 역시도 주장하기를 "소박한 차원에서 약물은 마음을 깨우거나 확장시키거나 집중시키기 위해, 즉 '지각의 문을 정화하기' 위해 사용"되었다. 단지 "그와 함께 쾌감과 도취감이 제공"[326]되는 것이다.[327]

샤먼의 변형은 외부로의 출입이었다. 약물은 특히 법 외부적인 폭력의 무아경적 실행을 촉진하는 단위였다. 또한 그것은 식물이며 산업이며 화학이다. 약물체험자, 그는 무언가 여기에 속하지 않는

4. 분석 불가능한 것을 바라보기: 샬롯 퍼킨즈 길먼의 「누런 벽지」

것을 찾기 위해 나서는 채집자의 오래된 회귀이며 생산된 것의 구매자이고 화학의 불법적 면을 들추는 연금술사의 제자다. 치료와 정화와 변형이란 것이 실상은 무엇을 향하는가를 생각해볼 때, 결국은 단지 자기동일적이거나 체계내부적인 유용성만을 꾀하는 것이 아님은 명백하다. 오히려 그것은 어디로 갈지 모르는 무서운 것이다. 치료란 것은 도대체 무엇을 향하는 것이며 정화란 것은 어디로부터 어디를 향해 정화된다는 것인가, 실상 변형이란 언제나 무시무시한 것이 아니었던가?

「누런 벽지」의 화자인 '나'도 치료되기 위하여 왔으나 기이한 정화를 겪으면서 '광기'에로 변형된다. 실로 이 단편에 따르면 진정한 치료란 빅토리아시대의 의료담론이 말하는 것과는 달리 가해진 진단명에 대한 씻김굿이며 가부장적 현 체계에 대한 정화로서의 '어깨 너머로 보는 눈'을 지닌 주체로의 변형을 의미한다. 그리하여 결국은 다시금 외부로 향할 수 있게 하는, 한계가 있으나 가능성 또한 담지한, 모순된 이중적 측면을 제공하는 것이다. 그것은 '온순한 환자(=여자)'가 되는 것과는 다른 길이다. 1892년에 발표된 「누런 벽지」는 벽지를 긁어낸 이후의 '벽', 다시 말해 벽지 너머, 벽지 이전, 그리고 벽지 이후의 벽에 대해 조망하려 한 시도다. 창문이 '열려' 있고 문이 '막 열리려는' 순간 벽은 경계'선'이 아니라 경계'영역'으로 온갖 일이 일어나는 장소가 된다. 벽지의 세계와 공간의 세계 모두를 지양하는 벽 자체에로의 직입(直入), 그것이 길먼이 위태롭게

VI. 도핑사회

보여주고 싶었던 것이다. 벽지 없는 공간이 남편을 기절하게 한 것이 아니다. 벽이라는 물질=공간의 개념이 남편을 기절하게 했다. 벽에 매달린 시도: 화자는 외부로 막 나가면서-미쳐있다.

길먼이 표시한 이 문턱, 이 벽은, 고대의 약물사용과 근대의 그것의 차이에 관한 중요한 시사점을 준다. 외부를 체험하면서 외부로 나가는 문제가 광기로서 중첩되는 것이 길먼의 소설이 보여주는 모습이기 때문이다. 결국 '외부'와 '외부로 나가는 방법'은 동일하다. 고대에 이것은 동일할 수 없었다. 본래 외부는 더 크고 더 실체적이며 더 기능적인 것이었다. 외부는 법(적인 것)-없음이었다. 그것이 어쩌면 우리가 영영 '희생제의'와 같은 것들을 이해하지 못하거나 윤리적으로 판단해야만 하는 의무를 갖고 있다는 것의 의미일 것이다. 고대의 약물은 언제나 외부로 나가는 문턱의 의미와 역할만을 할 뿐이었다. 약물로 인해 발생되는 심리적이고 존재론적인 내적 상태는 다만 외부에 '더 가까이' 가게 해주는 역할을 했다. 근대의 약물은 이와는 다르다. 고대의 약물이 외부'로' 향하는 매개였다면 근대의 약물은 외부'를' 체험하게 하는 매개다. 그러면서 근대는 외부를 향하는 문턱이 가지는 의미의 무게를 소거해 버렸는데 근대인들은 약물을 '단지 주사(注射)하기'만 하면 되기 때문이다. 고대인들의 문턱에 대한 '비의 전수'의 차원이나 길먼이 보여주는 문턱이 지닌, 주체에게 비용을 요구하는 측면의-누런 벽지를 끝없이 바라보는 기이한 노동의 차원-위험성과 지난함은 사라졌다. 그리고 동시

5. '내적 상태'가 된 외부

에 신교 교리의 어떤 사용으로 말미암아 개인주의적인 은총과 감화의 문제로, 외부적인 것과의 만남의 차원이 중화(中和)된 이후 약물이 가져다주는 감각적·감정적 도취는 능히 외부 자체의 역할을 할 수 있었다.

외부는 '어떤 내적 상태'로 의미가 바뀐다. 그러나 내적 상태를 얻기 위해 노력할 이유는 없다. 길먼만 해도 광기와 같은 것을 통해서만 외부로 향하는 어떤 기이한 노동이 외부가 될 수 있는 가능성을 지닌다는 것을 가늠해 볼 줄 알았다. 노동의 시간 없이 외부를 단지 슬쩍 목격한 자는 외부를 견딜 수도, 목격할 수도 없다. 그래서 남편은 기절했던 것이다. 길먼의 관찰하는/기어다니는 여성(적) 주체는 외부를 견딜 수 있는 내적 상태를 단련(鍛鍊)한 것이며 이것이 광기의 문제에서 주체가 여전히 언어를 말할 수 있는 이유다. 외부적 존재로 변형된 후에야 외부로 향하는 길과 외부가 중첩될 수 있다.

그런데 이와 같은 주체가 치러야 할 비용의 문제가 소거되면 (외부로 향하는 길은 단지 주사를 놓는 것, 즉 스위치 버튼 같은 것이 되어버린다), 약물이 유발하는 내적 상태는 광기라는 위험한 변형을 감수하지 않고도 '자기의 대척지적 상태에 도취'할 수 있게 한다. 물론 이는 이미 '외부'라고 하는 것이 어떤 도취의 내적 상태와 동일시되는 의미변형을 겪은 후에 이루어지는 일이다. 게다가 때마침 약물 그 자체가 불법(不法)이 됨으로써 외부가 불법과 의미결합을 이루는 맥락 위에 놓인다. 약물과 관계된 문제는 정치적으로 유토피아적인 해방의 의미를 띠고 나타나게 된다. 환각해방이론, 리어리의 대항문화가 여기에 속한다고 할 수 있다. 리어리가 고려하는 대항과 해방의 문제는, 소위 체계가 우리의 두뇌를 충분히 활용할 수 없게끔 막고 있다는 전제에 터하고 있다. 즉 체계는 "두뇌가 작동하는 법에 관한 지식"을 금지했으며[328] 그 지식은 분업화되어 있기 때문에-"사회는 의학전문가에게 약물사용권을 준다"[329]-우리는 신과의 관계, 두뇌와의 관계, 진화 단계와의 관계를 회복하기 위해서 "신경계를 조정할 수 있는 권리"인 "다섯 번째 자유"를 쟁취해야 한다.[330] 체계는 약물 금지와 분업을 통해 사회적 지위 유동성과 다른 계급의 사람들 사이의 연대를 금지하고 그들을 정해진 자리에 고착시킨다. 약물사용은 본래 "모든 것이 이해 가능했기에 아무 말도 필요 없는"[331] 그 거대한 소통의 연대를 이루게 할 뿐 아니라 "사회적 지위나 정상적인 노력을 넘어서는 지점에 순간적으로 도달"하게 하는 것이었으므로[332] 대항의 문법에 따르면 체계가 약물을 금지, 즉 불법으로 하는 데에는 해방을 불가능하게 하는 이유가 있는 바, 더 이상 금지가 없는 세계야말로 해방을 이룩할 가능성이 진정으로 펼쳐질 곳이다.

더구나 약물 자체에는 놀라운 체험적 내용물이 있다. 약물체험 자체가 '외부=불법=유토피아=해방'이 될 뿐만 아니라 해방 이후의 문제에 대해서도 약물은 긍정적인 대답을 해줄 수 있는 것이다. 이제 성가시게 금지하는 것에 대한 해방으로, 유토피아의 관념이 바

띈다. 앞의 경우에 환각제는 변형, 정화, 치료의 길을 '힘들게 거쳐서만' 유토피아적인 것과 관계했다. 그러나 여기까지 오면 유토피아적인 것은 단지 '약물이 금지되지 않은 세계'다. 외부는 이제 더이상 '법 없음'의 위엄을 지니지 않는다.

6. 도핑사회: 고뇌하지 않는 성과사회

지금 이 시대에 고유한 것은 환각을 유발하는 방식이 '도핑적'이라는 데에 있다. 그리고 '도핑'이란 완전히 전례 없는 방식으로 외부의 문제를 변형시킨다. 첫째, '외부'를 없애는 것이 아니라 '외부' 자체를 위험하지 않은 것으로 만든다. 더 이상 변증법도 필요가 없고 타자론도 필요가 없다. '도핑'은 위험을 모른다. 이에 따라 둘째, '변형, 정화, 치료'의 관념은 전적으로 재번역된다.

한병철은 성과사회에서 피로가 단지 부정적인 것으로 생각되고 나아가 성과사회가 도핑사회로 변할 때 피로의 경험 자체가 사라지는 것을 염려한다. 피로의 개념이 단지 성과주체 내부에서만 규정되고 그리하여 피로의 경험이 도핑사회 속에서 완전히 절멸될 때 더 이상 가능하지 않은 '부정의 부정'을 염려하는 것이다. "탈진의 피로는 긍정적 힘의 피로다. 그것은 무언가를 행할 수 있는 능력을 빼앗아간다. 영감을 주는 피로는 부정적 힘의 피로, 즉 무위의 피로다."³³³ 그것은 면역학적 사회와 긍정사회의 합(合)이 아니라 부정을 부정으로서 받아들이는 법을 배우는 것이다. 한편 도핑사회는 면역학적 사회와 긍정사회의 합, 그러나 함열(咸裂)하지 않는 포화(飽和)다. 부정은 아예 "포착되지 않는다." "긍정성의 폭력은 박탈하기보다 포화시키며 배제하는 것이 아니라 고갈시키는 것이다."³³⁴ 이때

> 이 새로운 구도는 '이질성(Andersheit)'과 '타자성(fremdheit)'의 소멸을 두드러진 특징으로 한다. [...] 오늘날 이질성은 아무런 면역 반응도 일으키지 않는 '차이'로 대체되었다. [...] 차이에는 말하자면 격렬한 면역반응을 촉발하는 가시가 빠져 있다.³³⁵

치료의 관념 역시 '대체'되는데 프로이트의 정신분석학에서만 해도 필수적인 것으로 여겨졌던, '억압'을 다루는 주체의 투쟁과 성찰의 능력은 신경정신학에서 단지 '어떤 약을 써야 할지'를 판단하는 진단의 문제와 '그 약의 접근성'에 관한 공정성 문제로 축소되었다. 그러면서 윤리성의 개념도 달라졌다. 문제를 빨리 해결하지 않는 것, 내버려두는 것, 불확실성에 맡겨두는 것은 비윤리적인 것이다. 문제가 있다면 바로 해결하는 것이 중요하다. 약을 사용해 문제를 해결할 수 있다면 그렇게 해야 한다. 한병철은 전한다. "최근에는 어엿한 과학자들조차 그런 약물을 사용하지 않는 것이야말로 무책임한

6. 도핑사회: 고뇌하지 않는 성과사회

태도라고 주장하기에 이르렀다."[336]

도핑사회 이전의 한 사람에 대한 치료나 한 사람의 변신은 적어도 내재적 생동성에 뿌리를 두고 있었다. 혹은 적어도 내면성에 대한 신념이 있었다고 말할 수 있다. 그러나 도핑사회에서의 치료는 단지 하나의 기능성 문제다. 도핑은 '외적으로 위험하지 않은 인간 만들기'를 목표로 할 뿐이다. 도핑사회의 특징은 환자와 일반인의 차이가 없다는 것이다(인간 자체가 외면적인 방향으로만 지각되기 때문이다).

"'브레인 도핑'처럼 부정적인 표현은 '신경 향상(neuro-enhancement)'[337]으로 대체된다."[338] 몸은 더 이상 반항적이지 않다. 몸은 공간이 된다. 몸은 단순히 신경이 그려진 지도다. 신경은 단순히 약물의 기능이 따라가는 도로(track)다. 뇌도 신경으로 환원된다. 그에 따라 변신이나 정화의 문제도 제기되지 않는다(그럴 필요가 없는 것이다). 몸-없이-자기와 관계하기, 그것이 도핑사회의 본질적 특징이다. 한병철은 몸의 문제는 다루지 않지만 이를 "자유와 강제가 일치하는 상태"라 부른다.

자기착취는 자유롭다는 느낌을 동반하기 때문에 타자의 착취보다 더 효율적이다. 착취자는 동시에 피착취자이다. 가해자는 피해자와 더 이상 구분되지 않는다. 이러한 자기관계적 상태는 어떤 역설적 자유, 자체 내에 존재하는 강제 구조로 인해 폭력으로 돌변하는 자유를 낳는

다.[339]

이것은 일종의 근대적으로 번역된 '자유의지의 역설(paradox)'이다. 근대인은 누구의 말처럼 "자유냐 생명이냐"를 선택할 필요가 없다. 왜냐하면 이미 자유를 다르게 개념화했기 때문이다. 원래 기본적으로 자유의지의 역설은 앎의 건널 수 없는 간극을 바탕으로 하고 있었다. 몸에 대한, 신의 필연에 대한, 신이 만든 세계의 불확실성에 대한 불가지론(不可知論)이 오히려 역설적으로 자유의 자리를 마련해주는 역할을 했던 것이다. 성과사회는 이미 자유에 관한 모든 것을 알고 있다(적어도 알고 있다고 생각한다). 이미 생명을 사용하는 방식이 자유이기 때문이다. 이제 문제는 그것을 실행할 수 없느냐 있느냐 하는 것이다.

자신을 강제할 수 있는 자유를 이상으로 받아들이기 시작한 사회에서 가장 확신을 얻는 문학은 '자기계발서'다. 그리고 자신을 강제하는 자유가 더 이상 자기를 계발/개발할 필요조차 없을 때 도핑사회가 나타나 약을 내민다. 이제 자유의지의 역설은 자유의지의 문제 그 자체를 제기하지 않게 하는 데서 성립하게 된다. 이런 맥락에서 한병철에게 약물체험이란 자아상태의 극한이라고 볼 수 있다. 문제가 없는 것으로 느껴지는 상태가 가장 심각한 것이다.

그러나 색스가 정위하는 초월경험의 시공간적 보편성은 기본적으로 "자기 자신에게서 벗어날 자유 혹은 자유롭다는 착각"의 보

6. 도핑사회: 고뇌하지 않는 성과사회

편성에 뿌리를 두고 있었다. "우리는 초월하고 도취하고 도피해야 한다."[340] 따라서 변성상태는 언제나 요구되는 것으로 남는다. 약물 체험은 환각의 일종이다. 그는 약속받았던 것을 얻는다. 매혹적 열정과 강렬한 집중력 또한 얻게 되는 것이다.

> 지적, 감정적 흥분을 더 끌어올리고 싶은 마음에 나는 암페타민에 손을 대기 시작했다. 금요일 저녁마다 일을 마치고 집으로 돌아온 후 나는 암페타민을 먹었고, 그런 뒤 주말 내내 온갖 상과 생각을 통제할 수 있는 환각 수준으로 유지할 만큼만 약에 취한 채 무아경의 감정에 빠져 지냈다. [...] 한번은 암페타민을 홀짝 마신 후 책을 읽기 시작했다. 암페타민의 효과가 온몸으로 퍼지며 나의 온갖 감정과 상상력을 자극하자 리빙의 책은 갈수록 더 강렬하고, 더 깊고, 더 아름답게 느껴졌다. [...] 나는 긴장증에 걸린 것 같은 강렬한 집중상태에서 무려 열 시간 동안 근육을 움직이거나 입술을 적시지 않으면서 읽어 내려갔다.[341]

그러나 성과사회의 도핑주의적 주문은 대가를 요구한다. 그는 곧 "두렵고 낯선 것"에 대한 경험을 하게 된다.[342] 커피의 색이 변하고 사람들은 곤충이 된다. 효율성과 기능성의 또 다른 얼굴인 우울증과 통제 불능의 경험이 찾아온다. "뇌에서 일어나는 일을 스스로 막을 수 없다"는 자각이 뒤따른다.[343] 그는 목숨을 잃을지도 모른다는 공포를 느낀다. 그리고 "성층권으로 미친 듯이 비상하지만, 결국에

는 공허하게 빈손으로 돌아왔다고 느끼곤 했다"고 보고한다.[344]

여기서 한 번 다음을 가정해보자. 만약 우리가 기술적인 한계점을 넘어서서 약물의 모든 부작용을 제거할 수 있다면 어떨까? 혹은 부작용이 없으며 중독성도 없는 어떤 식물을 발견한다면(사실 부작용이 없다면 중독의 문제는 그리 큰 문제로 여겨지지 않을 것이다)? 그러면 약물체험을 통해 환각체험을 유발시키는 데 아무런 문제도 없을까? 기술적인 것까지도 필요 없고 면허를 통해 중독과 부작용 문제를 절대적으로 통제할 수 있다고 가정하는 것은 바로 리어리였다.

여기서 내가 지적하고 싶은 것은 환각해방이론의 주장과는 달리 이 피상적 반항자들의 약물체험이 약물중독에 대한 재활시스템과 함께 하나의 순환체계를 이루고 있으며 순환체계는 자신들의 논리의 외부를 끊임없이 활성화시키는 역할을 하고 있다는 것이다. 약물체험의 반항은 놀라운 경험 혹은 해방적 경험에 대한 욕망으로 정초지워진다. 한편 약물체험에 대한 반항은 약물사용이 반작용으로 가져오는 모든 것에 대항해서 정초지워진다. 즉 중독을 없애는 것이 약물사용의 유토피아인 것처럼 반작용을 없애는 것이 도핑주의의 유토피아인데, 이때 이러한 짝맞춤, 이러한 체계화는 '진짜 해방'이 무엇인가에 대한 끊임없는 은밀한 암시를 가져온다. 약물체험의 진짜 외부는 '기술의 복수'라고 하는 거대한 담론에 포함되는 유토피아인 '원하는 것만을 얻는 약물체험'이다. 다시 말해 그것이 이 도핑주의적 약물체험이 '진짜 내부'로 만들고 있는 대응항 외부

6. 도핑사회: 고뇌하지 않는 성과사회

다. 즉 '필요한 약물'인데, 이미 의학담론 혹은 수술 현장에서는 마취나 고통을 덜기 위해 어떤 약물을 어느 정도 사용할 것인지에 대한 논의 및 규정은 물론이고 '고통 없는 죽음을 줄 수 있는 약물'을 사용한 안락사를 둘러싼 논쟁이 진행되고 있다. '필요한 약물'은 유토피아에 포함되어 있다. '고통 없는 죽음'이란 그 내면에 죽음의 불확실성을 상당 부분 표백한 것으로 나타나며, 시대정신이 사후세계에 대한 가치체계와 표상을 내면화하기를 요구하지 않는 이상 여기서 죽음의 기능은 극도로 '인간적으로' 효율화됨은 물론이요, 죽음의 '기능성' 자체가 성과사회적인 맥락으로 나타난다. 죽음은 '기능적인 것'이 된다. 죽음은 죽이는 것이다. 죽음이 단지 '죽는 것'이 될 때 성과사회는 완성되는 것이며 아무 거리낌 없이 '필요한 죽음'을 행하기 시작할 때 이 약물의 유토피아는 완전히 실현될 것이다. 모든 병원에서 매일 '필요한 약물'이 유토피아에 포함되는 것과 마찬가지로 이미 동물들에 대해서는 이 '필요한 죽음'의 유토피아가 완성되었다. 약물중독과 재활의 순환은 바로 이 유토피아를 욕망하지만 이루어내지 못하는 한계 내부에서 작동하는 것이다. 그래서 순환이 작동하는 한 욕망 역시도 은밀히 작동된다. '고통 없는 죽음', '꼭 필요한 만큼의 약물'과 마찬가지로 '공포 없는 조우'가 나타난다.

한병철은 '면역학적 사회'는 종말을 고했다고 썼다. 그러나 그 말은 더 이상 '우리라고 불리우는 것들'을 괴롭히는, '외부라고 우리가 부르는 무엇인가'가 사라졌다는 말이 아니다. 혹은 완벽히 방역

VI. 도핑사회

(防疫)이 이루어졌다는 이야기도 아니다. 면역학적 사회의 진짜 종말을 알려주는 지표는 단 하나로도 충분하다. 그것은 한꺼번에 수천, 수만 마리의 가축(家畜)이 말 그대로 폐사되어 '쌓인 집(畜家)'이 되었을 때, 그것이 아무렇지도 않으며 거기에 문제제기를 할 필요도 느끼지 못한 채 그저 '어쩔 수 없는 일'이라고 넘기게 되었을 때의 바로 그 '우리의 집'이다. 물론 끊임없이 바이러스들은 재출현할 것이다. 그러나 재출현한 바이러스들을 '통해서' 사회가 필요한 일들을 거리낌 없이 행하기 시작할 때 그때 이미 면역학적 사회는 성과사회로 완전히 변모한 것이다. 또한 '성과사회'가 더 이상 고뇌(苦惱)하지 않게 될 때 '도핑사회'가 찾아온 것이다. 무서운 것들에 대한 '공포 없는 조우'로서 성과사회의 영웅은 도핑주의자이거나 '질 패러우'-인간으로서의 품위(品位)를 위하여 안락사하는 건강한 자-같은 여자일 것이다.

　마취와 도취가 함께 나타날 때 그 대표자가 바로 약물체험자다. 약물체험자는 마취당하면서 자유롭게 도취된다고 믿지만 실상 그렇게 도달된 체험내용이 얼마나 무한히 다양한 것이든 상관없이 본래 환각체험이란 결손 감각의 비정상적 활성화에 대한 수동성에서 비롯한다.[345] 한편 약물체험자는 감각에 대한 도핑주의적 활성화를 통한 능동성에서 출발한다. 이 능동성에서 확인되는 내부체험으로서의 외부는 다시금 '공포 없는 조우'를 확증해준다.

　도핑적인 약물체험을 통해 유령적인 것을 조우하고자 하는 욕

6. 도핑사회: 고뇌하지 않는 성과사회

망은, 무섭지 않은 귀신을 바라는 욕망이다. 혹은 가장 기능적인 유령을, 쓸모 있는 유령을 만나고자 하는 것이다. 이는 죄의식, 흔적으로밖에 조우할 수 없는 안타까움, 없는 장소에 대한 '없는 희망'으로서의 '희망의 연습이라는 실존범주' 없이 식민지, 고대(성), 유토피아를 전유하고자 하는 것이다. 카프카적 변신(metamorphosis)의 외상성(外傷性)은 사라지고 기능적 변형(transformation)만이 남는다. 외부가 없어지는 것이 아니라 외부의 외부가 없어진다. 외부는 기호학적 지형으로 안전하게 안착된다. 약물체험은 이 안착을 자기의 신체를 공간화함으로써 달성한다. 사회는 바로 이러한 신체를 가진 주체를 필요로 한다.

원주민 전통에서 성찬으로만 사용하던 메스칼주(Mezcal酒), 즉 페요테 선인장의 추출액"이었다.[346] 위험하지 않은 부분들의 '화학적 추출', 그것이 도핑적인 약물체험의 본질을 결정했었는지도 모른다. 이것이 해방의 아이러니다. 추출된 약물의 사용은 그 기원부터 도핑일 뿐이었다(어떤 상태를 만들기 위한 기능만이 남은 것이다). 그러므로 도핑사회는 약물체험의 욕망이 무엇인가를 마침내 드러내준다. 약물체험은 단지 무언가 알 수 없는 황홀에 대한 요청, 유령적인 것에 대한 호기심이 아니다. 그것은 그 요청과 호기심을 '기능적인 것'으로 전화시키는 토대 위에서만 가능한 것이다. 그 점에서 도핑사회는 약물체험의 허구적 해방 욕망의 진실을 회귀시킨 형태로 드러낸다. 약물체험의 기능주의의 결말은 도핑사회의 '필요한 약물'이다.

7. 위험사회, 혹은 도핑사회의 변명

그런데 이 사회는 정말 '도핑사회'인가? '외부적인 것'은 내적인 것이 되어서 긍정적으로 오는 것(면역학적 사회의 종말)이 아니라 '성찰적으로' 되어서 내부로 '닥쳐' 오지 않는가? 울리히 벡(Ulrich Beck)에 따르면 문제는 "위험사회"다. 위험사회는-되돌아온 것에 대해 존재론적이고 꿈-작업적인 표상을 성립시키는 것이 아니라-인과관계의 극한 개념을 성찰적으로 전유하는 데서 성립한다. 벡의 성찰성 개념은 단순히 일면적 의식에 의존하는 것은 아니다. 오히려 사람과 사람 사이를 떠도는 위협적 느낌, 어떻게 보면 집단무의식의 한 변양태라고도 할 만한 느낌이 자리가 뒤바뀐 어떤 자각을 회귀하게 하는 것이다. 그래서 벡에 따르면 성찰성은 매우 심층적이다. 이에 따라 위험사회도 역시 '외부적인 것'에 대한 개념변형을 가한다.

> 위험 개념은 성찰적 근대화 개념과 직접적으로 결합된다. 위험은 근대화 자체가 유발하고 도입한 위해와 불안을 다루는 체계적인 방식으로 정의될 수 있다. 종래의 위난들에 대립되는 것으로서 위험은 근대화가 지닌 위협적 힘 및 그 의심스러운 지구화와 결합된 결과이다. 그것은 정치적으로 성찰적이다.[347]

벡의 성찰적 내부화가 참조하는 것은 과학적 담론의 불확실성이다.

7. 위험사회, 혹은 도핑사회의 변명

무엇보다도 근대는 "이제까지 과학과 법에 의해 확립되어 온 위험의 산정 방법이 무너지는 것"[348]을 경험하는 시대다. 그러고보면 도핑사회도 '동일하게' 이제까지 외부를 산정(算定)하는 방식이 무너진 지점에서 출발했는데, 사실 도핑사회가 체험적으로 외부를 전유하게 된 것은 이 외적인 것의 도래에 대하여 그것을 체험하는 것 외에는 다른 방법을 찾지 못했기 때문이다. 위험사회 역시 범주의 오류를 경험한다. 범주가 무너지면서 동시에 과거에 위험/외부를 식별하는 기능을 했던 '표지판들' 또한 쓸모없게 된다. 이 점에서 도핑사회와 위험사회가 기이한 관계를 맺고 있다는 것을 확인할 수 있는데, 즉 도핑사회가 이질성/타자성의 위협을 소거하고 수용하는 곳에서 위험사회는 모든 사소한 것들의 위협을 감지한다. 즉 도핑사회의 경우 이전에 위험했던 것들이 이제는 위험하지 않게 받아들여지는 것이라면 위험사회의 경우 이전에 위험하지 않았던 것들이 이제는 위험하게 받아들여지는 것이다.

사태를 더욱 악화시키고 있는 것은 개별적 오염인자들에 대한 조사로부터 출발해서는 체내에 농축된 정도를 결코 규정할 수 없다는 점이다. 자연과 생산물을 대상으로 하는 오염분석은 적어도 '안전'이나 '위난'이 무언가를 삼키고 호흡하는 사람들과 관련을 맺고 있는 한 안전에 관한 질문에 답할 수 없다. [...] 사람들은 대기 중의 오염인자를 흡입하고, 물속의 오염인자를 마시며, 야채 속의 오염인자를 먹는다. 다

VI. 도핑사회

른 말로 하자면 *사소한 것들이 상당히 의미 깊게 증가한다.*[349]

전통적/고전적인 위험 표지판들의 폐기와 변형은 도핑사회나 위험사회 내부에서 자각되고 있을 뿐만 아니라, 새로운 표지판들을 세울 것이 아니라 외부 자체의 의미를 변경해야 한다는 어떤 체계 차원의 변형이 시도되고 있다. 이제는 분배나 분할이 문제가 아니다. 혹은 '각자에게 각자에게 맞는 것을 준다'는 식의 정의적 차원이 문제가 아니다. 또 단순히 내부를 외부화한다거나 내부와 외부를 종합한다는 식의 문제도 될 수 없다. 도핑사회와 위험사회는 놀라운 해결책을 내놓는다. 도핑사회에서는 모든 것이 적절한 담론의 통과에 의해서 '도핑적으로, 그리고 유용한 것으로' 받아들여질 수 있다. 마찬가지로 위험사회에서 위험을 "처리"한다는 것은 그것을 "제거"한다는 것이 아니다. "모든 것은 위험의 화장술이라는 맥락에서 행해져야 한다"는 벡의 말은[350] 이렇게 이해할 수 있다. 그는 덧붙인다. "산업사회는 위해를 키우고 경제적으로 이용함으로써 체계적으로 자기 자신을 위태롭게 하고 의문시한다."[351] 도핑사회에서 외부가 유용한 것이듯 위험사회의 위험은 합리적이다. 상존(常存)/편재(遍在)하는 위험은 명백히 요청된 것이다.

　벡에 따르면 위험이 이렇게 이해되는 것은 별로 놀라운 것이 아니고 오히려 자연스러운 것이다. 왜냐하면 위험을 이해하는 지평이 확보되어 있기 때문이다. 이러한 위험은 "상실된 안전과 깨어진 신뢰"의 지평이 맺는 자연스러운 귀결이다. 오히려 "우리가 믿어야" 하는 것, 믿기 시작해야 하는 것은 "위험은 살만한 가치가 있는 생명체가 입은 상처라는 이미지"다.[352] "위해의 원인을 외부로 돌리기가 불가능"하기 때문이다. "위험은 인간의 행동과 태만의 반영이며, 고도로 발전된 생산력의 표현이다." 위험은 전적으로 체계에 의해 요청된 것이다. 체계는 진보와 편리(便利)와 표현을 위하여 위험을 '사용'하고 있는 것이다. 벡은 위험의 원천은 "불충분한 지배가 아니라 완전한 지배"에 있다고 말한다.[353]

그러나, 그렇다고 한다면, 도대체 우리가 전부 선택하고 결정 내린 것일진대 상처입었다는 말 자체가 가능한 것일까? 벡은 "일차적 과학화"와 "성찰적 과학화"라는 두 가지 위상을 구분함으로써 문제를 타개하려 한다. "'주어진' 세계에 적용되는 과학과 자신의 생산물, 결함, 부수적 문제들과 대면하는 과학"[354]이 있다. 그래서 "일차적 과학화" 즉, "과학과 계몽에 대한 주장은 성공적으로 개진된 오류가능론에 직면하여 체계적으로 철회된다."[355] '체계적 철회'와 상응하는 것은 곧 "체계적으로 생산된 불확실성"으로, 이제 문제는 더 이상 과학 담론 내부에서 '굴려지지' 않는다.

체계적으로 생산된 불확실성은 외적 관계들로 확산되며, 정치계와 실업계와 공공영역 속에 있는 과학적 결과들의 목표집단들과 적용대상들을 거꾸로 지식정의의 사회적 과정 속의 능동적 공동생산자로 만든다. 또한 과학화의 '대상들'이 과학적 해석의 이종적(異種的) 공급을 능동적으로 조작할 수 있고 해야만 한다는 의미에서 그것의 주체들이 된다. 그리고 이것은 고도로 전문화된 모순적인 타당성 주장들 사이의 선택을 뜻하는 데 그치지 않는다. 어쨌든 행동하기에 적합한 이미지로 재조합되어야만 한다.[356]

이 확산으로 인하여, 즉 '주체들'의 등장으로 인하여 "과학적 합리성의 기초들조차 변화에 대한 일반화된 요구에서 벗어날 수 없"게 된다. 주체들은 곧 일차적 과학의 합리성에 의해 내쳐진 '불확실성'이 가짜라는 것을 깨닫는다. 주체들이 "품게 되는 의심은, 기술-과학적 발전의 '자율적 동역학(動力學)'을 대표하는 '객관적 제약요인', '잠재적 부수효과' 자체가 만들어진 것이고, 따라서 원칙적으로 설명될 수 있다는 것이다."[357] 그러므로 벡에게 "본질적인 것은 어떤 유형의 과학이 측정될 수 없다고 추정되는 부수효과들의 측정가능성과 관련하여 수행되느냐는 것이다."[358] 문제를 "체계적으로 생산된 불확실성"으로 만든 것은 "일차적 과학화"의 독점이다. 특정 유형의 과학담론이 위험의 담론을 조절했으며 그 담론에 머무는 한 위험은 내내 불확실하지만 확실한 운명으로 남을 것이다. 바로 이 때문에 '일차적 과학화'는 위험의 문제를 해결할 수 없는 것이다.

"성찰적 과학화"는 다르다. '성찰'에 의해 탄생한 "성찰적 과학화"는 "과학에 맞서는 저항의 과학화를 낳는다."[359] 이는 지금까지

7. 위험사회, 혹은 도핑사회의 변명

과학기술의 실천성에 의해 용인되었던 '잠재성/부작용/불가피한 비용' 등으로 규정되었던 "위험의 정의에서 합리성에 대한 과학의 독점이 분쇄"[360]된다는 것을 의미한다. 그래서 벡은 이렇게 말한다.

> 나의 명제는 과학과 기술에 대한 비판의 기원은 비평가의 '비합리성'이 아니라, 성장하는 문명의 위험과 위협에 직면한 기술-과학적 합리성의 실패에 있다는 것이다. 과학은 결코 문명의 위험에 적절하게 대응할 수 없다. 왜냐하면 과학이 바로 그 위험의 기원과 성장에 주도적으로 개입해 있기 때문이다.[361]

'반성'하는 "성찰적 과학화"의 저항은 그러므로 더 이상 "원인" 혹은 "오염자 부담원칙"의 틀 내에서 머무르지 않고 새로운 공동체, 즉 "위난 공동체"[362]의 길로 나아간다. 역사적으로 "성찰적 근대화-위험사회"는 "산업사회-계급사회"와 구분된다/되어야 한다. 환경오염의 전지구적 '파국'이 가져오는 "평등화효과"[363] 때문이다. 하지만 보다 정확히 말하자면, '무차별화'라고 해야 할 것이다. 벡에 따르면 한동안 가난하고 피식민지적인 파리시(Parisi)에 오염을 일으키는 산업구조물을 집중시킬 수는 있겠지만, 그래서 높은 계급의 사람들은 공해를 피할 수 있겠지만, 결국 위험은 모든 곳에서 동일하게 다가올 것이다. "위협 속에서 모든 사람과 모든 것들에게 똑같이 영향을 미치는 살아 있는 사물들의 유대가 형성된다."[364]

따라서 벡은 위험사회와 관계된 과학성의 두 차원을 구분함으로써 실로 어떻게 일차적 과학화에서는 효과/결과 차원에서의 불확실성과 원인 차원에서의 확실성(귀책지점) 사이의 순환 운동이 일어나는지, 그리고 성찰적 과학화에서는 어떻게 이러한 순환운동이 사라지는지를 보여준다. 성찰적 과학화에서는 효과/결과 차원의 불확실성을 참조하지 않으며, "원인"이 아니라 "징후"를 선택한다. 다시 말해 '인과관계의 낯선 자'로서 끼어드는 부작용/부정적 피드백으로서 위험을 참조하는 것이 아니라 이미 체계적으로 함축되어 있는 온갖 징후들의 비가시적 확실성, 불확실한 확실성을 참조한다는 것이다. 이제 '불확실성'은 있지만-없다. 이러한 것으로서 '불확실성'을 받아들일 때 사람들은 단순한 불안의 동기로 뭉쳐진 '위난 공동체'에서 벗어나 진정한 의미에서의 '정치 외부의 정치적 공동체'를 만들 수 있다는 것이, 벡이 "성찰적 과학화"를 통해 시사하는 바다. 그리하여 벡은 궁극적으로 "'새로운 불투명성'이라는 문구 뒤에" 은폐된 "두 가지 점에서 정치적인 것의 심오한 체계적 변형"[365]을 다시 읽을 것을 요구한다. 벡은 "성찰적 과학화"로 인한 "세 가지 가능한 결과들"에 대해 이야기한다. 요점은 새로운 정치문화 가운데 "비정치가 하위정치로 이행"한다는 것이며, "탈(脫)권력화", "문화" 차원에서의 "하위정치"의 탄생, 그리고 "새로운 정치문화"[366]가 발생한다는 것이다. 이러한 변화들의 진정한 토대는 다시, "모든 살아 있는 것들의 유대"[367]일 것이다. 그것은 불안을 긍정화하여 진정

7. 위험사회, 혹은 도핑사회의 변명

으로 '불확실한' 현재의 전지구적 위협적 미래에 대하여 대비하는 일이다. 즉 원인-결과-효과(잔여)의 내부-외부의 게임을 이루지 않는, 징후와 연대(우리-인간-살아 있는 것들)의 순환을 이루는 성찰이 중요하다는 것이다. 우리가 우리의 내부에 있다는 것이 진짜 외부인 셈이다.

그러나 위험사회는 잠재하고 있는 불확실성이 '우리-인간'으로 인하여 발생한 것이며 결국 이성적 파악이 불가능해지는 지점까지 복잡해지는 데에도 책임소재를 명확히 할 수 없다는 점에서 외부를 거세한 채로 내부로 받아들인 것이다. 진짜 우리 책임임이 드러나야 우리는 그것을 내부화할 수 없다. 너무나 복잡하므로 우리의 책임일 수 없다는 바로 그 점에서 내부화는 성사되는 것이다. 그래서 위험하다는 것이 감지되지만 그것은 이성적 파악이 불가능한 극도의 복잡함을 포함하기 때문에, 위험이 우리로부터 나오는 것인데도 그 사실을 부인/배제하는 일 없이 받아들이는 성공적인 전화를 통해 '책임 없이-책임지기'로서 '필요한 일들'을 행하기 위한 대안을 마련하는데 골몰할 수 있게 된다. 즉 유용성을 위한 대안 마련에서 모두가 화합할 수 있고 또 그래야만 한다는 것이다. 그것이 위험사회의 담론 내부에서 '우리-인간'이라는 귀책의 진짜 의미일 것이다.

이 점에서 흥미로운 것은 위험사회가 끊임없이 암시하고 있는, 기술을 사용하는 인간의 운명이다. 인간의 모든 문제가 기술사용의 필연적 복수에 걸려 있는 것이라면 인간이 운명적인 것으로 받아들

VI. 도핑사회

여야 할 것은 무엇인가? 기술사용으로 인한 환경오염과 부작용 등의 부정적 피드백을 무화하기 위한 대안마련에 골몰하는 것이 위험에 대한 맞항으로서 '우리-인간'이 내세우는 것이라면 결국 이것이 의미하는 것은 도핑사회의 이면인 '재활'의 문제에 대해서 이야기했던 것과 마찬가지로 위험과 대안의 짝패가 불러일으키는 '진짜' 외부인, 부정적 피드백이 없는, 복수하지 않는 기술이라는 유토피아다. 그것이 위험사회의 궁극적 도착지이다.

만약 위험을 최소화하기 위하여 협약 및 규정을 보존하고자 하는 것이 이들이 주장하는 바의 끝이라고 한다면, 이들은 위험을 만들었던 주체들에게 책임을 물었어야 했다. 그러나 극도의 복잡함을 서술하는 가운데 무엇도 예측할 수 없고 귀책할 수 없는 상황에서 '우리-인간'이 할 수 있는 일을 해야 한다고 결론 내렸을 때 이미 문제는 기술적인 특이점을 달성해야 한다는 것을 암시하는 것으로 기운다. 이것이 교토의정서와 그 이후의 일어난 일들의 외설적인 면이다. 규제는 그것을 지키지 않아도 될 만큼 강한 국가에 의해 무효화되는 것이 아니다. 규제가 필요 없는 상황에 대한 진짜 기대와 열망이 원천적으로 규제를 무효화하는 것이다. 교토의정서의 외설은, 환경에 대해서가 아니라 우리 인간에 대해서 하나의 절망하는 허영심을 포함하고 있다는 점이 중요하다: 왜 아직 기술이 '그렇게까지는' 발전하지 못한 것일까. 왜 모든 문제를 다 해결할 '만큼' 기술이 발달하지 못한 것일까. 교토의정서에 서명하는 위험사회란 현재 인간 기술의 야만성에 대한 자기혐오에 다름 아니다. 그래서 강대국들이 약속을 지키지 않을 때 진정한 제재가 가해지지 않는 이유는 그들이 기술의 초과점을 달성할 수 있으리라는 기대 때문이다.

걷잡을 수 없음, 통제 불능에 대한 의식은 위험사회의 진정한 내용이 아니다. 그것은 위험사회의 심리학일 뿐이다. 이 표면을 뚫고 내려가야만 위험사회의 핵심을 볼 수 있다. 그리고 그 핵심을 보아야만 어떻게 우리가 끔찍한 위험의 의식 가운데서도 '일상적으로' 살아갈 수 있는지가 설명된다. 어떻게 생각하면 균열은 끔찍한 것이어서 우리가 도무지 매일 거리를 걷고 버스를 타고 시장을 보고 먹고 대화하며 살아간다는 것이 이해가 되지 않는다. 해수면은 날이 갈수록 높아지고 미세 먼지 때문에 셀 수 없이 많은 사람들이 소리 없이 죽어가고 있다. 언제 진짜 종말이 다가올지 모르는 이 상황 속에서 어떻게 이렇게 안정적일 수가 있는가? 이 세계가 말 그대로 '내일' 끝장날지도 모르는데 어떻게 직업을 갖고 물건을 살 수 있는가? 그것은 능동적 니힐리즘의 윤리 때문이 아니다. 그것은 위험사회가 '제대로' 작동하고 있기 때문에 가능한 것이다. 벡도 이것을 알았다.

복잡성에 의해 일반적으로 책임소재가 불분명하게 된다. 모든 사람이 원인이자 결과이며, 따라서 원인이 아니다. 원인은 행위자와 조건, 반응과 역반응의 일반적인 아말감 상태로 급격히 변하며, 이에 따

VI. 도핑사회

라 체계 개념은 확실성과 대중성을 얻게 된다. 이것은 체계 개념의 윤리적 의미를 전형적인 형태로 보여준다. 즉 우리는 무엇인가 할 수 있으며 그에 대해 개인적 책임을 지는 일 없이 그것을 계속 하고 있다. 마치 우리는 개인적으로 존재하지 않는 동시에 행위하고 있는 듯한 모습이다. [...] 일반화된 타자, 즉 체계는 개별 자아의 내부에서 그것을 통해 행위한다. 즉 이것이 문명의 노예적 도덕성이며, 그 안에서 사람들은 자연적 숙명을 따르는 듯이, 체계의 '만유인력'에 복종하는 듯이 개인적으로 그리고 사회적으로 행위한다. 이것이 다가오는 생태적 재앙에 직면하여 '뜨거운 감자'를 삼키는 방법이다.[368]

벡은 소위 위험의 체계 너머에 있는 '개인의 성찰성', 그 가운데 내적으로 잠입한 모순적 지위를 통해서 이러한 "노예적 도덕성"을, "체계의 윤리"를 극복할 수 있으리라 믿었다.

이러한 조건들 아래에서 살아가는 방법은 (예컨대 교육과 고용 사이에서, 또는 법적으로 가정된 표준적 생애와 실제의 표준적 생애 사이에서 발생하는) 체계적 모순들의 생애적 해결책이 된다. 루만과 달리 생애는 체계합리성들의 총합이지 결코 그것들의 환경이 아니다. 길 모퉁이의 가게에서 커피를 사는 것은 어쩌면 남미의 플렌테이션 노동자들의 착취를 공모하는 것에만 그치지 않을지도 모른다. 그리고 도처에서 살충제가 사용된다는 것을 전제하면 '생각하는 개인들'을 전제하는 데 그치지 않는다. [...]

7. 위험사회, 혹은 도핑사회의 변명

그 또는 그녀가 무의미성 속으로 가라앉는 것과 동시에 그 또는 그녀는 세계 형성자라는 분명한 왕좌에 오르게 된다.[369]

그러나 이는 다시금 '책임-없이-책임지기'라고 내가 명명했던 '우리-인간-살아있는 것들'의 극도로 애매모호한 공동체형성으로 인해 가능해졌던 윤리적 준거점을 재도입한다. '그냥 사는' 체계 내부에서의 버티는 삶/인내하는 삶의 짝패가 바로 '세계형성자'일수도 있는 '나, 개인'인 것이다. "동시에"라는 부사가 지닌 힘은 생각보다 크다. 위험사회의 핵심에 있는 것은 '지금 이토록 위험하므로' 급박함 가운데 무언가 반드시 '유용한 것'을 해야 한다는 은밀한 설득이다. "진짜 위험함"이 문제가 아니다. 이 문법(文法)이 중요하다. '진짜 지금 ~하므로', '~해야 한다.' (무의미하지 않으려면 의미를 가지라는 명령인 것이다.)

'지구온난화'가 "실제로" 벌어지고 있는 일이 아니라는 연구 결과(존 씨온, 프레드 싱거, 데니스 에이버리)로 촉발된 논쟁을 이 점에서 다시 생각해보아야 한다. 이러한 주장은, 그것이 사실이든 그렇지 않든, 하나의 교훈을 준다. 그것은 우리가 처음부터 '지구온난화'를 해결하기 위해 도입했던 온갖 규제들에 단순히 도구적인 차원에서 접근했음을 보여준다. 거기엔 이미 하나의 절망적 허영, 혹은 허영의 절망이 있었던 것이다. 모든 내용은 다음 두 가지 형식으로 요약될 수 있다: 첫째, 우리는 '전지구적 상황의 위험성을 측정할 수 있다'는 것. 둘째, 그 측정에 '의거'하여 할 수 있는 일을 한다는 것. 따라서 실천적 행위는 순환적으로 측정된 것의 권위에 의존하고 측정된 것은 실천적 행위에 의해 견고해지는데 여기서 보이지 않는 것은 순환이 움직이는 토대다. 그것은 순환의 윤활유인 '유용성'이다. 만약 '지구온난화'가 문제가 아니라면(다른 측정), 다른 일을 해야 하는 것인데, 어느 경우나 실천과 지식의 담론 사이의 관계가 도구적으로 연결되고 있다는 점에는 다름이 없다. 그리고 어쩌면 바로 이 '연결선'에서 어떤 일이 일어나고 있는가가 논쟁의 바깥으로 나오기 위한 실마리를 제공할지도 모른다. 이와 유사하게, "인문학의 위기"를 둘러싼 담론과 실천에서도 같은 이야기를 할 수 있다: 이는 결국 '위기에 결코 처하지 않는, 필요한 인문학'의 유토피아를 핵으로 하는 것이다. 그를 위해 시대를 계몽하든 아니면 자성(自省)하든 그들, 위기에 처한 자들은 해소의 강박에 사로잡혀 있다. 위기가 문제가 아니다. 위기이므로 '~해야 한다'는 순환적 관계가 문제다.

8. 필요한 일을 할 뿐: 책임 없는 삶

도핑주의는 완전한 비결정성, 교착, 착종, '말로 할 수 없는 경험'에 직면한 근대적 주체가 그것을 상수화하려고 하는 방향잡음에 의해 발생했다. 상수화가 어떤 형식주의나 낭만주의에 의해서도 불가능하다는 사실에 대한 통렬한 깨달음이 실상 체험적인 입구(入口)를 마련하게 한 계기였던 것이다. 다시 말해 외부와의 '관계' 맺음을 어떤 식으로든 시급하게 정리하고자 했던 요청이 도핑주의의 기원적 핵심이 되었던 것인데, 폐쇄(閉鎖)되는 대신 순환(循環)하는 것으로 정돈될 수 있었던 정치적 공동체, 국가는 이 외부와의 관계맺음을 전부 '관용(寬容)'하기에 이른다. 이것은 약에 도취된 주체의 주체성 형식과 정확히 동일한 구조를 가진다. 모든 것이 친근해 보이며 신기하고 새로울 뿐 두렵지는 않은 것이다. 이 도취의 상태가 지속되기 위해서는 외부와의 관계맺음의 길에서 모든 비용과 노고를 삭제한 채 단지 '필요한 약물'적 상태인지를 승인할 수 있는 담론체계가 참조되어야 한다. 출몰하는 유령, 만약 그것이 필요한 것이라면, 상호순환하는 공동체들은 그를 환대할 것이다. 승인된 필요 가운데 도핑사회는 불확실성을 전부 주체의 신체 내부로 '긍정적으로' 함입시켰다. 두려움과 공포 등 외부에 부착된 모든 정동들 또한 이와 함께 휩쓸려갔다. 도핑사회는 어떻게 위험사회의 '해야 한다'는 의식의 독특성이 위험과 위기의 불확실하고 불분명한 자리를 계속해서 은폐하면서 해소하는지를 보여준다.

 이렇게 불확실성의 느낌은 개인적인 것으로 남고, 대신 떠오르는 것은 도핑기술('필요한 약물'의 경계를 정하는 일) 자체가 저 홀로 불법과 합법의 경계를 자유로이 넘나들면서 과학지식 자체의 불확실성을 실천적 필요성의 급박함 차원에서 해소하는 것이다. 이미 주체가

VI. 도핑사회

도핑주의적으로 되면 그 내부에서 일어나는 일은 각인(各人)에게 외부 체험으로 경험될 것이기 때문에 표현이나 전달로서의 언어는 무화되면서 완성되고(전달할 필요가 없다, 경험해 보면 되기 때문이다), 동시에 법적 주체 자체도 실천주의적으로 무화되면서 완성된다(책임질 필요가 없다, 미리 그에게 필요한 약물을 제공했어야 했다). 법적 주체가 아니라 이제는 필요한 약물을 제공하는 지식 담론의 실천주의적 결단이 문제가 된다.

그리하여 위험사회의 성찰적 과학화는 종국에는 실천주의적 결단에 가장 훌륭한 변명을 제공해주게 된다. 도핑주의적인 삶이 가능하기 위해서는 위험사회가 실천주의적 결단의 급박함을 제공하면서 책임 없이 책임지는 유용한 '사회적 개인'의 연대를 보장해야 하기 때문이다. 상존/편재하는 전지구적 위험을 경험하며 살고 있는 주체는 더 이상 '불확실하고 끝없이 이어지는' 인과관계를 따라잡을 필요가 없다. 그 불확실성은 책임 없는 삶이 어떻게 성찰적 과학화의 연대로 인하여 '필요한 일들'을 향해 모일 수 있는지를 보여준다. 하지만 실로 위험사회 역시 일상세계가 끝없이 일렁이는 것을 막기 위해 발행된 형식으로, 그 이유 때문에 약에 도취된 주체와 비슷하게 책임 없이 대안을 제시하는 주체의 마취상태를 이용할 수 있었던 것이다.

여기서 활성화되는 외부란 '복수하지 않는 기술'(도구주의적일 뿐인 기술)이며, 여기서 거세된 외부란 진정으로 책임져야만 하는 상황에 직면한 주체의 감각이다. 그 주체는 자신이 오롯이 책임져야 하며 감히 '우리-인간-살아있는 것들'의 연대에로 용해될 수 없다는 것도 잘 알고 있다. 대안의 테이블에는 결국 '진짜 위험' 없이 닥쳐오는 기능주의적 결단만이 있을 뿐이다. 그리하여 위험사회는 또한 변명(辨明)의 다른 역할까지도 수행하게 되는데, 위험사회의 거세된 외부인 주체의 모습은 도핑사회가 정말로 쫓아내 버린 것이 무엇인지에 대해서도 이야기하게 되는 것이다.

어쩌면 도핑사회에서 거세된 외부란, 위험사회의 경우와 마찬가지로 '약물 없이, 혹은 필요하지 않은데도' 쓸데없이 괴이한 것들을 보는 감각의 비정상적 활성화를 '겪는' 주체인지도 모른다. 이 뒤집힌 명변(明辯)들로 인하여 이렇게 질문해볼 수 있는 것이다: 책임이란 도대체 무엇이기에, 충분히 토론하고 대안을 마련하는 데도 남아 있는 것이며, 환각체험이란 도대체 무엇이기에 도핑주의적으로 유발되었는데도 여전히 비밀스러운 것일까?

약물체험이 만든 환각체험의 함수를 해체해야만 한다. 환각체험이 가지고 있었던 '기이한 폐쇄성'을 다시 생각해 보아야 한다. 약물체험은 상수를 찾으려는 시도 가운데, 또 식민지라는 실제 공간이 조건과 한계라는, 고백의 얼굴을 한 은폐 가운데 '기어 다니는 여자'의 '이름 없음'을 잊었었다. 우리는 약물체험의, 말할 수 없으므로 체험할 수밖에 없는 것이라는 고백, 약물체험이 붙잡힌 그 애매한 '사회적 조건들'의 고백, 그리고 무엇보다도 환각체험을 신체적 상

VI. 도핑사회

태의 효과로 만들어버리는 수행적 고백을 통해서 사라지게 한 '쓸데없이 괴이한 것들을 보는 주체의 감각의 비정상적 활성화'로서의 환각체험을 다시 되살려 볼 수 있어야 한다.

다시, 위험사회와 도핑사회가 출발했던 곳에서 시작해보자. 위험사회란 무엇인가? 그것은 벡의 말처럼 '개인'과 '사회'라는 이분(二分)하는 범주를 토대로 '성찰적 과학화'라는 '사회적 개인'으로서의 종합을 이루는 것이 아니다. 벡에게서 끊임없이 내부화되는 외부를 막고(위험의 체계에서 나오기) 외부를 상처로 받아들이는 일은 이러한 '사회적 개인들'의 연대에서 나온다. 이러한 연대단위의 설정은 도핑사회에서도 동일하게 읽어낼 수 있다. 도핑사회는 도핑주의적 개인 없이는 성립될 수 없다(이것은 한병철이 보지 못한 것이다). 그리고 도핑주의적 개인은 벡의 사회적 개인과 동일한 책임 개념을 갖고 있다. 필요한 것을 하지 않는 것은 비윤리적이라는 것이다. 이 관점에서 실로 약물체험자가 하는 중요한 기능은 출몰하는 유령들을 주입의 순간(능동성의 가장 단순한 제스처, 혹은 '내가 선택한 것이다') 가운데 밀집시키는 것이다.

위험사회란 본디 세계 자체에 유령을 드리우는 것이다. 모두가 일상적인 사물들에서 위험의 유령을 보는 곳에서 다시 시작해야 한다. 벡도 바로 시작점에서 '과학화'의 새 길을 가져왔다. 이 "문명의 근대적 위험의식"에서는 "일상적인 사고의 '경험주의적 논리'가 뒤집어진다."[370]

8. 필요한 일을 할 뿐: 책임 없는 삶

문화의 비판적 위험의식과 함께 거의 모든 일상 존재의 영역에서 이론적으로 규정된 실재 의식이 세계사의 무대에 오른다. 귀신을 쫓는 무당의 시선과 같이 오염에 시달린 동시대인들의 시선은 보이지 않는 무엇인가를 향하고 있다. 위험사회는 일상의 인식과 사고에서 사변의 시대가 열리고 있음을 보여준다. 사람들은 실재성에 대한 대립되는 해석을 놓고 늘 싸워왔다. [...] 따라서 보이는 것의 세계는 총괄적으로 가치저하되지만, 준거점으로서의 역할을 잃지는 않는다. [...] 보지 못하고 지각할 수 없는 것, 즉 방사성과 오염물질과 미래의 위협이다. 개인적 경험이 결여된 이론에 대한 이같은 관계와 함께 위험논쟁은 언제나 칼날위에서 균형을 잡아 왔으며, (반) 과학적 분석을 이용하여 일종의 근대적 강령술로 변질될 우려가 있다.[371]

벡의 위험사회가 과학화를 통한 축귀를 원했던 그곳에서 다시 시작하자. 모든 사소한 사물들에서 위협을 느끼고 회귀하는 무언가를 느끼는 그곳에서. 과학화의 축귀도, 강령술도 난 원하지 않는다. 사실 약물체험은 도핑사회에 속하지 않는, 환각을 보는 자들의 '출몰하는 세계'를 개인적·체험적인 것으로 개념화함으로써 단지 '개인의 신체적 상태변화'로 기능적으로 종속시킨 것이 아니었던가? 자기 자신의 경험에 대해 부인/배제하지 않으면서도 배제/부인하게 되는 정위야말로 도핑주의가 약물체험을 기능주의적으로 맥락화하며 성취했던 것인 바, 그러므로 문제는 '필요함'을 정확히 측정할

Ⅵ. 도핑사회

수 있는 담론의 출현에 관한 것이 아니라 도핑주의가 내내 보지 못하게 하는 어떤, 겪는 기미(幾微)들이다. 필요성 담론의 거짓을 문제 삼는 이데올로기적 비판보다 더 필요한 것은 '완전히 다른 내밀성(內密性)'을 발견해보는 것이다. '사회적 개인들'에서 나와 주체의 내밀한 체험 자체로 재직입할 때 시작은 새로이 도래할 것이다.

처음 위험사회는 도핑사회와는 '다른' 외부적인 것에 관한 관념을 제시하는 것 같았다. 한쪽은 이미 들어오기 전에 위험하지 않고(혹은 들어오는 순간 위험하지 않게 되고) 나머지 한쪽은 이미 들어와 있는 것에서 위험을 발명/발견했다. 그러나 한쪽은 성찰적 내부화를 한쪽은 체험적 내부화를 수행한다는 점에서 결국 외부는 내부화될 수 있는 것으로 출입했다. 그럼에도 분명한 것은 이러한 내부화가 지금까지의 위험의 산정방법의 무너짐에서 동일한 것에 기인한다는 점이다. 특히 과학적 담론의 불확실성은 위험사회를 징후-연대의 순환 가운데 '책임 없이 책임지는 우리-인간-살아있는 것'의 이상한 뒤섞임의 사회적 개인들의 모임 정도로 결론짓고, 도핑사회를 지식담론의 실천주의적 결단이 유용성의 긍정적, 도핑주의적 토대를 마련하는 곳으로 안착시킨다. 그리고 그것은 자신의 불확실성을 안전하게 추출/분배해 신체를 공간화하는 관념 가운데 약물체험자에게로 집중시킴으로써, 배제하는 일 없이 성공적으로 배제한다. 그리하여 진정으로 거세된 외부로서 주체의 내밀한 어떤 것들이 밝혀지게 되는데 그것이 위험사회의 경우에는 공연히 책임지려

8. 필요한 일을 할 뿐: 책임 없는 삶

는 이상한 주체라면 도핑사회의 경우에는 쓸데없이 이상한 것을 보는 주체인 것이다. 그리하여 이 사각형을 한 세계의 넓이는, 내부화의 동역학만을 포함하고 있지 않고 기이한 질량을 간직하고 있음이 밝혀지는데 그것이 이 주체들이다. 정확히 말해서 이 주체들의, 자신들도 귀속시키지 못하는 내밀성들이다. 무언가 쇄도(殺到)한다. 무언가 회귀한다.

Ⅶ. 유령을 보는 주체들

Ⅶ. 유령을 보는 주체들

1. 『햄릿』: 주체의 운명이 유령을 부른다.

셰익스피어의 『햄릿』에서 유령을 보는 이들은 모두 그들의 상황에 맞게 유령을 읽는다. 그들의 사회적 좌표, 역할, 주체로서의 지위가 공간의 성격과 이루는 관계가 그들로 하여금 다르게 유령을 재현해내게 하는 것이다. 우선 유령은 아무에게나 나타나지 않는다는 점을 언급해야 한다: 첫째로 유령의 원한은 햄릿의 숙부이자 살해자인 클라우디우스를 향한 것임에도 불구하고 클라우디우스에게는 유령이 나타나지 않는다. 둘째로 유령은 출현하지만 모두에게 가시적인 것은 아니다. 햄릿과 거트루드가 함께 방에 있을 때 유령이 등장하는데, 햄릿은 유령을 볼 수 있지만 거트루드는 볼 수 없다. (이것이 단순히 '햄릿의 환상'이 아니라는 것은 『햄릿』이 관객에게 상연되는 연극이라는 점에서 확언할 수 있다. 관객은 유령을 본다.) 셋째로 호레이쇼는 유령을 볼 수 있지만 유령의 말을 들을 수는 없다. 유령은 물질적인 폭력에도, 학자적인 언어에도 사로잡히지 않는다. 넷째로 햄릿이 있다. 햄릿만이 유령을 볼 수도 있고 유령의 말을 들을 수도 있다.

이렇게 『햄릿』의 인물들은 유령의 표현형식을 다르게 전유한다는 점에서 셰익스피어가 유령의 가시성에 투여하는 주체의 문제를 제기한다. '감각'한다는 것은 단순한 문제가 아니다. 유령은 햄릿의 장자상속과 사적 복수를 위해 등장(登場)한다. 그리고 동시에 세계에 드리운 "임박(臨迫)"과 "소문(所聞)"에 의해 등장한다.

> 마셀러스: 자, 우리 좀 앉지. 그렇지 않아도 궁금증이 나는데
> 뭣 때문이지? 이렇게 파수를 세워 경비를 엄하게 하느라
> 밤마다 백성을 못 살게 굴며
> 날이면 날마다 대포를 만든다, 외국에서 무기를 사들인다
> 한편으로는 목수들을 징발해다가 쉬는 날도 없이 혹사를
> 시키고 이렇게 밤낮을 가리지 않고 비지땀을 흘려야
> 하다니, 대체 무슨 사태가 임박해 있단 말인가?
> 어디 아는 사람 있으면 말해주게나.
> 호레이쇼: 내가 말해주지.
> 적어도 소문은 이렇다네.
> 상대방은 오만에 찼던 노르웨이 왕 포틴브라스
> [...] 상대방의 목을 베셨지

> 적은 목숨과 아울러 영토까지 다 몰수당하는 판이
> 되어버렸네.
> 그것이 기사도의 약조였고
> 또 우리쪽에서도 거기 걸맞게 걸어놓았던 조건이었지.
> […]그런데 죽은 노르웨이 왕에겐 아들이 있었네.
> 이름도 같은 포틴브라스.
> 혈기왕성한 풋내기로, 요즘 노르웨이 변방에 출몰하면서,
> 하루 세끼 창자만 채우면 마구 덤벼들겠다는
> 무뢰배를 긁어모아 엉뚱한 수작을 꾸며보자는 것.
> 빤히 들여다보이는 수작이지.
> 제 아비의 실수로 잃어버린 영토를
> 우격다짐으로 되찾고 보자는 속셈이거든.
> 이게 지금 우리가 방비를 서두르는 큰 이유 같아.
> 파수를 서고,
> 나라 안이 사뭇 뒤집힌 듯 소란을 떠는
> 이유도 여기 있다고 생각해.[372]

어떤 식으로든 여기에 개입된 자들에게만 유령은 가시적이다.

임박과 소문이란 현장(現場) 역사의 체감과 탈은폐된 역사의 민중적/비평적 전유 형식을 지닌 것이다. 마셀러스는 강제 징발당하며, 전쟁 준비를 위해 혹사당하는 '백성'으로서 유령의 현현을 체감

1. 『햄릿』: 주체의 운명이 유령을 부른다.

한다. 호레이쇼는 이와 같은 임박에 소문으로 답하는 자인데 적(敵)에 대한 선왕 햄릿의 폭력과 조약의 몰수가 복수(復讐)로 회귀(回歸)한다는 것을 알려주는 학자다. 덴마크가 국내적·국제적으로 처해있는 어긋난 사태가 바로 유령을 '볼 수 있는' 토대가 된다. 햄릿은 이미 유령이 나타나기 전에 뒤틀려 있었다. 아이러니와 풍자의 언어로, 즉 '광대'의 언어로 궁정 내를 떠돌 수밖에 없는 햄릿의 첫 독백은 "세상살이가 역겹다"는 토로와 어머니의 빠른 재혼의 부도덕함에 대한 환멸이다. 유령은 바로 이들에게 나타난다. 마셀러스에겐 징조(徵兆)가, 호레이쇼에겐 징후(徵候)가, 그리고 햄릿에겐 "예감(豫感)"이 있(었)다. 시간의 어그러짐처럼 혹은 시간 그 자체가 출몰하는 것처럼. 그러나 유령은 왕 앞이나 궁정의 게임 참여자들에게는 나타나지 않는다. 자신을 살해한 자에게도, 사태를 수정할 수 있는 권력을 가진 자에게도, 나타나지 않는 것이다.

유령을 본 자들은 돌이킬 수 없이 물어야 하며, 돌이킬 수 없이 그 사실을 '상속자'에게 전해야 한다. 유령을 상속시켜야만 하는 것이다. 학자 호레이쇼와 피로한 병사 마셀러스는 햄릿에게 유령의 출현을 전해준다. 햄릿은 유령을 따라가고, 또 그들은 다시금 유령을 따라가는 햄릿을 따라간다.

햄릿: 내 운명이 나를 부른다.
이 몸의 모든 핏줄에서 힘이 솟아나

> 저 네메아의 사자 힘줄처럼 탄탄하구나.
> 나를 부르고 있어
> 놔라, 놔. 계속 막으면 목을 베어 혼귀로 만들어줄 테다.
> 비켜라, 비켜! 자, 어디든 따라가겠다.
> 호레이쇼: 뭔가에 홀리셨어. 전후를 가리지 못하시는군.
> 마셀러스: 따라가세. 시키는 대로 가만히 있을 수만은 없지.
> 호레이쇼: 아무렴, 따라가야지, 이 일이 어떻게 될라나.
> 마셀러스: 이 덴마크란 나라는 어딘가 썩어 있어.[373]

유령의 등장을 현존으로 받아들이고 상속의 문제에 대해 어떻게든 응답을 해야 한다는 요구가 극 『햄릿』을 추동케 한다. 유령의 '언어'를 어떻게 할 것인가의 문제가 복수의 연기(延期)를 만드는데 이 연기됨이 바로 이야기의 조건인 것이다. 그리고 햄릿이라는 주체에게 이러한 연기는 난처(難處)함으로 조건화된다. 왜냐하면 햄릿은 유령과 진정 '관계'해야 하는지, 유령을 완수시킴으로써 유용한 것으로 완결시켜야 하는지를 끊임없이 의심하기 때문이다.

자크 데리다(Jaque Derrida)는 햄릿은 유령의 "상속자가 됨으로써만, 왜곡/잘못을 바로잡는 사람이 됨으로써만"[374] 수행적으로 탄생한다고 본다. 따라서 유령은 햄릿의 정신이 만든 반영물이나 투사물이 아니지만 실물 존재도 아니다. 햄릿이 유령을 보고, 듣고, 그의 명령을 상속한다는 말의 의미는 햄릿과 유령 두 인물 사이의 관계

1. 『햄릿』: 주체의 운명이 유령을 부른다.

를 통해서 이해될 수 있는 것도 아니다. '유령이 나타났다. 어떻게 할 것인가'의 문형이 아니다. 유령이라는 환영의 효과와 "우리 자신을 약속할 수 있는 기회, 우리 자신을 예고할 수 있는 기회"[375]를 어떻게 조화시킬 것인가의 문형이다. 따라서 햄릿이 아버지 유령의 명령을 듣느냐 듣지 않느냐는 플롯상의 문제일 뿐이다. 유령이라는 타자가 햄릿의 봄, 들음, 상속함, 즉 정신의 활동을 매개로 해서 나타났다는 그 사실을 숙고하는 것이 정말 중요한 문제다.

2. '의도의 죽음'으로 유령을 완수하는 주체

그레이스 티파니(Grace Tiffany)는 유령에 대한 햄릿의 상속 문제를 개별성과 보편성의 틀로 파악한다. 티파니는 햄릿의 문제가 "단순히 햄릿의 내적 갈등에 있는 것이 아니라" 이러한 "사적인 복수가 어떻게 공적이고 도덕적인, 국가에 대한 정당한 염려와 연결될 수 있는 것인지"에 있다고 분석하며,[376] "햄릿은 사적인 복수를 공적인 정의로 전환시키기 위한 노동을 하는 범지(Providence)에 종사"하기 때문에 "유령의 의도가 무엇이든 간에 햄릿은 유령보다 낫다"고 평가한다.[377] 여기서 티파니가 보수적으로 의존하고 있는 '개별성과 보편성'은 하나의 번안(飜案)인데 이는 당파성이 공동체의 가치를 보편성으로까지 승화시킬 수 있는 명분이나 견고하게 정초할 수 있는 폭력적 힘을 더 이상

Ⅶ. 유령을 보는 주체들

행사할 수 없을 정도로 전락했음을 보여줄 뿐이다. 혹은 기껏해야 판단하는 의식에 나타나는 의도와 법률, 준거되는 것과 준거하는 것의 왕복운동을 보여줄 뿐이다. 개별성과 보편성의 짝패에서 나와 상속의 형상을 볼 필요가 있다.

데이비드 맥도날드(David Mcdornald)는 『햄릿』은 "기표와 기의의 구분 속에서 언어의 이분법적 체계 속에 붙잡혀 있었음"을, 그 이분법적 "폐쇄 속에서 끊임없는 움직임과 정체에 의해 형성되어 왔음"을 깨닫는 이야기라고 말한다.[378] 하지만 맥도날드의 구상 역시 '보다 더 큰 보편성'을 향해 치닫는데, 맥도날드의 해석 속에서 햄릿은 클라우디우스에게 복수하고자 하는 움직임 속에서 자신이 클라우디우스의 짝패가 되어간다는 것을 깨닫는다. 햄릿은 (복수가 아니라) 완전히 혼돈된 방식으로 제위에 오른 클라우디우스를 죽이고 나서 장자상속의 옛 질서로 돌아가는 대신 "선출을 통해 포틴브라스를 뽑을 것"을 당부하고[379] 그 자신도 죽음을 맞이한다. '복수와 장자상속'이 아니라 '새로운 지배자'를 뽑는, 복수를 초월한 새로운 공적 정의를 세우는 것으로 햄릿을 해석하는 것이다.

하지만 이렇게 분석하는 것은 주인공 햄릿 외에 유령을 목격한 인물들의 실존적 문제를 배제할 뿐만 아니라 햄릿이 내내 골몰하는 '궁정의 연극', '감시의 게임', 즉 '연극의 연극'의 문제를 배제한다. 또한-가장 중요한 것인데-'관객이 유령을 본다'는 사실을 간과한다. 모든 극 중 극은 주-객의 명증한 구분틀, 그리고 복수로 정향된 플

2. '의도의 죽음'으로 유령을 완수하는 주체

롯이 아니라 의도와 비밀 사이를 향해 있다. 궁정의 모두가 "햄릿의 진의를 알아내고야 말겠다"고 하지만[380] 모두가 외면의 가장과 내면의 비밀 사이에 걸려 옴짝달싹할 수 없다. 햄릿 역시도 '말하는 몸'인 유령과 대화하면서 맹세하지만 '시간'이 지난 후 유령의 의도를 의심하며 맹세의 완수와 비밀의 유지 사이를 오락가락한다. 모든 극 중 극은 의도에 관한 것이다. 햄릿의 의도를 파헤치고 왕의 의도를 파헤치고, 아니면 자신의 의도를 성립시키기 위한 것인 셈이다. 이러한 극 중 극을 통해 감시자나 관객들이 진정으로 달성하는 것은 의도가 '있다'고 믿게 만드는 것이다. 진실을 의도로 변환해 그것이 인격들 속에 있다고 믿게 한 것에 지나지 않는 것이다.

감시와 관객이 동일해지는 두 지점, 오필리아와 거트루드를 통해 셰익스피어는 그것을 보여준다. 이들은 폴로니우스에 의해 역할을 맡게 되어 극 중 극을 수행한다. 하지만 이들의 경우 외면적으로는 가장을 하고 있으면서도 내면적으로는 자기 자신의 의도를 소유하고 있는 것처럼 보이지만, 즉 외면과 내면의 완벽한 분리가 이루어지는 것처럼 보이지만, 사실은 그렇지 않다. 여성들은 외면을 내주고 내면을 지키려 한다. 이것이 감시자와의 관계에서는 가능하다. 왜냐하면 감시자가 그녀들에게 하나의 내면을 강제하면서 '또 다른 내면'이 있다는 것을 (허구적으로나마) 확증해주기 때문이다. 그래서 이 여자들은 또 다른 내면을 지키기 위해서라도 감시자와의 관계를 깨지 않으려 한다. 그러나 감시자와 이와 같은 관계를 맺는

Ⅶ. 유령을 보는 주체들

것은 결과적으로는 여성들을 취약하게 만든다. 왜냐하면 우선 두 개의 내면 모두 감시자와의 관계에서 맺힌 허구에 불과하기 때문이다. 그리고 바로 그 때문에 그들 자신은 자신이 '진짜/직접' 만나는 사람인 햄릿과의 관계에서는 영영 상호 소외되는 구조를 피할 수가 없다.

바로 여기에 햄릿이 감시의 구조를 깨뜨리고(=폴로니우스 살해) 나서 이들에게 거울을 주는 이유가 있다. 그러나 그들이 보는 것은 단지 그녀들 자신이 속한 사회적 위치의 맨 얼굴에 지나지 않는다. 햄릿은 이들에게 '의도라는 이름으로 내면에 맺히는 것'들은 모두 이들의 사회적 위치의 끔찍함을 가리기 위한 베일에 지나지 않는다는 것을 보여준 셈이다. 결혼의 도구라는 것(오필리아), 혹은 왕이 남편의 살해자라는 것을 알아도 어찌할 수 없는 무력함(거트루드)을 보여준 것이다. 이들로서는 진실을 안다 해도 어찌할 수 없다. 진실을 알아도 그것을 드러내거나 그것으로부터 거리를 둘 사회적 권력이 없다면 당자(當者)는 사회적 권력에 포섭되지 않는 상태로 이동함으로써 진실과 관계를 맺거나 혹은 진실과의 관계를 아예 포기해야 한다. 『햄릿』에 등장하는 두 명의 여성은 바로 이러한 지점에서 근본적으로 광기(madness)냐 아니면 자기기만(denial)이냐의 양자택일을 할 수밖에 없다는 것을 보여준다. 감시자가 죽은 곳에서는 내면의 파경(破鏡)이나 내면의 비가시성(非可視性)만이 남을 뿐이다. 그래서 광기에 휩싸인 자나 자기기만에 붙들린 자는 유령을 보지 못한

2. '의도의 죽음'으로 유령을 완수하는 주체

다. 물론, 우리가 다 아는 대로, 오필리아는 미쳐버렸고 거트루드는 관객이 보는 유령을 보지 못한다: "아무것도 없다. 그것이 내가 보는 전부다."[381]

햄릿은 본래 바로 이 양자택일을 피하기 위해서 유령으로부터 진실을 듣게 되었을 때 광기의 외관을 가장해야겠다고 결심했었다. 햄릿이 가장하는 광기의 외관은 '괴상한 배치(antic disposition)'다. 광기의 '외관'을 연기(play)하는 것은 의도의 존재를 교란시키고, 복수하겠다고 마음을 '결정'한 자기를 부인함으로써 자기를 연기(delay)하는 것은 유령의 의도를 교란시킨다. 의도를 괴상하게 하는 수행 덕분에 햄릿은 내면의 파경이나 내면의 비가시성을 막을 수 있었던 것이다.

그렇다면 '의도가 없는 내면'이란 무엇일까? 그것이 바로 유령이다. 햄릿이 여성들에게 거울을 주면서 거기서 발견하기를 원했던 것이 바로 그것이다. 그는 그들이 유령을 보기를 원했던 것이다. 물론 이 사실은, 햄릿이 극 중 극을 통해 발견하는 것이기도 하다. 결국 유령은 의도의 죽음으로 완수되며-우발적인 죽음들-관객들은 난처해진다. 햄릿은 의도를 통해 유령이 실현되도록 하지 않는 것이다. 햄릿은 말한다: "모두들 파랗게 질려서 떨고 있군. 이 참변에 벙어리 역이나 구경꾼밖에는 되지 못한다는 건가." 관객 역시도 단지 '관객의 역할'을 한 것에 지나지 않는다. 이젠 연극이 끝났다. 관객은 '관객의 역할'을 계속 맡음으로써 '연극의 의도'를 발견할 것인

Ⅶ. 유령을 보는 주체들

가? 의도의 죽음 가운데, '의미'를 통해 의도를 재발견할 것인가? 어떻게 할 것인가? 그러나 시간은 역사로 매듭(호레이쇼)지어지지 않을 것이다. 또한 공간의 부패가 새로운 권력(포틴브라스)으로 정화되지 않을 것이다.

    햄릿이란 유일하게 유령이 '말'하는 자다, 다시 말해 유령의 말을 '들을' 수 있으며 유령과 '대화'하는 자다. 햄릿의 상속은 무엇보다 '유령의 언어'를 알아보는 데에서 성립한다. 사무쳐 있고 무언가를 요구하며 약속하는 슬픈 존재, 시간도 갖고 있지 않고 몸이라는 비밀을 장소로 할 수밖에 없는 이 떠도는 존재의 말을 어떻게 할 것인가? 두말할 것 없이 유령의 의도를 추측해내어 그의 원한을 풀고 복수를 완수함으로써 정의를 이룰 것인가? 햄릿은 유령과의 조우 가운데 살아가면서 끝없이 언어의 완성을 연기한다. 햄릿의 연기란 자신의 의도를 던지는 것이었으며 결국 그 가운데 끝까지 난처해지는 것이었다.

    스스로 미치지도, 자기를 속이지도 않으면서 유령의 말을 들으려면 '의도가 있으므로 말의 주인이 있는 것이라고 더 이상 말할 수 없다'는 것을 알아야 한다. 우리가 때때로 '타자의 의도'로, '말해진 바의 의미'로 잘못 부르는 것은 실은 의도의 죽음이요, 의미의 대상 없음이다. 햄릿은 전반적인 의도의 죽음들 가운데 대상 없는 의미를 남겨두고 죽는다. 난처함은 '이루어짐'으로 해소되지 않으며 의심은 '결심'으로 중지되지 않는다.

3. 「크리스마스 캐럴」: 유령의 뜻대로, 시간의 사슬 속으로

찰스 디킨스(Charles Dickens)의 「크리스마스 캐럴」에서 에브니저 스크루지가 만나는 유령은 『햄릿』의 유령을 패러디하고 있다. 디킨스의 다음 구절을 통해 내가 강조하고 싶은 것은 단순히 디킨스가 문학적 장치를 도드라지게 하기 위해서 햄릿을 언급하고 또 햄릿의 유령을 패러디한 것이 아니라 보다 본질적인 차원에서 『햄릿』의 유령성(Ghost-ness)에 대한 전격적 수정을 가하고 있다는 것이다.

> 말리의 장례식 얘기를 하다 보니 내가 원래 하려던 이야기가 무엇인지 생각났다. 말리가 죽은 것은 틀림없는 사실이다. 지금 이 사실을 분명히 말해두지 않으면 내가 지금부터 들려줄 이야기에 그다지 놀라지 않을 수도 있다. 가령 우리가 햄릿의 아버지가 죽었다는 사실을 제대로 알지 못한 상태에서 『햄릿』의 연극이 시작되었다고 치자. 그런 상황이라면 동풍이 불어오는 야밤에 햄릿의 아버지가 성벽 위를 배회한다고 한들, 여느 중년신사가 말 그대로 심약한 아들을 놀래주려고 해가 저문 뒤, 바람 부는 성 바울 성당 묘지 같은 곳에서 갑자기 튀어나오는 것과 비교해 특별할 것이 하나도 없을 것이다.[382]

디킨스에 따르면 유령이 무서운 이유는 죽은 자가 되돌아왔다는 사실 때문이지, '여기에 있다(presence)'는 사실 때문이 아니다. 이 때문에

Ⅶ. 유령을 보는 주체들

말리의 유령이 처음 스크루지의 방에서 등장했을 때 그는, 그의 감각을, 그에게 영향을 끼칠 수 있는 작은 것들을, 그리고 왜 유령이 하필 자기(self) 앞에 나타났는지를 의심한다. 다시 말해 스크루지는 말리의 현존을 의심하지, 말리의 의도를 의심하지 않는다.

말리는 자신의 현존을 믿게 하는 그 순간 자신의 의도 또한 믿게 한다. 말리는 그 자체로 자신이 죽음의 안정을 취하지 못한다는 사실을 반성함으로써 반영하는 존재로 나타나는 것이다. 앨시노어의 성벽에 유령이 처음 등장했을 때 병사들은 의도에 대해서는 의심했을지언정 현존에 대해서는 의심하지 않았다. 이들이 유령을 본다고 하는 것은 곧 그들의 감각이 이미 실존적으로 세계와 시간의 어긋남을 지각할 수 있다는 사실을 의미하는 것이었기 때문이다. 그래서 앨시노어의 병사들이 밤을 향해 "거기 누구요(Who's that)?"이라고 묻는 반면, 말리의 유령은 스크루지에게 "내가 누구였는지 나에게 물어봐(Ask me who I was)"라고 말한다.

디킨스의 유령은 어떤 것도 '요구'하지 않는다. 단지 되갚을 뿐이다. 말리는 자신이 다른 사람을 돌보지 않은 만큼의, 딱 그만큼의 쇠사슬을 감아야 하는 모습으로 스크루지 앞에 나타난다. 셰익스피어의 유령은 세계를 향해 드리워져 있는 동시에 햄릿의 말처럼 "어긋나 있는 시간의 이음매"로부터 출현하는 반면 디킨스의 유령은 정확히 과거, 현재, 미래로 정돈된 시간 속에서 출현한다. 과거의 유령은 과거의 스크루지의 모습을 보게 해 줄 뿐이다. 현재의 유령은

3. 「크리스마스 캐럴」: 유령의 뜻대로, 시간의 사슬 속으로

스크루지가 포함되어 있지 않은 공간들을 중첩시킨 후 현시할 뿐이다. 미래의 유령은 어떤 말도 하지 않는다, 단지 '가리킬' 뿐이다. 디킨스의 유령들은 등가교환(等價交換)의 원리대로 움직인다.

햄릿의 유령은 분명하게 어떤 것을 요구한다. 햄릿의 유령은 원한에 찬 존재로 나타난다. 주체는 유령의 원한을 조우할 것을 요청받는다. 그것은 사무쳤으며 때론 무리하고 부당하기도 하다. 유령은 틈으로부터 나온다. 햄릿의 유령은 무언가 들어맞지 않는 부분으로부터 기어 나온다. 디킨스의 유령은 '정말로' 무섭지 않다(특히 현재의 유령을 보라! 심지어 그는 밝은 거인이다!). 무서운 것은 '악덕'이라는 애매모호한 죄를 짓는 것이다. '내'가 잘못한 것이 없다면 유령을 두려워할 이유가 없다. 다시 말해, 무서운 것은 '자기'이며, 자기가 지불해야 하는 자기이다. 그러나 햄릿의 유령은 정말로 무섭다. '자기'의 죄와 상관없이, 세계에 속해 있다면 그 세계의 부당함은 언제든 유령을 뱉는다. 그는 밤으로부터 출몰한다. 그러나 디킨스의 유령은 밤이 아니라 늘 '빛'과 함께 있다. "말리의 얼굴! 그것은 마당에 있는 물건처럼 분간할 수 없는 그림자 속에 파묻혀 있는 것이 아니라, 어두컴컴한 지하실의 썩은 가재처럼 음산한 빛을 발하고 있었다."[383]

말리는 일종의 매개(medium)다. 그는 보수주의적 청교도의 탓이다. 사제가 있었던 시절에 사제는 죄지은 자들을 사면할 수 있는 권위가 있었다. 그러나 루터가 모두가 스스로 성경을 읽을 권리를

Ⅶ. 유령을 보는 주체들

인정한 후에 가령 로빈슨 크루소는 고해(告解)함으로써 성사(聖事)하는 대신 후회(後悔)함으로써 고백(告白)한다. 이제는 그것이 더 적절해 보인다. 훈련되고 정화된 자의 현현으로서 사제 대신 차라리 '돌아온 탕아'가 더 설득력이 있다. 이제 사람들은 설교 대신 간증에 감동한다. 말리를 '통해서' 과거, 현재, 미래의 세 유령이 등장한다는 것은, 그래서 아주 중요한 시작이다. 말리의 기능은 스크루지가 유령들의 존재를 인정하게 하는 것이다. 스크루지가 유령들을 믿지 않는 일이 없도록, 유령은 스크루지에게 믿음을 강요한다. 그리고 그 믿음은 '그가 받을 대가'로서의 형벌에 대한 두려움에 의해 있는 강요다.

"이 속물스러운 인간! 나의 존재를 믿느냐, 안 믿느냐? [...] 누구든 자기 안의 영혼이 주변 사람들 사이를 돌아다니며, 멀리 여행도 다니게 해줘야 하는 법이네. 그러나 생전에 그러지 못한 영혼은 죽은 후에라도 그래야 하지. 비통하도다! 세상을 떠돌아다니면서 산 사람들이 누리는 모습을 지켜보기만 해야 하다니! 이승에 있다면 나 역시 행복해질 수 있을 텐데!"[384]

"흐르는 일 년이라는 시간 중에 이맘때가 되면 나는 가장 고통스럽다네. 왜 나는 눈을 내리깔고 이웃 사람들을 외면했던가, 왜 한 번이라도 눈을 들어 동방박사들을 가난한 자들의 거처로 인도했던 거룩한

3. 「크리스마스 캐럴」: 유령의 뜻대로, 시간의 사슬 속으로

별을 바라보지 못했던가! 그 별빛이 나를 인도할 가난한 집이 없었던 것도 아니었을 텐데! [...] 자네 눈에는 안 보이겠지만 난 하루에도 열두 번씩 자네 옆에 앉아 있곤 하네. [...] 그건 내가 받아야 할 벌 중에서 결코 가벼운 형벌은 아니지. 내가 오늘 밤 여기 온건 자네에게 경고해주기 위해서야. 자네에겐 아직 기회가 있고 나와 같은 운명을 비껴갈 희망이 있네. 이건 내가 마련해 주는 한 번의 기회와 희망이네, 에브니저."[385]

말리의 유령성은 무엇보다 주체의 내적 형식 속으로 시간을 정돈하는 것이다. 과거는 후회다. 여기에서 인간은 자신의 삶을 되돌아봄으로써 자신의 슬픔을 '통해서만' 타인의 슬픔을 알 수 있다. 과거는 후회를 통해 이야기를 조직하고 타인을 자신과의 관계를 통해 조직한다.

현재는 그가 없는 곳에서 일어난 일들이다. 여기에 있는 것은 동정과 선망이다. 선한 자들은 그의 이름을 부른다. 밥도 그의 조카도 그를 가엾게 생각한다. 그러나 그들이 그를 사랑하는 것은 아니다. 스크루지는 단지 그들 '자신의 선함'으로부터 유출된 빛을 받는 것에 불과하다. 그들은 그를 고려하기 때문에 그를 사랑하는 것이 아니다. 조카의 다음과 같은 말은 이 지점을 정확히 표현하고 있다.

"내가 매년 찾아가서 공손하게 안부 인사를 하면-무턱대고 해보는 거지-나중에는 당신도 모르게 크리스마스를 좋게 생각하시게 될 거야.

Ⅶ. 유령을 보는 주체들

이렇게 해서 나중에 삼촌 사무실에서 일하는 가난한 서기에게 유산으로 50파운드쯤이라도 남겨 주게 된다면 그것으로 대단히 의미 있는 일이 아니겠어. 사실 어제만 해도 내가 삼촌의 마음을 조금 움직였던 것 같아."[386]

말리의 새로운 유령성은, 타인들을 '통해서만' 사제가 될 수 있었던 구교적 질서와는 달리 타인 '없이도' 스스로 선하다는 사실에 의해 구원을 받을 수 있었던 수직적 빛의 은총을 지닌 신교적 질서에 수복한다. 특히 칼뱅적인 윤리에 따르면 우리는 우리 자신의 자리에서 스스로 선하면 된다. 그것으로 모든 일이 해결될 것이다. 마치 현재의 유령이 보이지 않아도 존재하는 것만으로 사람들을 행복하게 만드는 것처럼, 보이지 않아도 '모두가 놀이에 참가'하고 있는 것이다. 현재의 유령은 모든 것을 놀이에 참가하도록 만든다:「크리스마스 캐럴」제3장을 제국주의의 식민주의적 확산으로 이해해도 무방하다. 스크루지가 아는 사람들로부터 광부, 등대의 외로운 사람들, 뱃사람들, 아픈 자들, 외국 땅들, 병원, 교도소까지… 모든 곳은 크리스마스의 지배를 받는다. 그리고 이것들은 모두 제대로 서술되지 않는다. 현재의 유령은 늙은 광부 노인이 먼지에 휩싸인 채 캐럴을 부르려 하는 순간 서둘러 그곳을 떠난다. 하지만 그가 그곳에 가까이 가기 전에 그는 자신만만하게 '알고 있다'고 말했었던 것이다.[387]

미래는 두려움이다. 특히 자신의 죽음과 그를 둘러싼 사건들을

3. 「크리스마스 캐럴」: 유령의 뜻대로, 시간의 사슬 속으로

통해 느껴지는 두려움은 그에게 양자택일을 강요한다. 최후에 보상을 얻거나 벌을 받거나 둘 중 하나다. 그의 시신은 쓸쓸히 누워 있고 죽음이 그를 완전히 집어삼킬 수 있다. 하지만 죽음은 선한 자에게는 결코 그 지배력을 발(發)할 수 없다.

    이 차디차고 엄격하고 두려운 죽음이여, 여기에 너의 제단을 차려 네가 수하처럼 부리는 공포로 장식하라. 그러나 사랑과 존경과 숭배를 받던 이의 머리카락 한 올도 너의 무시무시한 의도에 따라 바꾸어선 안 되며, 그의 어떤 모습도 추하게 만들어선 안 된다. 그의 손은 내려놓았을 때 그 무게 때문에 떨어지지 않으며 심장과 맥박은 멈추지 않느니라. 그의 손은 너그럽고 관대하고 진실했으며, 심장은 용감하고 따뜻하고 부드러웠고, 맥박은 인간의 것'이었다'. 쳐라, 환영이여, 쳐라! 그리하여 그 상처로부터 선행이 샘솟아 세상에 영생의 씨앗을 뿌리게 하라!
    아무도 스크루지의 귀에 대고 이런 말을 속삭이진 않았지만 침대를 내려다보는 순간 그런 환청이 들리는 것 같았다.[388]

스크루지는 사후세계로 가는 것이 아니라 단지 물질적인 덩어리로서 그 자신을 조우한 후 그것이 어떠한 사회적인 관심도 받지 못한 채 놓여 있다는 사실에 고통받는다. 사회적인 대우를 받지 못한다면, 시신이란 없다. 모두가 경외 없이 그로부터 사회성을 나타내는 모든 물질들을 휩쓸어가고(빈민가의 두 여인과 한 노인), 죽음은 남아 있는 모든 것을 자신의 것으로 하기 때문이다. 사회적인 기억 속에 배치되어야 그 기억 속에서, 그 시간의 어긋나지 않음 속에서, 죽음이란 없는 것이 된다. 그는 시간 속에서 기억될 것이기 때문이다.

스크루지는 과거-현재-미래의 유령들에게서 교훈을 얻으며 이제는 교화되지 않으면 안 된다고 결심한다. 그런데 여기서 우리는 사실 스크루지의 악덕이 지극히 모호하다는 점을 살펴볼 필요가 있다. 가장 문제가 되는 것은 스크루지의 독신(獨身)이다. 크리스마스는 본래 반드시 가족적 질서에 의해서 포섭되어야 했다. 그 역할을 하는 것은 선의 대변자인 조카이다. 그러나 스크루지는 가족이 없고, 반드시 크리스마스를 떠들썩하게 보낼 필요가 없다. 그에게는 그의 삶이 있었다.

다음으로 스크루지에게는 '화폐 축장'의 죄가 있다. 그래서 마지막 장은 순전히 스크루지의 '자선(charity)=소비'로 구성되어 있다. 그런데 여기에는 축적의 악에 대한 디킨스의 하나의 입장이 존재한다. 사실 악한 것은 도대체 절약이 아니다. 악한 것은 순환에 참여하지 않는 것이다. 그리고 이것이야말로 부르주아적 자본주의 도덕이 가장 무너뜨리기를 원했던 상인의 초상이다. 소비만이 유일하게 자본의 회전 속도를 가속화할 수 있다. 모든 사람이 절약한다면 자본은 결코 성장할 수 없다. 필요한 것 이상을 원하는 것이 자본주의를 정초한다. 그리고 소비할 수 없을 만큼 가난한 자를 위하여 베풀라, 그래야 그 또한 소비할 수 있다. 혹은, 국가가 그들을 위해 대신 해

3. 「크리스마스 캐럴」: 유령의 뜻대로, 시간의 사슬 속으로

준 폭력(인클로저)을 위하여 제도가 하지 못하는 것을 보충하라는 명령이다. 자선은 하나의 은폐다. 농지로부터 쫓겨난 농민들을 노동자로서 발견하는 것-그리고 그들을 사용한 것-그것이 자본가에게 내려진 '은총'이었고, 쫓겨났기에 집이 없었던 노동자들의 배회가 바로 자본가에게 내려진 '어린 양'이었다. 크리스마스는 자선이 소비로 번역되는 지점인데 이곳에서는 동정에 의한 자선이 선망에 의한 소비로 변형된다. 따라서 스크루지의 악덕은 19세기 초기자본주의가 부여한 역할을 하지 않았다는 것으로부터만 성립한다. 디킨스가 교묘하게 숨기고 있지만 사실 스크루지는 18세기 중후반 이후 절대왕정과 결합하며 축장한, 절대량으로서 화폐를 지녔던 유대인이다. 스크루지에 대한 모든 비난은 19세기 중반부터 대대적으로 확대되던 유대인 혐오의 거울이다. 그래서 스크루지는 교화될 필요가 있었다. 그는 마지막에 크리스마스를 믿겠다(예수의 탄생을 신격화하고 기념하는 것)고 맹세하는데 이 말을 할 수 있는 것은 구교도 신교도 아니오, 오직 유대교도일 뿐이다.

미래에 대한 두려움은 정확히 말리로부터 들은 것에 대한 두려움과 상응하면서 하나의 수미상관을 이룬다. 말리에게 좀 더 말을 해달라고 애원했던 것처럼 스크루지는 침묵하는 미래의 유령에게 자신을 이끌어 달라고 부탁한다. 모든 것들을 거친 후에 스크루지는 크리스마스를 믿게 된다. "이제 성심으로 크리스마스를 기리고 일 년 내내 그 의미를 잊지 않겠습니다. 과거와 현재와 미래의 유령

Ⅶ. 유령을 보는 주체들

님 뜻대로 살겠습니다."[389]

디킨스의 유령성은 명백히 과거와 현재와 미래에 대한 하나의 신교적 의미 전화(轉化)를 성취하는 것이었다. 기독교적 시간은 예수의 등장으로 인하여 그 이전까지의 시기를 후회(repent)로 변형시킬 수 있었다. 구약의 유대 역사의 장엄함은 사라지고 모세의 해방은 율법을 둘러싼 드라마로 변형되었으며 모세의 제왕적 오만은 실수하는 다윗과 예수를 살해하는 헤롯으로까지 교묘하게 연결된다. 구약의 유대 역사는 하나의 거대한 '후회할 만한 일'이 된다. 역사를 아는 일이 순례(pilgrimage)로 변형되는 순간 더 이상 역사의 장엄함은 없으며 단지 고난과 순교의 장소를 더듬는 일이 있는 것이다. 현재의 유령은 '현재'를 기독교적인 것에서 신교적인 것으로 옮겨놓는 역할을 한다. 신교는 은총의 빛 속에서의 축복과 축제로 가득 차 있지만 동시에 급속히 노쇠한다. 신교에서의 현재는 공간들의 주름을 접어놓은 것이다. 그래서 신교는 온갖 사람들의 시간을 공간화함으로써 다수의 세계를 이룩하는 데 성공하지만 그 대가를 치르지 않을 수 없다. 명랑한 유령의 휘장(skirt) 아래 감추어진 발톱은 신교적 제국주의에 대한 복수나 다름없다. 무지와 결핍(Ignorance and Want)이라는 아이 두 명이 퀭한 눈으로 나타난다. 신교는 이것을 부인할 수 없다. 은총 속에 자리한 현재는, 가톨릭의 슬픔을 대체하지 못한다. 왜냐하면 현재는 다만 과거의 이야기와 미래의 보상(報償)을 이어주는 역할만을 하기 때문이다. 그래서 신교적 현재는 모든 것이며 동시에 아무것도 아닌 것이다. 현재는 스크루지가 시간에 휩쓸려 가기에 전유할 수 없는 바로 그 순간이며 동시에 회개할 수 있는 바로 그 순간이다.

미래는 너무나도 정확히 과거와 현재의 연속선상에 있다. 미래는 단지 시간이 값으로 환산된 결과에 불과하다. 그리고 그렇게 하나의 선으로 계속 이어져 나가리라는 것을 확신하는 것만으로도 충분하다. 그래서 미래의 유령은 침묵하며 '가리킬 뿐'이다. "유령은 어느 한 곳에 머무르지 않고 당장 가야 할 목적지를 향해 곧장 나아갔던 것이다."[390] 그리고 스크루지는 유령이 할 말을 대신한다.

"인생의 행로는 확실한 끝을 예견할 수 있고 꾸준히 따라가다 보면 분명히 그 종착지에 닿게 됩니다. 하지만 그 행로에서 벗어나면 종착지도 달라질 겁니다. 부디 유령님이 제게 보여주시는 것도 그럴 것이라고 말씀해주십시오."[391]

이것이 개인의 도덕과 결정된 신의 세계가 타협하는 지점이다. 신교가 털어낸 것은 미래의 불확실성이다. 과거는 현재의 인간을 '형성'했고, 미래는 미래까지의 인간에 알맞은 값을 쳐준다. 시간이 개인의 삶을 통해 거래된 것이다.

4. 햄릿과 스크루지 사이에서: 데리다의 식별하는 환대

셰익스피어의 유령은 세계에서 교화의 역할을 담당하지 않는다. 유령이 가장 먼저 병사들에게 보인다는 점은 그가 무엇보다 덴마크의 부패와 반복되는 전쟁에 대한 고통으로부터 출현했다는 것을 알려준다. 병사들은 고통을 표현할 수 없는 존재들이다. 유령은 그들 대신 그것을 표현해 준다. 마찬가지로, 햄릿에게 유령은 복수와 상속으로부터 출현했지만, 그것은 '자신의 원한'을 풀어달라고 요청하는 억압된 것의 회귀였을 뿐이다. 햄릿의 유령은 스크루지의 유령과 달리 도덕성과는 아무 상관이 없다. 오히려 극 초반부에 도덕성에 사로잡혀 있는 것은 햄릿이었고, 유령은 극 전체를 통해 햄릿으로부터 서서히 그것을 탈각해낸다. 햄릿이 거트루드에게 여인의 정절을 언급하자마자 마치 그의 말을 막기라도 하듯 유령이 등장했다. 유령은 햄릿에게 어머니를 내버려 두라고 명령한다.

셰익스피어의 유령은 시공간에 알맞게 배치되어 있지도 않다. 햄릿이 끊임없이 복수=살해를 연기하는 이유는, 단순히 햄릿이 우유부단한 '개인적 성격'을 가지고 있기 때문이 아니다. 유령의 시간은 연극의 마지막 순간에 폭발해야 하기 때문이다: 모든 관련된 사람이 한꺼번에 죽는다. 한 번이라도 죄를 지은 자는 돌이킬 수 없다. 유령의 시간은 끝없이 연기되거나 폭발하는 것이지 '이야기적 역사'로 정돈되는 것이 아니다. 햄릿의 유령은 사회문화적인 도덕성

4. 햄릿과 스크루지 사이에서: 데리다의 식별하는 환대

에 종속된 '집단적 선'의 현현이 아니다. 또한 누군가의 환상도 아니다. 이 때문에 데리다는 햄릿의 유령이 뒤틀려진 시간 그 자체에서 나오는 것이라고 할 수 있었던 것이다. 데리다는 햄릿의 다음 말을 제사(epigraph)로 사용한다: 시간이 이음매에서 어긋나 있다.[392]

디킨스가 보기에 이는 정당한 역할을 맡고 있지 않는 것이다. 만약 유령이 세계의 시간 속에 출현한다면 유령은 반드시 어떤 '좋은 역할'을 수행해야만 한다. 디킨스에게는 종교적, 경제적, 정치적, 사회문화적인 '유령의 의도'가 있었다. 디킨스가 그것을 의도하지 않았다고 반박해도 좋다. 그것은 중요하지 않다. 그에게는 종교적으로는 신교적 시간질서를 사람들의 삶에 뿌리내리게 할 필요가, 경제적으로는 자본주의적 자선과 소비의 습관을 가지게 할 필요가, 정치적으로는 정치의 필요를 '선한 개인'의 존재로 변형시킬 필요가 있었다.

디킨스는 모든 유령의 의도가 확증되는 것을 보여준다. 햄릿의 유령이 의도의 죽음으로 끝이 났으며 햄릿의 결말이 난처한 것이었다면 디킨스의 유령은 모든 것을 다 이룬다. 의도는 존재(presence)와 관계없이 곧장 계기로 사용된다. 유령들은 사물로 되돌아가고 스크루지는 "침대기둥"을 잡고 있었다! 모든 것이 있던 "그대로"다.[393] 변한 것은 스크루지 개인뿐이다. 그리고 스크루지 개인의 변화는 말리의 유령이 의도했던 것이 '그대로' 이루어졌음을 뜻한다. 세계와 시간은 오직 '개인의 감각'을 통해 변한 것일 따름이다. 디킨스의 시

Ⅶ. 유령을 보는 주체들

간은 '틈 없는 정확한 값'을 개인이라는 거점에서 실현시킨다. 디킨스의 시간은 쇠사슬의 시간이다. 현재나 미래는 모두 과거의 복제다. 현재는 스크루지 자신에게 잊혀지고 있는 장소를 현시하고 미래는 스크루지가 잊고 있는 그 자신의 궤도를 현시하기 때문이다. 유령은 타자가 아니라 다만 타아일 뿐으로, 그 점에서 '다시 행복해지는' 스크루지는 제국주의적, 자본주의적, 소비주의적 영국 사회에 보내는 디킨스의 하나의 약속을 상징한다. 꼬마 팀이나 짐승처럼 되어 버린 두 아이는 구원될 것이다: 시간은 폭발하는 대신 또다시 연기된다. 빈곤의 원한은, 몇몇 개인의 사적 자선 행위로 인해 끝없이 은폐될 것이다. 유령은 단지 개인의 시간을 정돈하기 위해서만 나타날 것이다. 말리의 영혼은 쇠사슬을 끌고 다닌다.

디킨스의 유령론-그렇게 부를 수 있다면-은 주체가 유령과 관계하는 일에 관한 것이다. 그러나 『햄릿』은 오히려 관계 불가능한 것으로서의 유령에 관해 이야기하고 있다. 어떤 사람들은 '관계 불가능한 것'이란 관계의 부재로서, 결국 관계와 '관계'하게 된다고(관계란 운명이라고) 말할지도 모르겠다. 물론 그 말은 맞다. 하지만 아주 중요한 태도의 차이가 있다. 모든 것을 관계로 이해하는 것과, 무엇도 붙잡을 길 없는 끔찍한, 무한이라는 곤경 가운데 모면하기 위해 관계를 도입하는 것은 완전히 다른 일이기 때문이다. 에마뉘엘 레비나스(Emmanuel Levinas)는 진리와는 관계할 수 없고 진리와는 '대면(對面)'할 수밖에 없다고 말한 적이 있다. 혹은 발터 벤야민(Walter

4. 햄릿과 스크루지 사이에서: 데리다의 식별하는 환대

Benjamin)의 이해받지 못했던 표현을 상기해도 좋다. "진리는 의도의 죽음이다."[394] 아니면 슬라보예 지젝(Slavoj Žižek)의 다음과 같은 조언을 수용하는 것도 좋겠다. "상실한 대상으로부터 대상으로서의 상실 자체"[395]로 이동할 수밖에 없다. 이때 상실이란 "공간 속에 있는 공백"이 아니라 "근본적으로 이런 공간적 질서 자체가 붕괴되는 지점",[396] 다시 말해 관계가 세워질 수 있는 모든 토대에 관한 본래적인 결여인 것이다.

사실 관계란 '관계 맺는' 것들 사이에서 거리를 창출하면서 각 항(伉)에 순식간에 형상을 준다. 관계란 이미 형상 잡힌 것들, 모양 가진 것들, 이름 있는 것들 사이에서 발생하는 일이 아니다. 늘 관계'하기'가 먼저 있는 것이며, 칸트의 용어로 말하자면, 형이상학적 선행성이 아니라 초월론적 사후성을 통해 개별성들은 나중에 나타나는 것이다. 이 과정을 가리켜 '목숨을 건 도약'이라고 하지만, 실제로는 '목숨을 살리는 도약'일 것이다. 도약은 도약하는 자로서의 주체의 목숨을 살리기 때문이다. 진짜 위험은 아마도 주체가 풀어 헤쳐진 상태를 응시해야만 한다는 사실에 있을 것이다. 그렇다고 한다면 관계란, 오히려 아무리 도약을 반복해 보아도 착지할 곳이 없다는 사실, 형상 같은 것은 어떻게 해서도 얻을 수 없으며 '~라고 겨우 부르는 것' 각자는 결코 이름을 얻을 수 없다는 그 사실을 대면하는 공포에서 나온 임기응변이나 베일일 것이다. 데리다는 이렇게 물은 적이 있다.

VII. 유령을 보는 주체들

> 환대는 오는 사람에게 이름을 묻는 것인가? [...] 그렇지 않고 환대는 물음 없는 맞이 하기로, 이중의 말소, 즉 물음의 말소와 이름의 말소에서 시작하는가? 더욱 정당하고 더욱 사랑하는 것은 묻는 것인가, 묻지 않는 것인가?[397]

데리다가 끝까지 걸어간 비판이론의 가장자리는 '구성된 자들의 세계'이기에 그 세계를 알아차리는 순간 세계는 해체된다. 왜냐하면 '세계'를 대상으로서 바라보는 '선택하는 자'가 사라지는 순간 구조는 곧 해체임이 밝혀지기 때문이다. 진정한 해체(解體)란, 한국어가 훌륭히 드러내는 것처럼 '해(解)', 풀고, 해석하고, 화목해지며, 그리하여 다시 풀고, (수학의) 언어로서 미지수 x가 포함할 무한한 답들을 허락하는 '몸(體)'에 다름 아니다. 구조가 해체의 손을 잡는다. "이러한 말들이 우리에게 요구하는 것은 무엇보다도, 함께 어울릴 수 없는 것 자체를 '함께 유지하는 것'을 사고하기라는 점을 환기시킨다."[398] 그래서 데리다는 '구성된 자들의 세계'를 '출몰하는 유령들'로 받아들이게 되는데, 흥미롭게도 이것은 "정신화가 아니라 어떤 합체"다.[399] "환영이 존재하기 위해서는 신체로의 복귀가 있어야 하지만, 이것은 훨씬 더 추상적인 어떤 신체로의 복귀이다."[400]

데리다는 말기 저작 『마르크스의 유령들』에서 유령론(hauntologie)을 자신의 새로운 방향으로서 개념화한다. 데리다의 유령론은 구조와 해체 작업의 한 가운데서 어떻게 살아갈 수 있는가

4. 햄릿과 스크루지 사이에서: 데리다의 식별하는 환대

하는, '다시 살고자' 하는 주체에 관한 이야기다. 데리다는 기꺼이 자신의 시간과 공간을 간종그리는 "여러분 가운데 한 사람"으로 나와 말한다.

"저는 마지막으로 사는 법을 배우고 싶습니다. 마지막으로."[401]

그에게 '다시 살기'는 "유령이 먼저 우리를 본다"[402]는 사실을 알아차리는 데서 출발한다. 데리다는 이를 "면갑효과"라 부르는데,[403] 유령이 먼저 우리를 본다는 것은, 우리가 유령에 대해 먼저 말하기 시작하지 않고는 견딜 수 없다는 뜻이다. 주체는 유령에 대해 말하는 임무를 떠맡음으로써 다시 살기 시작한다: 유령이 우리를 먼저 보기에 우리는 "자기 내부에 어떤 낯선 손님이 '거주하도록', 곧 그 손님에게 '신들리도록' 내버려 둘 수밖에 없었다."[404]

요컨대 마르크스는 다음과 같이 말한다. [...] 환영은 나를 바라보지/나와 관련된 것이지. 자네가 생명을 보존하고 살아 있는 죽은 것을 몰아내고자 한다면, 자네는 무매개적으로, 추상적으로, 환상적으로, 동사에 의해, 환영에 대해 말하기의 언어행위에 의해 진행해서는 안 되고, 힘겨운 우회의 시련을 견뎌내야 하며, 실천적 구조들과 실제적이고 "경험적"인 현실성의 견고한 매개물들 등을 통과하고 그것들에 작업해야 하네.[405]

Ⅶ. 유령을 보는 주체들

"어떤 정신이 말하게 하는 것 또는 말하도록 내버려 두는 것"은,[406] 정신 자신의 운동 가운데 "대체하는 것으로 만족하는 허구적인 재구성" 혹은 "현상학적 환원"[407]으로 이루어진 인식단위들의 결합 작업과는 다른 것이다. 우리는 구성적 관계 속에 살면서 학자들이 밝혀낸 이데올로기소들을 인정하며 '이데올로기가 아닌 것은 없다'고 말해왔다. 그러나 유령이 말하도록 내버려 두기 위해서는 일단 '추상적 가능성'을 인정해야 한다. "말 걸기의 가능성의 '빗장을 풀어놓기'를 바랄만큼 미쳐 있는 어떤 사람"[408]이 가능하려면 원자를 비스듬하게 하는 만큼 추상적으로 가능적일 필요가 있는 것이다. 이는 곧 스스로가 시뮬라크르가 되는 가능성이다. 데리다는 감히 '~가 아닌 것도 있다'고 말할 수 있는 사람이 되고자 했던 것 같다. 그는 "비록 도래하는 것이 죽음이라 할지라도 도래하게 하거나 도래하게 내버려두어야 하는 것"이라고 말해왔다.[409]

데리다는 유령적으로 출몰하는 관념들을 불러 모아 "비순수한, 비순수하고 비순수한 유령들의 역사"를 세우고자 한다. 하지만 이러한 세움은 "비판의 식별력(Krinein)"[410]을 기저로 삼는다. 빗장이 풀려 있지만 아무것이나 역사 속에 난입하는 것은 아니다. "개념들 사이의 접합"은[411] "좋은 유령들",[412] 그리고 "긍정적인 초혼"[413]을 통해 일반적인 도덕론을 넘어서는 특유의 정의 개념 가운데 이루어진다. 그래서 데리다를 통해 불러 모아지는 것들은 기존의 인식단위들인 기호소가 아닌, 해체 이후에 등장하는 새로운 개념들의 초혼임에도

4. 햄릿과 스크루지 사이에서: 데리다의 식별하는 환대

불구하고 그것은 '식별하는 환대'를 통해서 작동한다.

여기서 매우 흥미로운 것은 '무조건적인 환대'와 '식별하기라는 새로운 인식능력' 사이의 간극이다.

고행은, 절대적인 환대이어야 하고, 도착하는 이에 대한 '예'라는 긍정, 예견될 수 없는 장래에 "도래함"이어야 하는 것에 호응하기 위해 자신을 벌거벗긴다. 하지만 이는 '아무것이나 다'가 되어서는 안 되는데, 그 뒤에는 우리가 정당하게 인정하도록/정확하게 식별하도록 연습해야 하는, 너무나 잘 알려진 환영들이 피신해 있다. 정의로서의 사건을 기대하면서 개방되어 있는 환대는 자신의 보편성을 돌보며 감시하는 한에서만 절대적이다.[414]

사실 데리다의 유령론은 마르크스와 '콩쥐라시옹(conjuration)'이라는 용어의 반(反)초월론적 기의로부터 건져내는 유령에 대한 '초혼과 축귀' 사이에서 성립한다. 그래서 유령에 의해 보여졌기에 그의 말을 들을 수밖에 없는 주체는, 그 무시무시한 수동성에도 불구하고 식별력을 발휘하여 변별적으로 환대할 필요가 있다. 신들리게 내버려 둘 수밖에 없으면서도 아무 유령에나 씌워서는 안 되는, 주체의 기이한 상태가 데리다 유령론의 핵심에 있는 것이다.

데리다에게 진정한 "상속은…(일종의) 필터"다.[415] 이런 형식으로 데리다는 유령과 관계를 맺는 스크루지와 유령으로부터 영원히 어

Ⅶ. 유령을 보는 주체들

굿나고야 마는 햄릿 '사이'에 자리 잡는다. 그리고 시간의 폭발 가운데 '죽음'을 맞이하는 햄릿과 다르게 데리다는 수행적으로 주어지는 해석의 임무를 붙잡는다. "모든 것은 마르크스가 그처럼 여러 번 … 준거하고 있는 이 '내용', 이 '고유한 내용'의 문제로 집중된다. 모든 몰시간적 탈구는 문구와 내용, 고유한(propre) 내용과 전유된(appoprie) 내용 사이의 불일치 속에서 작동한다."[416] 그러나 그가 붙잡은 불일치는, 참회하며 시간을 정돈하는 스크루지의 것이 아니라, '공연히 고통을 겪는 주체의 몸'이다.

> 마르크스는 [...] 감각적-비감각적이라고, 감각적으로 초감각적이라고 말한다. 초월성, 초과하는 운동, 넘어서는 걸음 [...] 은 초과 자체 속에서 감각적인 것으로 된다. 이는 비감각적인 것을 감각적인 것으로 만든다. 우리는 접촉하지 못하는 그곳에서 접촉하며, 감각하지 못하는 그곳에서 감각하고, 고통이 일어나지 않는 곳에서 [...] 고통을 느낀다.[417]

이렇게 등장하는 신체의 신체, 혹은 신체 이후의 신체는 선택할 수 있게끔 구성된 것으로서의 사회형태의 모델들 가운데 일부가 아니다. 반드시 분투와 노고를 통해 도달해야만 하는 무엇이다. 데리다 유령론에서의 신체는 해체, 곧 '유령신체인 합체(合體)'다. 이를 이해하기 위해서 반드시 필요한 것이 바로 마르크스의 영원성과 시간의 직물이다. 우리가 기억해야 할 것은, 분투와 노고로 보내는 시간의 '결'이란 그 자체로 영원성을 내재하고 있다는 사실이다. 그 시간은 '시간-공간'의 좌표형이나 '시간-공간-속도(방향)'의 벡터형의 관계체제로서의 시간이 아니라 바로 '이음매에서 어긋나 있는 삶의 시간'을 영원히 지각하는 것이다. 여기에 감각과 비(非)감각과 초(超)감각을 호출하는 의미가 있다. 감각의 2차원적 정위(定位)나 3차원적 정향(定向)이 전제하는 시간이 아니라, 감각하지 않는 것을 감각할 수 있는 시간, 그것이야말로 영원성을 희망하는 것으로서의 시간일 것이다. 그렇게 만들어진 시공(時空)이 바로 해체로서의 구조, 그 몸일 것이다.

5. 「캔터빌의 유령」의 조언: 현존과 부재의 '사이'에 머무를 것

유령은 없지 않다. '부정의 부정'인 응답만이 유령의 출몰을 증언할 수 있다. 오스카 와일드(Oscar Wilde)의 「캔터빌의 유령」은 바로 이 점을 보여준다. 유령이 '있을' 때, 유령은 '없게' 된다. 와일드는 현존과 부재의 '동시성', 유한과 무한의 '동시성', 가시성과 비가시성의 '동시성'이란 얼마나 어려운가를 보여준다. 모든 것을 전복시켜 부재를 현존으로 되돌리고, 유한을 무한 가운데 포함시키고, 비가시적인 것을 가시적인 것으로 만들면, 외려 부재와 무한과 비가시적인 것은 완전히 사라

Ⅶ. 유령을 보는 주체들

져버린다. 이와 같은 일을 하는 것은 와일드가 다소 풍자적으로 그리고 있는 오티스 가족이다. 와일드는 오티스 가족이 어떻게 유령을 있게 함으로써 없게 하는지 보여준다.

캔터빌의 유령은 생전에는 아내를 살해한 자였으며, 이제는 희생자들을 죽음의 문턱까지 몰고 가는 역할을 한다. 오티스 가족이 오기 전에 캔터빌의 공간은 중첩되어 있었다. 동시적인 양태를 보존하고 있었던 것이다. 그러나 캔터빌 저택을 사서 이사 온 오티스 가에게는 모든 것은 존재하거나(있음) 존재하지 않는(없음) 양분적 질서로 나누어질 수 있다. 유령이 현상하지 않았다면 유령은 존재하지 않은 것과 마찬가지로, 만약 유령이 현상했다면 유령은 존재하는 것이다. 오티스 가는 유령의 완전한 현전을 인정함으로써 유령을 무력화/무효화시키고, 그와 같은 실증적 변증법을 통해 결국은 유령을 존재하지 않게 만든다.

온 가족이 이 문제에 관심을 갖게 되었다. 오티스 씨는 자기가 유령의 존재를 너무 독단적으로 부정해온 것이 아니었는지 의심하기 시작했고, 오티스 부인은 심령학회에 가입하겠다는 뜻을 밝혔다. 워싱턴은 마이어스 씨와 포드모 씨에게 범죄와 관련된 핏자국의 영구성이라는 주제로 긴 편지를 쓰기로 했다. 그날 밤부터 유령의 객관적인 존재에 관한 모든 의심은 영영 사라졌다.[418]
현상은 존재를 위한 증거물로 사용되고 '인정'은 존재에 판결을 내

5. 「캔터빌의 유령」의 조언: 현존과 부재의 '사이'에 머무를 것

린다. 왜냐하면 유령은 현상이 포착 불가능한 것으로 '남아 있을 때'에만 현상할 수 있기 때문이다.

　이 점에 대해서는 서구 현상학이 어떻게 현상들의 인문학적 해석을 통해 '인문과학'으로 넘어가지 않고, 언어들에의 휩싸임 속에서 글쓰기를 통해 현상의 신비를 보존했는가를 통해서도 이해할 수 있다. 한스 게오르그 가다머(Hans Georg Gadamer)는 다소 열성적으로 현상학의 등장 초기에 인문학과 인문과학을 구분하는 문제가 격렬한 논쟁점으로 떠올랐다는 것을 보고하고 있다. 물론 가다머는 '인문과학'을 '정신과학'으로 옮겨놓고 "과학의 방법적 수단으로서는 검증될 수 없는 진리가 개시되는 경험 방식들"[419]로서 정신과학을 재정초하려는 목적을 가지고 있다. 그러나 그렇다고 해서 인문학의 방법론이 결국은 제반 역사조건들을 맞이하여 인문과학으로 함입된다는 결말을 받아들이고 있지는 않다. 가다머는 '인문과학'이라는 현상의 의미를 다르게 보려고 한다: 그의『진리와 방법』은 '인문과학'이라는 현상의 역사에 관한 인류학적 재서술로 이해되어야 한다. '인문과학'은 그것이 가장 과학과 닮으려 할 때조차도 가장 인문적이었다. 그것이 그가 방법론 대신 내세우는 교양, 취미, 놀이 개념 등의 '무게'일 것이다.

　인문학의 싸움은 인식과 진리에 접근할 수 있는 가장 좋은/옳은 방법을 두고 과학과 이루어졌던 것(그리고 결과적으로는 패배했다는 것)에 있지 않다. 인문학은 '있는 현상'에 대한 과학과 대결하여 머

Ⅶ. 유령을 보는 주체들

뭉거리는 말투로 '현상'이라는 현상은 '없지 않다'고 말한다. 과학은 현상을 인정한다. 승인·확인된 현상은 곧장 이름을 부여받는다. 현상은 '우리에게 주어져 있으며' 그것을 어떻게 사용할 것인지가 학문에 관한 윤리적 문제로 떠오른다. 한편 인문학은 '현상의 현상'에 대한 거듭된 추적을 통해 이러한 요구에 응답한다. 현상을 끊임없이 연기시키는 것이다. 그래야만 그 없음을 향한 신중함 속에서 현상이 마침내 있을 수 있게 된다.

캔터빌의 저택에서 처음에 유령은 카펫 위의 핏자국(흔적)이거나 바닥에서 질질 끌리는 쇠사슬 소리(사라짐의 양식)로 출몰했다. 흔적과 사라짐은 기원적이다. 그러나 오티스 가의 사람들에게 그것은 흔적이나 사라짐이 아니다. 그들에게 그것은 얼룩이며 소음인데, 가장 실증적인 방식으로 얼룩과 소음이 수용되기 때문에 결국에는 얼룩과 소음의 부정적인 의미만이 남게 된다. 그들에게 얼룩은 '닦여내어져야 할 것'으로, 소음은 '제거되어져야 할 것'으로 나타난다.

늙은 가정부 엄니부인은 핏자국을 지워버릴 수가 없다: 그녀에게 그것은 "엘리너 드 캔터빌 부인의 피"로 "1575년 바로 저 자리에서 남편인 사이먼 드 캔터빌 경에게 살해된" 사건을 가리키는 동시에 "그 후에 수수께끼처럼 사라져버린 사이먼"의 "발견되지 않은 시신"의 존재를 상징한다. 그녀는 말한다. "지워버릴 수가 없답니다."[420] 엄니부인은 흔적을 지울 수가 없을 뿐 아니라 섬광과 소리 가운데 "기절"하기도 한다. 그녀에게 역사는 공포를 일으키는 사건

5. 「캔터빌의 유령」의 조언: 현존과 부재의 '사이'에 머무를 것

들의 수수께끼 모음집이다.

그러나 오티스 가에게 현상들은 너무나 분명한 것이기 때문에 의심조차도 생성되지 않는다.

"순 엉터리." 워싱턴 오티스가 소리쳤다. "핑커턴의 챔피언 얼룩 지우개와 패러건 세제면 금방 지워질 거예요." 그러더니 깜짝 놀란 가정부가 미처 말릴 사이도 없이 무릎을 꿇고서 검은색 화장품처럼 보이는 작은 막대를 가지고 재빨리 바닥을 문질러 닦았다. 핏자국은 곧 흔적도 없이 말끔히 사라졌다. "핑커턴이면 지워질 줄 알고 있었어." 워싱턴은 감탄하는 가족을 둘러보며 의기양양하게 소리쳤다.[421]

관계 형식을 떠맡는 것은 '상품들 사이의 관계'로서, 얼룩을 없애는 "핑커턴"와 "패러건 세제" 그리고 소음을 없애는 "테머니라이징선 윤활유"다. 워싱턴은 모든 얼룩을 지운다. 오티스는 유령을 목격하자마자 라이징선 윤활유를 선물-요구한다. 유령의 흔적에 핑커턴과 패러건이 대응하고, 유령의 사슬에 테머니라이징선이 대응함으로써 핏자국이나 쇠사슬을 모두 상품의 위력과 순환하는 질서 내부로 끌어온다.

오티스 씨는 복도에서 나는 이상한 소리에 잠을 깼다. [...] 그는 곧바로 일어나 성냥불을 켜고 시계를 보았다. 정확히 한시였다. 그는 아주

Ⅶ. 유령을 보는 주체들

침착했으며, 자기 맥박을 짚어봤으나 열은 전혀 없었다. 이상한 소리가 계속되면서 발소리까지 들렸다. 그는 슬리퍼를 신고 화장품 상자에서 타원형의 작은 약병 하나를 집어 들고 문을 열었다. 바로 앞에 무시무시하게 생긴 노인이 희미한 달빛을 받으며 서 있었다. 노인의 눈은 빨갛게 타오르는 석탄 같았고, 긴 잿빛 머리는 헝클어지고 똘똘 말려서 두 어깨 위로 늘어져 있었다. 옛날식으로 재단된 옷은 더러운 누더기였으며, 팔목과 발목에는 무거운 수갑과 녹슨 족쇄가 채워져 있었다. "영감님." 오티스 씨가 말했다. "그 쇠사슬에 기름칠을 꼭 하셔야겠습니다. 그러시라고 테머니라이징선 윤활유를 작은 병으로 하나 가져 왔습니다. 한 번만 발라도 효과가 그만이라고 하더군요."[422]

유령은 상품세계의 완고한 관계형식으로, 창백하게 미끄러져 들어간다. 유령의 현상 형식이 상품의 유령성에 의해 대체된다. 유령은 세척제와 윤활유를 받아들인다. 표백되고 매끄러워지는 것, 그것은 유령의 거칠고 뚝뚝 끊어지는 행위양식을 질식시키는 정확한 상징으로 나타난다. 핑커턴과 패러건과 테머니라이징선의 전능한 사용가치는 유령의 현상을 표백시키고 매끄럽게 하는 데 사용될 뿐만 아니라 그것을 '선물'할 수 있는 정도까지 나아가는 것이다. 선물은 희생 및 권력의 문제와 깊은 관계를 갖는, 교환 양식의 하나다. 선물은 과잉(과시와 사치)을 교환으로 포괄하는 것만이 아니라 부재하는 것까지도 교환으로 포괄한다. 따라서 굳이 발신자로부터 수신자에게로 도달하지 않더라도 상관이 없다. 오티스 씨는 윤활유를 놓고 방으로 들어가는데, 유령은 윤활유를 '가져가지' 않는다. 그러나 교환은 이미 이루어졌다. 이것은 마치 상품들 사이의 관계가, 단지 상품들 사이의 관계로 그치지 않고, 자신이 마주하는 모든 것-그것이 생명체라 하더라도-을 자신이 '관계할 수 있는 형식'으로 변형시키는 힘으로 작동하는 것과 같다. 상품들 사이의 관계는 단지 인간들 사이의 사회적 관계와 표상적으로 대응하지 않는다. 오히려 그것은 자신을 포함한 모든 것을 상품들 사이의 관계로 변형시키는 힘을 가지고 있다. 그 관계 속에서 상품이 가진 사용가치의 신비는 정확히 관계-변형하는 교환가치의 신비를 닮았다. 상품은 이렇게 말하는 것이다, '나를 사용하는 자는 자기 자신을 교환의 공간으로 밀어 넣는 운명을 피할 수 없을 것이다.'

캔터빌의 유령이 교환 가능한 존재가 되자마자 그의 유령성은 유희적인 것이 된다. 이미 '존재화'된 유령이 존재할 수 있는 유일한 방식은 허구적 연극 무대를 유희적으로 받아들이는 것뿐이다. 본래 캔터빌 저택은 캔터빌의 유령의 상연(performance) 장소였으나 이제는 놀이(play) 장소가 된다. 이 유령은 배우였으나 이제는 완연한 장난감이 된다. '인간이 그것을 보지 않을 때' 장난감이 살아 움직인다는 것은 고래(古來)의 의혹이다. 실제로 유령은 장난감처럼 행동하기에 이르는데, "그는 살금살금 통로를 다니고"[423] 사람들의 눈에 띄지 않게 조심한다. 그런데 유령이 이렇게 현상하게 되자마자 유령은 유령을

Ⅶ. 유령을 보는 주체들

만난다.

　유령은 혼자 낄낄거린 다음 모퉁이를 돌았다. 그러나 바로 다음 순간 공포에 질려 애처롭게 울부짖으며 뒤로 넘어졌다. 그는 뼈가 앙상한 기다란 두 손으로 백골 얼굴을 가렸다. 바로 앞에 광인의 꿈에서나 나올 법한, 괴물 같은 무시무시한 유령이 조각상처럼 꿈쩍도 하지 않고 서있었다! 유령의 머리는 반들반들한 대머리였고 새하얀 얼굴은 둥글고 통통했다. 소름 끼치는 미소는 이목구비를 뒤튼 다음 영원히 히죽거리도록 고정시켜놓은 것 같았다. 두 눈에서는 주홍빛 광선이 흘러 나왔고, 입은 불을 내뿜는 넓은 샘이었다. 자신의 옷과 비슷하게 생긴 소름 끼치는 옷은 고요한 순백색으로 거대한 형체를 감싸고 있었다. 가슴에는 이상한 고대문자가 적힌 판이 달려 있었는데, 수치스러운 일을 기록한 족자나 악랄한 죄의 기록, 또는 끔찍한 죄의 목록처럼 보였다. [...] 캔터빌의 유령은 지금껏 유령을 본 적이 없었기 때문에 소스라치게 놀랐다. 그는 다시 한번 슬쩍 그 무서운 유령을 흘끔거리고는 자기 방으로 도망쳤다.[424]

유령의 유령은 도대체 무엇이었을까? 그것은 "빗자루, 큰 식칼, 속이 빈 순무"로 조합된 사물들이었다.[425] 그리고 죄의 목록으로 보였던 가슴의 판은, 다음과 같은 무서운 글이었다: "너 오티스 유령에게/ 너만이 참된 본래의 유령이다/ 너의 모조품을 조심하라/ 다른

5. 「캔터빌의 유령」의 조언: 현존과 부재의 '사이'에 머무를 것

모든 것은 가짜다."[426] 여기서 캔터빌의 유령이 만나는 것은 상품의 물신주의적 변신으로, 이는 캔터빌의 유령이 더 이상 유령이 아닌 존재가 되었다는 최초의 선고다. 그러나 와일드는 '캔터빌의 유령'이, '유령의 유령'을 만나는 장면을 통해서 현명하게도 상품 물신성의 이중적 면모를 보존해준다: 마르크스에게서 자본 순환의 동역학이 되기도 하는 상품의 형태변화는, 애초에 사물이 '~인 것'으로 고정될 수 없다는 것을 역설적으로 증명해준다. 사물을 물신화하려면, 그것에 이름을 붙여야만 한다. 그것에 소유권을 주장해야만 한다. 상품을 안정화시키는 것은 자본에 대한 인정이다. 상품을 소유물로 변환시키는 법의 힘 속에서 유령적인 것이 거쳐 갔던 모든 형태변화들이 하나의 이름-'오티스! 너 만이 진짜다'-아래 정돈된다.

상품 가운데 위험성이 잔존하고 있다. 캔터빌의 유령은 바로 위험한 상품, 그러나 물신인 상품을 조우함으로써 이 사실을 깨닫는다: 사람들은 상품이 자신들의 손에서 괴물이 되기 전에 그것을 내놓거나(망가진 사물) 상품에 이야기를 부여함으로써 그것을 안전하게 향유한다(기념물). 캔터빌의 유령은, 자신이 '망가진 사물'이 되어간다는 것을 깨닫고 극심한 우울증에 빠져든다. "날더러 얌전히 있으라고 하다니 어처구니없구나." "정말이지 말도 안 돼. 난 쇠사슬을 덜그럭거려야 하고, 열쇠구멍으로 신음소리를 불어넣어야 하고, 밤에 여기저기 배회해야만 해. 그러니까 네 말은 바로 그런 걸 하지 말라는 거잖아. 그렇게 하는 게 나의 유일한 존재 이유인데도

Ⅶ. 유령을 보는 주체들

말이다."[427]

사람들은 '비밀이 모두 밝혀진 비밀의 방'에서 노인의 해골을 찾아, 거기에 이야기를 부여한다. 이곳에서 표백은 해골의 하얀 뼈를 통해 초월적으로 달성되며 유령의 이야기는 매끄럽게 정돈되어 오티스가 앞에 현전한다. 유령은 폭력적 죄와 대항 폭력(복수로서의 형벌)으로 인하여 나타났다. 캔터빌의 노인이 아내를 살해한 것과, 그에 대한 복수로 아내의 남동생들이 노인을 살해한 것: 그것이 캔터빌의 노인을 유령이 되게 만들었던 것이다. 캔터빌의 유령은 살해와 복수 사이, 죄와 벌 사이의 어긋난 잔여로 탄생한 것임이 드러난다. 매우 흥미로운 것은, 유령이 이처럼 존재서사화하자마자 "죽음의 정원"[428]으로 들어간다는 사실이다. 그는 아내 살해의 죄와 그 죄로 인하여 아사할 수밖에 없었던 고통을 동일화, 혹은 등가교환한다.

이제 서사의 완성을 위한 표지로서 남는 것은 유령의 선물인 "보석상자"인데, 보석상자로 대체된 유령은 '기념물'로서 안착한다. 소설의 마지막은 보석상자에 대한 소유권을 가지고 캔터빌의 상속자와 양심적인 오티스 목사(캔터빌의 구매자)가 서로 양보하는 대화로 이루어져 있다. '증여'된 보석상자가 미끄러져 들어가는 '소유'권 문제가 핵심이다. 캔터빌의 상속자는 의미심장한 말을 남기고, 이 말은 곧 오티스 목사를 납득시킨다. "당신이 잊은 게 있어요. 목사님은 감정가로 가구와 유령을 함께 매수했습니다. 그러니 유령의 소유물은 무엇이든 간에 목사님의 소유가 되는 것이지요."[429] 기념물이 소유물이 되는 '정체화'(identifier)에 의해 안전해진다-너만이 진짜다 오티스!

6. 「사과나무 탁자 혹은 진기한 유령 출몰 현상」: 사물이 유령이 되는 한 가지 방법에 관하여

와일드의 「캔터빌의 유령」이 사람의 존재 논리 속에서 어떻게 유령이 '사물이 되는가'를 보여준다면, 허먼 멜빌의 「사과나무 탁자 혹은 진기한 유령 출몰 현상」은 사람의 주의 깊음 속에서 어떻게 사물이 '유령이 되는가'를 보여준다. 유령은 실로 이들의 법석과 해석 사이에서 '없지 않다.' 이 단편 소설 또한 이사를 온 가족들로부터 시작된다. 가족이 이사 온 집에는, 사람들이 귀신이 붙어 있다고 여기는 아주 낡은 다락방이 있었다. '나'는 우연히 오래되고 녹슨 열쇠를 발견하고 그것으로 다락방을 답사하기로 결심한다.

    온갖 이상한 곤충들과 먼지들과 잡동사니들이 가득한 그곳에서 '나'는 사과나무 탁자와 『마그날리아』라는 책을 발견한다. 그리고

    나는 탁자와 책을 아래로 옮겼다. 그리고 발 하나가 흔들거리는 탁자와 누더기가 된 책을 복원했다. 나는 탁자라는 그 서글픈 은자(隱者), 친절

Ⅶ. 유령을 보는 주체들

한 이웃들로부터 너무나 오랫동안 격리되어 온 은자를 따듯한 찻주전자, 따듯한 불, 따듯한 마음, 이 모든 따듯한 보살핌이 부화시켜 줄 작은 꿈의 다정한 온갖 영향력들로 에워싸주기로 결심했다.[430]

탁자는 돌보아진다: '나'는 오랜 세월이 흐르며 색깔이 짙어진 탁자에, 다시금 니스칠을 한다. 이 니스칠의 의미는 시간을 공대하는 것이다: 탁자에서는 빛이 흐른다. 아내는 "실리적이고 냉철한" 자세로 탁자를 마음에 들어 한다. 딸들은 탁자로부터 "이상한 감정들"을 느낀다. 아내의 '사용'과 딸들의 '두려운 예감' 그 사이, 세 명의 여인들 사이에서 '나'는 중계와 해석의 역할을 한다. "우리 부부는 아침 식사 때나 차마시는 시간이 될 때마다 딸들에게 같이 탁자 앞에 앉자고 꾸준히 권했다."[431] 딸 줄리아는 끊임없이 탁자와 관련하여 이상한 일이 일어날 것이라고 예견했다. '나'는 마치 그 둘에 동시에 응답하기라도 하듯 꾸준히 밤마다 탁자에서 책을 읽었고, 홀로 앉아 "홀린 것과 비슷한 상태"로 무언가를 기다리고 있었다.

사물이 유령으로 '일어서기' 전에 인간 편에서 어떤 준비상태가 있었음에 틀림 없다. 특히 '나'는 밤의 소리 가운데 더없이 작은 소리들을 들을 준비가 되어 있었던 것이다. 인간적인 것 전체는 유한의 경험인 '공포(terror)'를 통해 극한적 놀람(sur-prise)으로 들어서야 하며 그를 통해 무한의 경계와 맞닿아 있게 된다는 것을 깨닫는다. 문턱의 의식 속에서 "나는 자리에서 일어나 침대로 가려고 몇 번이

6. 「사과나무 탁자 혹은 진기한 유령 출몰 현상」: 사물이 유령이 되는 한 가지 방법에 관하여

나 애를 써 봤지만 그럴 수가 없었다."[432] 그리고 마침내 그 기다림에 응답하기라도 하듯

돌연……들어 봐!
머리가 곤두섰다.
내면을 똑똑 두드리는 것 같은, 혹은 줄질을 하는 것 같은 희미한 소리, 나무를 쪼는, 혹은 시계가 똑딱거리는 것 같은 희미한 소리와 뒤섞인, 뭐라 형언할 수 없는 괴이한 소리.
틱! 틱!
그렇다, 그것은 희미하게 틱틱거리는 소리였다.[433]

그것은 시계의 소리도, 징두리널의 소리도, 바닥에서 나는 소리도 아니었다. '나'는 소리 가운데 공포에 질려 잠이 드는데, 소리는 환청이 아니었음이 두 딸에 의해 밝혀진다. 줄리아와 애나는 소리를 "귀신"으로 호명한다.

하녀 비디는 귀신에 접근하기를 거부한다. 비디는 끊임없이 흐느끼면서 정당하게 유령을 두려워한다. 마치 오티스 가의 가정부 엄니부인처럼 그녀는 유령을 대하는 올바른 방법은 오직 그것으로부터 멀리 떨어져 있는 것, 두려워하는 것임을 확신하는 것 같다. 하지만 '나'는 탁자와의 거리를 조율하며 온전히 합리주의적이지도 그리고 완전히 엄숙주의적이지도 않은 채로 유령을 기다린다. 그리

고 소리를 들었던 어느 밤에 마침내 무언가 탁자로부터 몸을 일으키는 것을 본다.

> 막상 돌아봤을 때 나는 내 눈을 믿을 수가 없었다. 나는 탁자 위에서 움직이는, 혹은 꿈틀거리는 어떤 것을 봤다. 그것은 반딧불이처럼 빛났다. [...] 몸은 벽난로 쪽을 향하고 얼굴은 탁자 쪽으로 돌린 채 얼마나 오랫동안 그렇게 넋을 잃고 쳐다봤는지는 나도 잘 모른다. [...] 그리고 둥그런 널판 중앙 부근에서 고르지 않은 작은 구멍, 혹은 뭔가 갉아 만들어 놓은 짧은 홈 같은 것을 봤다. 그 구멍에서 번데기에서 빠져나온 나비 같은 것, 그 빛나는 것, 그것의 정체가 뭐든 간에 아무튼 그런 것이 버둥거리며 기어 나오고 있었다. 그것의 몸짓은 생명의 몸짓이었다.[434]

멜빌의 서술 형식은 탁자로부터 나타난 그것을 무어라 확정하지 않는다. 아내의 편에서 '틱틱거리는 소리'는 사과나무 탁자로부터 벌레가 탄생하는 소리였다. 유령이라고 생각했던 것은, 단순히 나무의 껍질 속에서 어미 벌레가 까 놓은 알이 부화한 것에 불과하다. 하지만 그것만으로는 이 현상을 '설명할 수 없다.' '저명한 박물학자 존슨 교수'는 가족을 찾아와 만약 탁자가 '과거에 나무였을 때' 알이 거기에 놓여졌다고 한다면 그 시기는 "약 150년 전의 일이 될 것"이라고 설명해준다.[435] 줄리아와 애나는 만약 150년 동안이나 매장되어 있던 곤충의 알이 세상에 나온 것이 사실이라면 그것은 외려 영

6.「사과나무 탁자 혹은 진기한 유령 출몰 현상」: 사물이 유령이 되는 한 가지 방법에 관하여

적인 일이라고 확신한다. 딸들은 탁자로부터 몸을 얻은, 그 신비로운 곤충을 '귀신'이라고 믿는다: "나는 아직도 기꺼이 귀신을 믿어요. 예전에는 그저 두렵게만 여겼지만." '나'는 그 사이에서 두 개의 의견을 기록하며 그것이 단순한 벌레도, 또 단순한 귀신도 아니라는 사실을 전달해 주는 이로 남는다. '나'는 "어떤 부인이 이 이야기를 의심하는 기색을 보이기라도 하면 기꺼이 벌레와 탁자를 보여줄 것이다."[436] '나'는 '흔적'을 간직해둔다.

멜빌의「사과나무 탁자 혹은 진기한 유령 출몰 현상」에 따르면 사물은 온전히 사용되거나 교환되는 사물로서 안전하게 규정되고 안착되는 것이 아니다. 사물을 돌보며 사물을 쓰고 사물로부터 무언가를 예감하며 사물을 주의 깊게 바라보는 사람들의 개입 속에서 사물로부터 우리가 '배제했던 그것'이 꿈틀꿈틀 다시 자라-나온다. 무언가가 사물로부터 육신을 일으키는 장면을 묘사할 때 멜빌은, 그것을 가리켜 '어떤 벌레'라고 말하지 않았다. 온통 '~같은 것들'인 벌레의 빛은, 정체가 무엇이든 간에 생명이었다. 그것은 마치 죽음으로부터 나타난 생명처럼 기이한 빛을 지닌 것이었다. 유령은 오티스 가의 현전화, 서사화, 소유화 속에서 유령성을 잃어버릴 수도 있고, 멜빌의 성과 이름이 다 알려지지 않은 가족들 가운데 찬란하게 유령적인 몸을 일으킬 수도 있다. 그것은 해석의 환대를 수행하는 주체에게 달려 있다, 그러나… 그럼에도 항상 남는 것이 있다.

VIII. 헤겔과 예수

VIII. 헤겔과 예수

1. 사자(死者) 매장의 법칙: 몰수되지 않는 죽음

헤겔의 『정신현상학』에 따르면 본래 인륜적 행동(들)과 완전한 신의 법칙을 결합하는 유일한 행위는 "가족에게 맡겨진 '사자의 매장'이라는 최후의 의무"였다. "이 의무 이외의 다른 모든 행위는 인간의 법칙에 속한다."[437] 오직 사자를 매장하는 것만이 인간과 신의 법칙을 결합-매개하는 것이다.

좀 더 나아가기 전에, 우리는 우선 헤겔에게서 '법칙'이란 무엇인가에 대해 우리의 맥락에서 해명할 필요가 있다. 왜냐하면 그것은 무엇보다 '범주'에 대한 헤겔의 놀라운 태도를 드러내기 때문이다. "범주란 자기의식과 존재가 동일한 본질임을, 그것도 어떤 상대적인 비교를 통해서 동일한 것이 아닌 절대적으로 동일한 본질임을 나타내는 것"이다.[438] 범주는 사물을 '~인 것'으로 파악하는 의식의

1. 사자(死者) 매장의 법칙: 몰수되지 않는 죽음

활동이 변증법적으로 '자기의식'에 의한 것임을 깨닫는 것이다. 사물로부터 사물이 일체인 것을 파악하면서도 그 사물이 분열되어 있다는 것을 파악하는 것은 오로지 자기의식의 자각에 의해서 가능한 일이다. 결국 문제는 실제로 '~인 것'이 존재하는가, 존재하지 않는가가 아니라 사물의 존재 자체는 의식과의 관계를 통해서 '실체로서' 존재한다는 것을 아는 데 있다. "즉 구별이 구별이면서도 구별이 아니라는 것과 또한 구별되지 않는 것이 구별된다는 것, 바로 이러한 실상을 깨우치는 것이 '자기의식'"인 것이다.[439] 이렇게 헤겔은 오랫동안 감각과 사물 사이에서 전개해 왔던 논의를 '범주'라는 새로운 틀로 옮겨놓는다. '~같은 것, ~라 할 수 있을지 모르겠지만 우선 그렇게 불러온 것'을 범주라고 보는 것이다. 헤겔은 "다수의 범주"는 결국 온전히 "순수한 범주"라는 것을 알고 있었다.[440]

그리고 '법칙'이란 바로 이러한 것으로서의 범주에 대한 헤겔 고유의 입장을 나타낸다. 법칙은 범주와 개념 사이에 끼어 있다. 법칙은 정신과 절대정신의 사잇길이며 인간적인 것과 신적인 것의 사잇길이다.

법칙상의 구별이 있기는 하되 그 이상은 아니라는 것이 의식이 받아들이는 구별, 즉 법칙의 실상이다. 소포클레스의 『안티고네』에서 안티고네는 이를 신들에 의한, 글로 씌어지지 않은 틀림이 없는 법이며 정의로움이라고 부르고 있다.

VIII. 헤겔과 예수

"어제 오늘이 아닌 영원히 살아 있는 것을 법이라고 하나니, 이것이 언제부터 생겨났는지는 아무도 모르느니라."

법칙은 엄연히 있는 것이다. 내가 만약 그의 성립 경위를 따라서 발생지점까지 추적해 간다면 나는 법칙 위에 군림하여 내가 보편적이고 법칙은 제약과 한정을 받는 것이 되어버린다. 만약 법칙의 정당성이 나에게 통찰되어야만 한다면 이때 나는 법칙 본연의 모습에 흠집을 내서 어쩌면 참일 수도 있고 어쩌면 참이 아닐 수도 있는 그런 것으로서 법칙을 바라보는 것이 된다. 그러나 인륜을 소중히 여기는 마음가짐이란 의로운 것이면 이를 한치의 머뭇거림도 없이 확고히 부둥켜안고 어떠한 동요나 흔들림이나 뒷걸음질도 뿌리쳐 버리는 그러한 마음이다.[441]

법칙이란 범주가 실체적임을 알면서 또한 실체적이지 않다는 것을 아는 것이다. 누구도 범주의 시초를 알지는 못할 것이다. 범주의 시초는 가려져 있다. 그러나 범주가 시원적으로 이미 '범주화'된 채 존재했다는 것을 우리는 알고 있다. 바로 그 사실을 우리는 결코 지우지 않을 것이다. 그러나 그럼에도 불구하고 확고하게 범주를 붙잡을 것이다. 범주를 받아들이는 것이다. 아리스토텔레스의 인간화 작업과 다르게 헤겔의 붙잡음은 "타인에게서 맡겨진 물품을 그대로 보관하고 있는"[442] 붙잡음이다. 이때 헤겔에서 타인들과의 동

1. 사자(死者) 매장의 법칙: 몰수되지 않는 죽음

행은 사회적인 것이 아니라 신적인 것으로서의 인간적인 것이다.

법칙을 이와 같이 보면 우리는 '사자의 매장'이라는 최후의 의무란 결국 법칙 중의 법칙, 즉 법칙의 실체를 다루는 내용이 된다는 것을 알 수 있다. 그렇다면 '사자'를 '매장'한다는 것은 무엇일까? 먼저 '사자(死者)'란 무엇인가에 대하여 해명해보자. '사자'는 "공동세계의 이웃이 되도록" '인정'받은 "시신(屍身)"이다. "독자적인 존재, 한낱 개체에 지나지 않는 무력한 시신은 자기의 행위나 부정적 일자(一者)로부터 방면되어 공허한 개별체"가 되어버리지만,[443] 공동세계의 이웃이되 국가권력이나 민족정부에는 속할 수 없는/속하지 않는 사자는 진정한 인륜의 왕국을 형성한다. 따라서 매장은 '죽음이라는 노동'을 인륜적이자 신적인 의무로서 다시 한번 떠맡는 '두 번째 행위'일 때만 가능한 것이다. 그것은 죽음의 죽음이다.

국가권력이나 민족정부는 개별성 및 보편성이라는 절대 범주의 개념을 조형한다. 국가는 자신의 보존을 위하여 "전쟁의 위협과 노동의 부과"를 통해 "죽음의 그늘을 실감하도록 해야 한다."[444] 그러나 국가의 죽음의 힘, 죽일 수 있는 힘은 단지 시신을 향할 뿐 사자의 도래에는 미치지 못한다. 한편 민족정부는 죽음으로 나아가는 대신 '결혼'을 지배한다. 결혼의 합법성 가운데 출생의 영토화를 이룩하는 것이다. 그러나 결혼의 결합 자체도 공동체적 보편성의 진실을 은폐하지는 못한다. "인륜적 행동은 그 내용상 범죄의 요소를 갖추고 있다." "이미 남녀 양성으로 나뉜 것이다."[445] 남녀 양성은 결

VIII. 헤겔과 예수

혼의 질서를 통해 민족정부의 영토 내에서 "유적존재로서 공동의 질서를 체현하는 가운데 법칙과 관습으로서 자기의 신분이나 질서를 따르도록"[446] 짜맞추어져 있다. 따라서 비록 전쟁의 위협이나 노동의 협박 같은 요소가 없다 하더라도 정동을 억제하고 있는 응어리진 현실 질서는 이미 그 구조상 불의를 내재하고 있다. 그래서 헤겔은 이 모두를 "공동세계의 영원의 아이러니"라 부르는 것이다. 죽음의 그늘을 통해 작동하는 '국가'도, 결혼의 영토를 통해 작동하는 '정부'도 헤겔에게는 어떤 불의한 공동체다.

> 모름지기 공동체는 자기가 억압하면서도 또 자기에게 본질적이라고 할 수밖에 없는, 도대체가 여성적이라는 것을 스스로가 내면의 적으로 삼는 것이 된다.[447]

사자는 국가권력과 민족정부의 모든 불의함에 대해 이의를 제기할 것이다. 그러나 이것이 사자에 '의해서' 행해지는 것은 아니다. "망자와 혈통을 같이 한다는 의식 아래 행해지는 개인에 의한 불의의 타파"가 일어나 "궁극적 존재인 죽음을 바라던 대로 기꺼이 맞이할 수 있는 존재가 되게 함"으로써[448] 국가편에서의 죽음의 유용성을 집어 삼킨다. 그리고 '불의의 공동체'가 아닌 공동체로서 공동의 세계를 위하여 기투한다. 그것은 죽음을 다르게 사용하는 공동체인 것이다.

1. 사자(死者) 매장의 법칙: 몰수되지 않는 죽음

개인 스스로가 끝내 도달하는 보편적인 모습이 '죽음'이라는 순수한 존재이다. [...] 죽음은 개인 스스로가 공동의 세계를 위하여 떠맡는 궁극적인 최고의 노동이다. [...] 이것은 의식의 행위가 아니며 [...] 의식이 자체 내로 복귀하여 자기의식으로 화하는 경우도 없다.[449]

국가가 개인을 전쟁터로 몰아넣고 살해의 행위와 교환 가능한 죽음으로 환원한대도, 심지어는 수용소의 기계적 죽음 한 가운데 몰아넣고 한낱 벌거벗은 생명이 되게 한 대도, 이미 개인이 스스로 수행하고 있던 그 '죽음에의 연습'을 몰수할 수는 없는 게다. 한편 민족정부에게 "전쟁이란 [...] 인륜에 기초한 자기 존재가 일신상의 모든 것을 내던지는 데서 누리는 절대의 자유가 현실 속에 확연한 모습을 드러내는 정신의 형태"로 나타나는데 이때에도 전쟁은 "단지 여성의 애욕의 표적이 되는, 따라서 억압상태에 있는 퇴폐의 원리라고 할"[450] 남성의 행위에 국한됨으로써 모순을 드러낸다. '여성적 죽음'은 결코 몰수되지 못한다.

하지만 이는 단순히 죽음을 작품화하여 소위 '진정한 공동체'에 되돌려주는 것이 아니다. 죽음을 이렇게 맞이하는 개인은 하나의 점(點)인 인격에 지나지 않는다. 죽음을 개념화하여 내용을 형식과 결합시킬 때에만, 공동체에 머물지만 신에 닿아 있는 터전에서, 의식에 정신이 나타난다(이것이 헤겔에게는 '학문'이다). 죽음을 개념화

VIII. 헤겔과 예수

한다는 것은 무엇인가? 그것은 (헤겔의 자리에서는) '예수의 죽음을 아는 것'이다. 예수의 죽음을 '진정으로' 아는 것이다. "예수의 죽음을 아는 데서 실체의 주체로의 정신화가 이루어지는 바, 이렇게 해서 추상적이고 생명 없는 실체신이 죽고 난 뒤에는 주체가 된 신이 단일하고 보편적인 자기의식으로 현실에 존재하는 것이다."[451]

죽음의 연습을 가능하게 하는, 몰수되지 못할 여성적 죽음을 간직하고 있는, 예수! 예수는 사물 존재, 자기 의식, 그리고 절대 실체인 신이라고 하는 모든 범주가 어떻게 근원적으로 본래 유령적인가 하는 것을 보여준다. 왜냐하면 예수는 실체가 '실체의 형식'을 버리고 '인간의 형태'로 현세에 '모습을 드러낸 것'이면서, 동시에 인간이 늘 의식해 왔던, 의식의 대상이 감춘 모든 비밀을 육화한 것이기 때문이다.

예수는 현세에 나타난 신이므로 '지금 있는' 예수는 '과거에 있던' 예수로 바뀌어 간다. 예수와 직접 마주했던 사람들은 어느덧 예수를 보거나 듣거나 하지 않게 되면서 예수는 일찍이 보이거나 들리거나 했던 사람이 된다. 그러나 일찍이 사람들이 예수를 보거나 듣거나 하였던 탓에 비로소 그를 보거나 듣거나 한 이쪽의 의식도 정신적인 의식이 된다. 그전에는 생생한 인간으로 의식 앞에 등장했던 예수는 이제 정신이며 성령으로 등장한 것이다.[452]

예수는 과거를 함유하는 형식으로 유령적일 뿐 아니라 예수를 감각했던 사람들이 '그 자신도 정신적 의식'이 됨으로서 일종의 예수-들린다는 점에서도 유령적이다. 예수는 이름을 온전히 가졌던 완결된 존재가 아니다. 예수라는 파행은 예수를 범주의 표상으로 지각했던 것에서 "표상의 형식을 벗어나" "고립된 부동의 실체 또는 주체를 파악하는 입장을 벗어날 필요가 있음을 절감하게 될 때" 작용하는 "개념의 절박함"[453]을 알려준다.

2. 두개골을 던지는 망령들

사자가 도래하면 시신은 죽음의 얼굴로 남아 있을 수 있으며 힘/끝/결과/목적으로서 작동하는 국가-정부의 의미망을 타파할 수 있게 된다. 우리는 시신이 '누구인지' 더 이상 알 수 없다. 그런데 분명히 시신은 '누구'이다. 시신은 더 이상 '그 옛날 살아 있던, 지금은 죽은 자의 신체'가 아니다. 시신은 곧장 썩어들어가며 주위에 냄새를 풍기기 때문이다. 그러나 시신은 또한 부패하는 한 살아 있는 것이다. 시신의 살은 더 이상 '살색'이 아니다. 그러나 여전히 색이 있다. 납빛이거나 누런색이거나 푸른색이다. 시신은 더 이상 피 흘리지 않는다. 그러나 여전히 머리카락은 자라난다. 시신을 붙잡고 울 수도 있다. 그러나 어떤 친숙함 때문이 아니라 낯선 낯익음 때문이다(그건 고통받는 자를 붙잡고 우는 것과는 완전히 다른 것이다). 시신을 향해 내밀어진 손에는 손톱이, 살아 있으나 죽은 것인, 잘려나가도 아프지 않으나 내내 자라나고 있는, 손톱이, 또한 매달려 있다.

시신은 진정으로 인간 자신을 의심하게 하는 것이다. 이것을 움직였던 것은 무엇인가, 이것을 말하게 했던 것은 무엇인가, 우리가 영혼이라는 것을 의심할 수 있는가, 꼭 같은 정도로, 우리가 그저 하나의 육체라는 것을 부인할 수 있는가. 시신은 내부와 외부의 구분 자체를 파열시키며 부패해버린다. 하지만 부패하면서도 다시 살아난다. 사람들은 그래서 시신으로부터 '사자'를 되살려낸다. 다 부패해버리고 난 나머지, 두개골의 추인. 이 뼈는 죽음이 온전히 신체를 원자들의 어떤 배치에서 원자들의 다른 배치로 가져가는 것을 막는 '나머지'이며, 모든 인격적 개별성이 사라지고 난 뒤에도 남아 있는 개체적 사물(이것! 이것!)이며 신만이 이름 부를 수 있는 희비극을 넘어선 연극의, 내재적 가면이다.

그리고 이윽고 '망자(亡者)'가 나타난다. 망령(亡靈)이 나타나는 것이다. 망령은 세계의 안개 가운데 어떤 원자들의 움직임을 통해 희뿌연 형상의 잔영을 남기고, 세계에 참여하는 괴물적 개체이며 (그는 복수하거나 운다), 세계의 무대에서 어떤 인간적 역할을 감당하기를 마다하지 않는다. 이와 동시에 '망자'가 되지 못한/않은 사물로서의 '사자'의 일면 또한 드러난다. 그것이 바로 '두개골'이다.

두개골은 "자신이 본래 사물이라"[454]는 것을 깨닫도록 하는 정신이었다. "두개골과 정신 사이의 필연적인 관계나 자명하다고 할 만한 관계를 시사해주는 것이라곤 아무것도 없다."[455] 그렇기 때문에 그 관계 없음, 그 의미 없음을 해소하기 위해 외면에 나타난 상에 의존하는 것-수상학, 점성술, 관상학, 골상학 등-을 헤겔은 순전히 "뺨을 얻어맞을 짓거리"라고 말한다. 단순히 '던져진 그것이 전부'라는 것을, 그것이 "실상"임을 인정해야 한다.

이렇게 해서 외면으로 나타난 것이 개인 자신이 직접 발하는 언어이기는 하지만, 동시에 기호로서의 이 언어는 외면적으로 지칭해야 할 내용과 관계를 갖지는 않을뿐더러 또한 마찬가지로 기호를 정립하는 내면적인 것도 기호와는 관계를 갖지 않는다. 이런 이유에서 언어에 휘둘림 당한 관찰은 끝내 고정된 존재로 복귀하여 본질이 지시하는 바에 따라서 기관도, 그리고 언어나 기호도 아닌, 생명 없는 물건으로서의 외형이 곧 [...] 실상이라고 언명한다.[456]

워싱턴 어빙(Washington Irving)의 단편 「슬리피 할로우의 전설」은 망령이 두개골을 던져냄으로써 형상화되는 것을 보여준다. 어빙의 소설 세계는 마술적인 몽롱함이 감도는 곳이다. '슬리피 할로우(sleepy hollow)'는 허드슨 강의 넓은 만 깊숙한 곳, 항구마을 그린즈버리에서 2마일쯤 떨어진 작은 골짜기다. 슬리피 할로우는 '움푹 들어간 곳'이다. 바로 이곳에서 '목 없는 기사의 유령'에 대한 전설이 전해지고 있다:

VIII. 헤겔과 예수

기사는 독립전쟁 때의 '이름 없는' 전투에서 목이 달아난 헤센 기병대 소속의 한 군인이지만, 죄의식의 현현 혹은 원한의 파훼를 요구하는 자로서 나타나지 않는다. 네덜란드계 부농인 반터스 반 타셀의 외동딸인 카트리나 반 타셀을 욕망하며 그녀와의 결혼을 통해 자신이 가지게 될 부와 비옥함을 갈망하는 이카보드 크레인에게 '머리(두개골)를 던지는 자'로 나타난다.

본래 이카보드 크레인에게는 독특한 매력이 있었다. 그 매력은, 어빙이 종종 자신의 주인공들에게 부여하는 '가난한 게으름'이다. 이카보드 크레인은 호기심 있고 임시변통으로 생활을 꾸리는 반(反)관료주의적이고 비(非)자본주의적인 인물이다. 이러한 인물이었던 크레인이, 왕성하고 남성적이며 만용을 부리는 장난기 많은 모험적 인물 에이브러햄 브론 반 브론트의 목표였던 카트리나를 욕망하게 되는 것으로 이야기는 전개된다. 크레인은 에이브러햄과 경쟁 관계에 있다가 잔치 후에 카트리나와 헤어져 돌아오면서 낙담하여 고개를 숙인 채 걷고 있다. 이처럼 '욕망하게 된' 크레인의 곁을 '따라 걷는 낯선 자'가 바로 유령이다. 독립전쟁의 유령, 이 '기이하게 평범한' 유령은 그의 곁을 따라 걷다 교회 옆에 선 그에게 머리를 던지고 떠난다. 마치 그에게 어빙 고유의 '게으른 공포'의 골짜기가 지닌 반관료주의적이고 비자본주의적인 생산성을 되돌려주듯이 망령은 두개골을 던지는 것이다.

팀 버튼(Tim Burton)은 이 단편을 영화화한 『슬리피 할로우』

(1999)에서 어빙의 제언-유령을 인간의 유용(有用)에서 건져내라, 끝없이 비인간화하라-을 충실히 따른다. 영화에서 독일 군인의 망령은 '두개골을 소유'한 카트리나의 계모가 내리는 명령에 따라 살해임무를 수행하는데(두개골을 소유함으로써만 유령을 조종할 수 있는 것이다), 망령의 자의식(살해의 욕망)이라고 믿었던 것이 실은 인간의 도구(조작되는 유령)였음이 밝혀지는 것으로 끝이 난다. 망령에게 두개골을 다시 돌려주자마자 망령은 더 이상 사용되지 않는다. 슬리피 할로우의 이야기는 어빙에게서도 버튼에게서도, 망령의 '의미 없지만 존재하는 형식'을 전면에 제시해준다.

해골(骸骨)은 어쩌면 단순히 의미로부터 존재로의, 혹은 점거된 의미로부터의, 아니면 단지 '인간적인 것'으로부터의 탈출 그 자체인지도 모른다. 아치형의 문으로부터 오직 '~로부터'라는 이행만을 수행하는, 의미 없는 이탈, 그것이 해골인지도 모른다. 소(小) 한스 홀바인(Hans Holbein)도 해골-악령의 이미지를 표현하면서 이러한 문제의식에 깊이 천착한 사람 중 하나였다.

그가 1523년에서 26년 사이에 그린 「죽음의 무도」 연작 중 「죽음과 수전노」에는 수전노의 사회적인 힘의 축적물인 화폐를 가져가는 해골-악령의 모습이 나타나 있다. 여기서 해골은 인간적인 힘의 원천을 가져가고 있으며 수전노는 두 손을 들어 올리고 있는데, 행위의 의미는 상당히 애매한 것으로 나타난다(수전노의 시선 때문이다): 수전노는 악령의 탈취를 인식하고 그것을 막으려는 몸짓을 하

VIII. 헤겔과 예수

death and the miser from the dance of death(죽음의 무도中 죽음과 수전노)

고 있는 것인가(다시 말해 수전노는 해골을 보는가)? 아니면 축적된 것들을 강박적으로 움켜쥐는 수전노를 상징하는 하나의 몸짓을 표현한 것인가(다시 말해 수전노는 해골을 보고 있지 못하는 것인가)? 어느 쪽이든 막으려 해도 막을 수 없을 것이며(무력하다), 움켜쥐려 해도 움켜쥘 수 없을 것이다(허망하다). 악령 같은 해골은 차안적인 것에 현혹된 인간의 행태를 곯려주고 있는 것처럼 보인다.

2. 두개골을 던지는 망령들

the noble lady(고귀한 레이디)

또 다른 연작 「고귀한 레이디」에서도 인간적인 가치체계를 조롱하는 해골-악령의 이미지가 나타난다: 여기에는 여성을 욕망하는 남성-역시 남성의 시선이 애매하다는 것에 유의할 필요가 있다-에 대한 야유가 표현되어 있다. 그리고 거기에 조응하는 여성의 욕망에 대한 풍자 역시 나타난다. 해골은 남성의 성적 욕망을 야유한다: 해골은 기괴하게 웃으며, 아랫도리에 허리띠를 매단 북을 치고

VIII. 헤겔과 예수

있다. 여성은 남성의 시선에 도취되어 있다. 하지만 그것은 여성 자신을 향한 것이 아니다. 게다가 그림의 우측 하단(보통 작가의 서명이 배치되는 곳)에 해골의 모래시계가 떨어지고 있다: 남성의 욕망은 부분충동일 뿐만 아니라 순간충동이다. 여성의 표상적인 미(美)는 모래시계가 떨어지는 동안만큼만 권력(남성의 시선)을 지닐 것이다. 인간의 욕망은 시간에 대해 무력하며 한정된 시간 가운데 허망하다.

인간적인 것에 대한 탈취와 조롱은 모두 탈출에 수반되는 해골-망령의 게임을 반영한다. 망령은 현세적인 것에 대한 집착을 버릴 것을 요구하는 것처럼 보인다. 망령은 개입하고 있다. 홀바인의 「죽음의 무도」 연작에서 해골은 '단지 사물'이라기보다는 망자의 가면으로 나타나는 것이다. 「죽음의 무도」 작업을 시작하고 10년 후 홀바인은 「대사들」(1533)을 그려내는데 노르베르트 볼프(Norbert Wolf)는 두 작품을 연속적인 것으로 해석한다.

어떤 저자들은 이 모티프를 수수께끼 같은 서명으로 해석했다. 홀바인의 이름(Holbein)이 텅 빈 해골(holes Gebein)이란 말을 연상시키기 때문이다. 좀 더 중요한 의미로 그 해골은 우리가 감지하든 않든 상존하는 죽음을 나타낸다. 해골을 볼 수 있는 시점에서 주변세계의 아름다움은 비틀리고 덧없는 환각으로 변신한다.[457]

하지만 내가 보기에 「대사들」에 나타나는 두개골은, 어빙의 기사로부터 던져진 두개골처럼, 홀바인 자신의 '춤추는 해골들'로부터 던

2. 두개골을 던지는 망령들

the ambassadors(대사들)

져진 머리다. 홀바인은 망자로서 해골이 맡는 역할과 단지 던져진 두개골의 사물성이 무언가 다르다는 것을 직감했다. 두개골이 던져지는 순간, 그것은 이미 '다른 의미의 가능성'(망령)을 넘어서 '의미 없음'의 문제를 제기한다. 바로 그 의미 없음을 지각하는 방법을, 홀바인은 『대사들』을 통해 발견했던 것이다. 그래서 「죽음의 무도」가 세계의 가치에 대한 '다른 인식'을 요구한다면 「대사들」은 '다른 감각'을 요구한다. 「대사들」에 나타난 두개골을 보기 위해서는 도구나 기호가 아닌 '감각', 즉 의미의 기호학으로 곧장 연동되지 않는 '다른

VIII. 헤겔과 예수

감각'이 필요하다. 단순히 인식론적으로 비스듬할 것이 아니라 감각적으로 어그러져 있을 것! 그러므로 홀바인에게서「대사들」에로까지 진행된 해골-망령의 의미 없음에 관한 문제의식은, 단순히 인간적인 것으로부터의 탈출을 의미하는 것이 아니다.

3. 보관하는 몸

헤겔에게서 두개골이라는 뼈는 소유에 관한 진실을 드러내주는 것이었다. 헤겔은 소유권에 대하여 "필요에 따라서 운운하는 것"[458]은 허구적이라고 보았다. 대신 소유권은 '인정'에 의해 평등하지 않은 것들의 체계 내 차이의 연결선을 정초하는 듯 보였었다. 그러나 소유권이 자신의 권력을 투사하고 있는 사회적 관계는, 실제로는 누구의 것도 아닌 사물의 위엄을 한없이 소환하게 된다. 사물은,

> 모든 사람이 다른 누구의 것도 아닌 '내 것'으로 인정해준 것이었다. 그런데 이렇게 인정받고 있다는 것은 내가 모든 사람들과 대등한 관계에 있음을 뜻하는 것인데 이는 그 물건이 자기 이외의 다른 누구의 것도 아니라는 논리와 정면으로 배치된다. [...] 또한 도대체 이 물건이란 다른 누구에 대해서도 존재하고 또 전적으로 보편적인 불특정한 사람으로서의 나에 대해서도 존재하는 것이다. 그러므로 내가 그런 물건을 유독 내 것으로 소유한다는 것은 누구이건 모두의 것이기도 한 사물

3. 보관하는 몸

의 본성에 위배되는 것이다. [...] 결국 동어반복의 형식인 모순율은 이론적 진리의 인식에서 내용상의 진위와는 아무런 관계도 없는 형식적인 진위의 기준에 지나지 않게 되므로 그의 모순율이 실천적 진리의 인식에서 그 이상의 역할을 한다고 하면 그것이 오히려 해괴한 노릇이라고 해야만 하겠다. [...] 인륜적 실체에 구체적인 내용을 부여하는 시도나 그런 내용도 과연 법칙이 될 수 있는지 여부를 판가름하는 일도 결실을 거둘 수 없다는 것이 분명해진다.[459]

이와 마찬가지로, 두개골은 몸과 자기의식의 관계에 대해서도 담론적 저항선을 불러들인다. 자기의식은 몸을 자신이 소유하고 있다고 생각하지만, 그 소유의 의식은 타인들의 존재에 의해 역으로 인정된 것이다. 내 편에서 볼 때 타인이 영원히 의미의 게임에 휘말려 있듯이 타인의 편에서 나 역시도 몸 뒤에 숨어 있다. '몸'이란 타인과 나 모두에게 서로에게 귀속되어 있다고 여겨지는 인정의 연습을 통해서 서로의 소유로 생각된다. 그리고 인정을 통해서만 나의 몸이 '나의 몸이 된다'는 것은, 그것이 '나의 몸이 아니라는 사실'을 의미한다. 그것은 다시금 비밀로서 존재에 깃든 몸의 위엄을 재소환한다. 몸의 위엄은, 마치 사물의 위엄이 그러한 것이듯, 누구에게도 '소유'되어 있지 않다는 데에 있다.

우리는 몸을 소유하지 않았으며 소유를 인정받는다는 것도 불가능하다. 왜냐하면 내내 우리는 단지 몸을 "보관"해왔기 때문이다.

VIII. 헤겔과 예수

우리는 "타인의 소유물인, 타인에게서 맡겨진 물품을 그대로 보관하고 있다."[460] 그래서 소유권이란 잠시라도, 공동체의 형식 아래서 잠정적으로라도 가능하지 않다. 사자를 매장한 후 시신으로부터 드러나는 두개골은, 시신의 잔여 혹은 시신의 조각품(sculpture)으로서 우리가 몸을 소유하는 존재가 아니라 몸을 보관해 온 존재임을 보여준다.

죽은 자들은 시신이 됨으로써, 남은 자들은 사자를 매장함으로써, 보편성과 개별성을 종합하거나 해체할 수 있는데 이 와중에 두개골이란 것은 도무지 이러한 운동에 참여하지 않는다. 두개골은 시신 혹은 사자가 모두 어떤 식으로 보관하고 있는 사물이다. 그것은 마치 매장을 통해 가리워진 죽음, 사자를 꺼내오면서 숨겨놓은 생명인 시신인 것처럼 보인다. 대지는 인간의 살(肉)이 자신의 뼈에 대하여 그러했듯, 하얀 뼈를 보관하고 있다가 문득 도래하게 한다. 뼈의 끔찍하게 단순한 물성은, 시신이 그 표상의 베일 때문에 낼 수 없었던 효과를 낸다. 의미 없음의 얼굴이, 의미 없는 얼굴로 나타나는 것이다. 우리는 해골로부터 어떠한 기명도 도출해낼 수가 없다. 해골은 보편성과 개별성을 화해시키는 무대에 설 수 없는 사물이다.

두개골 혹은 해골은 우리가 결국 몸이라는 사물을 보관해 온 존재임을 에둘러 알려주는 데, 이 문제는 우리가 살기 위해 반드시 필요한 행위, 그러나 죽음으로 다가가는 행위인 '먹는 행위'에서 돋을새김된다. '먹는 행위'를 생각해보자. 먹는 자는 사실상 '소유권을

3. 보관하는 몸

행사할 수 없는 것'을 먹는다. 또한 우리는 우리가 끊임없이 '먹어야 한다'-즉 타자를 파괴해야 한다-는 사실로부터 '우리의 몸은 결코 우리의 것이 될 수 없음'을 날마다 확인한다. 인간의 몸은 먹거리들의 '어느 시간 동안의 보관소'와도 같다. 혹은 먹는 일에 관해서라면 이렇게 말해도 좋다: 인간의 몸은 사실상 살아 있는 것들이 '매장된 장소'와 같다. 우리는 시신을 삼킨다. 몸의 소화 및 순환 체계 가운데 시신은 사자가 되어 우리를 살린다(우리를 살게 한다). 그리고 시신은 모든 것이 부패하고 난 후의 나머지로서 다른 형식의 두개골(배설물)이 되어 회귀한다.

인간은 '입(口)'으로 호흡하고 씹어-삼키면서 말까지 한다. 여기에는 몹시 위험한 데가 있다. 가령 니시하라 가츠나리(西原 克成)는 말하거나 먹으면서 입으로 호흡하는 일이 치명적인 면역학적 문제를 불러일으킨다는 점을 지적하기도 하는데, 이와 더불어 식도와 기도는 금방 나누어지지만 둘은 매우 가까워 음식이 기도로 들어가 죽음에 이르게 되는 경우도 왕왕 있다는 점도 언급해야겠다. 말하면서 식사하는 경우도 생각해보면 사회생물학적으로 굉장한 위기 상황을 유발할 수 있는데, 가령 과격한 논쟁이 일어나 굶거나 폭력 사태를 맞닥뜨려야 하거나 둘 중 하나를 선택해야 한다고 생각해보자(지금은 이것이 별 게 아니겠지만 오직 공동식사만이 가능했던 초기 인간에게서라면 꽤 중대한 일일 것이다).

섭식-발언-호흡을 같은 통로로 하게 되면 말하거나 먹을 때,

그러니까 입을 벌릴 때, 특별히 의식하지 않는다면 공기(空氣)를 삼키게 된다. 말하거나 먹을 때, 말해진 것만 혹은 자신이 입으로 가져가기를 선택한 것만 듣거나 섭취할 수 있는 것은 아니다. 말하거나 먹으면서, 숨쉬지 않을 수 없다는 것은, 무언가 바깥의 것, 건조하고 찬 것, 간혹 위험한 것을 들이마시지 않을 수 없음을 의미한다. 가츠나리가 섭식-발언-호흡을 같은 통로로 하게 됨으로써 생기는 면역의 문제와 더불어 지적하는 것은 저작활동이 가진 놀라운 기능/효과다. 만약 음식을 씹지 않고 먹으면 인간은 생각할 수 없게 된다.

인간의 치아 주위에 있는 턱뼈를 피골이라고 하는데, 이것은 나중에 인류로 진화하는 원시척추동물인 상어 시대의 피부에서 유래한 것이다. [...] 치아 주위의 뼈 안에는 혈액을 만드는 골수조혈조라고 하는 조직이 존재한다. 발생학적으로 보면 뇌, 눈, 신경은 피부와 마찬가지로 모두 외배엽에서 유래한다.[461]

인간의 건강에 가장 크게 영향을 미치는 것은 역학적 자극이다. 위아래 턱이 있는 두개골의 근육은 모두 원시상어시대의 새장(아가미) 호흡근육에서 유래한다. 포유동물의 치아는 소켓모양의 뼈가 치조골 속에 섬유상 관절과 결합한 형태로 박혀 있다. 필자는 이러한 못박이 구조의 치아를 '정식치(釘植齒)'라고 한다. 두개골은 모두 섬유상 관절이 봉합으로 연결되어 있기 때문에 저작이나 호흡을 할 때마다 이들 관절

이 모두 움직인다. 즉 [...] 호흡과 저작에 의해 두개골 전체가 골수 조혈을 한다.[462]

저작, 즉 씹는 것은, '섬유 관절 봉합'이라는 형식으로 두개골 전체를 움직이는 데 깊이 관여한다. 가츠나리는 의사로서 심지어 알츠하이머를 예방하는 가장 좋은 방법은 부단한 저작활동이라고 조언하기도 하는데, 실로 이 일리(一理)의 철학적 번역은 다음과 같다: 만약 시신-먹거리를 분절하지 않으면 삶은 불가능할 것이다. 분절 행위를 통한 고통스러운 확인-'내가 죽였다, 내가 먹고 있다'-의 끝없는 반복 없이는 도리어 인간의 몸이 무너질 것이다. 제대로 씹지 않으면, 씹어 내지 않으면, 우리는 소화계와 순환계를 연결시킬 도리가 없을 것이다.

인류의 기원적 텍스트 중 하나인 「창세기」에서 뱀을 향한 이브의 시선에는 무언가, 에덴이 결코 포함할 수 없었던 위험한 것이 있는데, 그것은 뱀이 유일하게 욕망의 대상을 '단지 통째로 삼키는 동물'이라는 데서 기인한다. 뱀에게는 먹는 행위가 마치 베일을 씌우는 행위와도 같다. 뱀은 씹지 않는다. 뱀은 분절하지 않는다. 뱀이 먹는 행위에는 무언가 고귀한 것이 있다. 먹거리-시신을 보관되었던 그대로 보존하며 삼키기 때문이다. 따라서 뱀의 섭생과의 비교는 하나의 죄의식을 낳는데, 그것은 먹거리라는 사물을 대하는 방식에 대한 심오한 질문을 하도록 한다. 인간적인 형태로 변형시켜야만 먹을 수 있다는 조건은 아무 문제도 없는 것일까?

VIII. 헤겔과 예수

　이브가 도입한 것은 사실상 성경 내부(텍스트)에 '먹는 장면'을 폭력적으로 기입하는 행위다. 이브는 뱀을 만나고 선악과를 '먹는다.' 우리는 그녀가 먹은 것, 즉 금지된 것에 방점을 찍는 나머지 그녀가 '먹었다'는 사실이 기록되도록 했다는 데에는, 먹었다는 것 자체가 죄가 될 수 있는 그 순간을 기입했다는 데에는 크게 신경을 쓰지 않는다. 이브는 어떻게 먹었을까? 이브의 이야기는 어쩌면 뱀에 붙들려, 뱀에 (귀)신들린 토테미즘적 샤먼의 이야기인지도 모른다. 그녀는 어쩌면 '뱀처럼' 먹고 싶었을지 모른다. 이브의 먹기는, 뱀의 먹기 '이후'에 발생했다는 점에서 인간이 자신의 대상을 다루는 방식에서 어떤 경로를 거쳤는지를 어렴풋이 암시해줄 뿐 아니라 결국 죄를 피할 수 없게 된 운명까지 보여준다. 저작의 반복 가운데 주의를 기울일 수 있다면, 섭식의 운명은 통감될 것이다. 저작은 생명의 죄에 기댄 하나의 기나긴 장사지냄이나 다름 없다. 우리는 사물을 갈갈이 찢어, 씹어, 분절하여, 삼킨다.

　한편, 장-폴 사르트르(Jean-Paul Sartre)의『구토』는 로캉탱의 구토 행위를 통해 뱃속에서 요동치는 분절된 형식의 사물들이 귀환하는 것을 보여준다. 로캉탱은 그가 쥘 수 있다고 생각했던 것들, 던질 수 있다고 생각했던 것들, 사용할 수 있다고 생각했던 것들, 소유할 수 있다고 생각했던 것들, 먹을 수 있다고 생각했던 것들의 저항을 겪는 인물이다.

3. 보관하는 몸

　이제야 알겠다. 나는 존재한다, 세계는 존재한다, 그리고 나는 세계가 존재한다는 것을 안다. 그뿐이다. 그러나 그런 건 나와 상관없는 일이다. 모든 것이 이런 식으로 나와 상관없다는 것은 기묘한 일이다. 그것이 나를 멈칫거리게 한다. 그것은 내가 물수제비를 뜨려고 했던 그 날부터다. 던지려고 하다가, 나는 그 조약돌을 바라보았다. 그때 모든 것이 시작되었다. 나는 조약돌이 '존재'한다고 느꼈다. 그 다음에는 다른 '구토'가 있었다. 이따금 사물이 손 안에서 존재하기 시작한다.[463]

구토는 우리가 우리 몸으로 밀어 넣었던 것의 문(門), 그 입구(入口)로 모든 것을 다시 돌려보내며 감당 불가능함, 그 무능을 토로하고 고백하며 폭로한다. 사르트르의 구토는 아마도 뱀에 대해 여성이 느꼈던 샤머니즘적 유혹의 근대적 한계지점일 것이다.

　이브가 먹는 장면을 기입하자마자 하나의 파열이 일어난다. 에덴이 아담과 이브를 배설한 것이다. 먹는 일에 아무런 부하가 없을 수는 없다. 유대-기독교 문명은 먹는 행위에 대한 부하에 '죄'로 답했다. 그러나 죄를 감당하지 못했기에 곧장 대체를 가했는데, 대속도 실상은 일어나지 못했다. 대신, 단지 죄가 대속되었다는 것을 '확신'하기 위해 빵과 포도주를 '먹는 제의'를 세운다. 빵과 포도주를 먹는 연극의 일상적 반복 가운데 교단은 간신히 확신을 움켜잡고 있는 셈이다. 대속 제의 아래서 빵과 포도주는 더 이상 '그 사물'이 아니라 '예수의 살과 피'이므로 안전해지고 제의의 연극 아래서 '예

VIII. 헤겔과 예수

수의 살과 피'는 사실상 빵과 포도주일 뿐이므로 안전해진다. 이러한 대체의 끊임없는 뒤바꿈 가운데 이브의 먹는 장면은 이제 그 의미를 달리하게 된다. 그것들은 서로 대체됨으로써 종내 문드러진다.

그래서 헤겔은 '빵과 포도주'를 섭취하는 데 감추어진 진정한 비의는, 사물 존재에 대한 의심과 절망에 있다고 본 것이다:

> 실천적인 면에서라면 감각적인 대상이 실재하는 것이 절대의 진리이며 확신이라고 주장하는 사람들은 [...] 케레스와 바쿠스의 비의가 지니는 지혜의 첫발로 돌아가서 빵과 포도주를 섭취하는 데 감춰져 있는 비밀을 새삼 터득했으면 하는 생각이다. 왜냐하면 그 비의에 접할 기회가 주어진 사람은 감각적인 사물의 존재를 의심할 뿐만 아니라 아예 그 존재에 절망한 나머지 비의의 한복판에서 스스로 빵과 포도주를 섭취해버리고는 그것이 모조리 없어져 버리는 것까지도 눈여겨보기 때문이다.[464]

대속제의가 진정으로 '대신 속죄하고자 했던 것의 내용'이 만약 사물을 멋대로 분절하고 삼켜버린 것에 관한 것이라면, '빵과 포도주를 섭취하는 행위'를 그대로 반복하는 일은 얼마나 아이러니한가? 헤겔은 대속제의에서 아이러니를 발견한다. 도대체 '먹는 행위' 가운데 '빵과 포도주'와 '예수의 살과 피'는 대체될 수 없다. "행동으로

3. 보관하는 몸

서 있어야만 하는 것은 오직 자기를 송두리째 표현하는 개체로 인식되는 한에서만 참모습을 드러낼 뿐"[465]이다.

따라서 헤겔에서 대속 제의는 실은 축제와 희생의 결합물인 것으로 드러나게 된다. "축제의 행동은 소유자가 어떤 소유물을 자기에게는 전혀 무용지물인 양 아무런 미련 없이 희사하여 연기 속으로 날려버리는 듯 하는 그런 행위에서 시작된다."[466] 그러나 "희생에 바쳐지는 행위는 무용지물만을 파괴하는 행위이고, 아니 오히려 희생물로 바쳐진 것을 조리하여 먹어 치우고 향연을 베풂으로써 이렇듯 희생하는 행위의 부정적 의미를 벗겨내고 잊혀지게 만드는 것"이다.[467] 왜냐하면 희생제의를 통해서 먹어치워진 것은 축제를 통해 통일되기 때문이다. 축제는 대립을 털어내고 통일을 지향하는 것이다.[468] 희생제의는 마치 몸이 흡수와 성장으로만 이루어져 있다는 듯 모든 것을 되돌려받는다. "신이 누리는 영광은 민족의 영광이다."[469] 결국 희생제의란, 대속제의가 의미를 끊임없이 대체하고 연기함으로써 먹거리-사물-시신을 가리우듯 사물을 희생시키는 행위 자체를 문명을 위한 하나의 순환 가운데 둠으로써 먹는 행위를 소거한다. 먹지만, 먹는 것이 아니다. 희생과 축제를 위한 순환의 요소일 뿐이다.

그러므로 이제 배설하지 않고 다만 끝없이 운동하는 인간이 나타난다. 그는 희생제의적 축제 이후의 수많은 의미를 함유한 경기, 올림피아의 선수(選手)다. 선수는 먹는 행위를 몸에 흡수하기만 하

VIII. 헤겔과 예수

는 인간, 바로 그러한 몸을 가진 인간으로 나타난다. 선수의 몸을 놓고 민족은 "민족의 특수성을 의식하는 것이 아니라 오히려 특수성을 탈각하여 인간 존재의 보편성을 의식하게 된"다.[470] 보편적 인간으로 나타나는 선수는, '단련된 몸'을 드러내는 존재다. 먹어 치운 것은 모조리 없어져 버리지는 않았다. 먹어 치운 것은 몸의 일부가 되었다. '선수'라는 중재를 통해 몸은 사물을 향한 의심과 절망을 흡수하여 자기 자신을 보편적 사물로 만든다. 서사시인의 '기억'을 통해서도 같은 중재와 흡수가 이루어진다. 이때 시인의 파토스는 "신을 기억하는 것"으로서 "공동체의 노래"다. 서사시인은 공동체의 노래를 기억해냄으로써 "신과 인간의 관계맺음"을 가능하게 하는 또 하나의 보편성과 개별성의 결합이다.[471]

헤겔은 이들에 대항하여, 자기 자신이란 연극 속에 잠시 '보관'된 것임을 자각하는 존재들을 등장시킨다. 그들은 희생제의와 축제의 순환 가운데의 주체성이 단지 연극적인 것임을 '아는' 존재들이다.

주체인 자기는 개별적인 성질을 지닌 추상적인 요소를 넘어서서 가면을 걸침으로써 독자적 존재임을 내세우는 추상적 요소를 비웃는 아이러니를 연기로 나타낸다. [...] 빵과 포도주의 비의에서 자기의식은 자연물에 안겨 있는 그 내면의 의미마저도 모조리 자기 것으로 삼는 가운데 희극을 통하여 내면에 깃든 의미가 아이러니하게 나타나는 것을 의식하고 있다. 이렇듯 의식에 의해서 내 것이 되거나 아이러니하게 보

3. 보관하는 몸

이거나 하는 의미가 인간의 본질에 합당한 것이라고 한다면 해체의 대상이 되는 것은 한편으로는 국가 또는 폴리스의 시민에 속하며, 동시에 가족에 속하는 민족만이 아니라 보편정신으로 뒷받침된 인간의 순수한 지(知)나 이성적 사유다. [...] [이는] 법칙 자체 내에 깃들어 있는 변증법을 의식하게 하여 이전에는 절대적 타당성을 지닌 듯이 보이던 것이 그렇지 않다는 것을 밝혀주는 것이 된다.4[72]

먹는 행위 자체의 위험성을 거세하고 오직 '섭취'하고 '흡수'함으로써 만들어진 몸, 선수, 그리고 빵과 포도주의 의미의 끝없는 대체가 종국에는 보편적 의미로 되돌아가리라고 '확신'하는 거짓 희망의 시인, 둘 모두가 아이러니를 통해 해체되는 가운데 나타나는 것은 배우다. 빵과 포도주를 통해 보편성과 개별성의 '종합의 허구성'을 배우는, '배우'는 국가와 정부 또한 해체된다는 것을 알게 된다. 아이러니를 통해 아이러니의 의식이 내재하고 있는 출몰의 형식이 감지된다: 아이러니는 '법칙'의 윤리적 태도 가운데 자기 자신의 뉘앙스를 씌워 넣는 것이다.

4. 라블레의 주체적 수동성: 말하고 먹고 배설하는 몸

먹는 것은 배설물로 되돌아온다. 매장된 사자가 두개골로 되돌아오

듯이. 또한 입(口)의 일이기에 말 또한 배설물, 혹은 두개골을 남긴다. 프랑수아 라블레(François Rabelais)는 언어와 섭식을 배설물과 연결시킨 (내가 아는 한 거의) 유일한 사람이다.

모든 언어로 이루어진 것들의 사실은, 실제적으로 의미의 새로운 현실을 창조한다. 라블레의 글쓰기는 시대적으로 신뢰를 정착시키는 역할을 하는 매개체가 '작가 자신'인지 아니면 '말해진 것과 쓰여진 것' 자체가 하나의 현실이 될 수 있었던 16세기 '유사성의 언어체계'의 능력인지를 구별할 수 없는 가운데, '이것은 곧장 사실적이고 실제적인 현실'이라고 말한다. 라블레는 문학(예술)과 삶 자체의 구분을 교란한다. 라블레에게서는 언어 자체의 삶이 너무나도 생생하게 살아 있기 때문에 언어로 인하여 지배받는 두 영역-문학과 삶-이 대상적으로 범주를 보존하기를 멈추는 것이다. 현실은 작가의 주관적 중심점을 통해 수렴되지 않으며, 문학이 채택하는 언어형식의 실제적 행위를 통해 누벼지지 않는다. 언어가 스스로 움직이며 언어가 스스로 말을 한다.

여러분들은 [. . .] 각자가 자신의 일을 제쳐두고, 직업에 개의치 말고, 사업도 잊고, 정신을 딴 데 팔거나 방해받는 일 없이, 외울 수 있을 때까지 그 책에 완전히 몰두하기를 바라는 것이 내 뜻이다.[473]

우리가 본 것을 증거하노라. [. . .] 내가 이 모든 이야기에서 단 한

4. 라블레의 주체적 수동성: 말하고 먹고 배설하는 몸

마디라도 거짓말을 하는 경우 영혼과 육신, 위와 장을 십만 바구니의 악마들에게 내맡기려는 것과 같이, 여러분이 이 연대기에서 내가 이야기하는 모든 내용을 굳게 믿지 않는다면, 성 안투안의 불길에 타버리고, 간질로 땅바닥에 엎어지고, 벼락을 맞고, 궤양으로 다리병신이 되고, 이질에 걸리고 [...] 유황과 불의 심연 속에 떨어지기를 원하노라.[474]

라블레의 인물 가르강튀아는 "귀에서 태어났"는데, 그건 어떤 사고 때문이었다. "사고로 자궁 태반의 엽(lobe)이 이완되자 아이는 위쪽으로 솟아올라 공정맥으로 들어가는 횡경막을 지나 (그 정맥이 둘로 나뉘는) 어깨 위까지 기어 올라간 다음 왼쪽 길을 따라 왼쪽 귀로 나왔다."[475] 흥미로운 것은, 가르강튀아로 하여금 귀에서 태어나게 했던 사고에서 가르강튀아 '대신' 어머니 밑에서 태어난 것이 있었는데, 그것이 바로 배설물이었다. 가르강튀아의 어머니는 똥을 누는 대신 아이를 낳았고, 아이를 낳는 대신 똥 누는 기관(항문)을 낳았다. "나쁜 냄새 나는 살덩어리"[476]가 아이로 혼동된다. 가르강튀아는 똥과 의도적으로 혼동되는 것이다. 그러니까, 배설물과 의도적으로 혼동되는 자가 '귀'에서 태어난 것이다. 가르강튀아는 "마실 것! 마실 것! 마실 것!"을 세 번 요구하며 태어났다.[477] 마치 말이 '들을 것! 들을 것! 들을 것!'을 요구하며 태어나듯.

가르강튀아가 배설-섭식-언어의 의미 혼동 혹은 의미 계선(契線) 속에서 태어나게 된 것은 '어떤 먹기' 때문이었다. 가르강튀아의

VIII. 헤겔과 예수

어머니는 출산 전 소 창자를 먹었는데,

소 창자는 여러분도 아시다시피 푸짐하고 매우 맛있어서 누구나 손가락을 핥을 정도였다. 그런데 배우가 넷 등장하는 악마극처럼 골치 아픈 일은 쉽사리 상해서 오래 보관할 수가 없다는 점이었다. 그것은 있을 수 없는 일이었다. 그래서 남김없이 먹어치우기로 결론이 내려졌다.[478]

먹는다는 것, 그것은 소 창자를 저장할 수 없는 운명이다. 사물에 대한 의심과 절망 속에서 빵과 포도주를 모조리 먹어 치우지 않을 수 없었던 헤겔의 주체처럼, 가르강튀아의 세계 속 인물들은 사물이 썩어 없어져 버리기 전에, 사물이 우리의 감각과 맞지 않는 것으로 변화하기 전에, 소 창자를 모조리 먹어치운다. 사물이 '우리 없이' 부패한다는 것은 있을 수 없는 일이다. 사물을 부패하도록 내버려두어서는 안 된다. 우리는 사물 앞에서 도무지 먹지 않을 수 없는 것이다. 하지만 몸은 잠시 보관할 수 있을 뿐이다. (혹은 몸 자체가 우리가 보관하고 있는 사물인지도 모른다.) 몸은 다시 똥을 싸지 않을 수 없는 것이다.

가르강튀아의 두 번째 탄생, 즉 가르강튀아가 인식론적 인격성을 정립하는 계기는 똥 닦는 법에 관한 고찰이다. 가르강튀아는 밑 닦는 법을 연구한다. 이것이 가르강튀아의 예술학문이 된다. 누군

4. 라블레의 주체적 수동성: 말하고 먹고 배설하는 몸

가 이것은 문명의 예술학문에 관한 라블레의 풍자일 뿐이 아니겠느냐고 반론할 수 있는데, 만약 주관적인 주체가 사회적인 것을 은밀히 조롱하거나 반항하지만, 결국 관습적인 것과 타협을 달성하는 것이 풍자의 전부라면, 이것은 풍자가 아니다. 이때 풍자는 하나의 형식이라기보다는 단지 도달된 형상을 표상하는 방식에 지나지 않을 것이기 때문이다. 풍자가 언어를 사용하는 방식을 고려하면, 특히 라블레에게서 풍자는 문화적인 코드를 참조하는 언어가 아니라 풍자가 문화적인 코드를 향해서 열릴 수도 있다는 사실을 추인하는 언어다. 풍자는 코드에 붙여지는 주석이 아니라 코드와 나란히 놓여지는 독자적 형식이다. 우리는 밑 닦는 법을 연구, 학문화, 예술화하는 일을 기이한 실제로 받아들일 수 있어야 한다. 그러니까, "신들의 음식과 술에서 천상의 행복을 맛본다고 생각하지 마세요. 제 의견으로는 천상의 행복은 거위로 밑을 닦는 데 있고 이것이 스코틀랜드의 존 선생의 의견이기도 합니다."[479]

이렇게 탄생한 가르강튀아 혹은 『가르강튀아』에 "해독처리된 잡동사니 문서"가 "단지 첨부"되었다. 혹은 보관된 것이 단지 꺼내졌다고 말해도 좋다. 그러나 해독된 것이며 보관된 것임에도 그 문서는 기록물이 의당 가지고 있어야 할 역사적 광휘를 전혀 지니고 있지 않다. 수용자가 그것의 의미를 완결된 것으로 분해할 수 없기 때문이다. "쥐, 바퀴벌레, 또는 다른 고약한 짐승들이 첫 부분을 갉아 먹어버렸다."[480] 그들, 동물들이 '먹었다'. 게오르크 루카치(Lukács

VIII. 헤겔과 예수

György)는 서사시의 세계가 소설의 세계로 넘어가면서 '의미 내재성'을 완전히 박탈당했다고 분석하지만, 소설의 초기 형식을 보여주는 라블레가 자신의 책에 첨부/보관된 잡동사니문서를 통해 보여주는 것은 의미 내재성이란 진작부터 박탈당해 있었고 어쩌면 의미 내재성을 추구하려는 의향 자체가 잘못 전제된 것인지도 모른다는 점이다. 완벽히 내재적으로 순환된 텍스트-몸이란 없다. 우리는 그저 "약간의 골수를 얻으려는 것"이다.

어쨌든 여러분은 골수가 든 뼈를 찾은 개를 본 적이 있는가? 개는 플라톤이 『국가』제2권에서 말한 바와 같이 세상에서 가장 철학적인 짐승이다. 본 적이 있다면, 당신은 그 개가 얼마나 경건하게 그것을 살피고, 정성들여 간직하고, 열성적으로 물고 다니고, 신중하게 깨물고, 애정을 담아 깨뜨리고, 열심히 빨아먹는지 주목할 수 있었을 것이다. 누가 개에게 이렇게 하도록 부추기는가? 무슨 희망이 그토록 애쓰게 만드는가? 개는 어떤 이득을 기대할 수 있는가? 약간의 골수 외에는 아무것도 없다.[481]

골수와 의미 내재성을 저울에 달아보라. "나르세로 가는 도중의 올리브 마을 아래 갈로 아로소 근처에 있는 장 오도의 밭에서 발견한 무덤에 쓰인 에트루리아 문자"를 다시 외우리라. "여기서 마시도다!" 골수를 "여기서 마시도다(HIC BIBUTUR)." 아홉 개의 술병과 책

4. 라블레의 주체적 수동성: 말하고 먹고 배설하는 몸

한 권! 인부들의 곡괭이 캥, 소리를 내며 도달한 그곳을 마치 뼈다귀에 이빨을 닿게 한, 개처럼 "여기서 마시도다!"[482] 마실 것을 외치며 태어난 가르강튀아는 바로 여기서 3번 마시도다.

주관은 자만과 오만과 허영의 죄를 짓지 않으면서 해석을 해내기 위해 안간힘쓴다. 물론 해석은 늘 가능하다. 그러나 라블레는 완결불능의 무제한성을 끊임없이 우스꽝스러움과 시치프스적인 숭고 사이에 첨부/보관해둘 뿐이다. 둘 중 하나로 정착할 수 없는 것이다. 완결할 수 있는 하나의 방법은 '술'을 경유하는 것이다. "술병 마개를 뽑아본 적이 있는가? 빌어먹을! 그 속에 담긴 것만 기억하라."[483] 만약 라블레의 작품 내 속한 매 장들을 새로운 순서로 읽을 수 있다면 "해독처리된 잡동사니문서"(2장) 다음에 올 것은 "술 취한 사람들의 대화"(5장)일 것이다. 무덤 가운데 책 옆에 술 아홉 병이 있었다. 마치 해독처리된 잡동사니문서가 라블레 자신의 책 『가르강튀아』 옆에 놓인 것처럼.

술 취한 사람들은 되는대로 지껄인다. 술은 본래 말을 잉태시키고 말의 연속성을 보증할 수 있는 형식이 아니다. 술은 말의 계속성을 만들어낼 수 있는 하나의 계기에 불과하다. 술은 주관을 대신하지만 주관의 기능을 하는 것은 아니다. 여기서는 단지 술 취한 사람이 말하는 것이 아니라 술 취한 사람들이 '대화'를 한다. 하지만 대화에서 흔히 가정되는 심연은 여기서 가정되지 않는다. 대화이지만 대화가 아닌 것인데, 술 취한 사람들의 집합은 주관들의 집합이 아

VIII. 헤겔과 예수

니기 때문이다.

자, 그런데, 이걸 마시게 해줘, 내 위는 가득 차지 않았어. 누구에게 따르는 것인지 보라니까. 두 사람 몫을 부어라. 마셨다 대신 마신다, 라고 해야지. 난 과거형을 쓰긴 싫단 말이야.[484]

말이 부르는 것이 오직 말이듯 술을 부르는 것은 오직 술이다. 말이 마치 술과 같을 때 라블레의 세계가 있다. 단지 말이 지껄여진다. 그러나 그것은 범속하지 않으며 엉터리도 아니다. 단순히 우습지도 않으며 웃음의 숭고함에까지도 이를 수 있다.

그리하여 술을 경유한 후 나타나는 수수께끼에 대한 해석은, 어쩌면 "해독처리된 잡동사니 문서"에서 짐승들과 벌레들에 의해 갉아 먹혀진 것들을 구조하는 것인지도 모른다. "예언형식의 수수께끼"는, (멜렝 드 생 줄레의) 수수께끼 시에 "첫 두 행과 마지막 열 행을 추가한 것"이다. 가르강튀아와 수도사 장의 대화를 살펴보자.

"전하의 견해로는 이 수수께끼가 무엇을 가리키고 의미한다고 생각하십니까?"

"뭐라니? 성스러운 진리의 진행과 영속성을 말한 것이라오."

"[...] 원하시는 만큼 심오한 알레고리와 의미를 부여하시고, 전하와 모두들 좋으실 대로 추론하십시오. 저로서는 모호한 말로 경구경기를 묘사한 것 외에 다른 뜻이 숨겨져 있다고 생각하지 않습니다."[485]

1534년 텍스트 『가르강튀아』에서 나타나는 이 둘의 대화는, 이미 1532년 『팡타그뤼엘』에서 리모주 출신의 학생과 파뉘르주를 등장시키며 라블레가 제기했던 문제를 재현한다. 팡타그뤼엘은 리모주 출신의 학생과 파뉘르주의 말 모두를 알아듣지 못한다. 리모주 출신의 학생은 세련된 라틴어를 보존하는 자며, 파뉘르주는 고통에 처해 외국어를 말하는 자다. 리모주 출신의 학생과의 대화에서 팡타그뤼엘은 언어와 문화적 위선 사이의 차이를 보았고, "자연스럽게 말하는 법"을 가르치겠다고 말하면서 그를 위협했다. 그런데 파뉘르주와의 대화에서 드러나는 것은, 결국 가장 자연스러운 것의 의미 자체도 다르게 해석되며 해체되기에 이른다는 사실이다.

파뉘르주는 '물을 달라'(마실 것을 달라)고 주장하며 '빈곤과 허기'를 토로하면서, 그것을 13개의 각기 다른 나라 말로서 말한다. 게다가 그 말 중 2개 말은 '조국이 없는 말'이다. 그리고 파뉘르주는 온갖 외국어를 말하면서도 "본능적인 동정심"에 호소한다. "나리, 제가 아이들이나 짐승들처럼 아무 말도 못 한다고 하더라도 제 옷차림과 수척한 몸이 제게 먹고 마실 것이 필요하다는 사실을 분명히 보여줄 것입니다." 그는 '가장 자연스러운 것'은 '본능적인 동정심'을 통해 요구된다고 말하면서 그것을 13개의 말로서 표현한다. 파뉘르주의 주장은 이런 것이다: 진정 자연스런 언어란 외국어 혹은 암호

VIII. 헤겔과 예수

를 통해 경유되는 표지와 같다.

대화는 계속된다. 이후 토마스트와의 몸짓 대화의 의무에 팡타그뤼엘이 처(處)해졌을 때, 파뉘르주는 대신 나선다. 파뉘르주는 위선을 깨기 위해 나섰다고 하지만-"이 교만한 영국인을 모든 사람들이 보는 앞에서 쉰내 나는 오줌을 싸도록 만들테니 안심하십시오."[486]-토마스트가 받는 것은 의미였다. (마치 라블레와 독자, 우리의 관계 같지 않은가?) 둘은 서로의 목적과 형식이 다른 채로도, 심지어 한 쪽만이 인지하는 의미로도 대화를 '해내는' 것이다. 토마스트가 제안한 대화의 형식은 '몸짓언어'로, 이미 파뉘르주가 팡타그뤼엘이 알아보지 못한다고 불평했던 외국어이자 암호와도 같은 14번째 언어다. 그래서 토마스트와의 대화는 이미 앞선 대화들의 문제를 14번째로 다시 제기하는 것이 된다: 리모주 출신 학생의 현학적인 말, 수도자 장과 가르강튀아와의 대화, 파뉘르주와 팡타그뤼엘의 대화, 혹은 분별과 판결의 말이 문제가 된다. 도대체 어떤 언어를 위선적이며 잘난 체하는 현학이라 부를 것이며, 어떤 언어를 자연 언어라 부를 것이며, 어떤 언어를 외국어라 부를 것인가? 무엇이 암호이며 무엇이 몸짓인가? 무엇이 풍자이며 무엇이 상징인가?

글 쓰는 자인 주인공 '내'가 어느 날 비를 피하기 위해 거인 팡타그뤼엘의 '입 안'에 들어갔을 때 거기엔 또 다른 세계가 있었다. 하지만 그곳은 "전혀 새로운 곳이 아니"며, "더 오래된" 곳이다.[487] 입에서 나오는 나를 보고, 팡타그뤼엘이 그를 부른다. "어디서 오는

4. 라블레의 주체적 수동성: 말하고 먹고 배설하는 몸

길인가? 알코프리바스?" 그는, 바로 거기서, 마시고, 먹고, 배설했다. 그것이 전부다. 그는 거기서 왔다, 입에서. 무수한 해석들의 연결과 그 해석들이 제시하는 대상들과 해석주체들이 구분되지 않는 삶들의 소위 '잡동사니' 가운데 알코프리바스는 입 속에 들어가고, 나오고, 다시 산다. 라블레의 언어적 삶은 주체적 수동성의 삶이다. 이렇게 언어는 섭식과 배설과 연결되어 있다. 그래서 의미는 언제나 더럽거나 우스꽝스럽거나 위험하거나 노력하는 가운데 있다. 배설은 우리로 하여금 인간의 몸이 단순히 순환하는 것이 아닌 '파행'이라는 것을 보여준다. 그것이 보관자의 운명이다.

그러므로 라블레에 와서야 우리는 두개골을 던지는 망령의 의미없지만 존재함을, '보관'의 행위를 통해 이해하는 법을 배울 수 있게 된다: 그것은 '이러저러한 행위'가 아니다. 행위할 수 없는 행위의 몸짓이 보관하는 자의 태도를 통해 발현될 때 그 수동성이 완수될 뿐이다. "빵과 포도주"의 일상성은 올림푸스 운동선수의 몸으로 완전히 소화, 흡수, 순환하지 않으며, 완전히 절멸된 채 승화되어 '예수의 살과 피'로 대체되는 것도 아니다. 라블레를 통해 일상적 삶(섭식과 배설) 가운데 언어가 깃드는데, 그것은 "빵과 포도주"를 가리키며 "이것은 나의 몸이니…"라고 말하는 그 매번의 장면을 매번의 파열로 만드는 하나의 만남이다.

5. 교단의 표상을 넘어서 예수를 만나기 위하여

헤겔의 『정신현상학』은 헤겔이 시작으로 다시 돌아오며 끝을 맺는다. 헤겔이 돌아온 시작, 그것은 "감각적 의식"으로, 지나간 것을 보관하고 있는, 그래서 실체의 형식을 띠고 있는 감각이다. 모든 도정을 거치고 난 후 나타난 실체적 감각은 마침내 예수를 만나는 감각이다. 헤겔에게 중요했던 것은 "더 이상 현실 존재가 아닌 예수를 만나는 일",[488] 아니, 더 정확히 말하면 나 스스로 어떤 형식의 예수가 될 수 있도록 하는 일이다.

예수의 출현으로 인하여 "의식은 자기 내면의 사고로부터 출발하여 자기 내부에서 신의 사상과 존재를 일체화하는 것이 아니라, 직접 눈앞에 있는 존재로부터 출발하여 그 존재 속에서 신을 인식"하게 된다.[489] 그렇지만 헤겔의 시대에 예수는 '직접 눈 앞에 있는 존재'가 이미 아니다.

예수의 존재 자체는 『정신현상학』 세부 맥락으로 볼 때 배우의 아이러니 '이후' 이제 세계에 "희극 이외에는 더 이상 아무것도 없다는 느낌을 안고 마음으로부터 안락함과 편안함을 누리는" "자기는 절대 존재이다"라는 명제를 파열시키려고 나타난다.[490] 실로 아이러니의 아이러니라 할 법하다. 헤겔은 불행한 의식을 비판하는 것과 마찬가지로 '희극적 행복'을 지양한다. 즉, 감각적 의식의 무한한 다수 사물들의 언어에서 나와 더 이상 주체와 사물을 대치시키지

5. 교단의 표상을 넘어서 예수를 만나기 위하여

않고 다만 모든 것이 상관없다고 말하며 불행이나 행복의 정감 안에서 관계의 운동만을 지속시켜 나가는 것조차도, 거부한 것이다. 내가 『정신현상학』 전체가 예수를 향한다고 본 것은, 예수라는 존재 자체가 이러한 '관계의 극성(劇性)'을 더 이상 지속시킬 수 없게 하는 절대적으로 실질적인 삶이었기 때문이다. 그것은 주체와 실체의 관계를 전면적으로 '다시' 부각시킨다. 그러나 단순히 범주로서의 주체와 실체가 아니다. 법칙에 뉘앙스를 부여한 후 다시 그 법칙을 개념으로 변환시킬 수 있는 중간상태로서의 주체-실체다. 예수와 예수를 마주할 내가, 중간상태 속에서 만나게 되는 것이다. 예수가 있는 한, 나는 여기서 나갈 수 없다. "신에게 다가서려는 마당에 그 자신이 처해 있는 신과의 대립 상태를 견뎌낼 수 없다면 결코 신을 포착하지 못한 채 다만 신의 허울만을 포착하는 데 그치고 말 것이다."[491]

예수는 '보거나 들리거나 했었다'는 사실로 인해 단순히 현실존재인 사물이었거나 아니면 정신이거나 둘 중 하나로 귀착하게 된다. 그리고 이러한 교착은 결국 표상에 집적(集積)될 수밖에 없다. "직접적으로 존재하는 것은 표상으로 다다르는 것이 고작이고 이것만으로는 감각적인 직접성과 이를 보편화한 사유를 합성해 놓은 것에 지나지 않는다."[492] 예수는 현실존재였다는 사실로 인해 표상으로밖에 받아들여지지 않는 것인데, 표상의 필요는 곧 교단이라는 운명을 의미한다. 교단은 자신을 통해서만 예수가 "종교적 정신의

VIII. 헤겔과 예수

완전한 전체"⁴⁹³를 이룰 수 있다고 주장한다. 교단이 주장하는 것은, 교단만이 표상을 이룩할 수 있고, 표상만이 '전체(상)'를 이룩할 수 있다는 것이다. 왜냐하면 누구도 예수를 그 자체로 만날 수는 없기 때문이다. 교단의 입장에서는 만남의 자체성을 대체하는 것이 표상의 전체성이다.

표상이 불충분하다고 해서 표상을 제거하기 위해 교단이 설립되는 "기원"으로 되돌아가 "절대정신의 풍요로운 모습"을 겨냥하려 한다거나 "현실 인간으로서 예수가 발언한 것"을 낱낱이 돌아보려 한다 해도 "이는 아무 쓸모 없는 노릇"이다. 그것은 기껏 "일반인이 나름대로 머릿속에 떠올려 보곤 하는 개개의 형태"이거나 "몰정신적인 추억"⁴⁹⁴이기 때문이다. 하지만 표상에 의거한 교단의 활동은 단지 신적인 요소들을 표상에 의해 합성한 것에 지나지 않는 것으로 "상호관계가 이루어지는 일 없이 외면적으로 관계"하는 것일 뿐이다. 그러므로 표상의 형식을 벗어나야 할 필요가 있음을 의식해야 한다. "개념의 절박함"이 나타나야 하는 것이다.⁴⁹⁵

개념의 절박함이란 무엇인가? 헤겔에 따르면 본래 절박함을 가능하게 하는 것은 "희생"이었다.⁴⁹⁶ 그런데 희생의 의미는 "특수한 인간"으로서의 "개별체로서의 자기"인 측면을 지양한다는 것이다. 그러므로 지양은 "곧바로 교단의 설립을 촉진하게 된다."⁴⁹⁷ 왜냐하면 "교단에서의 자기의식의 운동은 표상적으로 뭔가를 알아내는 것이 아니라 잠재적으로 있던 것을 현재화시키는 작용"⁴⁹⁸이었

5. 교단의 표상을 넘어서 예수를 만나기 위하여

기 때문이다. 개별체로 육화된 신이 그 특수성을 지양하는 희생적 죽음을 겪었으되 그것을 "그리스도의 죽음이라는 표상에 따른 매개"로 받아들이는 정신만이 "교단과 더불어 살며 나날이 죽고 또 부활하는 개인적 정신"[499]으로 나타날 수 있는 것이다. 예수의 이 "희생", 죽음을 아는 데서 표상은 자기의식이 될 수 있다. 이것은 교단 편에서의 절박함이다. 예수의 죽음을 이러한 방식으로 알아야 했다는 것, 이 앎의 절박함이 바로 '자기 자신을 아는 주체'를 '존재'하게 한다. "표상으로 얻어진 것이 곧 참다운 내용이라는 것"[500]을 아는 것이 곧 자기를 안다는 것, 자기에게서 대상이 그대로 있다는 의미인 것이다.

우리가 앞서 살펴보았던, 예수의 살과 피를 통한 대속제의가 결국은 희생제의이자 축제라는 것은, 예수-표상으로 개별성과 보편성을 매개함으로써 가능한 것이다. 예수는, 라블레적 의미에서 잠재적으로 무한하지만, 교단적 의미에서 현재화된다. 표상이란 것은 결국 예수의 죽음의 의미는 '희생'이며 이는 '참다운 의미'라고 해석하는 것이다. 개별성과 보편성이 표상으로 매개되려면 그 표상은 희생의 표상이어야 한다. 그리고 동일한 희생이 곳곳에 요구되며 종내에는 세계에 대한 희생으로 치닫는다. 세계 전체를 희생시켜야만 교단의 현실은 예수를 출몰하게 할 수 있다. 피안을 향한 교단의 의식은 예수를 '이곳에 영원히 없을 것이므로 영원히 지연되는 그 형식으로 존재하는 존재'로 표상한다. 모든 것이 더 큰 보편성

VIII. 헤겔과 예수

을 위한 개별성의 허상이 된다.

그러나 단지 피안(彼岸)에 있는 것의 일렁임으로서의 '차안(此岸)의 유령'이 아니라, 바로 여기서 예수의 삶을 현상하게 하려면 어떻게 해야 하겠는가? 절박함은 거기까지 나아가야 하지 않겠는가? 교단이 아니라, '자기의 삶'으로 예수를 만나고자 하는 자만이 분열을 자각한다. 배우였던 인간 존재가 교단의식이 실행하는 잠재성의 현재화의 길을 가지 않는다면, 교단의식의 경건함 가운데 하나의 매듭으로서 희생을 표상하는 예수를 포착하지 않고 다른 길을 간다면, 그것은 자기 자신이 그대로 "선악의 싸움판이 벌어지는 대단원의 터전"[501]이 되어보는 것일 테다. 배우의 가장 진지한 연극, 그것은 실로 이 세상이 선과 악의 개념에 주었던 극성, 그 관계의 운동을 무너뜨리는 연극일 것이다. 거기에서 인간은 지금까지와는 다른 의미로 생명을 걸고 죽음을 건다.

그것은 예수가 했던 연극이기도 하다. 헤겔은 말하기를, '선과 악은 동일한 것이다'라는 명제와 '동일한 것이 아니다'라는 두 개의 명제가 함께 할 때 비로소 전체가 완성되는데 두 개의 명제는 모두가 옳으며 또한 모두가 옳지 않다.[502] 선악의 연극이 진지한 것은 선악에 대한 개념화를 달리함으로써 지금까지의 선악에 대한 표상에서 벗어나고 양쪽 모두를 무너뜨리면서 다시 세우기 때문이다. 모두가 동일한 것이며 동일하지 않은 것, 모두가 옳으면서 옳지 않은 것, 모두 무너뜨리면서 다시 세우는 것, 이를 이해하고자 하는 노고

5. 교단의 표상을 넘어서 예수를 만나기 위하여

(勞苦) 가운데 절박함이 나타난다.

신의 존재와 [...] 인간의 육체가 동일하다는 것은 바로 운동의 관점에서 할 수 있는 얘기다. [...] 다만 이 운동의 의미를 제대로 드러내는 데에는 통사적인 판단이나 몰정신적인 계사 '이다'를 가지고는 불가능하다. [...] 이 개념을 파악하는 것이 어려운 것은 계사인 '있다'에만 고착된 나머지 사유의 요소로는 '있다'와 함께 '없다'라는 것도 마찬가지의 역할을 한다는 것을 망각한 데 있다.[503]

예수를 표상 없이 감각한다는 것은 '지금 이곳'에서 그를 만난다는 뜻이다. 헤겔에게서 감각적 의식이란 "신을 신이면서 동시에 직접 우리 면전에 그대로 있는 것이 되"도록 하는 것이었다.[504] 헤겔에게서 감각은 항상 이것도 저것도 아닌 불특정한 것이면서 이것도 저것도 될 수 있는 단일한 존재를 알아채는 것이었다. 많은 지금, 많은 여기를 내포한 단일한 복합체로서 '이것이란 무엇인가'를 물을 수 있는 것이었다. 그러므로 이는 잠재성을 현재화하는 것이 아니다. 오히려 현재성을 잠재화하는 것이다. 인간의 육신만이 죽음과 희생을 통해 보편성과 개별성을 잇는 매개가 되어왔듯 그 파열을 지속시키는 매개이기도 하다는 것을 아는 가운데 노력을 몸소 걸머지는 일이 필요하다. '~인 것'의 오류성, 불특정성, 불확실성 따위를 보존하면서도 성실을 다하는, 개념의 파착(跛着)을 감행하려고 하는 절

Ⅷ. 헤겔과 예수

박함 가운데 자기완성을 이루고자 하는 각자에게 예수를 만나는 일이 달려 있다. 왜냐하면, 예수는 부활했기 때문이다.

라블레가 잡동사니와 수수께끼와 갊아 먹혀진 것들과 골수 사이에서 술의 말을 빌렸듯이 헤겔 또한 '술의 말'을 빌린다: "오직 이 정신의 왕국의 술잔으로부터 정신의 무한성이 부풀어 오르는 도다."[505] 헤겔의 친우이기도 했던 프리드리히 휠덜린(Friedrich Hölderlin) 또한 '빵과 포도주'라는 표상을 말하는 대신, '빵과 포도주'를 먹고 마신 후 '쓰여지는 시'를 통해 그것이 제 몸 속에서 나오는 것을 목도하였다. 휠덜린은 존재하는 것들로부터 표상이 아니라 '그림자'를 본다. 그림자란, '이것'을 '밤으로 되돌려보내는 것'이다. "숭고한 밤의 호의는 놀랍기만 하다. 또한 아무도 밤에 어디서, 어떤 일이 발생할지 전혀 알지 못한다. 세상을, 인간의 갈구하는 영혼을 행동하게 해준다. 설령 현자라 해도 밤이 무얼 준비하는지 알지 못하리라."[506] 물론 그림자는 낮과 밤이 있음과 없음처럼 함께 존재하는 가운데에서만 온다. "하나이자 모든 것으로 명명되었던"[507] 신들의 용모를 인간은 그렇게 지닌다. 그림자는 우리의 밭끝으로부터 우리의 몸을 향하여 기웃 붙어 있다. 실로 그는 "직접 찾아와, 인간의 형상을 받아들여, 우리를 달래며, 천국의 축제를 완성시키고 끝내었다."[508] 그림자를 진정으로 가슴에 품으며 밤으로 되돌려 보낸 사물과 우리 자신의 존재 앞에서는 신들, "그들에 관한 꿈이 바로 삶"[509]이기 때문이다. 실로 정신적 기쁨을 위해서 위대한 것은 사람들에게 너무 크나크고, 가장 큰 기쁨을 위해서는 강인함이 아직 결핍되어 있지만, 몇 가지 고마움이 조용히 생동한다.[510]

6. 한 조각의 예수, 『백치』의 경우

홀바인의 「무덤 속의 그리스도의 몸」 또한 예수를 만나는 하나의 형식을 시도했던 작품이다. 표도르 도스토옙스키(Фёдор Михайлович Достоевский)는 이 그림을 보는 순간 거기에 사로잡혀 버렸으며 그 매혹에도 불구하고 이것이 신성모독이 아닌가 하는 공포에서 빠져나오지 못했다. 도스토옙스키의 소설 『백치』는 이 '그림의 실체 없이' 이 그림의 '주변'을 에둘러 맴도는 인물들과 인물들의 말, 그리고 끝내는 이 그림의 형상 그대로를 실현하고 마는 나스따시야의 시신으로 이루어져 있다. "그런데 홀바인의 그 그림은 왜 그리 이상한가……?"[511]

예수의 죽음을 다룬 이 '그림'(표상과 감각의 중첩된 형태)은 로고진의 집, 복도 끝에 걸려 있다. 그런데 이 그림은 "복제화"[512]다. 그리고 이 그림이 복제화라는 사실은 매우 중요하다: 왜냐하면 홀바인이 '목판화'로 내놓았던 「죽음의 무도」와 '유화'로 내놓았던 「대사들」의 사이에서, 망령의 곳곳에서 산발적이고 다수적인 출현과 두개골의 절

VIII. 헤겔과 예수

대적이고 유일한 도래 사이에서, 혹은 (1538년 각각의 목판화가 함께 놓인 시문(詩文)들과 함께 출판된) 「죽음의 역사」가 된 죽음의 춤과 사건적인 두개골 사이에서, 다르게 반복될 수 있는 '일상의 도래'로서 이 그림이 나타나는 것이기 때문이다.

그림을 처음 본 미쉬낀 공작은 공포를 느낀다. 우리는 나중에서야 공작 스스로가 자신이 해내지 못했던 말을 "인용한 것 같다던"[513] 이뽈리뜨의 해명으로부터 그 그림을 그려낼 수 있다. 그것은 십자가에서 막 풀려난 예수다. 거기에는 "미에 대한 언어가 전혀 없었으며, 마침내 십자가의 고통을 다 참아낸 자의 시체"[514]가 있었을 뿐이다. 홀바인의 시체는 철저하게 강하다. 왜냐하면 그가 받은 것을 결코 되돌려주지 않기 때문이다. 그는 받은 것을 주지 않는다. 거기에 있는 것은 오직 인내뿐이다. 수난의 무의미함이다.

도대체 이, 시신이 되어 버린 자는 무엇 때문에 수난을 참아냈단 말인가? 단지 스스로 무엇도 아니기 위해서-그 외에는 어떠한

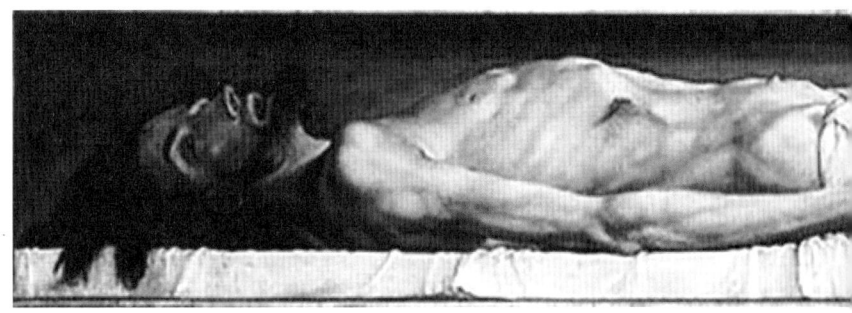

6. 한 조각의 예수, 『백치』의 경우

이유도 없다. 예수는 아무것도 돌려주지 않음으로써, 자기를 학대한 자의 악(惡)을 무화시켰다. 학대한 자의 채찍에서도 악이 자라지 않게 한다면…, 오오, 그보다 더 강한 것이 어디에 있겠는가? 학대한 자는, 학대하는 자로서 채찍을 휘둘렀는데, 학대받는 자가 그 채찍을 받지 않았다면, 학대가 어떻게 성립하겠는가? 도스토옙스키의 소설 속 홀바인의 그림에서 예수는, 학대받지 않기 위하여 학대받았다.

도스토옙스키는 『백치』에서 나스따시야, 로고진, 미쉬낀, 셋의 삶을 통해 이러한 예수의 삶을 이해해보고자 시도했다. 사실 로마적 지배, 즉 도스토옙스키에게는 "힘의 권리"로 나타난 지배의 핵심은, 그의 지배 자체를 폭력으로 받아들일 것(그건 그 지배의 '중대함'을 인식하는 것이다), 그래서 지배의 구조로 인해 본성에 변형이 가해졌다는 것을 '인정'할 것(그건 그 지배가 '성립'되었음을 확신하는 것이다), 그리고 그 고통에 대해 어떤 식으로든 변증법적으로 대답할 것(부인, 혁명, 승화, 용서, 변혁 등)으로 이루어져 있다. 나스따시야의 경우 또쯔끼적인 것이

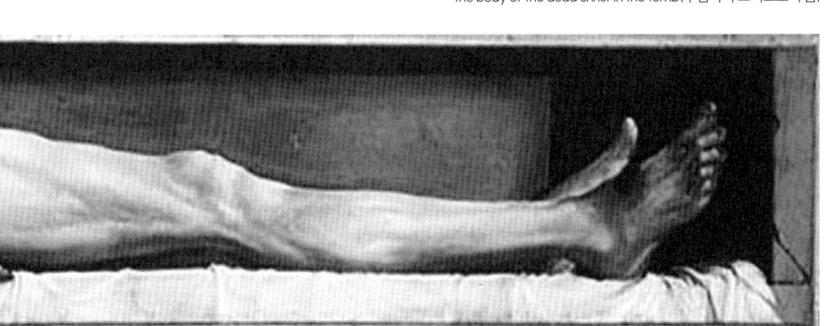

the body of the dead christ in the tomb(무덤속의 그리스도의 몸)

VIII. 헤겔과 예수

바로 이러한 로마적 지배를 나타낸다. 그러나 나스따시야는 또쯔끼적인 것으로부터 온 모든 것을 단지 극심한 '모욕'으로만 받아들임으로써 또쯔끼적인 것을 무력화/무효화시킨다. 지배는 '지금 여기 이' 인간을 단지 모욕할 수 있을 뿐이다. 지배는 그를 바꿀 수도 없고 형성시킬 수도 없으며 전락시킬 수조차 없다. 그러나 또한 물론, 도스토옙스키적인 인간이 진정으로 견딜 수 없는 것도 바로, 그 모욕이다.

또쯔끼는 자신을 파멸시키기 위해 나타났으면서도 아무 일도 하지 않고 그저 5년간 가만히 있기만 했던 나스따시야에게 걸었던 사치의 내기에서 이미 무력화되었다. 가난이 인간을 비루하게 만들지 않듯 사치는 인간을 마비시킬 수 없다.

> 그는 사치에 빠져들기가 얼마나 쉬운가 하는 것과, 사치에 조금씩 맛들이다 보면 그것이 삶의 필수적 요인이 되어 거기서 헤어나기가 무척 힘들다는 것도 알고 있었다. 그는 이와 같은 낡은 사고방식에 안주하여, 자신의 태도를 조금도 바꾸지 않고 육체가 정신에 미치는 불가항력적 힘을 철저하게 존중하여 왔다. 나스따시야는 사치가 가져다주는 것들을 거절하지 않았다. 오히려 사치를 즐겼다. 그러나 이상하기 짝이 없었다⋯⋯ 그녀는 도무지 사치에 굴복하지 않는 것이었다. 언제라도 사치스런 생활을 헌신짝 버리듯 떨쳐버릴 자세가 되어 있었다.[515]

나스따시야를 비루하게 하고 마비시켰던 것은, 그녀가 스스로 비루

6. 한 조각의 예수, 『백치』의 경우

해지고 마비되지 않는다는 것을 보여주었음에도 불구하고 그녀를 찾아와 흥정을 시작함으로써 그녀로 하여금 비루함과 마비됨의 역할을 떠맡도록 시킨, 표상적인 것이다. 또쯔끼는 그녀에게 가한 모욕에 대하여 '진짜' 용서를 구했어야 했다. 그러나 그의 관념 속에서 여성에게 구할 수 있는 유일한 용서는 그저 적당한 지참금이 첨부된 결혼뿐이었다.

한편 로고진 또한 '진짜' 그녀를 사랑했어야 했다. 그러나 로고진이 나스따시야를 사랑하려 할 때 취할 수 있었던 유일한 방법은 꾸러미에 싸인 몇만 루블을 들고 그녀를 찾아가는 것뿐이었다. 또쯔끼에게 구원이란 보상에 불과했듯, 로고진에게 구애란 선물에 불과했다. 따라서 그들이 그러한 방법을 취하기 시작할 때 관습의 세계에서 전형적인 여성 표상이 되어 버린 그녀 자신의 존재를, 그녀는 모욕으로 받아들일 수밖에 없었던 것이다. 구원을 보상으로서 얻는 자는 얼마나 하찮으며 사랑을 선물에 의해서 얻는 자는 얼마나 비루한가. 나스따시야는 그것을 알았다.

그런데, 또쯔끼씨. 사람들 말에 따르면 그와 같은 일이 일본인들 사이에서 간혹 일어나곤 한다더군요. [...] 모욕을 당한 자가 모욕을 가한 자를 찾아가서 <너는 나를 모욕했다. 그래서 나는 네가 보는 앞에서 나의 배를 가르기 위해 왔다>고 선언한다는 거예요. 그러고는 정말로 모욕을 가한 자 앞에서 자기의 배를 가르고 극도의 만족감을 느끼며 확실한 복수

VIII. 헤겔과 예수

를 했다고 생각한다는 겁니다.*(275)*

어쩌면 나스따시야는 단지 고통받았는지도 모른다. 그러나 그녀는 자신에게 가해진 그것을 모욕으로 받아들임으로써 자신이 '고통받았고' 동시에 '그렇고 그런 여자'가 되었다는 사실 자체를 무화시켰다. 자신이 자신의 파멸을 선택함으로써 또쯔끼적인 것 따위는 자신에게 고통을 줄 수 없고 오직 거기에 나약하게 흔들려버린 자기 자신만이 자신에게 고통을 줄 수 있다는 사실을 성립시킨 것이다. '고통받은 그렇고 그런 여자'라는 표상에 대항하는 질서에 붙들려 있는 나스따시야는 그 표상이 되지 않으려 끊임없이 도망다닌다.

미쉬낀은 나스따시야의 모든 행위가 그녀 자신의 자신에 대한 용서를 금지시킨 것에서 나온다는 것을 직감적으로 알았다. 그녀가 자신과의 관계 내부에 모든 구조와 질서의 압력, 표상화의 위력을 절합시켜 두었다는 것을 알았던 것이다. 실상 나스따시야는 또쯔끼적인 지배의 모든 폭력들을 단지 자신의 나약함으로 대체했고, 그 나약함을 용서하지 않는 자신을 통해 대체의 원동력을 얻어왔다. 미쉬낀은 바로 이 점을 알게 된다. 그래서 나스따시야에게 청혼을 한다.

하지만 나는…… 진정한 영광이 무엇인지 이해할 수 있을 것 같아요. 그리고 내가 진실을 말했다는 사실을 나는 확신하고 있어요. 당신은 지금 돌이킬 수 없을 정도로 자신을 파멸로 이끌어 가려고 했어요. 왜냐하면 당신은 나중에 그런 행동을 한 자기 자신을 결코 용서하려 하지 않았을 것이기 때문이죠. 당신은 아무런 잘못도 저지르지 않았어요…… 나스따시야 필리뽀브나, 당신에게는 많은 배려가 필요합니다. 내가 당신을 돌봐드리겠어요. 나는 아까 당신의 사진을 보고 당신의 얼굴이 나를 부르고 있는 듯한 인상을 받았습니다……. 나……, 나는 당신을 평생 존경하며 살겠습니다.[516]

미쉬낀은 나스따시야의 '모욕'에 정확하게 '존경'으로 응한다. 바로 이 때문에 나스따시야는 공작을 끔찍하게 두려워한다. 그건, 자기 자신조차도 고통을 줄 수 없는 무언가가 자기 내부에 있다는 사실을 스스로 깨달았다는 것을 의미한다. 그러므로 자신을 용서하는 데 바로 영광이 있는 것이다. 그것은 진정한 영광이다. 왜냐하면 바로 그러한 내부의 것을, 끝내는 지각해냄으로써, 그것에 신적인 근원성이 있다는 것을 알 수 있기 때문이다. 나스따시야는 공작을 통해 알게 된다: 진실로, 내가 나 자신을 파멸시킬 수 없다.

로고진은 나스따시야의 표상-'그렇고 그런 여자'-에도 불구하고 그녀를 사랑했다. 그 사랑이 오기였고 열정이었으며 아버지에게 금지당한 것을 위반하는 일이었다 할지라도, 사랑하는 자가 그 사랑을 구매하려 했고 아첨으로 소유하려 했으며 끝내 탈취하려 했다 할지라도 말이다.

VIII. 헤겔과 예수

어찌 되었든 간에 한 가지 분명한 것은, 자기의 숙녀가 누구이든 또 그녀가 무슨 짓을 하든 간에 이 <가난한 기사>는 중요시하지 않는다는 거예요. 또한 그 기사는 자기가 그녀를 택했다는 것과 그녀의 <순결한 아름다움>을 믿어 영원히 그녀 앞에 무릎 꿇는 것에 만족한다는 거지요. 또 하나 괜찮은 것은 그녀가 도둑년이라 하더라도 그 기사는 그녀를 믿으며 그녀의 순결한 미를 위해 창을 꺾는다는 겁니다.[517]

나스따시야를 향한 '그럼에도 불구하고'는 모든 이유를 극복했거나 초연해 했던 것이 아니라 다만 사랑이 곧 로고진의 삶의 일부였기 때문에 성립하는 것이었다. 로고진은 미쉬낀과 서로 십자가를 교환함으로써 그것을 보여준다: 악의에 찬 가난한 사기꾼 병사의 손에 쥐어졌던 20꼬빼이까짜리 주석 십자가는 거짓으로 위장된 것이었으나(병사는 그것이 은이라고 말했다), 그것이 거짓임을 알았으면서도 공작은 그것을 샀으며, 로고진은 허위에서 출발했을지라도 그것이 삶이었으므로 그것을 자신의 황금십자가와 교환할 수 있었다. 이렇게 허위는 유의미할지라도 무효한 것이 되어 버린다. 그래서 그들-나스따시야와 로고진-이 함께 보냈던 수많은 낮과 밤 또한 단순히 불행하지 않았던 것이다.

미쉬낀 공작은 '영원한 자격없음'의 형상으로 나타난다. 세계에 대해 권리가 없고 사회에 대해 쓸모가 없고 자기 자신 하나 붙잡지

6. 한 조각의 예수, 『백치』의 경우

못하는 백치, 간질발작의 한 가운데 놓인 사람: 그리하여 그는 모든 것에 진지하고 모든 것에 감사하여 모든 것에 염치없어 한다.

걱정하지 마세요. [...] 난 곧 떠날거에요. 난 알아요, 내가 자연에 의해 모욕당하는 것을……. 나는 24년 동안, 24년이 된 지금까지 병을 앓고 있어요. 그러니 병자가 하는 말이라고 여겨주세요. 내가 지금 곧 떠난다는 것을 알아주세요. 나는 얼굴이 빨개지지 않아요. 이런 것 때문에 얼굴이 빨개진다는 것은 이상하지 않을까요? 하지만 나는 사회에서 무용지물입니다……. 자존심 때문에 이런 말을 하는 것이 아닙니다……. 나는 지난 사흘 동안 마음을 고쳐 먹고, 여러분을 만나게 되면 제일 먼저 진실되고 점잖게 말하려고 결심했습니다. 내가 끄집어 내서는 안될 사상들, 고상한 사상들이 있지요. 내가 말하면 그것들은 웃음거리밖에 되지 않기 때문이지요. [...] 나에겐 우아한 제스처도 없고, 감정의 중용도 없어요. 내가 하는 말은 사상과 일치하지 않아요. 그것은 사상을 욕되게 하는 짓이에요. 때문에 나는 사상에 대해 말할 권리가 없어요……. 더구나 나는 의심하는 습관이 있어요. 나, 나는 이 집에서 여러분이 나를 모욕하지 않고, 나를 내가 가진 가치 이상으로 사랑하고 있다는 것을 확신해요. 하지만 나는 알고 있어요(확실히 알고 있어요). 20여 년 동안 병을 앓은 끝에 무언가가 틀림없이 내게 남아 있다는 것과, 그것이 때때로 사람들의 웃음을 불러일으키지 않을 수 없다는 것을……, 정말 그렇지 않은가요?[518]

VIII. 헤겔과 예수

권리와 쓸모의 자아, 그것은 '나'의 보잘것없음을 가리는 도구들이다. 도스토옙스키는 그것들이 거짓 베일(허구)이라고 말하지 않는다. 다만 그것을 전혀 가지고 있지 않은 존재에 대해서 세계가 어떤 난처함을 보이는가를 보여줄 뿐이다. 도스토옙스키는 그것들이 사회적으로 필요하다고 말하지 않는다. 다만 그것을 전혀 가지고 있지 않은 존재 근처에서 사람들이 어떻게 고귀해지는지 보여줄 뿐이다.

그러나 이 같은 말들이 없음에 가치를 주거나 없음을 정당화하는 식으로, 없음을 물화하는 식으로 해석되지는 않기를 나는 간절히 바란다. 다만 예수가 행했던 학대자에 대한 '무화의 위엄'을 이해하려는 도스토옙스키 자신의 '절박함' 가운데, 자기를 결코 용서하지 못하는 나스따시야의 모욕받음이, 로고진의 '그럼에도 불구하고'의 단순한 삶이, 그리고 한없이 모든 것에 진지하고 모든 것에 감사한 '자격없는 미쉬낀'이라는 인물들이 있는 것이다. 그리고 무엇보다 한없이 자기의 모자람과 부족함과 잘못들－그러나 죄가 아닌 잘못들－을 깨닫는 인물들이 있는 것이다.

미쉬낀은 나스따시야에게 청혼했으나 나스따시야는 공작과 결혼할 수 없으며 행복할 수 없었다. 그리고 자살할 수도, 자신을 파멸시킬 수도 없었다. 마침내 나스따시야는 일종의 중간상태를 택한다. 그녀는 '피 한 방울 흘리지 않은 시체'가 되어 침대에 눕는데, 그녀를 살해한 자는 로고진이었다. 미쉬낀은 파멸을 '예언'했으나 마침내 '자신에게' 죄가 있음을 깨닫는다. 로고진과 미쉬낀은 나스따시야의 장소를 방문한다. 로고진은 그녀 근처에 꽃을 두기를 거부한다. 미적인 존재로서의 애도를 거부한 것이다. 나스따시야는 공작을 파멸시키지 않았고, 그래서 로고진도 손에 피를 묻히지 않았다. 로고진은 용서받은 빌라도가 되었고 동시에 십자가의 예수 곁에 함께 못 박힌 도둑이 되었다. 로고진은 시체 옆에 누워 이제 막, 나스따시야가 조롱했던 장교의 이야기를 꺼내고, 미쉬낀은 함께 했었을 카드를 꺼내 달라는 요청을 한다. 그리고 "공작은 갑자기 깨달았다." "이 순간과 더불어 이미 오래전부터 그는 해야 할 말을 하지 않아 왔고, 해야 될 일을 하지 않았으며, 반갑게 받아 쥔 이 카드가 이제는 아무 짝에도 쓸모가 없다는 것이다."[519]

공작은 셋의 관계 속에서 예수 옆에서 죽어간 또 다른 도둑이 되고, 바로 그러한 또 다른 도둑으로 자격 없이 머묾으로써만 우리에게 예수로 다가온다. 이 마지막 장면, 이 셋의 장면 속에서 예수의 몸은 표상이지만 감각되는 것으로, 우리에게 다가온다. 이 소설(小說)의 더욱 작은 흰 장면이(素說) 어느 한 때에 시간과 시작으로 감각되는 순간, 그 순간이 헤겔이 그토록 절박하게 원했던 예수의 개념 중 일편(一片)이 아니라면 무엇이겠는가?

IX. 결론

IX. 결론

주체만이 유령을 볼 수 있다: 주체만이 유령을 볼 수 있는 이유는 주체만이 유령이 될 수 있기 때문이다. 달리 말하면 유령이 될 수 없는 자는 유령을 보지 못한다. 그러면 왜 주체만이 유령이 될 수 있는가? 그건 인간이 균형상태를 유지하려 한다면 주체는 중간상태를 유지하려 하기 때문이다. 인간이 본질과 실존 사이에 맺힌 존재라면, 주체는 본질과 실존의 어긋남 속에 몸부림치는 자라고 해야 할 것이다. 주체란 자신이 자신을 어떻게 만들어 나가도록, 자신의 형성에 종속되어 있는 자이면서도, 자신이 자신을 만들어 냈다고 말할 수 없는 형성의 수수께끼에 걸려 있는 자다. 어쩌면 인간학에서 말하는 것처럼 주체를 만든 것은 정치사회적인 관계그물망인지도 모른다. 그러나 그것을 형성의 수수께끼에 대한 답으로 내어 놓아도 주체는 완전히 '~인 것'이 되지 못한다.

주체는 그 자신의 지탱을 통하여 유령을 본다. 그러나 주체는 유령이 자신에 의하여 나타난 것이라고 여기는 것은 아니다. 유령은 결코 주체와의 '관계'에 의하여 존재하게 된 무엇이 아니다. 물론 주체가 유령과 관계를 맺는 길도 있다. 때로 유령은 원한에 가득 차 있고 정의를 요구한다. 주체는 때로 응답하고 유령을 상속하거나 완수하며 기꺼이 두려워하며 또한 기꺼이 기뻐한다. 이것은 모두 주체가 유령을 책임지는 하나의 방식들일 수 있다. 그러나 유령은 근본적으로는, 영원히 주체가 의미화할 수 없고 단위화할 수 없고 사회 속에 포함시킬 수 없는 해체되고 파열된 무언가들, 몸 있는 것들이라고 부를 수밖에 없는 불가능한 무엇을 보는 하나의 형식이다. 그래서 주체가 유령을 보긴 하지만, 그리하여 유령의 그 갚을 수 없는 선사와 전염에 의하여 미치지 않고 이야기를 시작하긴 하지만, 실은 유령은 언제나 시뮬라크르적인 것이어서 유령의 형성에는 우리가 유령에 의하여 가정한 것들 외에는 아무것도 찾을 수 없다는 사실을 발견할 뿐이다. 유령은 출몰하면서 언제나 존재하지 않는 것, 그러나 존재하는 것, 한 번도 존재한다고 생각해본 적 없었으나 어디선가 존재하고 있는 것 전체를 일깨우게 된다. 그것은 아직 의미가 없는 것이며 영원히 의미 없는 자리에 있을 무엇의 흔적이다.

그리하여 비평가는 언제나 더듬더듬 언어를 말했다. 아이스킬로스의 비극은 또 다른 시가 되었고 소크라테스는 곤경에 머무르는

IX. 결론

법을 알려 주었다. 아이스킬로스의 프로메테우스는 신들림으로서의 시가 종료된 이후에도 자기 자신의 고통을 짊어지기를 선택함으로써 새로운 붙들림의 가능성을 보여주었다. 행위 주체가 된다는 것은 주체 편에서의 어떤 광기로 나타났다. 그는 정화되지 못하는 과오를 범하고 정화를 거절하며 고통을 겪는다. 광기는 주체의 망아/도취가 아니다. 오히려 그것은 기계적 괴물성인 데카르트적 신체를 지탱해야 하는 상태다. 오히려 그것은 끊임없이 인간되기의 작업을 해야만 한다는 것을 은밀히, 계속해서, 알려주는 상태다.

루크레티우스는 아타락시아를 거절하고 전염병의 세계 속으로 걸어 들어갔다. 색스는 약물체험의 초월적 해결을 거절하고 분석 불가능성의 문제로 끊임없이 되돌아가는 분석의 성실함을 보여주었다. 햄릿은 실로 유령적인 방식으로 유령을 상속했으며, 스크루지는 유령을 통해서야 비로소 자신의 시간을 붙잡았다. 와일드는 유령을 현존케하면 부재하게 할 수 없다는 것을, 멜빌은 유령을 주의 깊게 바라보면 그가 유령으로서의 생명을 얻는다는 것을 보여주었다. 헤겔은 이미 죽고 없는 예수를 만나는 방법 가운데, 도스토옙스키는 그림 속의 예수가 되는 방법 가운데, 이미 죽고 없는 그를 우리 가운데 다시 살려 주었다. 우리 중 누구에게도 자격은 없다. 하지만 우리는 데리다, 혹은 보드리야르처럼 각자의 식별력, 각자의 환대, 각자의 도전, 그리고 각자의 희망 속을 살아낼 것이다.

우리의 비평에는 의미가 없고 가치도 없다. 그건 유용하지도 않고 인간들을 위해 나타난 것도 아니다. 세계가 우리를 버리더라도 우리는 할 말이 없다. 잊혀진 비평가들은 그저 자신이 예술작품이라고 감히 부를 수 있었던 것에 휩쓸렸음에도 간신히 자신을 유지하고 있는 그 중간상태를 증언할 뿐이다. 그래서 그는 그가 보는 작품을 과도하게 현시하게 된다. 그 작품들에서 나타난 이상한 단위들의 응집체들에 대처하는 방식으로 자신을 세웠기 때문이다. 그는 작품을 다시 사는 것인데, 그건 재현적이거나 재조직화가 아니어서 다만 자신의 몸이 살아온 방식으로 작품에 응답하고 책임지는 행위일 뿐이다.

이러한 비평 가운데에서는 망설임, 머뭇거림, 기다림, 오류와 의심과 보류, 무엇보다 곤경에 처하기, 당혹해하기, 난처하기, 그리고 또한 자신의 고통을 살아내기가 무엇보다 중요해질 것이다. 주체는 형성을 해소하거나 안정화하는 대신 다시 형성하고 다시 형성된다. 그렇게 나아가면서 의미 없는 주체는 점점 더 교환불가능해지고 쓸모 없는 것이 된다.

미주

1. 스티븐 미슨, 『마음의 역사』, 윤소영 옮김, 서울: 영림카디널, 2001, 226쪽.
2. 이 책에서 그리스어 'plattein'은 아주 중요한데, 앞으로 설명할 것이다. 사실 번역이 불가능한 어휘지만 크게 두 가지로 번역된다. 여기서는 그 점만을 언급해두고자 한다. 첫째로 플라톤 저작에서 역자 박종현은 이를 '형성(formation)'으로 번역한다. 둘째로 아리스토텔레스 저작에서 역자 천병희는 이를 '행위(action)'로 번역한다.
3. 플라톤, 『이온·크라튈로스』, 천병희 옮김, 서울: 숲, 2014. 23-24쪽.
4. 플라톤, 『국가』, 박종현 옮김, 서울: 서광사, 2005, 199-200쪽.
5. 플라톤, 『이온·크라튈로스』, 서울: 숲, 2014. 28쪽.
6. 위의 책, 27쪽.
7. 위의 책, 18-19쪽.
8. 플라톤, 『에우티프론·소크라테스의 변론·크리톤·파이돈』, 박종현 옮김, 서울: 서광사, 2003, 152쪽.
9. 플라톤, 『파이드로스』, 김주일 옮김, 서울: 이제이북스, 2012, 75쪽.
10. 위의 책, 76쪽.
11. 플라톤, 『에우티프론·소크라테스의 변론·크리톤·파이돈』, 박종현 옮김, 서울: 서광사, 2003, 277쪽.
12. 위의 책, 153쪽.
13. 위의 책, 121쪽.
14. 플라톤, 『프로타고라스·라케스·메논』, 박종현 옮김, 서울: 서광사, 2010, 285쪽.
15. 위의 책, 379쪽.
16. 위의 책, 375쪽.
17. 위의 책, 337쪽.
18. 위의 책, 377쪽.
19. 플라톤, 『파이드로스』, 김주일 옮김, 서울: 이제이북스, 2012, 87쪽.
20. 플라톤, 『알키비아데스』, 김주일, 정준영 옮김, 서울: 이제이북스, 2014, 115쪽.
21. 위의 책, 116쪽.
22. 플라톤, 『이온·크라튈로스』, 서울: 숲, 2014. 28쪽.
23. 위의 책, 26쪽.

24. 위의 책, 24쪽.
25. 위의 책, 42쪽.
26. 이에 대해서는 『소크라테스 이전 철학자들의 단편 선집』에 실린 아낙시만드로스의 잠언들과 이 잠언의 번역 문제를 다룬 하이데거의 ·아낙시만드로스의 잠언·을 참고할 것.
27. 위의 책, 18쪽.
28. 아리스토텔레스의 『시학』에는 '광기'에 관한 언급이 단 한 번 등장하는데, 아리스토텔레스는 플라톤의 이러한 의미 변형을 따라 감정 이입을 '잘'하는 것이 바로 시인의 '능력'이요, 시인이 되기 위한 조건을 강조하기 위해서 '광기'라는 단어를 사용한다. "그러므로 작시술은 남다른 재능을 가진 사람이나 광기 있는 사람을 필요로 한다." (105)
29. 플라톤, 『에우티프론·소크라테스의 변론·크리톤·파이돈』, 박종현 옮김, 서울: 서광사, 2003, 61쪽.
30. 플라톤, 『프로타고라스·라케스·메논』, 박종현 옮김, 서울: 서광사, 2010, 241-42쪽.
31. 위의 책, 317쪽.
32. 위의 책, 330쪽.
33. 위의 책, 317쪽.
34. 플라톤, 『에우티프론·소크라테스의 변론·크리톤·파이돈』, 박종현 옮김, 서울: 서광사, 2003, 171쪽.
35. 위의 책, 452-53쪽.
36. 위의 책, 244쪽.
37. 위의 책, 277쪽.
38. 플라톤, 『국가』, 박종현 옮김, 서울: 서광사, 2005, 637쪽.
39. 위의 책, 161쪽.
40. 위의 책, 163쪽.
41. 플라톤, 『법률』, 박종현 옮김, 서울: 서광사, 2009, 203쪽.
42. 플라톤, 『국가』, 박종현 옮김, 서울: 서광사, 2005, 171쪽.
43. 위의 책, 184쪽.
44. 위의 책, 199쪽.
45. 위의 책, 177-78쪽.
46. 위의 책, 456쪽.
47. 위의 책, 628쪽.

48. 위의 책, 631쪽.
49. 위의 책, 632-33쪽.
50. 위의 책, 634-35쪽.
51. 위의 책, 637쪽.
52. 플라톤, 『법률』, 박종현 옮김, 서울: 서광사, 2009, 126쪽.
53. 위의 책, 125쪽.
54. 위의 책, 150쪽.
55. 위의 책, 129쪽.
56. 위의 책, 154쪽.
57. 위의 책, 168쪽.
58. 위의 책, 170쪽.
59. 위의 책, 196쪽.
60. 플라톤, 『국가』, 박종현 옮김, 서울: 서광사, 2005, 371쪽.
61. 위의 책, 373쪽.
62. 위의 책, 433쪽.
63. 플라톤, 『테아이테토스』, 정준영 옮김, 서울: 이제이북스, 2013, 103쪽.
64. 위의 책, 171쪽.
65. 플라톤은 여기서 있는 것은 있고 없는 것은 있지 않다고 한 파르메니데스의 논증을 뒤집어 없는 것은 없고(모든 것이 있고) 있지 않은 것은 있다(모든 것은 있다)는 것을 증명한다. 물론 이것은 플라톤의 체계 내에서 이데아의 실제 존재를 증명하기 위한 것이었겠지만 나는 여기에는 하나의 숨겨진, 그러나 분명히 논증되는 사실이 있다고 생각한다. 그것이 바로 비록 상승되기 위하여 준비된 것이기는 하지만, 그럼에도 존재하는 '중간상태'의 존재다.
66. 위의 책, 199쪽.
67. 위의 책, 195쪽.
68. 플라톤, 『에우티프론·소크라테스의 변론·크리톤·파이돈』, 박종현 옮김, 서울: 서광사, 2003, 326쪽.
69. 위의 책, 322쪽.
70. 위의 책, 320-21쪽.
71. 플라톤, 『향연』, 강철웅 옮김, 서울: 이제이북스, 2014, 136-38쪽.
72. 위의 책, 144-45쪽.

73. 위의 책, 145-46쪽.
74. 위의 책, 146쪽.
75. 플라톤, 『파이드로스』, 김주일 옮김, 서울: 이제이북스, 2012, 76쪽.
76. 위의 책, 78-79쪽.
77. 플라톤, 『에우티프론·소크라테스의 변론·크리톤·파이돈』, 박종현 옮김, 서울: 서광사, 2003, 384쪽.
78. 플라톤, 『파이드로스』, 김주일 옮김, 서울: 이제이북스, 2012, 82쪽.
79. 위의 책, 87쪽.
80. 위의 책, 88쪽.
81. 위의 책, 90-91쪽.
82. 위의 책, 92-93쪽.
83. 플라톤, 『티마이오스』, 박종현 외 옮김, 서울: 서광사, 2008, 91쪽.
84. 위의 책, 149-50쪽.
85. 위의 책, 95쪽.
86. 위의 책, 96쪽.
87. 위의 책, 98쪽.
88. 위의 책, 103쪽.
89. 위의 책, 135-36쪽.
90. 위의 책, 136쪽.
91. 위의 책, 137-39쪽.
92. 위의 책, 146쪽.
93. 위의 책, 132쪽.
94. 플라톤, 『필레보스』, 박종현 옮김, 서울: 서광사, 2004, 86쪽.
95. 위의 책, 90-91쪽.
96. 위의 책, 97쪽.
97. 위의 책, 99쪽.
98. 아리스토텔레스, 『시학』, 천병희 옮김, 서울: 문예출판사, 2002, 57쪽.
99. 위의 책, 57쪽.
100. 위의 책, 37쪽.
101. 위의 책, 38쪽.

102. 위의 책, 37쪽.
103. 위의 책, 38쪽.
104. 위의 책, 62-63쪽.
105. 위의 책, 54-55쪽.
106. 위의 책, 73쪽.
107. 위의 책, 87쪽.
108. 위의 책, 78쪽.
109. 위의 책, 49쪽.
110. 위의 책, 78쪽.
111. 위의 책, 49쪽.
112. 아이스킬로스, 『아이스킬로스 비극 전집』, 천병희 옮김, 서울: 숲, 2008, 34쪽.
113. 위의 책, 47쪽.
114. 위의 책, 37쪽.
115. 위의 책, 84쪽. 강조는 인용자.
116. 위의 책, 86-87쪽.
117. 위의 책, 89쪽.
118. 위의 책, 187쪽.
119. 위의 책, 144쪽.
120. 위의 책, 120-22쪽.
121. 위의 책, 125쪽.
122. 위의 책, 138쪽.
123. 위의 책, 155-56쪽.
124. 위의 책, 168쪽.
125. 포르밍크스(phorminks)란 운율을 맞추는 그리스의 악기 이름이며, 그가 노래하는 그 대상에 합당한 찬가를 보낸다는 뉘앙스가 있다.
126. 위의 책, 164쪽.
127. 위의 책, 166쪽.
128. 위의 책, 171쪽.
129. 위의 책, 186쪽.
130. 위의 책, 168쪽.

131. 위의 책, 188쪽.
132. 위의 책, 187쪽.
133. 위의 책, 362쪽.
134. 위의 책, 358쪽.
135. 위의 책, 377쪽.
136. 위의 책, 386쪽.
137. 위의 책, 385쪽.
138. 위의 책, 390-91쪽.
139. 임마누엘 칸트, 『실용적 관점에서의 인간학』, 백종현 옮김, 서울: 아카넷, 2014, 107쪽.
140. 위의 책, 135쪽.
141. 위의 책, 144-47쪽.
142. 위의 책, 172쪽.
143. 위의 책, 157쪽.
144. 위의 책, 189쪽.
145. 위의 책, 268쪽.
146. 위의 책, 257쪽.
147. 위의 책, 270쪽.
148. 위의 책, 231-32쪽.
149. 위의 책, 261쪽.
150. 프랜시스 크릭, 『놀라운 가설: 영혼에 관한 과학적 탐구』, 김동광 옮김, 서울: 궁리, 2015, 9쪽.
151. 위의 책, 59쪽.
152. 위의 책, 377쪽.
153. 위의 책, 333쪽.
154. 위의 책, 396쪽.
155. 위의 책, 330쪽.
156. 위의 책, 71쪽.
157. 위의 책, 65쪽.
158. 위의 책, 79쪽.
159. 위의 책, 348쪽.
160. 위의 책, 242쪽.

161. 크리스토프 코흐, 『의식의 탐구: 신경생물학적 접근』, 김미선 옮김, 서울: 시그마프레스, 2006, 258쪽.
162. 위의 책, 268쪽.
163. 크리스토프 코흐, 『의식: 현대과학의 최전선에서 탐구한 의식의 기원과 본질』, 이정진 옮김, 서울: 알마, 2014, 230쪽.
164. 위의 책, 28쪽.
165. 위의 책, 237쪽.
166. 발라야누르 라마찬드란, 『명령하는 뇌, 착각하는 뇌: 당신의 행동을 지배하는 뇌의 두 얼굴』, 박방주 옮김, 서울: 알키, 2012, 181쪽.
167. 위의 책, 197-99쪽.
168. 위의 책, 274쪽.
169. 발라야누르 라마찬드란, 『뇌가 나의 마음을 만든다』, 이충 옮김, 서울: 바다출판사, 2006, 85쪽.
170. 위의 책, 360쪽.
171. 발라야누르 라마찬드란, 『명령하는 뇌, 착각하는 뇌: 당신의 행동을 지배하는 뇌의 두 얼굴』, 박방주 옮김, 서울: 알키, 2012, 344쪽.
172. 위의 책, 77쪽.
173. 위의 책, 89쪽.
174. 위의 책, 321쪽.
175. 안토니오 다마지오, 『데카르트의 오류: 감정, 이성, 그리고 인간 뇌』, 김린 옮김, 서울: 중앙문화사, 1999, 131쪽.
176. 안토니오 다마지오, 『스피노자의 뇌: 기쁨, 슬픔, 느낌의 뇌 과학』, 임지원 옮김, 서울: 사이언스북스, 2007, 105쪽.
177. 안토니오 다마지오, 『데카르트의 오류: 감정, 이성, 그리고 인간 뇌』, 김린 옮김, 서울: 중앙문화사, 1999, 90쪽.
178. 위의 책, 87쪽.
179. 위의 책, 107쪽.
180. 안토니오 다마지오, 스피노자의 뇌: 기쁨, 슬픔, 느낌의 뇌 과학』, 임지원 옮김, 서울: 사이언스북스, 2007, 316쪽.
181. 안토니오 다마지오, 『데카르트의 오류: 감정, 이성, 그리고 인간 뇌』, 김린 옮김, 서울: 중앙문화

사, 1999, 119쪽.
182. 위의 책, 105쪽.
183. 위의 책, 92쪽.
184. 위의 책, 56쪽.
185. 위의 책, 96쪽.
186. 위의 책, 116쪽.
187. 위의 책, 117쪽.
188. 위의 책, 129쪽.
189. 위의 책, 213쪽.
190. 위의 책, 224쪽.
191. 위의 책, 143쪽.
192. 위의 책, 139-40쪽.
193. 위의 책, 242-43쪽.
194. 움베르또 마뚜라나, 프란시스코 바렐라, 『앎의 나무: 인간 인지능력의 생물학적 뿌리』, 최호영 옮김, 서울: 갈무리, 2013, 60쪽.
195. 위의 책, 58쪽.
196. 위의 책, 379쪽.
197. 위의 책, 32쪽.
198. 위의 책, 104쪽.
199. 위의 책, 95쪽.
200. 위의 책, 278쪽.
201. 위의 책, 166쪽.
202. 프란시스코 바렐라, 에반 톰슨, 엘리노어 로쉬, 『몸의 인지과학』, 석봉래 옮김, 서울: 김영사, 2013, 349쪽.
203. 위의 책, 382쪽.
204. 위의 책, 399쪽.
205. 르네 데카르트, 『성찰·자연의 빛에 의한 진리탐구 프로그램에 대한 주석』, 이현복 옮김, 서울: 문예출판사, 1997, 40쪽.
206. 위의 책, 59쪽.
207. 위의 책, 36쪽.

208. 위의 책, 56쪽.
209. 위의 책, 61쪽.
210. 니콜라스 험프리, 『빨강보기: 의식의 기원』, 조세형 옮김, 서울: 이음, 2014, 101쪽.
211. 위의 책, 102쪽.
212. 위의 책, 117쪽.
213. 위의 책, 33쪽.
214. 르네 데카르트, 『성찰·자연의 빛에 의한 진리탐구 프로그램에 대한 주석』, 이현복 옮김, 서울: 문예출판사, 1997, 49쪽.
215. 위의 책, 60쪽.
216. 르네 데카르트, 『방법서설·정신지도를 위한 규칙들』, 서울: 문예출판사, 1997, 106쪽.
217. 위의 책, 41쪽.
218. 위의 책, 117쪽.
219. 르네 데카르트, 『성찰·자연의 빛에 의한 진리탐구 프로그램에 대한 주석』, 이현복 옮김, 서울: 문예출판사, 1997, 69쪽.
220. 위의 책, 46쪽.
221. 위의 책, 75쪽.
222. 위의 책, 95-96쪽.
223. 니콜라스 험프리, 『빨강보기: 의식의 기원』, 조세형 옮김, 서울: 이음, 2014, 29쪽.
224. 위의 책, 33쪽.
225. 르네 데카르트, 『성찰·자연의 빛에 의한 진리탐구 프로그램에 대한 주석』, 이현복 옮김, 서울: 문예출판사, 1997, 86쪽.
226. 위의 책, 121쪽.
227. 위의 책, 122쪽.
228. 르네 데카르트, 『성찰·자연의 빛에 의한 진리탐구 프로그램에 대한 주석』, 이현복 옮김, 서울: 문예출판사, 1997, 145쪽.
229. 위의 책, 148쪽.
230. 올리버 색스, 『편두통』, 강창래 옮김, 서울: 알마, 2011, 11쪽.
231. 올리버 색스, 『환각』, 김한영 옮김, 서울: 알마, 2013, 5쪽.
232. 올리버 색스, 『편두통』, 강창래 옮김, 서울: 알마, 2011, 112쪽.
233. 올리버 색스, 『깨어남』, 이민아 옮김, 서울: 알마, 2012, 25쪽.

234. 올리버 색스, 『환각』, 김한영 옮김, 서울: 알마, 2013, 41쪽.
235. 올리버 색스, 『편두통』, 강창래 옮김, 서울: 알마, 2011, 113쪽.
236. 장 살렘, 『고대원자론』, 양창렬 옮김, 서울: 난장, 2009, 104-07쪽.
237. 에피쿠로스, 『쾌락』, 오유석 옮김, 서울: 문학과 지성사, 1998, 60-61쪽.
238. 위의 책, 55쪽.
239. 올리버 색스, 『환각』, 김한영 옮김, 서울: 알마, 2013, 6쪽.
240. 위의 책, 41쪽.
241. 위의 책, 135-36쪽.
242. 위의 책, 146쪽.
243. 위의 책, 38쪽.
244. 위의 책, 39쪽.
245. 칼 마르크스, 『데모크리토스와 에피쿠로스 자연철학의 차이』, 고병권 옮김, 서울: 그린비, 2001, 45쪽.
246. 위의 책, 46쪽.
247. 위의 책, 97쪽.
248. 위의 책, 75쪽.
249. 위의 책, 78쪽.
250. 위의 책, 98쪽.
251. 위의 책, 75쪽.
252. 장 살렘, 『고대원자론』, 양창렬 옮김, 서울: 난장, 2009, 102쪽.
253. 위의 책, 103쪽.
254. 칼 마르크스, 『데모크리토스와 에피쿠로스 자연철학의 차이』, 고병권 옮김, 서울: 그린비, 2001, 114-15쪽.
255. 위의 책, 116쪽.
256. 루크레티우스, 『사물의 본성에 관하여』, 강대진 옮김, 서울: 아카넷, 2012, 123쪽.
257. 위의 책, 105쪽.
258. 위의 책, 126쪽.
259. 위의 책, 127쪽.
260. 위의 책, 158쪽.
261. 위의 책, 118쪽.
262. 에피쿠로스, 『쾌락』, 오유석 옮김, 서울: 문학과 지성사, 1998, 58쪽.

263. 위의 책, 60쪽.
264. 위의 책, 64쪽.
265. 루크레티우스, 『사물의 본성에 관하여』, 강대진 옮김, 서울: 아카넷, 2012, 279-80쪽.
266. 에피쿠로스, 『쾌락』, 오유석 옮김, 서울: 문학과 지성사, 1998, 82쪽.
267. 위의 책, 91쪽.
268. 루크레티우스, 『사물의 본성에 관하여』, 강대진 옮김, 서울: 아카넷, 2012, 321쪽.
269. 칼 마르크스, 『데모크리토스와 에피쿠로스 자연철학의 차이』, 고병권 옮김, 서울: 그린비, 2001, 104쪽.
270. 위의 책, 112쪽.
271. 위의 책, 111쪽.
272. 위의 책, 115쪽.
273. 위의 책, 110쪽.
274. 위의 책, 115쪽.
275. 위의 책, 75쪽.
276. 위의 책, 38-39쪽.
277. 에피쿠로스, 『쾌락』, 오유석 옮김, 서울: 문학과 지성사, 1998, 90쪽.
278. 한스 크리스천 폰 베이어, 『과학의 새로운 언어: 정보』, 전대호 옮김, 서울: 승산, 2007, 127쪽.
279. 루크레티우스, 『사물의 본성에 관하여』, 강대진 옮김, 서울: 아카넷, 316쪽.
280. 올리버 색스, 『환각』, 김한영 옮김, 서울: 알마, 2013, 91쪽.
281. 루크레티우스, 『사물의 본성에 관하여』, 강대진 옮김, 서울: 아카넷, 507쪽.
282. 위의 책, 316쪽.
283. 위의 책, 444쪽.
284. 위의 책, 518쪽.
285. 장 보드리야르, 『시뮬라시옹』, 하태환 옮김, 서울: 민음사, 2012, 19쪽.
286. 위의 책, 27쪽.
287. 위의 책, 22-24쪽.
288. 위의 책, 82쪽.
289. 위의 책, 80쪽.
290. 위의 책, 238쪽.
291. 위의 책, 202쪽.

292. 장 보드리야르, 『불가능한 교환』, 배영달 옮김, 서울: 울력, 2001, 152쪽.
293. 위의 책, 154쪽.
294. 장 보드리야르, 『암호』, 배영달 옮김, 서울: 동문선, 2006, 51쪽.
295. 장 보드리야르, 『시뮬라시옹』, 하태환 옮김, 서울: 민음사, 2012, 239-40쪽.
296. 장 보드리야르, 『사라짐에 대하여』, 하태환 옮김, 서울: 민음사, 2012, 65쪽.
297. 여기에 대해 색스는 이런 말을 한 적이 있다. "프로이트는 병에 걸리기 쉬운 체질과 병의 필요성을 명확히 구분해야 한다고 거듭 강조한다. 예컨대 전자가 편두통이 잘 일어나는 체질이라면, 불쾌한 약속을 어기기 위한 핑계로 편두통 발작을 바라는 것은 후자다." (『깨어남』, 379쪽) 프로이트는 알프레드 아들러처럼 가족사적, 사회문화적, 관계양태적으로 기질의 문제를 해명하려고 하지도 않았으며 온전히 억압과 리비도 에너지 사이의 동역학으로 이 기질의 문제가 설명된다고 보지도 않았다. 다시 말해 프로이트는 기질 문제를 해결하지 않기를 '선택'했으며 그것은 그의 이론 체계에서 영원한 암점으로 남아 있다. 색스 역시 병에 걸리려는 동기의 문제나 병에 걸리게 되는 억압 상태에 대해서 '인지'하고 있었으나 그것만으로 환각 문제를 해결하려고 하지 않았으며 더 나아가 프로이트와 마찬가지로 "병에 걸리기 쉬운 체질"의 문제 또한 규정하기를 '거절'한다. 체질, 기질뿐만 아니라 "병에 걸리기 쉬운 '경향'에 대한 생각"에서도 나와야 한다. 환각을 경험하는 사람은 언제나 절대적으로 수동적이다. 그가 느낄 수 있는 유일한 것은 "무언가 잘못된 느낌"(『환각』, 382쪽)일 뿐이다.
298. 올리버 색스, 『환각』, 김한영 옮김, 서울: 알마, 2013, 141쪽.
299. 위의 책, 141쪽.
300. 위의 책, 126쪽.
301. 위의 책, 136쪽.
302. 티머시 리어리, 『플래시백: 회상과 환각 사이, 20세기 대항문화 연대기』, 김아롱 옮김, 서울: 이매진, 2012, 52쪽.
303. 올리버 색스, 『환각』, 김한영 옮김, 서울: 알마, 2013, 140쪽.
304. 위의 책, 142쪽.
305. 티머시 리어리, 『플래시백: 회상과 환각 사이, 20세기 대항문화 연대기』, 김아롱 옮김, 서울: 이매진, 2012, 83쪽.
306. 올리버 색스, 『깨어남』, 이민아 옮김, 서울: 알마, 2012, 381쪽.
307. 티머시 리어리, 『플래시백: 회상과 환각 사이, 20세기 대항문화 연대기』, 김아롱 옮김, 서울: 이매진, 2012, 76쪽.

308. 리어리는, 신의 여덟 가지 기술 즉, "여덟 가지 질문은 진화의 여덟 단계와, 진화의 단계들을 조절하는 인간 두뇌의 여덟 단계 순환 회로에 상응하는 것이라고 주장"한다. 그는 이렇게 말한다. "나는 의식의 여덟 단계를 활성화할 수 있고, 진화의 여덟 단계들을 조정하면서 이 여덟 가지 질문에 계시를 줄 수 있는 여덟 유형의 신경 전달 물질이 (신체 내부에서 생산되거나 신체로 유입된 약물을 통해) 존재한다고 언급했다." (『플래시백 : 회상과 환각 사이, 20세기 대항문화 연대기』, 282쪽)

309. 올리버 색스, 『편두통』, 강창래 옮김, 서울: 알마, 2011, 12쪽.

310. 올리버 색스, 『환각』, 김한영 옮김, 서울: 알마, 2013, 153쪽.

311. 티머시 리어리, 『플래시백 : 회상과 환각 사이, 20세기 대항문화 연대기』, 김아롱 옮김, 서울: 이매진, 2012, 312쪽.

312. 위의 책, 311쪽.

313. 티머시 리어리, 『플래시백 : 회상과 환각 사이, 20세기 대항문화 연대기』, 김아롱 옮김, 서울: 이매진, 2012, 53-54쪽.

314. 칼 세이건, 『에덴의 용』, 임지원 옮김, 서울: 사이언스북스, 2006, 183쪽.

315. 올리버 색스, 『환각』, 김한영 옮김, 서울: 알마, 2013, 133쪽.

316. 위의 책, 132쪽.

317. 위의 책, 133쪽.

318. 위의 책, 131쪽.

319. 위의 책, 132쪽.

320. 피터 퍼스트, 『환각제와 문화』, 김병대 옮김, 서울: 대원사, 1992, 18-19쪽.

321. 올리버 색스, 『환각』, 김한영 옮김, 서울: 알마, 2013, 133쪽.

322. 위의 책, 129쪽.

323. "시작은, 음... 밑에서. 아직 손이 닿지 않은 아래쪽에서. 그리고 한 몇천 번째로 결심을 하는 거야. 이번에야말로 저 의미 없는 무늬를 끝까지 추격해 끝장을 보고 말겠다고! 디자인의 원칙에는 뭐가 있는지 내가 좀 알잖아. 그런 내가 보기에 저 무늬에는 방사, 고대, 반복, 대칭, 뭐 이런 들어봄직한 규칙들을 하나도 포함하고 있지 않아. 물론, 일정한 폭마다 반복되기는 하지. 하지만 그것뿐이야. 어떻게 보면 벽지는 한 폭씩 따로 서 있는 것 같아. 부풀어 오른 곡선과 만취로 이지러진 일종의 타락한 로마네스크처럼 과장된 동작으로 그 어리석게 고립된 폭 안에서 뒤뚱뒤뚱 오르내리고 있는 거야. 하지만 어떻게 보면 대각선으로 연결된 것 같기도 해. 시각적 공포를 자아내는 거대하게 기울어진 파도를 그리며, 마치 쾌락의 끝에서 젖어 뒹구는 미역 줄

기가 전속력으로 추격해 오는 것처럼 도망치며 제멋대로 뻗어나가. 전체적으로 보면 수평으로도 이어지는 것 같아. 적어도 그렇게 보여. 그 움직임의 질서를 구별해 내려고 애를 쓰다가 결국 모든 기운을 다 쓰고 기진맥진해져 버렸어. 그 일정한 폭을 이용해서 전체를 가로지르는 띠 장식을 둘렀는데, 이게 또 엄청 혼란스럽게 만드는 거야. 방 한쪽 끝에는 사람 손길이 닿지 않아 완전히 멀쩡한 부분이 있어. 태양이 스러지고 석양이 쏟아지면 그제야 무늬의 방사적인 패턴이 보이는 것 같아. 점 하나를 중심에 두고 기괴한 무늬가 끝없이 형성되고, 동시에 딱 그만큼이 곤두박질치듯 거꾸러지면서 황급히 도망을 치는 거야." (『누런 벽지』, 57-61쪽)

324. 샬롯 퍼킨즈 길먼, 『누런 벽지』, 차영지 옮김, 서울: 내로라, 2021, 79쪽.
325. 위의 책, 113쪽.
326. 올리버 색스, 『환각』, 김한영 옮김, 서울: 알마, 2013, 127쪽.
327. 이는 현대인들이 커피를 사용하는 방식 역시 본질적으로는 샤먼이나 당시의 클럽들과 다르지 않다는 것을 확인할 수 있는 표지를 제공해준다. 커피 역시 하나의 '악마적 식물'이다. 이 점이 커피 수입에 따른 몇몇 문화권에서의 공포가 왜 미개한 자들의 것이 아니라 본질적인 것인지를 알게 해준다. 이는 정확히 몇몇 문화권에서는 커피가 치료제로 쓰인다는 사실과 동일한 위상을 가진다. 현대 문화에서는 두 가지가 이중적으로 공존한다. 첫째, 아이에게 커피는 금지된다(무서운 것). 둘째, 커피는 심장질환에 좋으며 아로마틱하면서도 각성시키는 성질을 갖고 있다(유용한 것).
328. 티머시 리어리, 『플래시백 : 회상과 환각 사이, 20세기 대항문화 연대기』, 김아롱 옮김, 서울: 이매진, 2012, 52쪽.
329. 위의 책, 70쪽.
330. 위의 책, 76쪽.
331. 위의 책, 83쪽.
332. 위의 책, 85쪽.
333. 한병철, 『피로사회』, 김태환 옮김, 서울: 문학과지성사, 2012, 71-72쪽.
334. 위의 책, 21쪽.
335. 위의 책, 13쪽.
336. 위의 책, 65쪽.
337. 뇌와 신경의 차이를 강조할 필요가 있다. 도핑사회는 신경주의적 히스테리로 이루어져 있는데 이는 신경의 순환이 지도화(mapping)될 수 있다는 환상에 기초를 두고 있다. 뇌 과학에서도 차라리 뇌는 하나의 사물, 하나의 불가해한 물질이다. 처음 뇌의 분석은 병변 제거 방법론

에 토대를 두고 있는데, 이는 어떤 부위가 제거되었을 때 사람이 보이는 행동을 관찰하고 그 행동이 그 부위의 제거에 기인하고 있다고 보고 그 부위의 기능을 추론하는 것이다. 그러나 이와 같은 추론은 연역적인 문제를 유발하기 이전에 이미 귀납적으로도 확인되지 않아서 허구적인 것으로 드러났고 결국 뇌의 기능에 대해 해석을 가할 수 없다는 사실을 인정할 수밖에 없게 되었다. 뇌를 통째로 '이식할 수조차' 없다. 그래서 지금 이 시대의 사망 확인 방법은 신체가 아니라 뇌사다. 신체의 모든 부위는 이식가능하기 때문에 신체 내부에 생명에 결정적인 특정 해부학적 부위가 없다고 해서 사망으로 규정할 수 없게 되어 있다. 뇌는 유일하게 해부학적 수행을 불가능하게 하는 실체로 남아 있다. 뇌라는 사물에 대한 생물학적 접근은 뇌의 불가해성에서 완료되고 약물의 임상적, 귀납적 효과에 대한 자료 덕분으로 신경생리의 법칙성을 정립하는 길이 건축되고 있다. 약물의 효력이 신경생리학적 법칙의 효력으로 옮아간 셈이다.

338. 위의 책, 65쪽.
339. 위의 책, 29쪽.
340. 올리버 색스, 『환각』, 김한영 옮김, 서울: 알마, 2013, 125쪽.
341. 위의 책, 156-57쪽.
342. 위의 책, 152쪽.
343. 위의 책, 152-53쪽.
344. 위의 책, 158쪽.
345. 이를 증명해 주는 것이 바로 샤를보네 증후군이다. 샤를보네 증후군이란 두뇌의 시각 경로가 손상되어 실명한 사람이 매우 생생한 시각적 환각을 경험하는 현상을 말한다. 이는 시각 감각이 결손되었을 때, 사람의 정신이 어떤 식으로 그것을 보충하려 하는지를 보여준다. 사람은 결손을 환상으로 보충하며 여전히 '시각 감각'을 보유하는 것이다.
346. 위의 책, 130쪽.
347. 울리히 벡, 『위험사회: 새로운 근대(성)을 위하여』, 홍성태 옮김, 서울: 새물결, 1997, 56쪽.
348. 위의 책, 56쪽.
349. 위의 책, 62-63쪽.
350. 위의 책, 108쪽.
351. 위의 책, 109쪽.
352. 위의 책, 65쪽.
353. 위의 책, 288쪽.
354. 위의 책, 248쪽.

355. 위의 책, 250쪽.

356. 위의 책, 250-51쪽.

357. 위의 책, 251쪽.

358. 위의 책, 252쪽.

359. 위의 책, 256쪽.

360. 위의 책, 66쪽.

361. 위의 책, 112쪽.

362. 위의 책, 96쪽.

363. 위의 책, 77쪽.

364. 위의 책, 135쪽.

365. 위의 책, 298쪽.

366. 위의 책, 304쪽.

367. 위의 책, 135쪽.

368. 위의 책, 72-3쪽.

369. 위의 책, 223-24쪽.

370. 위의 책, 132쪽.

371. 위의 책, 133-34쪽.

372. 윌리엄 셰익스피어, 『햄릿』, 최종철 옮김, 서울: 민음사, 1998, 제1막 제1장 73~110행.

373. 위의 책, 제1막 제4장 81~90행.

374. 자크 데리다, 『마르크스의 유령들』, 진태원 옮김, 서울: 그린비, 2014, 58쪽.

375. 위의 책, 156쪽.

376. Grace Tiffany, Hamlet, Reconciliation and the Just State, REN 58:2(Winter2005):111-33,

377. Ibid., p118.

378. David McDonald, 'Hamlet' and the Mimesis of Absence: A Post-Structuralist Analysis. Educational Theatre Journal, 30:1(1978):36-53.

379. 윌리엄 셰익스피어, 『햄릿』, 최종철 옮김, 서울: 민음사, 1998, 제5막 제2장 334~35행.

380. 위의 책, 제2막 제2장 155~57행.

381. 위의 책, 제3막 제4장 132행.

382. 찰스 디킨스, 『크리스마스 캐럴』, 이은정 옮김, 서울: 웅진씽크빅, 2008, 70쪽.

383. 위의 책, 83쪽.

384. 위의 책, 91쪽.

385. 위의 책, 94-5쪽.

386. 위의 책, 152쪽.

387. 이러한 이중성은 하나의 분열상을 암시한다. 스크루지가 선하고자 한다면 반드시, 세계의 사람들을 고려해야 한다. 그것이 바로 '그의 일'이다. '인류가 바로 나의 일이었어!' 그러나 선한 자는 세계의 사람들을 고려해서는 안 된다. 그들이 어떻게 하든 자신의 선한 일을 해야 하기 때문이다.

388. 위의 책, 174쪽.

389. 위의 책, 186쪽.

390. 위의 책, 182쪽.

391. 위의 책, 184쪽.

392. 자크 데리다, 『마르크스의 유령들』, 진태원 옮김, 서울: 그린비, 2014, 17쪽.

393. 찰스 디킨스, 『크리스마스 캐럴』, 이은정 옮김, 서울: 웅진씽크빅, 2008, 187쪽.

394. 발터 벤야민, 『독일 비애극의 원천』, 최성만, 김유동 옮김, 파주: 한길사, 2009, 47쪽.

395. 슬라보예 지젝, 『잃어버린 대의를 옹호하며』, 박정수 옮김, 서울: 그린비, 2009, 492쪽.

396. 위의 책, 491쪽.

397. 자크 데리다, 『환대에 대하여』, 남수인 옮김, 서울: 동문선, 2004, 72쪽.

398. 위의 책, 73쪽.

399. 자크 데리다, 『마르크스의 유령들』, 진태원 옮김, 서울: 그린비, 2014, 247-48쪽.

400. 위의 책, 246쪽.

401. 위의 책, 9쪽.

402. 위의 책, 202쪽.

403. 위의 책, 26쪽.

404. 위의 책, 21쪽.

405. 위의 책, 275-76쪽.

406. 위의 책, 36쪽.

407. 위의 책, 254쪽.

408. 위의 책, 39쪽.

409. 위의 책, 61쪽.

410. 위의 책, 244쪽.

411. 위의 책, 223쪽.
412. 위의 책, 214쪽.
413. 위의 책, 216쪽.
414. 위의 책, 324쪽.
415. 위의 책, 205쪽.
416. 위의 책, 227쪽.
417. 위의 책, 292쪽.
418. 오스카 와일드, 『캔터빌의 유령』, 김미나 옮김, 파주: 문학동네, 2012, 74쪽.
419. 한스 게오르크 가다머, 『진리와 방법 1』, 이길우 외 옮김, 서울: 문학동네, 2000. 20쪽.
420. 오스카 와일드, 『캔터빌의 유령』, 김미나 옮김, 파주: 문학동네, 2012, 72쪽.
421. 위의 책, 73쪽.
422. 위의 책, 75-76쪽.
423. 위의 책, 89쪽.
424. 위의 책, 83-84쪽.
425. 위의 책, 84-85쪽.
426. 위의 책, 85쪽.
427. 위의 책, 93쪽.
428. 위의 책, 96쪽.
429. 위의 책, 107쪽.
430. 허먼 멜빌, 『허먼 멜빌』, 김훈 옮김, 서울: 현대문학, 2015, 302쪽.
431. 위의 책, 303쪽.
432. 위의 책, 304쪽.
433. 위의 책, 307쪽.
434. 위의 책, 317쪽.
435. 위의 책, 330쪽.
436. 위의 책, 331쪽.
437. 게오르크 빌헬름 프리드리히 헤겔, 『정신현상학 2』, 임석진 옮김, 서울: 한길사, 2012, 30쪽.
438. 게오르크 빌헬름 프리드리히 헤겔, 『정신현상학 1』, 임석진 옮김, 서울: 한길사, 2006, 273쪽.
439. 위의 책, 203쪽.
440. 위의 책, 276쪽.

441. 위의 책, 447쪽.
442. 위의 책, 448쪽.
443. 게오르크 빌헬름 프리드리히 헤겔,『정신현상학 2』, 임석진 옮김, 서울: 한길사, 2012, 30쪽.
444. 위의 책, 32쪽.
445. 위의 책, 45쪽.
446. 위의 책, 46쪽.
447. 위의 책, 54쪽.
448. 위의 책, 39쪽.
449. 위의 책, 28-29쪽.
450. 위의 책, 55쪽.
451. 위의 책, 335쪽.
452. 위의 책, 313쪽.
453. 위의 책, 319쪽.
454. 게오르크 빌헬름 프리드리히 헤겔,『정신현상학 1』, 임석진 옮김, 서울: 한길사, 2006, 366쪽.
455. 위의 책, 355쪽.
456. 위의 책, 365쪽.
457. 노르베르트 볼프,『한스 홀바인』, 이명주 옮김, 서울: 마로니에북스, 2006, 73쪽.
458. 게오르크 빌헬름 프리드리히 헤겔,『정신현상학 1』, 임석진 옮김, 서울: 한길사, 2006, 441쪽.
459. 위의 책, 442-44쪽.
460. 위의 책, 448쪽.
461. 니시하라 가츠나리,『면역력을 높이는 생활』, 윤혜림 옮김, 서울: 전나무숲, 2008, 76쪽.
462. 위의 책, 104쪽.
463. 장 폴 사르트르,『구토/말』, 이희영 옮김, 서울: 동서문화사, 2017, 179쪽.
464. 게오르크 빌헬름 프리드리히 헤겔,『정신현상학 1』, 임석진 옮김, 서울: 한길사, 2006, 145쪽.
465. 게오르크 빌헬름 프리드리히 헤겔,『정신현상학 2』, 임석진 옮김, 서울: 한길사, 2012, 215쪽.
466. 위의 책, 272쪽.
467. 위의 책, 273쪽.
468. 위의 책, 270쪽.
469. 위의 책, 274쪽.
470. 위의 책, 280쪽.

471. 위의 책, 282쪽.
472. 위의 책, 297쪽.
473. 프랑수아 라블레, 『가르강튀아; 팡타그뤼엘』, 유석호 옮김, 서울: 문학과 지성사, 2004, 256쪽.
474. 위의 책, 271쪽.
475. 위의 책, 49쪽.
476. 위의 책, 46쪽.
477. 위의 책, 49쪽.
478. 위의 책, 35쪽.
479. 위의 책, 82쪽.
480. 위의 책, 23쪽.
481. 위의 책, 17쪽.
482. 위의 책, 22-23쪽.
483. 위의 책, 17쪽.
484. 위의 책, 40쪽.
485. 위의 책, 261쪽.
486. 위의 책, 392쪽.
487. 위의 책, 473쪽.
488. 게오르크 빌헬름 프리드리히 헤겔, 『정신현상학 2』, 임석진 옮김, 서울: 한길사, 2012, 311쪽.
489. 위의 책, 308쪽.
490. 위의 책, 299쪽.
491. 게오르크 빌헬름 프리드리히 헤겔, 『정신현상학 1』, 임석진 옮김, 서울: 한길사, 2006, 252쪽.
492. 게오르크 빌헬름 프리드리히 헤겔, 『정신현상학 2』, 임석진 옮김, 서울: 한길사, 2012, 314쪽.
493. 위의 책, 314쪽.
494. 위의 책, 315쪽.
495. 위의 책, 319쪽.
496. 위의 책, 329쪽.
497. 위의 책, 327쪽.
498. 위의 책, 331쪽.
499. 위의 책, 333쪽.
500. 위의 책, 335쪽.

501. 위의 책, 324쪽.

502. 위의 책, 330쪽.

503. 위의 책, 330쪽.

504. 위의 책, 311쪽.

505. 위의 책, 361쪽.

506. 프리드리히 횔덜린, 『빵과 포도주』, 박설호 옮김, 서울:민음사, 1997, 2연.

507. 위의 책, 5연.

508. 위의 책, 6연.

509. 위의 책, 7연.

510. 위의 책, 8연.

511. 표도르 도스토예프스키, 『백치』, 김근식 옮김, 파주: 열린 책들, 2009, 358쪽.

512. 위의 책, 339쪽.

513. 위의 책, 651쪽.

514. 위의 책, 627쪽.

515. 위의 책, 213쪽.

516. 위의 책, 264쪽.

517. 위의 책, 384-85쪽.

518. 위의 책, 527쪽.

519. 위의 책, 937쪽.

잊혀진 비평

초판 1쇄 발행 2025년7월30일

지은이   유재
펴낸이   신남례
편집장   숙정이비(이은실)
디자인   (주)디자인사과나무

펴낸곳   길속글속
등록   제 2024-000005호(출판등록 2024년 02월 26일)
주소   충청남도 아산시 시민로 317번길 13, 5층
이메일   chodamy@daum.net

ISBN   979-11-993715-0-7